民法典总则编研究

MINFADIAN ZONGZEBIAN YANJIU

李遐桢◎著

中国法制出版社
CHINA LEGAL PUBLISHING HOUSE

序　言

2020年5月28日，第十三届全国人民代表大会第三次会议表决通过了《中华人民共和国民法典》,《民法典》是民事权利的宣言书和保障书。总则编是《民法典》之开编，它是民事法律制度的高度概括和凝练，我国《民法典》总则编是在对《民法典》各分编乃至整个民商事法律制度提取“公因式”的基础上建立起来的，在民商合一的背景下，总则编统领了整个私法，其确立的各项规则对《民法典》各分编、民事特别法等具有重要的指导价值，因此，学习、理解民商事法律制度的起点是总则编。

《民法典》总则编以民事法律关系的构成要素作为逻辑结构。第一章是基本规定，其主要内容是在明确《民法典》调整对象的基础上，明定我国民商事法律制度所应遵循的基本原则，确定司法裁判民事案件所应依据的民法法源之范围和顺序。第二章至第四章分别规定了“自然人”“法人”和“非法人组织”，这三章是关于民事法律关系之民事主体的规定。我国民事主体制度虽有借鉴德国民法之规定，但更多是对原《民法通则》民事主体制度的发展和完善，它以权利能力之有无判断作出行为的主体是否为民事主体，以行为能力来判断民事主体能否独立作出意思表示。《民法典》关于“监护”制度、“特别法人”“非法人组织”的规定也颇具中国特色。其确立的民事主体对行政法、刑法等同样具有极高的适用性。总则编第五章规定了民事权利，以寥寥数条勾画了我国民事权利的基本体系，明确《民法典》所保护之民事权益的范围，为总则编之后各编的框架构建奠定了坚实基础。第八章规定了民事责任（义务），第五章和第八章实际上是关于民事法律关系内容的规定。何以在第八章才规定“民事责任”，主要原因在于第六章民事法律行为和第七章代理，是民事权利的取得方式，它是关于民事法律关系产生的法律事实之规定。第九章关于“诉讼时效”的规定，则是督促权利人及时行使权利。本书是关于《民法典》总则编内容之研究，也遵循了上述逻辑思路。

本人从事民商法教学和研究工作近20年，经过多年积累，终于形成了本书，可以说本书是本人对《民法典》总则编有关法律制度长期思考、研究的成果。这一成果可能还存在这样或那样的不足，恳请各位读者不吝指正。

值本书出版之际，以上寥寥数语，是为序。

李遐桢

2021年11月

目　录

第一章　公、私法的划分与我国的民商法体系

第一节　公法与私法的划分

如果说宪法和行政法重在限制公权力，那么民法典就重在保护私权利，民法典几乎囊括所有的民事活动，所以被称为“社会生活百科全书”，它以权利为核心构建其具体的法律规则，是民事权利的宣言书和保障书。2020年5月28日，我国十三届全国人大三次会议表决通过了《民法典》，该法典自2021年1月1日起施行。民法典开编即总则编，总则编是民事法律制度的高度概括和凝练，其确立的各项规则对民法典各分编、民事特别法等具有重要的指导价值。所以，学习、理解民商事法律制度的起点是总则编。而要准确理解我国民法典确立的各项民事法律制度，必须从公私法的划分开始。

大陆法系（也称民法法系）国家将所有的法律进行归类，将它们划分成两大类：一为公法；二为私法。公私法按照各自的轨道发展着。对于绝大多数民法法系的国家而言，改变现状的决定性运动是将私法法典化，而其法典化是在罗马法《民法大全》之上产生的。①可以说，大陆法系是在公私法划分的基础形成的，从这个意义上讲，没有公私法的划分就没有大陆法系。19世纪晚期，由于各种因素的作用，包括日本、我国在内的东亚国家，纷纷效仿公私法分立的体系。实际上，公私法分立的形成过程也是私法制度逐步完善、逐步发达的过程。而在英美国家，法律却沿着另外一条

---

① ［美］艾伦·沃森：《民法法系的演变及形成》，李静冰、姚新华译，中国法制出版社2005年版，第1—13页。

道路发展，并不强调公私法的划分，而形成了与大陆法系相对立的英美法系。学者之间对公法与私法的界定一直存在争议，但大体而言，体现国家管理、国家管制方面的法律一般属于公法的范畴，譬如宪法、行政法、诉讼法、刑法、经济法等；而体现平等主体之间的法律制度则属于私法的领域，主要包括民法和商法。

一、公私法划分的起源

对于公法与私法的划分，最早可以追溯到罗马法。罗马著名法学家乌尔比安首开公私法划分之先河，他在《学说汇纂》中举例说明，“它们（法律）有的造福于公共福利，有的造福于私人。公法见之于宗教事务、宗教机构和国家管理机构之中”“公法是与国家组织有关的法律”“私法是与个人利益有关的法律”。乌尔比安在《学说汇纂》之外的另一部著述《法学阶梯》（第一编）中认为：“公法是有关罗马国家的制度，私法是有关个人利益的制度。因为二者一个服务于公利益，另一个服务于私利益。公法调整国家祭祀、宗教事务和执法机构，私法是自然法、万民法和市民法三部分的总和。”罗马法采纳了公私法划分的标准，还规定了公私法的不同原则与效力。以法德为代表的大陆法系国家继受了罗马法公私法分类的方式，并且在公私法划分的基础上建立起发达的民法典。

二、公私法划分的标准

西方国家虽然承认公私法的划分，对有些法律部门属于公法还是私法也能作出简单判断，甚至达成共识。但是，公私法的划分标准从提出公私法划分时起就存在争议，到目前为止，在世界范围内形成了以下几种主张：

（一）利益说

利益说也称目的说，是以法律所调整的利益关系作为区分公私法标准的。古罗马法学家乌尔比安提出并倡导这种主张，认为私法是调整个人福利的法，公法则是调整国家利益的法。公法强调政治关系以及国家应当实现的目的——“有关罗马国家的稳定”。私法调整公民个人之间的关系，为个人利益确定条件和限度——“涉及个人福利”。[①]这种区分标准至少存在三个方面的缺陷：其一，利益说所谓“公法为有关国家稳定的法”并不足以涵盖罗马公法的范围，因为，罗马法中“公”一字，来自“民众的”（populus）一语，既有“国家的”含义，又有“社会的”含义。所以，罗马公法不仅涉及国家利益，还涉及社会利益。[②]其二，是公益还是私益本身就存在确定的困难，不便具体应用。[③]其三，一些法律可能同时兼具公益与私益，运用利益说就无法归类。[④]其四，在社会福利国家中，公共利益和私人利益往往不能互相分离。例如，被归属于私法范畴的婚姻制度和竞争制度，在本质上也是服务于公共利益的。与此相反，在属于公法范畴的社会照顾法或道路建设中，在很大程度上也涉及私人利益。[⑤]

（二）从属说

从属说认为在公法关系中，人与人之间的关系是从属关系，在私法关系中，人与人之间是平等的。但是，在现代社会，国家机关之间或者国家机关与被管理者之间为了完成某项事务，互相之间签订协议的情况也不在少数，这时他们也处于平等的法律地位，但属于公法内容；反之，在私法上，父母与子女之间的关系，也不完全平等。例如我国台湾地区“民法典”第1085条规定：“父母得于必要范围内惩戒其子女。”可见，从属性说也存在缺陷。[⑥]

（三）主体说

该种学说为德国法学家耶律芮克所倡导，他认为在法律关系中，如果

---

① ［意］彼得罗·彭梵得：《罗马法教科书》，黄风译，中国政法大学出版社2017年版，第8页。

② ［意］彼得罗·彭梵得：《罗马法教科书》，黄风译，中国政法大学出版社2017年版，第8页。

③ 郑玉波：《民法总论》，三民书局1979年版，第2页。

④ 郑玉波：《民法总论》，三民书局1979年版，第2页。

⑤ ［德］梅迪库斯：《德国民法总论》，邵建东译，法律出版社2001年版，第11页。

⑥ 黄立：《民法总则》，中国政法大学出版社2002年版，第11页。

以“国家”主权身份参与法律关系的，属于公法范畴，例如国家行使审判权等。而以私人身份发生的法律关系属于私法范畴。例如，私人之间买卖商品的行为。该说成为德国通说。[①]按照这种学说，调整有国家参入的法律关系的法律就属于公法，具体而言，凡规定国家或其他公共团体之间相互关系以及国家或其他公共团体与私人之间相互关系的法律，就是公法。调整非国家参入的法律关系的法律就是私法，具体而言，凡仅规定私人或私团体之间相互关系的法律，为私法。公法是调整作为主权担当人的法共同体（国家、团体、其他公共组织等）和处于从属地位的个人之间关系的所有的法。私法调整的法律关系中，每个人均处于平等地位，不存在一个人对另一个人的主权。[②]但国家从事各种行为可以概括成三种形态：[③]（1）国家可以实施其独有的权力措施。这时，国家是作为公权载体从事活动。（2）国家可以不实施这些权力，而像一个私人一样从事行为。例如，国家为了办公之需，购买用品。（3）在上述两种行为之外还存在国家行为的另一种形态，而且这种形态的行为出现得越来越频繁。国家既不行使权力，也不像私人一样从事行为，国家从事的是具有照顾性质的行为。例如国家的社会救济行为等。国家从事行为性质具有多重性。采纳主体说，有一个关键的问题依然没有得到回答，那就是：在什么时候，主体行使的是公权，且行使的方式足以表明国家是在上述定义的意义上参与法律关系的？[④]所以，简单地按照主体将法律划分为公法与私法，至少是不严谨的。

（四）性质说

性质说是日本民法学界的观点，近几年被我国学者所赞同。这种观点以法律关系的性质作为判断公法与私法的划分标准，又细分为三种观点：（1）权力关系说。该说认为规定不平等关系即权力服从关系的法律

---

① ［德］梅迪库斯：《德国民法总论》，邵建东译，法律出版社2001年版，第12页。

② ［德］马克斯·卡泽尔、罗尔夫·克努特尔：《罗马私法》，田士永译，法律出版社2018年版，第61页。

③ ［德］梅迪库斯：《德国民法总论》，邵建东译，法律出版社2001年版，第6页。

④ ［德］梅迪库斯：《德国民法总论》，邵建东译，法律出版社2001年版，第12页。

为公法；规定平等关系即权利义务关系的法律为私法。持不同意见者认为，此说无法解释国际法，国际法是公法，但它规定权利对等关系，此说对亲属法中的亲权也无法作出合理解释。①（2）统治关系说。该说认为规定国家统治权发动关系的法律是公法；规定非统治权关系的法律是私法。持不同意见者认为，国家统治权不易明确，因而难以操作。②（3）生活关系说。该说认为凡作为国民自身的一分子资格而产生的国民生活关系，即为私生活关系，例如买卖、雇佣等，调整私生活关系的法律就是私法。凡作为社会一分子发生的生活关系，如纳税、服兵役等，就是社会生活关系，规范社会生活关系的法律就是公法。批评者认为这一主张实际上也难以操作。③

上述各种学说都或多或少地存在缺陷，梅迪库斯就鲜明地指出："任何一种旨在用一种空洞的公式来描述公法与私法之间界限的尝试，都是徒劳无益的。将某法律归属于公法或者私法是历史的作用的产物，并不完全是理论的总结。"④对于传统的法律，其属于公法还是私法，应当让历史因素来决定。而对于新产生的法律，其属于公法还是私法，应该进行理论上的分析。法律是由国家制定的，体现的是国家意志，从这个意义上说，所有的法都是公法。但是，国家制定的法律中有些法律规范是指引性的，有些法律规范是对当事人意思的确认，有些法律规范是不能约定排除的。所以，从法律规范是否可由当事人通过私法自治加以排除，如果能够排除的，则属于私法规范；反之，则为公法规范。一部法律中，可能既有公法规范，也有私法规范。民法典中大部分是私法规范，但也存在大量的公法规范，这些公法规范的存在甚至直接决定了当事人意思表示的效力或者决定权利的取得、变更等。而在行政法领域则出现了行政协议等体现意思表示的内容。可以说，现代社会传统上属于私法或者公法范畴的法律，越来越呈现出"混合法"的特

---

① 史尚宽：《民法总论》，台湾正大印书馆1980年版，第2页。

② 郑玉波：《民法总论》，中国政法大学出版社2003年版，第3页。

③ 龙卫球：《民法总论》，中国法制出版社2001年版，第9页。

④ ［德］梅迪库斯：《德国民法总论》，邵建东译，法律出版社2001年版，第13页。

征，一部法律存在公法规范与私法规范，但并没有改变这些法的性质。[①]民法典仍然属于私法，而行政法仍然属于公法。何以如此？原因在于这些法律的立法目的并未发生变化，民法典仍以调整私利益为目的，行政法仍以调整公利益为目的。法的目的性决定了民法典中的私法规范占据主导地位，而行政法中的公法规范占据主导地位。从形式上看，以任意性规范为核心构建起来的法律就是私法，而以强制性规范为核心构建起来的法律则是公法。所以，对于新出现的法律，要从其立法目的和主要法律规范是强制性的还是任意性的加以判断。

三、公私法划分的质疑

（一）法律一元论

实证主义法学家凯尔森认为，区分公法与私法之间的困难正好在于国家及其国民间的关系不仅具有“公的”，而且具有“私的”性质。从国家的义务和权利具有和私人的义务和权利一样内容这一程度而论，国家的法律人格也就和私人的人格并无不同，国家的义务和权利就是国家机关的义务和权利，国家、国家机关和个人是平等的。国家与公民的关系也是权利与义务的关系而非权力与服从的关系，所以，法律不应做公私法的划分，而应该一元化。[②]凯尔森将国民放到与国家同等的地位，提高了国民的地位，具有进步性。一元论的另一种观点认为，公法是由国家创制或者至少承认对公众具有约束力的所有的法；但即使调整“私法的”关系的国家法也包括在内。这种观点源于西塞罗由希腊的观念发展而来的学说，即认为全部法律秩序均服务于公众利益。调整私人之间法律关系的私法，就包含在这

---

① 政府为扩大对国民的服务、防止经济地位的滥用、保障经济上的弱者，对于私法关系的形成加强监督、干预，同时为符合“依法行政的原则”，将国家公权力的强制行使明定在各种私法法规中，使原为平等关系的私法规定，介入相当程度的公法色彩。此种情形在学理上称为“私法的公法化”。施启扬：《民法总则》（修订第八版），中国法制出版社2010年版，第21页。

② ［奥］凯尔森：《法与国家的一般理论》，沈宗灵译，中国大百科全书出版社1996年版，第226—232页。

种公法里。这种观点实际上认为，全部的法都属于“公法”，而没有私法。[①]但从法律现实角度看，到目前为止一元论是不存在的。

（二）法律三元论

20世纪初，各国出现了各种各样的“社会法”，例如消费者权益保护法、反不正当竞争法、劳动法、环境保护法、安全生产法等。社会法的出现，说明基于社会化观念，法律在一定程度上突破了传统的二元划分，正朝着更精确的调整目标迈进。[②]这些社会法并不能如民法、行政法那样被历史因素决定归入私法还是公法。在理论上无法将这些社会法归入公法或者私法，它们介于公法与私法之间。所以，有的学者提出法的三元论，认为在公法与私法之外还存在社会法或公私综合法。目前，德国学理中持三元论的学者尤甚。但是，社会法的出现并没有从根本上动摇划分公私法的基础，因为这些社会法基本上被学术界毫无例外地归属于公法范畴。

四、现代社会公私法划分的意义

哪些法属于公法，哪些法属于私法，历史因素起到更大的决定性作用。划分公私法的历史性是否说明在今天仍有划分公法和私法的价值呢？其实，民法典颁布之后，在我国强调公私法的划分，仍具有非常重要的意义。

（一）商品经济的发展需要公私法的划分

公私法划分从一开始就处于不停的争论之中，但正是在公私法划分的基础上，突出了对私人的终极关怀，私法也最终得以不断发展完善。可以说，公私法的划分对大陆法系民法典的制定和发展具有重要意义。在东方，古老的中国法律却沿着另外一条道路前进着，强调团体利益忽视个人利益，强调家族忽视个体，从而不可能产生高度发达的私法，在很多时候，个人之间的

---

① ［德］马克斯·卡泽尔、罗尔夫·克努特尔：《罗马私法》，田士永译，法律出版社2018年版，第61页。

② 龙卫球：《民法总论》，中国法制出版社2002年版，第10页。

事务被国家、家族包办，就说婚姻大事，也要有父母之命、媒妁之言。在这样的环境下，公法过于强大，私法没有发展起来，公私法的划分只能是天方夜谭。没有私法的发展，商品经济就无从保障，经济的发展往往依赖于皇权、家族，而不是个人，个人自由得不到张扬，电视剧《聚宝盆》中的沈万三就是一个很好的形象，这也是我国在近现代落伍的法律原因。我国古代法制发展情况，从另一个侧面说明，商品经济的发展需要私法，它是私法发达的经济基础，而私法的发达又为商品经济保驾护航。近现代以来尤其是我国改革开放之后，以经济建设为中心，“放权”成为历次政府机构改革的重点。公私法的划分并非说明，政府放得越多越好，也不是管得越多越好，而是该管的管，该放的放。在事关国计民生、国家战略方面，不能一放不管；私法自治不损害公共利益、国家利益的时候，该放还要放。

（二）个人价值的发挥需要公私法的划分

私法的基本要求是私法自治，而私法自治的基本理论基础是理性人假设，理性人可以通过自己意思自治实现利益最大化，除非有正当理由，否则不得干预民事主体的私法自治。但理性人假设是抽象化、形式化的，实际上理性人也会犯错，甚至有些人会为个人利益而损害他人、集体甚至国家利益。因此，公法则强调国家对私人事务的干预，在理性人假设失灵的情况下发挥作用。建立在理性人假设之上的私法，能够充分实现个人价值；而公法则是对理性人假设失灵的补救，政府权力的运行要服务于民，公法说到底是为私权利服务的，即“私法优位主义”。所以，公私法的划分满足了个人价值发挥的现实需要。

（三）划分公私法是制定民法典的基础

从罗马法以来，以民法大全为代表的法典化国家，系在划分公私法的基础上建立起发达的民法体系，而民法体系的发达以民法典为代表。历史和现实证明，公私法的划分是建立以民法典为核心的民事法律体系的基础。我国自清末变法以来，走向了法典化道路，在中国历史上出现了大清民律草案、大清商律草案、中华民国民法典等，新中国成立尤其是改革开放后，制定一部属于中华人民共和国的民法典成为几代法律人的共同理想。2020年中华人民共和国民法典颁布，对我国社会主义法律体系建设具有里程碑式的意义。在民法典制定之前、之中和之后，我们自始强调公私法的划分。可以说，没有公私法划分为基础，制定一部影响世界的伟大民法典非常困难。

（四）公私法的救济途径以及实体法上存在差异[①]

民事主体之间的纠纷，德国由普通法院管辖，我国则由民事法庭审理。公法诉讼主要适用行政诉讼法，德国则由行政法院管辖，我国则由行政法庭审理。而私法主要适用民事诉讼法，实体法虽然主要是任意性规范，但却是裁判依据。民事判决依照民法典、票据法、公司法等民事实体法律规范，作出实体判决。行政判决引用的法律条文不同于民事判决。行政判决，则是依照程序法——行政诉讼法作出相关的实体判决，行政判决引用行政诉讼法而非行政实体法，其原因在于立法对行政审判权进行了限制，除适用给付判决、变更判决外，不准许人民法院直接适用行政实体法，代替行政机关对行政案件相关事项直接作出处理。[②]行政实体法是行政机关执法的实体依据，而行政程序法是行政机关执法的程序依据。对实体法的执行，司法机关主要审查法的适用问题，实体法适用错误的，依照行政诉讼法，判决撤销被诉行政行为等。

（五）公私法划分在中国具有特别的意义

中国古代强调诸法合体，民刑不分，刑主民附，民事规范多杂于刑事规范之中，甚至在长达2000多年的封建社会，民事纠纷的解决主要借助刑罚。因此，封建社会的中国，私的观念得不到彰显，普遍的个人利益不能以私的观念表示，这种法制现状是造成中国在封建社会末期落后于西方国家的原因之一。清末变法开始，中国为了寻求制度进步，开始学习西方的

① ［德］梅迪库斯：《德国民法总论》，邵建东译，法律出版社2001年版，第7—8页。

② 黄永维、郭修江：《司法谦抑原则在行政诉讼中的适用》，载《行政执法与行政审判（总第79期）》，中国法制出版社2020年版，第7页。

法律制度，放弃诸法合体模式，开始引进公私法分立理论，建立新的法律体系，开始了从中华法系向大陆法系转化。这种转化，不仅仅是法律体系的变化，更是法律思想、私法意识的变化。新中国成立之后尤其是改革开放之后，人民当家作主，不但享有崇高的政治权利，还享有大量的公民基本权利，且在公民基本权利的基础上延伸出大量的民事权益。但应当看到，我们是从计划经济向社会主义市场经济转变过来的，这一过程与西方资本主义国家不同，西方资本主义国家是建立在完全的自由经济基础之上，但为了保护国家利益、公共利益，在民法典中滴了一点社会主义的“油”；我们的法律制度则呈现出另外一个过渡，即在社会主义的法律中加入了市场经济的内容，这是两种相向的变化趋势，呈现出公私法地位的逐步变化，中国的私法占据的篇幅越来越大，而资本主义国家法律中公法占据的篇幅越来越大，中国特色社会主义道路自信、理论自信、制度自信、文化自信在民法典编纂过程中得到了充分体现。

第二节　我国私法体系及其内部关系

一、我国构建起以民法典为核心的私法体系

传统欧陆民法法系以民法典为核心构建起私法体系，通常在民法典之外设有商法典，即民商分立。在民商分立的国家，商法典并不是民法的特别法，而是普通法，其效力同于民法典，私法体系是由民法典与商法典两个体系构成的。之所以出现这种立法，多数学者解释是这样的：商法起源于中世纪的商人习惯法，主要适用于商人阶层，而民商法分立是历史的产物，并非理性的选择。也有学者从经济学的角度出发，认为商法典应当独立于民法典。这是因为，商法调整的是商人之间的交易行为，注重交易的安全、效力和便捷，是体现社会化大生产的法，是商品经济的法。而民法则调整一般的社会生活关系，是体现小生产者或者自然经济的需要的法。

我国在民法典编纂过程中，也有关于民法典和商法典之间关系的讨论，

最终我国选择了民商合一，在民法典之外不设商法典，民法典承担了民事基本法和商事基本法的功能。主要原因在于：（1）民商合一并不是理性的产物，而是历史作用的结果，在民法典之外存在一部商法典，主要是历史原因造成的，即在商业发展史上，商人作为独立于市民之外的群体而存在，国家立法甚少涉及，商人之间为解决交易纠纷、提高效率，在其内部形成了商业惯例。随着商人阶层的经济实力逐步壮大，他们掌握了国家立法权，将商业惯例法律化，形成了商法典。（2）民商合一是现代民法的发展趋势。瑞士是首先采取民商合一的国家；意大利原采取民商分立，但是现在采取了民商合一。土耳其、泰国、匈牙利、南斯拉夫和俄罗斯等国也纷纷采民商合一。（3）我国有采民商合一的传统。在清末法制变革时，我国曾经采取了民商分立，分别制定了大清民律草案和大清商律草案。中华民国南京政府在1929年民法典制定时，采用了有限度的民商合一制，在民法典之外，不另规定商法典。（4）民商合一能够节省立法成本。民法和商法在基本原则、具体制度等方面存在共同性，将民法与商法分立，则会导致立法的重复与矛盾，民商合一立法能够节省立法成本。（5）在现代社会，如何区分商人与非商人，存在很多困难。随着全民皆商的到来，商人作为一个特殊阶层逐步消失，商人与非商人之间难以作为泾渭分明的划分。在制定商法典的国家，对什么是商人往往作不出明确的规定。有的国家认为，商人就是从事商行为的人；有的国家则规定，商行为就是商人从事的行为；还有的国家则直接认为，商法是调整商人的商行为的法律。可见，对商人和商行为之间的循环界定，是存在商法典国家的致命缺陷。

我国民法典最终选择了民商合一。但是，我国的民商合一，并不是全部合一，而是部分合一，或者有限制合一，即在民法典之外，存在专利法、商标法、著作权法、公司法、票据法、信托法等大量民商事单行法，而不是将它们全部纳入民法典。我国的民法典虽然重要，但并非包罗万象。所以，我国建立起了以民法典为核心的私法体系。

二、我国民法典的体系

法国民法典共由人、财产以及所有权的各种变更、财产的各种取得方式三卷组成。德国民法典仿效学说汇纂的编纂体系，其民法的体系包括：总则、债务关系法、物权法、亲属法以及继承法。日本民法典的体系仿效德国，设五编：总则编、物权编、债权编、亲属编、继承编。瑞士民法典的体系包括：人格法、亲属法、继承法、物权法；瑞士债法典单独存在，其中瑞士民法典的民商合一主要是通过债法来实现的，将合伙法、公司法、票据法置于债法中。

我国民法典共7编，1260条，各编依次为总则、物权、合同、人格权、婚姻家庭、继承、侵权责任，以及附则。民法典实施后，婚姻法、继承法、民法通则、收养法、担保法、合同法、物权法、侵权责任法、民法总则同时废止。从我国民法典的体系看，虽然也采纳了德日等以学说汇纂的体例编纂，但又有其特殊性，体现在：一是我国将人格权独立成编；二是不设债编总则，将不当得利、无因管理作为准合同，规定在合同编；三是增设侵权责任编，且将其置于最后，凸显其民事权益保护功能。

三、我国民法典内部和外部效力

我国构建起以民法典为核心的私法体系。那么，民法典内部各编之间、民法典与民商事特别法在效力上该如何协调呢？

1. 民法典总则编与民法典其他各编、民事单行法的关系

民法典总则编与民法典物权编、合同编、人格权编、婚姻家庭编、继承编、侵权责任编之间是一般与特殊的关系。总则编是采取提取公因式的方式构建起来的，其对各分编以及其他民事单行法的作用体现为：（1）总则编指导民法典各分编以及民事单行法的制定。民法是私法的组成部分，同时也是私法的基础和核心部分。即使在涉及为了特定利益进行补充或修正规范的情况下，也是以民法典所包含的核心制度和基本规范为依据的。民法典总则编的民事主体制度、意思表示制度、权利和代理等制度对于民法典各分编、民事特别法具有重要的指导价值。因此民法典总则编对特别私法是不可或缺的。[①]（2）总则编指导民法典各编和民事特别法的适用。例如，

① ［德］本德·吕特斯、阿斯特丽德·施塔德勒：《德国民法总论》，于馨淼、张姝译，法律出版社2017年版，第3页。

民法典总则编关于可撤销民事法律行为的规定不但对合同编关于合同撤销有指导意义，还对保险法、信托法、票据法等适用具有指导价值。（3）总则编具有补充功能。民法典总则编提取的公因式例如权利能力、行为能力、代理、意思表示、权利、诉讼时效等具有广泛适用性，在民法典各编或者民事单行法没有规定的情况下，应适用民法典总则编的规定。

2. 民法典各分编与民事单行法的关系

虽然民法典各分编与总则编比较属于特别规定，但民法典作为私法的一般法、基本法决定了民法典各分编对其他民事单行法具有“总则”的功能，民法典各分编相对于其他民事单行法律而言，则属于一般规定。[①]所以，制定、适用各民事单行法不但要遵循民法典总则编的约束和指导，也要受各分编的约束和指导。各民事单行法有规定的，依据其规定；在各民事单行法未作规定时，民法典各分编的内容具有补遗性。

3. 民法典各分编之间的关系

民法典各分编之间的相互关系，应该遵循以下两个规定：一是需要根据民法典的具体规定来确定适用的法律规范。例如，侵权责任编第1178条规定：“本法和其他法律对不承担责任或者减轻责任的情形另有规定的，依照其规定。”本条确定了民法典侵权责任编之外各编关于不承担责任或者减轻责任另有规定的，具有优先适用性。二是根据各分编的内容确定。例如物权编关于物权的规定，对继承编继承客体具有适用性；合同编关于合同的规定对于其他各编有关协议的规定具有参照价值。

4. 民法典侵权责任编的特殊性

我国民法典将侵权责任单设一编，在民法典编纂史上具有重要地位。作为保护和救济民事权益的责任编，其保护和救济的民事权益不限于民法典总则编第五章规定的民事权益，其他民事单行法中规定的各种民事权益也在保护和救济范围之内。所以，民法典侵权责任编保护和救济的对象不限于民法典上的民事权益，而是对整个私法上民事权益的保护和救济。

---

① 黄薇：《中华人民共和国民法典总则编释义》，法律出版社2020年版，第38页。

第二章　民法的含义与分类

第一节　民法的概念

汉语中的“民法”一词源于日本。日本之“民法”一词来自何处，观点有二：一种观点认为，日本民法典中使用的“民法”一词，乃日儒基作麟祥，翻译法兰西民法始用之。[①]另一种观点认为，民法一词是由日本人津田真道1863年自荷兰语burgerlykregt翻译为民法，但直到1890年日本帝国民法制定才正式采用民法，后传入我国。

各国因历史文化传统、法律制度等方面存在差异，对民法的分类以及含义也存在不同的理解，所以对民法作一个放之四海而皆准的含义界定是不可能的。民法含义不同，民法包括的范围就不一致，例如在民商合一的国家，民法包括商法，但在民商分立的国家，民法并不包括商法。我国民法典对民法的概念虽未作界定，但依第2条，宜将民法界定为“调整平等主体的自然人、法人和非法人组织之间的人身关系和财产关系的法律规范的总和”。这一概念也说明了民法的调整对象。

第二节　民法的分类

依据不同的标准，民法可以做不同的分类。

① ［日］富井政章：《民法原论》，陈海瀛、陈海超译，中国政法大学出版社2003年版，第35页。

一、实质民法与形式民法

根据民法的表现形式不同，民法可以分为实质民法和形式民法。实质民法是指调整平等主体的公民、法人或非法人组织之间财产关系和人身关系的法律规范的总和。实质民法的外延极其广泛，不限于民法典以及民事单行法，还包括公法中调整民事关系的法律规范。例如《安全生产法》第56条关于生产安全事故损害赔偿的规定等。形式民法是指国家立法机关制定的以“民法”“民法典”或“民法通则”命名的法律，我国的民法典就是形式民法。

二、广义民法和狭义民法

根据民法的范围不同，民法可以分为广义民法和狭义民法。广义上的民法除包括民法典之外，还包括调整物质资料的归属关系、知识产权法律关系、商品交换关系、劳动关系、继承关系、婚姻家庭关系等各种民事社会生活关系的其他法律法规，此种民法便为广义的民法。在民商合一的国家，广义民法还包括调整公司关系、票据关系、保险关系以及信托关系等商事关系的法律规范。调整基本民事法律关系的法律是民法典，民法典便为狭义民法。

三、普通民法与特别民法

以民法规范表现形式的不同为标准，可将民法区分为普通民法和特别民法。普通民法是指经过编纂，以民法典的形式集中表现出来的民法规范，它具有广泛适用的特性。这种广泛性主要体现在时间、空间、对人的效力等方面具有一般性。特别民法是指以单行法律、法规、司法解释等法律表现形式对特定事项等进行调整的民事法律，它的效力具有特殊性。这种特殊性体现在在特定的时间、特定的空间或对特定的人发生法律效力。所以，当特别民法和普通民法对某一事项都有规定时，如果两者的规定存在差异时特别民法优先于普通民法。

第三节　民法的调整对象

民法的调整对象，是指由民法加以规定，可以适用民法解决纠纷的特定社会生活关系，即民法调整的社会关系的范围。学者对民法的调整对象有不同的看法、各国民法典对民法的调整对象都有不同的规定。我国《民法典》第2条对民法调整对象作了规定，依据其规定，民法调整对象可以概括为：平等主体之间的民事关系。

一、民法调整是平等主体之间的民事关系

民法调整的是平等主体之间的民事关系，其包含三层意义：

一是民事关系是人与人之间的一种社会关系。社会关系是人与人之间的关系，民事关系作为社会关系的一种，要发生在人与人之间。民事关系发生在人与人之间，在人与物之间能否发生民事关系，有不同的认识。有人认为，物权就是人对物的直接支配权，是人对物的关系。这种看法是表象的，物权虽然表现为人对物的直接支配，并不需要他人配合，权利人就可以实现权利内容，但物权也体现了人与人之间的关系，例如物权人之外的其他主体负有尊重物权、不得侵害物权等义务。

二是民事关系是人与人之间因民事而形成的社会关系。法的调整对象是一定的社会关系，社会关系并非凭空产生，它需要一定的事实引起，例如人的出生、死亡、自然灾害等，这些事实引起一定社会关系，例如出生引起父母子女关系、地震引起国家救灾关系等，这些关系受法律调整产生了权利义务关系，即法律关系。民法调整的对象是民事关系，民事关系也是通过一定的事实引起的，而这些事实，我们称之为民事法律事实，没有民事法律事实也就不会存在民事关系，民事关系受民法典以及民事单行法的调整而形成民事权利义务关系，法律通过对民事权利义务的调整实现了对民事主体之间关系的调整。如果不属于民事而形成的社会关系，则不在民法的调整范围之内，例如选举关系；有些虽然属于民事关系，但民法不

加以调整，也不属于民法调整对象，例如好意施惠行为等。

三是民事关系是平等主体之间的社会关系。民事关系的主体是民事主体，民事主体的地位是平等的。原民法通则规定了公民、法人两个主体，在民法典制定过程中，是继续保持公民、法人两个主体，还是要规定第三类主体虽然有不同的看法，但是基于社会实践和多数意见，赋予个人独资企业、合伙企业等不具有法人资格的组织民事主体地位，有利于其开展民事活动，促进经济社会发展，也与其他法律的规定相衔接，民法典创设了第三类主体：非法人组织。[①]而公民是具有一国国籍的人，属于政治学上的概念，其范围过窄。因此，民法典将民法通则中的公民修订为自然人，使其不仅包括中国公民，还包括我国领域内的外国人和无国籍人。最终，民法典确定了自然人、法人和非法人组织三个主体，而民事关系是民事主体之间的社会关系，民事关系表现为自然人之间、法人之间、非法人组织之间、自然人与法人之间、自然人与非法人组织之间、法人与非法人组织之间产生的各种民事关系。

二、民事关系包括财产关系和人身关系

依民法典第2条，民事关系包括民事财产关系与民事人身关系。不论是民事财产关系还是民事人身关系，它要求发生在平等主体之间。

（一）财产关系

1.财产的范围

民法调整的财产关系是平等主体之间以自愿为基础的具体地具有经济内容的社会关系。准确界定财产，是理解财产关系的基础。随着人类社会的不断发展，新的财产将不断出现。例如，现代社会的网络世界的虚拟财产就已经构成了我们生活世界的一部分，给我们界定财产带来了困难。有的观点认为，财产包括以下内容：（1）具有经济价值的有形物，学者常称为有形财产。如土地、厂房、服装、机器设备等。（2）具有经济价值的智

① 黄薇：《中华人民共和国民法典总则编释义》，法律出版社2020年版，第18页。

力成果。（3）受法律保护的具有经济价值的利益。例如，企业名称、商业秘密等。智力财产及受法律保护的具有经济价值的利益，被学者称为无体财产（无形财产）。财产是具有经济价值的有体物、智力成果和利益。[①]但是，也有学者认为，财产包括积极财产与消极财产，即财产不仅体现为经济价值，也包括所承担的负担。积极财产是指体现为经济利益的财产，例如物权、债权等；消极财产是指负担的债务。民法上的财产主要是积极财产，但也包括消极财产。具体到积极财产而言，人身之外能够被人支配的具有经济价值的，就属于财产，它包括物，但不以物为限，债权、知识产权收益等也属于财产的范畴，它通常具有以下四个特征：一是财产必须独立于人身之外，内在于人的，不属于财产，例如人的生命、健康以及器官等，财产只有外在于人，才可以成为交易的对象。二是财产的可交易性，财产通常是可以交易的，通过交易实现其经济价值。但是，为公共利益考量，有些财产禁止转让或者转让受严格限制，但仍不排除其财产属性。三是具有有用性，财产是手段而非目的，财产须能够满足人的需要，不能满足人的需要的，不能称为财产。四是可支配性。财产须能够支配，不能支配之物，不能称为财产。例如月球、空气等。

2. 财产关系的类型

财产关系包括静态的财产关系和动态的财产关系。

静态财产关系又称为财产支配关系，是财产在特定主体支配下形成的支配者与社会一般人之间的财产关系，主要是财产的归属、利用关系，例如物的所有关系、物的利用关系、物的占有关系等。调整静态财产关系的法律主要是民法典物权编。

动态财产关系又称财产流转关系，是财产由一主体向另一主体移转时，财产转让者与受让者之间形成的财产关系，包括：（1）商品交换关系；（2）投资及盈利分配关系；（3）劳动工资及劳动保险关系；（4）借贷关系、保管关系、运输关系等；（5）赔偿损失、修理、更换、退货等。调整动态财产关系的法律主要是民法典合同编、继承编、侵权责任编。

① 魏震瀛：《民法》，北京大学出版社、高等教育出版社2000年版，第3页。

（二）人身关系

人身关系是指人与人之间基于彼此的人格或身份而形成的，不以主体的经济利益为内容，而以主体的人身利益为内容的社会关系。人身关系包括身体关系、人格关系和身份关系，民法典将身体权和人格权合称为人格权，所以我国民法典中的人身关系包括人格关系和身份关系。

1.人格关系包括狭义上的人格关系和身体关系

身体关系是自然人对自己的生命、健康以及器官等身体而产生的关系，由此而形成了身体权，身体权包括生命权、健康权等。狭义上的人格关系是基于人格利益而发生的社会关系，它主要包括姓名权、名称权、肖像权、名誉权、隐私权等权利。除此之外，人格关系还包括自然人享有的基于人身自由、人格尊严产生的其他人格权益。民法典人格权编系从广义上适用人格权的，包括：（1）自然人享有的生命权、身体权、健康权、姓名权、名称权、肖像权、名誉权、荣誉权、隐私权等权利；（2）自然人享有基于人身自由、人格尊严产生的其他人格权益；（3）法人、非法人组织的名称权、名誉权和荣誉权。

2.身份关系

身份关系是以特定的身份利益为内容的社会关系，即人与人之间基于彼此的社会身份而形成的以主体的身份利益为内容的社会关系。例如配偶关系、父母子女关系等。依《民法典》第1001条，对自然人因婚姻家庭关系等产生的身份权利的保护，适用民法典第一编、第五编和其他法律的相关规定；没有规定的，可以根据其性质参照适用本编人格权保护的有关规定。

第三章　民法的法源

第一节　法律渊源的界定

一、法律渊源的概念

什么是法律渊源，有存在形式说、法律成立原因论、论据说、裁判依据说等各种观点。存在形式说认为，法律渊源就是法律的具体存在形式。作为法之渊源，其存在形式在学术上称为“法源”①。梁慧星教授也认为，发生法院裁判案件时应从何处寻找可以作为裁判基准的法律规范的问题，亦即所谓的法源问题。民法的法源是指作为私法的普通法的实质意义民法的存在形式。日本的平井一雄认为，民法的法源是指作为私法的普通法的实质意义民法的存在形式。还有学者认为，从司法的视角，法律渊源是指法律的权威及强制力的来源或法律的存在形态。②法律成立原因论认为，法律渊源为一般法的产生根据，因此不仅包括法律制度的产生根据，也包括根据法律制度通过抽象而形成的具体法规则的产生根据。③美国法学家格雷在1921年区别使用“法律”和“法律渊源”，他认为，制定法和判例白纸黑字的东西，以及道德、政策、法律原则、习惯、法律专家的意见，都不是法律本身，而是法律的渊源。法律适用者结合这些渊源和案件事实得出的适用

---

① 近江幸治：《民法讲义Ⅰ民法总则》，北京大学出版社2015年版，第6页。

② 周永坤：《法理学》，法律出版社2016年版，第43页。

③ ［德］萨维尼：《当代罗马法体系Ⅰ》，朱虎译，中国法制出版社2010年版，第15页。

于具体案件的规则，才是真正的法律。[①]所以，美国的格雷认为法律渊源是法官在制定法律规则时通常所诉诸的某些法律资料与非法律资料，甚至道德原则也是法律渊源。论据说认为，法律渊源是指阐述一种法律制度或者争辩一条法律规范时可以使用的具有说服力的各种论据。[②]裁判依据说认为，所谓法律渊源，就是指被承认具有法的效力、法的权威性或具有法律意义并作为法官审理案件之依据的规范或准则来源，如制定法、判例法、习惯法、法理，等等。[③]在民事法领域，法律表现形式说占据了统治地位。例如，我国台湾地区的陈聪富教授认为，法源是指法的渊源，民法之渊源，狭义上，系指法律的形式，包括民法典、特别民事法规、习惯、判例及法理；广义上，系指法官据以为民事裁判基础之渊源。除上述列举者外，还包括法律行为规范，尤其是当事人订立的契约。卡尔·拉伦茨则认为，法律渊源一方面是指法律原则的产生原因，另一方面是指适用于全体人民的法本身的表现形式。李开国教授认为，法的渊源是指法赖以确定的根据及法的表现形式。

要界定民法渊源，首要的问题是，我们为什么要界定民法渊源。其目的不同，对民法渊源的界定应是不同的。如果从我国民法典第10条看，民法的渊源是处理民事纠纷的依据，就是人民法院、仲裁机构在处理民事纠纷时据以作出裁判的规则。[④]但如果将民法的渊源界定为对民事主体进行民事活动起指导作用的依据，那其表现形式可能又不同。所以，凯尔森认为，法的渊源是一个比喻性的并且极端模糊不清的说法。

二、从“法官不得拒绝裁判民事纠纷”看我国民法典第10条关于民法渊源的范围

依《民法典》第10条，处理民事纠纷，应当依照法律；法律没有规定

---

① John Grey, The Nature and Sources of Law, New York: The Macmillan Company, 1921,p84.

② 何海波：《行政法的渊源》，载应松年主编：《当代中国行政法（第一卷）》，人民出版社2018年版，第20页。

③ 舒国滢：《法理学导论（第三版）》，北京大学出版社2019年版，第66页。

④ 黄薇：《中华人民共和国民法典总则编释义》，法律出版社2020年版，第35页。

的，可以适用习惯，但是不得违背公序良俗。可见，法官在裁判民事案件时，所依据的是法律和习惯，除此之外别无所依。但是，国家要保护个人权利，司法机关要尽保护个人权利之责。如果因没有法律规定，而拒绝裁判，属于国家没有尽到保护个人权利的职责。菲律宾民法典第一章第9条规定："任何法官或法院，不得以法律的沉默、模糊或不足为理由，拒绝作出裁判。"西班牙民法典第一章法的渊源第1条："法官和法院在任何情况下不可推卸地承担按照法的渊源体系处理被呈送的案件的义务。"日本宪法也规定，在没有制定法、习惯法可以依循时，法官也不能拒绝裁判。甚至法国民法典第4条直接规定："法官借口法律无规定、不明确或不完备而拒绝审判者，得以拒绝审判罪罪之。"我国虽无拒绝裁判罪等规定，但人民法院要化解民事纠纷，要对民事纠纷进行裁判，显然仅依据制定法和习惯是不够的。所以，如果从裁判依据出发，刑法实行罪刑法定，裁判依据只能是刑法；而民法则实行更为开放的态度，其裁判依据如果限定在法律和习惯，与罪刑法定之要求何异？

从各国民法规定来看，民法渊源主要是民事裁判的依据，法官又不得以未有法律规定为由拒绝裁判。所以，各国民法典关于民法渊源的规定多采取开放态度。瑞士民法典第1条"任何法律问题，凡依本法文字或其解释有相应规定者，一律适用本法。法律未规定者，法院得依习惯法，无习惯法时，得依其作为立法者所提出的规则，为裁判。在前款情形，法院应遵从公认的学理和惯例"。葡萄牙民法典第一编第一章法之渊源第1条规定了法的直接渊源："（1）法律为法之直接渊源；（2）来自有权限国家机关之一切概括性规定，均视为法律；由不同的精神、文化、经济或职业界别的代表机关在其职责内所定的规则，包括有关的章程和内部规章为同业公会的规定；（3）同业公会的规定不得抵触强行性的法律规定。"第2条规定了判例，但该条废止。第3条规定了习惯之法律价值："（1）不违背善良原则之习惯，仅在法律有所规定时，方予考虑；（2）同业公会的规定优先于习惯。"这还不够，在第4条规定了衡平原则之价值，要求："仅在下列任一情况下，法院方得按衡平原则处理案件：（1）法律规定容许者；（2）当事人有合意，且有关之法律关系非为不可处分者；（3）当事人按适用于仲裁条款之规定，预先约定采用衡平原则者。”西班牙民法典第一章法的渊源第1条规定：“（1）西班牙法的渊源包括法律、惯例和法的基本原则；（2）与上位法抵触的法律法规无效；（3）惯例在无现行法律适用时有效。惯例须已被广泛接受并不得违反公共秩序和善的道德规范。司法判例在不仅仅是意向声明的解释性实践时，可视同惯例；（4）法的基本原则在法律和惯例均欠缺时适用，其性质使其构成法制的组成部分；（5）国际条约不得在西班牙境内作为法律直接执行。其执行须在国家公报上公布，并成为国内法的一部分；（6）案例应通过最高法院在其解释与适用法规、惯例和一般原则的过程中反复支持的原则以补充法律体系。”菲律宾民法典第一章第7条、第8条和第11条确立了民法渊源：“（1）法律只可由后来颁布的法律废除，不应以法律停止使用或有相反的习惯或惯例作为违反或不遵守法律的理由。（2）适用或者解释法律或宪法的法院判决，构成菲律宾法律体系的一部分。（3）违反法律、公共秩序或公共政策的习惯，不予支持。”通过列举，我们发现，民法典对法官裁判案件的依据采取了非常开放的态度。中华民国民法典第1条：“民事，法律所未规定者，依习惯；无习惯者，依法理。”本条并未将法律渊源作为法官裁判案件的依据，但作为民事的依据，这里的民事应该是民事活动的意思，也即不论是民事主体从事民事活动，还是法院、仲裁机构对民事纠纷进行裁判，都可以依据法理。

第二节　法律的范畴

民法典在制定过程中，关于法律依据的意义，曾有主张使用“处理民事关系”的，也有主张使用“进行民事活动的”，最终采纳了“处理民事纠纷”，这是考虑《民法典》第10条规定旨在为人民法院、仲裁机构等在处理民事纠纷时提供法律适用规则。[①]这种规定与西班牙、瑞士等民法典关于民法渊源的意义相同。将法律作为处理民事纠纷最主要的依据，但法院对民

---

① 黄薇：《中华人民共和国民法典总则编释义》，法律出版社2020年版，第36页。

事案件不能以没有法律规定为由拒绝受理。因此，学者认为，这里的“法律”应作广义理解，但是广义到何种程度，学者间有不同的认识。有学者认为，这里的法律包括全国人大及其常委会制定的法律和国务院制定的行政法规，也不排除地方性法规、自治条例和单行条例等。[①]有学者认为，这里所指的法律既包括狭义的法律，也包括其他权力机关制定的规范性文件，具体包括宪法、民事法律、行政法规、有权解释机关作出的解释（包括立法解释和司法解释）、地方性法规。[②]还有学者认为，这里的法律不包括司法解释，认为“最高人民法院的司法解释，多数情形是针对现行法律规定如何理解、解释、适用所进行的解释，但针对未有法律规定的案型，创设裁判规则，以弥补法律规定不足的司法解释也不少”。[③]甚至有学者直截了当地指出：“无论如何，我们都不能说司法解释为《民法总则》第10条所称的法律。但从裁判规范的意义上，民法渊源不限于《民法典》第10条所称的法律和习惯，还包括民事司法解释。”[④]有学者认为，这里的“法律”包括民法典、民事单行法（民事特别法）、立法机关的法律解释，还包括行政法、刑法、环境法等公法。而民法的其他法源还有宪法、判例、最高人民法院的司法解释和学理。[⑤]这里的法律虽然是广义上的，但其范围限于：全国人大及其常委会制定的法律、立法解释、行政法规、地方性法规、自治条例和单行条例以及我国加入的国际公约。

一、全国人大及其常委会制定的法律

（一）宪法

宪法是国家的根本大法，它虽然不直接调整平等主体之间的民事关系。但是，无论民法典还是单行法的制定、适用等都不能离开宪法的指引，保

---

① 黄薇：《中华人民共和国民法典总则编释义》，法律出版社2020年版，第36页。

② 郭明瑞：《民法总则通义》，商务印书馆2018年版，第29—34页。

③ 梁慧星：《民法总论（第五版）》，法律出版社2017年版，第30页。

④ 邹海林：《民法总则》，法律出版社2018年版，第525页。

⑤ 李永军：《民法总则》，中国法制出版社2018年版，第82—94页。

护宪法规定的公民基本权利是现代民法制度的基本目标。但是，宪法是否能够作为法院裁判民事纠纷的依据，在理论上有“直接效力说”和“间接效力说”。直接效力说认为，基本权利具有绝对效力，该权利不仅约束国家，也可约束私人，私人的基本权利受到侵害的，可以直接适用宪法规定进行裁判。例如，在人格权法律制度尚不健全的2001年，“山东齐某苓案”成为第一个援引宪法判决的案例。[①]间接效力说认为，基本权利只约束国家而不约束私人，宪法根本不存在司法上的直接目的和宗旨。但是，宪法可能会间接或客观地影响到私人之间的关系，它通常具有否定性作用，而不能作为主张私法权利的直接依据。[②]宪法是制定民事法律的依据，民法上确定的规则是落实宪法上的基本权利的，通常民事法律对宪法上的基本权利加以细化规定并确定为私法权利。所以，宪法一般不能作为裁判案件的依据。但是，如果宪法上规定的公民基本权利在民法上没有加以规范并确定为私法权利，那么宪法应该是人民法院裁判案件的依据。

（二）法律

法律主要是民法典、民事单行法（民事特别法）。但这里的“法律”是否包括刑法、行政法等公法，有不同的认识。有学者认为，这里应限于“刑法、行政法等公法中的民事法律规范”。[③]也有学者认为，这里应限于“行政法、刑法以及其他强制性法律规范”。[④]刑法、行政法、社会法等公法作

---

① 原告齐某苓与被告陈某均是被告滕州八中的90届应届初中毕业生，当时同在滕州八中驻地滕州市鲍沟镇圈里村居住，二人相貌有明显差异。齐某苓在90届统考中取得成绩441分，超过了委培生的录取分数线。当年录取工作结束后，被告济宁商校发出了录取齐某苓为该校90级财会专业委培生的通知书，该通知书由滕州八中转交。陈某从被告滕州八中将原告齐某苓的录取通知书领走，以齐某苓的名义在济宁商校就读。齐玉玲以受教育权、姓名权受到侵害为由将被告陈某、滕州八中、济宁商校等诉至法院。2001年《最高人民法院关于以侵犯姓名权的手段侵犯宪法保护的公民受教育的基本权利是否应承担民事责任的批复》，以宪法作为裁判依据。但该批复在2008年被废止。

② 李永军：《民法总则》，中国法制出版社2018年版，第89页。

③ 沈德咏：《〈中华人民共和国民法总则〉条文理解与适用（上）》，人民法院出版社2017年版，第156页。

④ 李永军：《民法总则》，中国法制出版社2018年版，第83页。

为民事裁判依据主要发挥两个方面的功能：一是这些公法中存在大量的民事规范，可以直接适用，例如刑事诉讼法关于刑事附带民事诉讼的规定；二是这些公法中规定了大量强制性规定，这些强制性规定有些是直接否定了合同的效力，这些规范虽然不能作为直接裁判规范，但可以作为间接裁判规范。当然，违反公法中的强制性规范，行为是否无效，要从强制性规范的目的确定：（1）如果是效力性强制规范，则无效。例如，刑法和动物保护法等确定了动物保护的范围，对法律上保护的动物订立买卖合同的，因标的物违反刑法和动物保护法的强制性规范而无效。（2）如果是管理性规范，则不影响合同效力。例如，《房地产管理法》第54条规定，房屋租赁要向房屋管理部门登记备案，如果没有登记备案的，并不能否认房屋租赁合同的效力。

二、行政法规

行政法规是国务院依立法法规定的程序制定的。依据《立法法》第65条，民事方面的行政法规主要有三种类型：其一，为执行民事法律的规定制定的行政法规；其二，国务院行政管理职权的事项而制定的民事方面的行政法规；其三，全国人大及其常委会授权国务院制定的本属于应当制定法律的民事事项的行政法规。国务院制定的计算机软件保护条例、植物新品种保护条例等，属于民事性行政法规。在一些行政性法规中，也存在很多民事法律规范。行政法规属于《民法典》第10条的法律的范畴，是法院裁判民事案件的主要依据。

三、立法解释

法律规范的真实含义，很多情况下是不清楚的，因此需要解释。同时解释也是将民事法律规范运用于解决纠纷的具体过程。按照不同的标准，法律解释可以作不同的分类。其中最常用的分类是按照解释主体是否有解释权，将法律解释分为有权解释和学理解释。有权解释包括司法解释和立法解释。从民法法源意义上，立法解释属于“法律”的范畴。司法解释虽然也属于民法法源，但不属于法律的范畴，具体分析后文详述。在立法与司法严格区分的大陆法系国家，唯有立法者所作的解释才是可以被允许的解释。[①]所以，我国立法法规定，法律解释权属于全国人民代表大会常务委员会，法律解释与法律具有同等效力。法律解释适用于两种情形：一是法律的规定需要进一步明确具体含义的；二是法律制定后出现新的情况，需要明确适用法律依据的。全国人民代表大会常务委员会作出的立法解释，与法律具有同等效力。我国的民事立法解释至今仅有一例。[②]《民法典》第1015条吸收了该立法解释，民法典颁行后，该立法解释失效。当然，一旦有立法解释，它当然是解决民事纠纷的依据。

四、地方性法规

2015年之前有权制定地方性法规的主体有：（1）省、自治区、直辖市人民代表大会及其常务委员会；（2）较大的市[③]的人民代表大会及其常务委员

---

① ［美］约翰·亨利·梅里曼：《大陆法系》，顾培东等译，知识产权出版社1984年版，第43页。

② 全国人民代表大会常务委员会《关于〈中华人民共和国民法通则〉第九十九条第一款、〈中华人民共和国婚姻法〉第二十二条的解释》中最高人民法院向全国人民代表大会常务委员会提出，为使人民法院正确理解和适用法律，请求对《民法通则》第99条第1款“公民享有姓名权，有权决定、使用和依照规定改变自己的姓名”和《婚姻法》第22条“子女可以随父姓，可以随母姓”的规定作法律解释，明确公民在父姓和母姓之外选取姓氏如何适用法律。全国人民代表大会常务委员会讨论了上述规定的含义，认为：公民依法享有姓名权。公民行使姓名权属于民事活动，既应当依照《民法通则》第99条第1款和《婚姻法》第22条的规定，还应当遵守《民法通则》第7条的规定，即应当尊重社会公德，不得损害社会公共利益。在中华传统文化中，“姓名”中的“姓”，即姓氏，体现着血缘传承、伦理秩序和文化传统，公民选取姓氏涉及公序良俗。公民原则上随父姓或者母姓符合中华传统文化和伦理观念，符合绝大多数公民的意愿和实际做法。同时，考虑到社会实际情况，公民有正当理由的也可以选取其他姓氏。基于此，对《民法通则》第99条第1款、《婚姻法》第22条解释如下：公民依法享有姓名权。公民行使姓名权，还应当尊重社会公德，不得损害社会公共利益。公民原则上应当随父姓或者母姓。有下列情形之一的，可以在父姓和母姓之外选取姓氏：（一）选取其他直系长辈血亲的姓氏；（二）因由法定扶养人以外的人扶养而选取扶养人姓氏；（三）有不违反公序良俗的其他正当理由。少数民族公民的姓氏可以从本民族的文化传统和风俗习惯中选取。

③ 较大的市是指省、自治区的人民政府所在地的市，经济特区所在地的市和经国务院批准的较大的市。

会。2015年修改立法法时，将地方性法规立法权扩大到“设区的市的人民代表大会及其常务委员会”。《最高人民法院关于裁判文书引用法律、法规等规范性文件的规定》规定，在地方性法规与上位法不抵触时，法院可以直接引用地方性法规裁判民事案件，也即应当适用而非参照。但是，有观点认为，最高人民法院关于裁判文书引用法律、法规等规范性文件的规定系在2015年立法法修法之前出台的，2015年立法法修订后，地方性法规的立法权扩大到设区的市的人民代表大会及其常务委员会，能够作为民事法律渊源的地方性法规，仍然限定在省级人民代表大会及其常务委员会、较大的市和经济特区的市人民代表大会及其常务委员会制定的地方性法规。①

地方性法规仅在本行政区划范围内发生效力，其适用具有严格的地域性。因此，地方性法规作为裁判依据容易产生“同案不同判”的现象。那么，地方性法规是否以民法典或全国人大及其常委会制定的其他法律的授权为必要，即在民法典或全国人大及其常委会制定的其他法律中明确规定可制定地方性法规的，地方性法规才能成为裁判依据呢？例如，《农村土地承包法》第68条规定：“各省、自治区、直辖市人民代表大会常务委员会可以根据本法，结合本行政区域的实际情况，制定实施办法。”从法律适用的统一性讲，原则上地方性法规不能作为裁判依据，如果在民法典或其他法律有授权时，地方性法规可以作为裁判依据；另一方面，我国地域广阔，如果一概否定地方性法规创设民事规则，适用全国统一的民事法律，则欠缺灵活性。从立法法角度看，地方性法规是可创设民事规则的，如果其创设的规则不违背上位法，则可以成为人民法院或仲裁机构裁判的依据。

五、自治条例和单行条例

自治条例和单行条例有自治区的，也有自治州和自治县的，其制定主体是民族自治地方的人民代表大会，其涉及的事项是根据当地民族的政治、经济和文化特点对法律、行政法规作出变通性规定，但不得违背法律或者

① 沈德咏：《〈中华人民共和国民法总则〉条文理解与适用（上）》，人民法院出版社2017年版，第156页。

行政法规的基本原则，不得对宪法和民族区域自治法的规定以及其他有关法律、行政法规专门就民族自治地方所作的规定作出变通规定。[①]。一般认为，自治条例和单行条例中的民事规范，只要不违反法律和行政法规的基本原则，特别是本自治区域内的变通规定和补充规定，属于《民法典》第10条中的法律，可以作为解决民事纠纷的依据。

六、国际条约

依《缔结条约程序法》第3条，中华人民共和国全国人民代表大会常务委员会决定同外国缔结的条约和重要协定的批准和废除。中华人民共和国主席根据全国人民代表大会常务委员会的决定，批准和废除同外国缔结的条约和重要协定。所以我国加入国际条约，是一种立法行为，我国政府签署并经全国人大常委会批准的国际条约，具有与国内法等同的效力，也是解决民事纠纷尤其是涉外民事纠纷的依据。

七、规章

规章包括部门规章和地方政府规章，部门规章是国务院有关部门依法定程序制定的规范性法律文件。地方政府规章是有制定政府规章权限的地方人民政府依法定程序制定的规范性法律文件。部门规章和地方政府规章合称为行政规章。部门规章在法的效力上低于法律、行政法规；地方政府规章在法的效力上低于地方性法规，性质上属于立法法意义上的附带立法。[②]有的学者认为，部门规章可作为民事裁判案件的参考，但不能作为裁判案件的法律依据。[③]实践中，最高人民法院有关司法解释明确民事案件不得引用行政规章，法院在审理案件时可以参照适用，仅为“裁判说理依据”，行政规章不列为民事法律的渊源最为妥当。[④]所以，规章不能作为裁判依据，但

① 《立法法》第75条。

② 郑淑娜：《中华人民共和国立法法释义》，中国民主法制出版社2015年版，第208页。

③ 郭明瑞：《民法总则通义》，商务印书馆2018年版，第29—34页。

④ 沈德咏：《〈中华人民共和国民法总则〉条文理解与适用（上）》，人民法院出版社2017年版，第159页。

是规章中的规定，则可以成为影响私法自治效果的依据，例如规章中规定禁止某种物的买卖，当事人就该种物订立合同的，合同无效。这时规章是说明合同无效的依据。再如某地通过规章禁止外地人买房，该规章可能导致合同被解除或因房屋无法办理过户而不能实现合同目的。当然，合同无效或者合同被解除的，其法律效果则应以民法典之规定裁判。

第三节　习惯

一、习惯是民法渊源

《民法典》第10条将习惯作为法律之外的另一个渊源。将习惯作为民法渊源具有重要意义。例如，在“接脚夫案”[①]中，法院以风俗习惯作出裁判。我国地域广阔，各地风俗习惯不同，一部民法典不足以解决千奇百怪的民事纠纷。因此，将习惯作为裁判依据，具有现实性和必要性。但是，

① 18年前，刘老汉的二儿子突然意外去世，留下刚刚周岁的儿子和妻子。刘老汉夫妇便帮二儿媳找了丈夫，支撑这个破碎的家庭。经人介绍，小邵作为“接脚夫”进了刘家。刘老汉说，小邵进门后，双方立了一《合约书》。《合约书》约定，小邵落户刘家，并对家中老幼尽扶养义务。刘老汉把房子分了一半给小邵，后来村里发放土地补偿款，刘老汉把补偿款平分两份，每份6000元，分别给了大儿子和小邵。刘老汉说，小邵进门后几乎没有对他们尽赡养义务。刘老汉夫妇无奈之下，于去年把小邵告上了法庭：要求小邵支付他们的赡养费和医药费。在法庭上，小邵辩驳说，那份《合约书》是伪造的。小邵认为，从法律上讲，他和刘老汉夫妇根本就形不成扶养关系。在老人提供给法院的材料里，有一份村民集体签名的声明称：“小邵自进我家门不尽人道，从不承担老人生活费及医疗费……”全村近百位村民在这份材料上签名。村民们认为，按当地传统风俗，招入后夫是为了“招夫依靠”，而且小邵也从刘家分到了相应财产，无疑应该承担赡养老人的责任。法院一审认为，小邵和刘老汉夫妇已形成事实上的扶养关系，因此小邵要每月支付刘老汉夫妇赡养费109元。至于医药费部分，由于刘老汉夫妇的证据不足，被法院驳回了。一审后，刘老汉夫妇提起上诉，但二审法院维持原判。判决认定“接脚夫”负有赡养家中老人的义务。此举受当地村民好评。村民们认为，在闽南农村，“接脚夫”风俗已经得到一致认同，儿子去世后，家长为守寡的媳妇再找一个丈夫，招入后夫目的就是“招夫养老”。有的法学专家认为，“接脚夫”风俗促进农村实现“老有所养”，属于“善良风俗”，可作为判案依据；但也有专家认为，“接脚夫”风俗违背婚姻法精神，不能视为“善良风俗”。

何谓“习惯”，有不同的见解。第一种观点认为，习惯是指在一定地域、行业范围内长期为一般人确信并普遍遵守的民间习惯或者商业惯例。[①]第二种观点认为，习惯是在某一区域范围内，基于长期的生产生活实践而为社会公众所知悉并普遍遵守的生活和交易习惯。如果将民间习惯等同于生活习惯，商业惯例等同于交易习惯，那么这种观点关于习惯的认识与第一种观点基本相同。有观点认为，习惯是在一定范围、一定地域的人们长期形成的行为规则。[②]但也有观点认为，交易惯例和商业习惯既不是法律渊源，也不是习惯法，虽然法律规定它们是解释的辅助手段，并在其他地方予以援引。交易惯例和商业习惯只有在符合法律制度的价值标准的范围内才具有意义，它们本身不能作为认识法律的源泉。习惯法与交易惯例或一般习俗的区分具有实践方面的意义。习惯法具有与法相同的地位，新的习惯法可以使老的制定法失效；而交易惯例永远必须屈服于法律。[③]商业惯例或国际惯例是人们在长期的经贸活动中形成的习惯性做法。它不是由立法机关制定的，不具有普遍的约束力，仅供经贸活动中当事人选择适用，一旦选择就对当事人产生约束力。重要的国际惯例主要有国际贸易术语解释通则、1932华沙—牛津规则等。当事人一旦选定某一项国际惯例，例如选择了国际贸易术语解释通则中的EXW术语，就按照该术语承担各自的义务。所以，当事人选择国际惯例的，实际上是双方当事人之间的合同，它通常不能作为裁判案件的依据。我国民法典在多个条文中使用了“交易习惯”“习惯”的概念。第140条规定，行为人可以明示或者默示作出意思表示。沉默只有在有法律规定、当事人约定或者符合当事人之间的交易习惯时，才可以视为意思表示。第142条规定，有相对人的意思表示的解释，应当按照所使用的词句，结合相关条款、行为的性质和目的、习惯以及诚信原则，确定意思表示的含义。无相对人的意思表示的解释，不能完全拘泥于所使

---

① 黄薇：《中华人民共和国民法典总则编释义》，法律出版社2020年版，第37页。此外，邹海林教授也持这种观点，参见邹海林《民法总则》，法律出版社2018年版，第524页。

② 郭明瑞：《民法总则通义》，商务印书馆2018年版，第33页。

③ ［德］卡尔·拉伦茨：《德国民法通论（上）》，王晓晔等译，法律出版社2003年版，第11页。

用的词句，而应当结合相关条款、行为的性质和目的、习惯以及诚信原则，确定行为人的真实意思。第484条规定，以通知方式作出的承诺，生效的时间适用本法第137条的规定。承诺不需要通知的，根据交易习惯或者要约的要求作出承诺的行为时生效。第509条第2款规定，当事人应当遵循诚信原则，根据合同的性质、目的和交易习惯履行通知、协助、保密等义务。第510条规定，合同生效后，当事人就质量、价款或者报酬、履行地点等内容没有约定或者约定不明确的，可以协议补充；不能达成补充协议的，按照合同相关条款或者交易习惯确定。第558条规定："债权债务终止后，当事人应当遵循诚信等原则，根据交易习惯履行通知、协助、保密、旧物回收等义务。"在这些条文中，交易习惯作为认定意思表示是否存在或者意思表示的内容等问题的，而非裁判依据。因此，交易习惯不能作为法律意义上的习惯使用，而是作为一种事实认定的参照标准。①我国民法典中的交易习惯、交易惯例、国际惯例等属于对事实判断，而不是裁判依据，与具有法源意义的习惯存在本质区别。

二、习惯与习惯法的区分

是否有必要区分习惯与习惯法，有两种不同的观点：一种观点认为，民法上的习惯是指习惯法。②另一种观点认为，习惯上升到法律规范层面时就变成"习惯法"。③还有一种观点认为，作为法源意义的习惯是习惯法，与习惯法应严予区别的，系事实上的习惯，此仅属一种惯行，尚欠缺法的确信。此种事实上的习惯不具有法源性，无补充法律的效力。④如果从法律渊源角度看，一项习惯作为裁判依据，也就具有作为强制性行为规范的效力。但习惯不是法，更不是法律，习惯就是习惯，不能被民法典第10条中

① 李永军：《民法总则》，中国法制出版社2018年版，第87页。

② 梁慧星：《民法总论》，法律出版社2017年版，第28页。

③ ［日］近江幸治：《民法讲义Ⅰ民法总则》，渠涛等译，北京大学出版社2015年版，第6页。

④ 王泽鉴：《民法总则》，北京大学出版社2009年版，第63页。

的“法律”所涵摄。法源意义上的习惯恰恰是法律未予以规定的事项。[①]所以，习惯不同于习惯法，而经国家认可已由法律确认的习惯即习惯法，属于法律规范，属于“法律”的范畴。

三、习惯的构成要件

关于习惯的构成要件，有不同的认识。意大利学者彼得罗认为，对于法律习惯的形成，必须具备以下条件：（1）法律信念，或者叫认为应当把规范当作法来遵守的信念；（2）对规范的自发遵守。[②]日本民法认为，习惯只是经法令规定认可者及相关法令未规定之事项者，才具有法源性质。当有任意法或习惯法存在时，习惯实际上就处于优先地位。[③]也有学者认为，习惯的适用必须具备一定的条件：一是该事项法律没有具体规定，也就是说，只有在法律没有规定的情况下，才可以适用习惯裁判民事案件。二是该事项确在该地域已经成为习惯，即已经为该地域或该领域的人们普遍遵行，习惯要具有确定性、公认性。三是不违背公序良俗。[④]还有学者认为，一项习惯被作为习惯法而承认，应当具备下列条件：（1）待决事项确无制定法规定；（2）要确认的习惯是确实存在的；（3）该习惯长期以来被当作具有约束力的规则来遵守；（4）当事人均属于该习惯的约束范围，即当事人双方或多方都知道这一习惯并受习惯约束；（5）习惯必须不与法律的基本原则相抵触，不得违反公序良俗。[⑤]一项习惯能够作为裁判依据，要具备积极条件和消极条件。

---

① 郭明瑞：《民法总则通义》，商务印书馆2018年版，第33页。

② ［意］彼得罗·彭梵得：《罗马法教科书》，黄风译，中国政法大学出版社2018年版，第13页。

③ ［日］四宫和夫：《日本民法总则》，唐晖、钱孟姗译，五南图书出版公司1996年版，第9页。

④ 郭明瑞：《民法总则通义》，商务印书馆2018年版，第33页。

⑤ 李永军：《民法总则》，中国法制出版社2018年版，第86页。

（一）消极条件

一项习惯要成为裁判依据，需要具备两个消极条件：一是法律对民事纠纷没有提供解决的依据。如果法律对民事纠纷的解决有明确的依据，则不适用习惯。二是习惯不得违反民法的基本原则。依民法典第10条规定，习惯不得违反公序良俗。除此之外，如果一项习惯违背民法的基本原则，例如习惯违背诚实信用原则，是否也可以作为民事纠纷的裁判依据呢？民法典虽然没有明确规定，但诚实信用、公平、自愿等原则作为民法的基本原则，不但要约束立法，而且要约束习惯，且从立法法规定看，自治条例和单行条例也不能违反法的基本原则。所以，一项习惯如果违反民法基本原则，不是“合适的习惯”，不但不能作为裁判依据，而且是应予以取缔的。

（二）积极条件

一项习惯要成为裁判依据，需要具备两个积极条件：一是当事人长期生活在习惯通行地区，如果一方在习惯通行地区，而另一方不在，则不能适用该习惯；二是该习惯具有行为规范的意义，即当事人知道或应当知道该习惯具有强制约束力，并且确信应按照该习惯行事。

（三）习惯的适用不限于民法典或其他民事单行法有特别规定的情形

民法典在多处规定可适用“习惯”的情形，例如《民法典》第289条规定：“法律、法规对处理相邻关系有规定的，依照其规定；法律、法规没有规定的，可以按照当地习惯。”当事人因相邻关系纠纷发生争议的，在法律没有明确的裁判依据时，法院可以援引习惯裁判。但是，如果法律对是否能够适用习惯作出明确规定时，能否援引习惯进行裁判呢？本书认为，《民法典》第10条将习惯作为裁判依据，具有一般性，如果存在具备上述积极要件和消极要件的习惯且法律没有规定时，习惯具有法源效力。另外，民法典中多处规定了“习惯”，这些习惯有的具有补充法律的目的，例如《民法典》第289条规定的习惯，可以作为裁判依据。有些条款中的“习惯”，例如第1015条第2款规定："少数民族自然人的姓氏可以遵从本民族的文化传统和风俗习惯。"这里的"风俗习惯"优于法律规定适用。

四、习惯的具体适用

一项能够作为裁判的习惯，其适用涉及两个问题：一是习惯的证明问题，二是法院能否主动援引习惯进行裁判的问题。对此，各国规定不同。例如，菲律宾民法典第12条规定："习惯必须根据证据规则作为事实加以证明。"当习惯被称为习惯法时，人民法院原则上须援引此一习惯，不待诉讼当事人提出主张和证明。但是适用日本民法第92条①之规定时，"习惯"便成为法律行为之内容，仅能根据法律行为所产生的后果来约束当事人，因此原则上要由当事人承担举证证明该习惯存在始生效力。②

作为裁判依据的习惯，法院应主动适用习惯裁判案件。所以，法官知其习惯存在的，不待诉讼当事人提出主张和证明，应主动援引。如果法官不知其习惯存在时，应由主张习惯存在者承担举证责任，因涉及裁判依据问题法院也有主动查明义务。

第四节　其他法源

一、司法解释

我国民法典未将司法解释作为民法渊源。有学者将其解释为"法律"，从而确认其法源效力，具有一定的科学性。但主流观点认为，司法解释是法律、习惯之外的第三类民法渊源。司法解释具有民法渊源的效力，能够弥补我国《民法典》第10条确定的裁判依据过窄的问题，且司法解释是对法的正式解释，是最高司法机关对国家成文法律进行的理解和阐释，具有

---

① 本条规定了与任意性规范相异的习惯优先适用性。

② ［日］四宫和夫：《日本民法总则》，五南图书出版公司1996年版，第9页。

法律效力。从解释的性质来看，法律已经赋予其准立法的地位。[①]尽管民法典总则编没有明确司法解释的法源地位，但就其作用来说，具有细化和补充民法作为裁判依据的法律效力，可以作为法律应有内容对待。[②]

法律解释的存在形式包括“解释”“规定”“批复”和“决定”四种。[③]对在审判工作中如何具体应用某一法律或者对某一类案件、某一类问题如何应用法律制定的司法解释，采用“解释”的形式。根据立法精神对审判工作中需要制定的规范、意见等司法解释，采用“规定”的形式。对高级人民法院、解放军军事法院就审判工作中具体应用法律问题的请示制定的司法解释，采用“批复”的形式。修改或者废止司法解释，采用“决定”的形式。

二、指导性案例

关于判例能否成为民法渊源，大陆法系国家采取了较为谨慎的态度，一般认为判例不能作为民法法源，裁判民事案件不能依据判例。例如奥地利民法典第12条明确规定：“针对个别案件而发布的决议，以及针对具体的法律诉讼下达的判决从来不具有法律强制力；他们不能适用于其他案件或其他人。”但判例对克服成文法的僵化、补充法律漏洞等具有非常重要的意义。尤其是20世纪以来，大陆法系国家为了补救成文法易于僵化、缺乏弹性的缺点，日益重视发挥诚实信用原则等一般条款及判例的作用，英美法系国家为补救成文法内容复杂、难以了解的缺点，则日益重视法律的条文化。[④]在民法国家里，判例具有相当的强制力，这种强制力典型地比法典化前的判例的强制力大得多，它不断强化了，相应地推广了学术观点。[⑤]所以，大陆法系判例不能作为裁判依据并非绝对。例如日本，为求得法令的统一结合，将此任务交给最高法院，规定最高法院的审判具备某

① 梁慧星：《裁判的方法》，法律出版社2003年版，第67页。

② 沈德咏：《〈中华人民共和国民法总则〉条文理解与适用（上）》，人民法院出版社2017年版，第168页。

③ 2007年《最高人民法院关于司法解释工作的规定》第6条。

④ 梁慧星：《民法总论》，法律出版社2017年版，第25页。

⑤ ［美］艾伦·沃森：《民法法系的演变及形成》，中国法制出版社2009年版，第242页。

一种形式者，对以后的审判具有法律约束力。于是，在日本，判例这一特殊的法源，得以成立。德国著名法学家卡尔·拉伦茨认为：法院在遵循“长期判例”的时候，它的确构成了事实上适用的法的一个很重要的部分。但是实际上，只有在某个判决是切合实际的解释以及无懈可击的推理的结果，亦即它是“正确”的范围内，才会具有“约束力”以及规范性效力。[①]尽管如此，拉伦茨认为：“法律渊源是指有约束力的规范的产生原因，因而司法判例不属于该意义上的法律渊源之列，司法判例的结果是将时下事实上适用的法律表现出来，并且在某种程度上推定自己是正确的。因此，司法判例是一个必不可少的法律认识渊源，但它不是一个相当于成文法或习惯法的法律渊源。”[②]

我国是大陆法系国家，虽然没有采取判例法，但新中国成立后，最高人民法院就很重视案例的作用，从20世纪50年代初开始，就通过编选案例来总结审判经验，指导法院审判工作。改革开放之初，最高人民法院还发布了具有司法解释性质的破坏军婚的案例，开启了用案例解释法律的尝试。1985年开始，最高人民法院公报开始刊登具有指导意义的案例。1992年，最高人民法院决定设立中国应用法学研究所，主要任务是编辑《人民法院案例选》，供全国法院裁判案件时参考。不久，最高人民法院以及后来的国家法官学院开始与中国人民大学法学院合作编辑《中国审判案例要览》。这是当时两种影响最大的案例著作。2010年《最高人民法院关于案例指导工作的规定》虽然只有短短的9条，但它主要规定了以下几个方面的内容：一是明确了指导性案例发布的主体；二是列举了指导性案例的选择范围；三是明确了指导性案例的工作机构；四是明确了案例指导工作的程序；五是明确了最高人民法院发布的指导性案例，各级人民法院在审理类似案件时应当参照；六是明确了人民法院此前发布的指导性案例的清理和公布问题。2015年《最高人民法院关于案例指导工作的规定实施细则》对指导性案例

---

① ［德］卡尔·拉伦茨：《德国民法通论（上）》，王晓晔等译，法律出版社2003年版，第15页。

② ［德］卡尔·拉伦茨：《德国民法通论（上）》，王晓晔等译，法律出版社2003年版，第17页。

制度作了进一步完善。

关于指导性案例是否为民法渊源，有不同的认识。有学者认为，最高人民法院近年还推行指导性案例制度，所发布的指导性案例，亦可作为法官裁判案件的依据。[①]也有学者认为，指导性案例已经成为法律解释之一种方式，规范性为指导性案例的立命之本，但指导性案例总体上不构成我国私法的法源，但对各级法院审理类似案件具有参照效用，为中国特色的释法工具。[②]人民法院的指导性案例，从其性质上看是解释法律的一种形式，更准确地说，是解释宪法性法律以外的国家法律的一种形式，如有关刑法、刑事诉讼法、物权法方面的指导性案例，实际上起到了解释、明确、细化相关法律的作用。指导性案例所具有的明确、具体和弥补法律条文原则、模糊乃至疏漏方面的作用，不是造法而是释法的作用。因此，指导性案例是法官释法而不是法官造法，是总结法律经验法则而不是创制法律经验法则。但是，指导性案例不具有司法解释的形式和程序要求，所以不是司法解释，更不是判例法国家的判例，各级人民法院正在审理的案件，在基本案情和法律适用方面，与最高人民法院发布的指导性案例相类似的，应当参照相关指导性案例的裁判要点作出裁判，但指导性案例并非裁判依据，而是参照依据。[③]

三、法理

我国台湾地区“民法”将法理作为民法法源，其他民法也有类似规定。日本早在1875年太政官布告103号审判事务心得认为，关于民事方面发生这种情况（没有制定法或习惯法）时，法官应该“推敲法理而审理”，该心得是在法典编纂前以备法规不全之用，现在仍无法规之效力，但不无参考价值。[④]关于法理的含义，有不同的见解。所谓法理，应系指自隐含在立法、法秩序或一般价值体系演绎而出的一般法律原则，为谋社会生活事物不可不

① 梁慧星：《民法总论》，法律出版社2017年版，第30页。

② 邹海林：《民法总则》，法律出版社2018年版，第526页。

③ 参见《最高人民法院关于案例指导工作的规定实施细则》第9条和第10条。

④ [日]四宫和夫：《日本民法总则》，五南图书出版公司1996年版，第10页。

然之理，与所谓条理、自然法、通常法律的原理，殆为同一事物的名称。[①]我国《民法典》第10条并未确认法理的法源地位。有学者解释我国为何没有将法理作为裁判依据，主要理由有：（1）我国有最高人民法院司法解释和指导性案例作为裁判依据。如果规定法理作为裁判依据，则最高人民法院司法解释和指导性案例，将被排斥于民法法源之外，未尽妥当。（2）考虑到中国法官人数众多而其素质参差不齐，如果法律明文规定“可以适用法理”，难免有导致“法理滥用”，损及司法公正性和统一性的风险。[②]还有学者认为，我国之所以没有将法理作为法源，原因有两个：（1）究竟什么是法理，本身概念是不清楚的，因此，难以在立法中规定；（2）容易引起司法中的不确定性。[③]有学者认为，是否将法理明定为民法渊源，现实意义并不显著，民法总则虽然没有规定法理为民法渊源，但并不表明在民事法律规范供给不足时，法官裁判案件不能适用法理；至少我国民法没有禁止法官在裁判案件时适用法理。因此，不论民法典是否将法理规定为民法渊源，都不应当影响法官在缺乏民事法律规范供给的情形下，以法理作为裁判案件的依据。[④]在司法实践中，甚至出现了依据法理裁判的案例，例如，在“安信信托股份有限公司、天津东方博创投资有限公司合同纠纷再审审查与审判监督民事裁定书”[⑤]中，最高人民法院认为，安信信托公司未依其作出的明确承诺，于2015年2月16日之前“负责并确保”向东方博创公司返还2亿元，依法理应赔偿损失。在“上海华堃房地产开发有限公司、王某伟与公司有关的纠纷二审民事裁定书”[⑥]中，湖北省高级人民法院认为，依法理，同一侵犯他人财产行为所涉的不同法律责任可以依据民事、行政、刑事等不同法律规范的规定分别予以评判，人民法院对民事纠纷的裁判并不需要以相关刑事案件的处理结果确定为前提。

---

① 王泽鉴：《民法总则》，北京大学出版社2009年版，第65页。

② 梁慧星：《民法总论（第五版）》，法律出版社2017年版，第30页。

③ 李永军：《民法总则》，中国法制出版社2018年版，第86页。

④ 邹海林：《民法总则》，法律出版社2018年版，第526页。

⑤ 最高人民法院（2017）最高法民申2862号民事裁定书。

⑥ 湖北省高级人民法院（2019）鄂民终387号民事裁定书。

我国民法典未规定法理作为解决民事纠纷的依据，那么也就不能轻易将法理作为法源，主要理由在于：一是在法律未作规定时，依习惯；未有习惯时，可以请示最高人民法院，最高人民法院可通过批复等方式设定新的司法解释，作为裁判依据。二是不论对法理的定义作何界定，法理应当是法律的基本精神与原则，①我国民法典开宗明义地确定民法基本原则，而民法基本原则是具有裁判依据功能的，我国民法不是不承认法理，而是将法理作为民法基本原则直接上升为法律，以法律方式确定了法理的法源地位，但裁判时依据的是法律，而非法理。

四、当事人之间订立的合同

当事人之间订立的合同是当事人之间的法锁。但是，合同能否作为裁判案件的法源使用呢？有的学者认为，我们的私法观念仍然没有将合同的条款当作裁判的依据；尤其是当合同约定的条款与民法中的任意性规范不同时，法院裁判的依据只能是合同约定的条款而非民法的规定。这就是说，当事人在合同中表达的意思，只要不违反法律的强制性规定或者不违背公序良俗，其地位应当优于民法上的任意性规范。民法上的规范仅具有补充当事人意思表示的作用，当事人在合同中没有意思表示或者意思表示不明的，才有适用民事法律规范的余地。②不管怎样，私法上的合同不是这里所说的“渊源”。原因在于合同虽然在当事人之间产生了法，但它不能给第三人设定义务。合同中的规定适用于合同当事人，但它却不能像法律规范那样，适用于不特定的“规范对象”，而且无论规范对象是否同意，他们都必须接受法律规范的管辖。③还有学者认为，从法律适用上看，当事人之间订立的契约仅仅是一种法律事实，为民法所调整才能形成法律关系。契约根本就不是规范，仅仅当法官在裁判双方当事人发生争议的案件时作为“小前

① 李永军：《民法总则》，中国法制出版社2018年版，第93页。

② 邹海林：《民法总则》，法律出版社2018年版，第528页。

③ ［德］卡尔·拉伦茨：《德国民法通论（上）》，王晓晔等译，法律出版社2003年版，第11页。

提”使用的事实而已。[①]当事人订立的合同是确定当事人之间权利义务的根据，合同的主要功能是确定当事人之间的权利义务关系。合同纠纷中，合同主要作为认定事实使用，而不能作为裁判依据，主要原因在于以民法典为代表的民事法律从法律上确认了合同的效力，在解决纠纷时，应该依据民事法律的有关规定进行裁判。例如，《民法典》第510条规定了合同约定优先规则，如果当事人在合同中约定的，依据《民法典》第510条确认该约定的优先性。所以，合同虽然是法锁，但它不具有法源效力。

五、学说

学说是学者关于成文法的解释、习惯法的认知、法理的探求等所表示的见解。[②]在罗马法上，法学家的学说是法的渊源。在欧陆学术史上，真正在法律渊源中为法学家的学说争得一席之地的，是德国学者萨维尼和法国学者惹尼。萨维尼认为，在制定法还不成熟时，应当由法学家来阐述。通过法学院和法院之间的自由联系，理论和实践相结合，学说将通过法官之手直接成为法律。法国的惹尼在《私法实在法的解释方法和渊源》一书中，针对当时流行的把习惯法当成法律唯一渊源的信念，主张借助“由法院判决和学说发展起来的权威和传统”解决疑难问题。[③]在中国，有学者认为，权威法学家的著作具有“准法源”的作用。[④]也有学者认为，最高人民法院遇有疑难案件，往往征求学者意见并采为判决依据。学说因被采为裁判依据而发生拘束力，可谓为间接的法源。[⑤]学说只能作为说理依据，而不能作为裁判依据，充其量也只能作为“准法源”而不是法源。主要原因在于，学说通常要对现有法进行评注，而立法者通常不希望对法典进行评注。拿

---

① 李永军：《民法总则》，中国法制出版社2018年版，第80页。

② 王泽鉴：《民法总则》，中国政法大学出版社2001年版，第72页。

③ 徐国栋：《民法基本原则解释：成文法局限性之克服》，中国政法大学出版社1992年版，第273—278页。

④ 姜明安：《行政法与行政诉讼法》，北京大学出版社、高等教育出版社1999年版，第31页。

⑤ 梁慧星：《民法总论（第五版）》，法律出版社2017年版，第31页。

破仑不主张对法典进行评注的理由有三：（1）他认为，这部法典如此清晰、完整、逻辑严密，任何评注都是画蛇添足；（2）他担心法典一旦落入法学家之手，这本在法国公民中广为流传的法典的威望就将随之湮没；（3）他不愿意让法学家用保守、陈旧的观点来看待法典并加以评注。[①]所以学术界对成文法的解释等，难以具有法源地位。

《民法典》第10条关于裁判依据的规定，不具有封闭性，法官可以根据具体的案情，寻找可供适用的司法解释或者民法的基本原则。所以，我国民法典将民法渊源限定在法律和习惯，并不会导致民事纠纷因无可供依据的法律而无法裁判。

① ［美］梅里曼：《大陆法系》，知识出版社1984年版，第67页。

第四章 民法基本原则

第一节 民法基本原则的界定

什么是民法基本原则，理论上有不同的解释。有的学者认为，民法基本原则是指其效力贯穿于民法始终的根本规则，是对立法者在民事领域所行政策的集中反映，是克服法律局限性的工具，它具有内容的根本性、效力的贯穿始终性等特征。[①]有的学者认为，民法的基本原则是民法价值观念和价值取向之高度抽象的表达，是用于揭示整个民法的实质精神和指导民事立法、司法以及作为解释法律的依据和补充法律漏洞之基础的根本原则。[②]有的学者认为，民法的基本原则是民法的一般思想和理念，是反映市民社会法律生活的指导思想。[③]有的学者认为，民法基本原则，是贯穿于整个民事立法，对各项民法制度和民法规范起统率与指导作用的立法方针。[④]以上关于民法基本原则含义界定的各种表述大同小异，即皆认为：民法的基本原则是民事活动的基本准则。

---

① 徐国栋：《民法基本原则解释》，北京大学出版社2013年版，第1—35页。

② 尹田：《民法典总则之理论与立法研究》，法律出版社2018年版，第108页。

③ 李永军：《民法总则》，中国法制出版社2018年版，第58页。

④ 梁慧星：《民法总论》，法律出版社2017年版，第46页。

第二节 民法典规定基本原则的合理性分析

在民法典制定过程中，有学者提出如果仔细阅读其他国家的民法典就很容易发现，他们的民法典没有关于民法基本原则的规定，并进而论证我国民法典不应当规定基本原则，主要理由如下：[①]（1）“基本原则”作为民法首章的立法体例，来自苏联及社会主义国家民法典，现在苏联已经解体，基本原则立法缺少国外立法例。（2）原民法通则的做法有其特定时代背景与原因，因为在制定民法通则时，法律规范不健全、不完善，需要民法基本原则作为补充。（3）从比较法上看，传统大陆法系民法典，如法国民法典、德国民法典、瑞士民法典、意大利民法典也鲜有规定民法基本原则。（4）民法典编纂应遵循“规范性”，但基本原则大多没有裁判规范的功能。[②]（5）不能把一些非民法的使命生硬地塞给民法典，如保护人权、人与环境和谐等。[③]也有学者为我国民法典应该规定基本原则寻找理论基础。很多学者在反对民法典应规定基本原则的同时，毫无例外地又分析民法基本原则的功能。例如，李永军教授认为，我国民法典以及其他立法规定基本原则并没有错，民法典的民法基本原则具有以下两个方面的功能：（1）在实践中由法官补充法律漏洞，需要在民法典中明确填补漏洞需要遵循的准则。（2）在我国基本原则具有一定的裁判功能。例如原《民法总则》第153条规定，违背公序良俗的民事法律行为无效。[④]从功能论角度看，民法基本原则本身具有的各种功能，不能被具体的民事法律制度所取代。学界关于民法基本原则的功能有不同的认识，但总结起来民法基本原则的基本功能有：为民事主体从事民事活动提供行为准则，对民事立法起到统帅和领导作用，是解释民事法律法规的依据，也是

---

① 于飞：《民法典总则中基本原则的立法安排——民法通则式“基本原则”立法体例之否定》，载《法学研究》2016年第3期。

② 李永军：《民法总则》，中国法制出版社2018年版，第55页。

③ 李永军：《民法总则》，中国法制出版社2018年版，第55页。

④ 李永军：《民法总则》，中国法制出版社2018年版，第54—55页。

发展学说判例应遵循的准则，还具有填补法律漏洞的功能。但是，民法基本原则是否可以成为裁判案件的依据呢？法国民法典第5条规定：“禁止法官对其审理的案件以一般的规则性条款进行判决。”但在我国理论界也有不同认识。有的学者认为，民法的基本原则本身并不是裁判规范，不能直接用于裁判案件。[①]但也有学者认为，在现行法缺乏相应的具体规范时，法院可直接适用民法基本原则裁判案件。[②]民法基本原则是民法法理上升为法律规范的具体体现，在司法实践中，民法基本原则是可以作为裁判依据直接适用的，但适用基本原则的前提条件是民法典以及其他法律对该纠纷的解决没有提供直接的法律依据。同时，民法基本原则还是确定民事法律事实、解释双方当事人之间意思表示的真意以及判断意思表示是否有效的重要依据。因此，我国民法典规定基本原则，具有补充民法法源的价值和功能。且基本原则已经成为我国立法的惯例，不但在民法典中存在基本原则的规定，在刑法、行政许可法、行政处罚法等法律中也存在基本原则，各部法律中的基本原则对适用法律产生着巨大影响。

第三节 我国民法典确立的基本原则

关于民法典确立何种基本原则，存在不同的认识，主要集中在对《民法典》第3条（原《民法总则》第3条）的理解上，即权益保护是否为民法基本原则，理论上有一定争议。不将原《民法总则》第3条称为“基本原则”（而将第4—9条称为“基本原则”）者有之。[③]认其为基本原则者甚众[④]。有

---

① 李永军：《民法总则》，中国法制出版社2018年版，第58页。

② 梁慧星：《民法总论》，法律出版社2017年版，第46页。

③ 张新宝：《〈中华人民共和国民法总则〉释义》，中国人民大学出版社2017年版，第5页；韩世远：《民法基本原则：体系结构、规范功能与应用发展》，载《吉林大学社会科学学报》2017年第6期。

④ 梁慧星：《民法总论》，法律出版社2017年版，第43页；王利明主编：《〈中华人民共和国民法总则〉条文释义》，人民法院出版社2017年版，第13页；李永军：《民法总则》，中国法制出版社2018年版，第64页；李宇：《民法总则要义：规范释论与判例集注》，法律出版社2017年版，第21页。

的学者认为，民法总则确立了权利神圣原则、主体平等原则、意思自治原则、公平原则、诚实信用原则、公序良俗原则、绿色原则。[①]有的学者认为，民法总则确立了平等原则、自愿原则、公平原则、诚信原则、公序良俗原则、合法原则、绿色原则。[②]有的学者认为，民法典确立的基本原则包括平等原则、自愿原则、公平原则、诚信原则、守法与公序良俗原则、绿色原则。[③]有的学者认为，我国民法典确立的原则包括民事权利法律保护原则、平等原则、自愿原则、公平原则、诚信原则、守法和公序良俗原则、绿色原则。[④]从我国《民法典》第3条至第9条规定来看，确立了保护合法民事权益原则、平等原则、自愿原则、公平原则、诚信原则、民事活动合法原则、公序良俗原则与绿色原则。

一、保护合法民事权益原则

《民法典》第3条确定了保护合法民事权益原则，也有学者称为私权神圣原则[⑤]，它是指民事主体的人身权利、财产权利以及其他合法权益受法律保护，任何组织或者个人不得侵犯。保护合法民事权益原则不但要求保护民事主体的人身权益，还要求保护民事主体的财产权益，但法律保护的民事权益限于“合法民事权益”，对于“非法民事权益”法律不予保护。例如，未经许可擅自开采矿产资源所获得的利益，民法不但不保护，行政机关应依法予以没收。

民事主体包括自然人、法人和非法人组织，这些民事主体的合法民事权益受到法律平等保护。即使是公权力主体，只要进入民事领域，从事民事活动，其权利就是民事权利。这里的民事主体，不限于自然人或者民营企业，所有民事主体（包括国家、私人、企业）的权利神圣不可侵犯。

---

① 李永军：《民法总则》，中国法制出版社2018年版，第60页。

② 邹海林：《民法总则》，法律出版社2018年版，第38页。

③ 黄薇：《中华人民共和国民法典总则编释义》，法律出版社2020年版，第21—34页。

④ 沈德咏：《〈中华人民共和国民法总则〉条文理解与适用（上）》，人民法院出版社2017年版，第99—150页。

⑤ 李永军：《民法总则》，中国法制出版社2018年版，第64页。

法律保护合法民事权益的手段主要包括：一是确权，即确认民事主体对人身或财产享有民事权利；二是给予民事主体财产权自由，自由处分自己的财产，除非有法定的正当理由，采取所有权绝对原则，对所有权自由行使不设限制性条件；三是为民事权益受到侵害提供救济措施，民事权益受到威胁、行使受到妨碍甚至民事权益受到侵害时，通过民事责任制度对民事主体进行救济。

法律保护合法民事权益允许权利人自由行使权利，但是权利的行使要受到限制。民事主体的人身权益中有些民事权益是不能转让的，也不允许转让，例如生命权、健康权、身体权等；虽然强调民事主体的财产权自由，但财产权的行使也要受到诸多限制，不存在不受限制的财产权，尤其是不动产所有权的行使受到限制。这些限制有的来自法律，例如民法典规定权利不得滥用，所有权的行使要受到相邻关系的限制等；还有些限制来自双方当事人的约定，例如赠与人将财产赠与给受赠人时约定赠与物之所有权不得转让，该约定虽不发生物权法上的效力，但仍具有债权法上的意义，受赠人违反约定的，要承担违约责任。

二、平等原则

《民法典》第4条确定了平等原则，但平等原则是一个在我国民法领域尚未得到充分论辩与研究的范畴。我国学者对如何界定平等原则存在较大分歧。有的学者认为，平等包括法律地位的平等，还包括权利受法律的平等保护。[①]但也有学者认为，平等原则是指“法律地位平等”，“法律地位平等”是指权利能力平等。[②]这两种关于平等原则的界定是不同的，前一种观点将权利受法律的平等保护列入平等原则的内涵，后一种观点则认为平等原则仅指民事权利能力平等。从《民法典》第3条和第4条的逻辑顺序看，权利保护属于第3条的内容，所有民事主体的权利受到平等保护，属于保护合法民事权益原则的范畴。《民法典》第4条规定，“民事主体在民事活动中

---

① 梁慧星：《民法总论》，法律出版社2017年版，第42页。

② 李永军：《民法总则》，中国法制出版社2018年版，第61页。

的法律地位一律平等”。该条也将平等原则限定在“法律地位平等”，权利受到平等保护是法律地位平等的必然延伸，所以不宜将权利受到平等保护作为平等原则的内容。

法律地位平等说明，民事主体，无论自然人、法人还是非法人组织，无论自然人的年龄、性别、职业、出身、肤色、贫富，无论法人或非法人组织的规模大小、经济实力雄厚与否，在法律上的地位是平等的，也就是民事主体之间法律地位形式平等。“法律地位平等”意义上的平等原则理解为形式平等或机会平等，而非实质平等或结果平等。[①]形式平等是指同等地对待一切人，不考虑境况的不同。[②]这种形式上的平等非常重要，因为它为自然人、法人和非法人组织能够进行交易提供了法律支撑，只有在法律上宣称所有民事主体的法律地位是平等的，立法者才能在此基础上设计民法规范，所以平等原则为民事立法提供了坚实的基础，更是民法与行政法等公法相互区别的标志之一。理性人假设告诉我们，形式平等能够在最大程度上实现实质平等。

形式平等虽极为重要，但在现代社会的诸多场域，各民事主体在经济规模、智力、知识、信息、经验等多方面存在悬殊差异。在私人自治的名义下，拥有事实上优越地位者对相对弱势一方的利益进行着程度不一的非自愿的侵害。所以在不同的民事主体之间产生了事实上的不平等，体现为：（1）法人或非法人组织运用其财力上的巨大优势，形成垄断，运用垄断地位造成交易能力的不平等或交易环境的不公正，利用垄断地位侵害消费者权益、提供格式条款让弱势一方无条件接受等造成了事实上的不平等；（2）从19世纪末开始，人类生活发生了深刻的变化。作为近代民法基础的两个基本判断即所谓平等性和互换性已经丧失，出现了严重的两级分化和对立。其一是企业主与劳动者的对立，其二是生产者和消费者的对立。劳动者和消费者成为社会生活中的弱者。[③]有学者正确指出：“民法上的平等存在着

---

① 陈甦主编：《民法总则评注》（上册），法律出版社2017年版，第28页。

② ［美］布雷恩·Z.塔玛纳哈：《论法治——历史、政治和理论》，李桂林译，武汉大学出版社2010年版，第87页。

③ 李永军：《民法总则》，中国法制出版社2018年版，第63页。

形式平等与实质平等两个维度。在其关系上，前者为常态，后者为异态，即以形式平等为核心，兼顾实质平等。典型的表现如，民法只检视形式标准的行为能力，至于缔约当事人在经济上、资讯上、社会上及个别上的特殊情况，基本上不予考虑。仅在少数例外情况下，才特别考虑对经济弱势或智能弱势者的保护。"[①]民事立法不能对不同民事主体的法律地位出现了现实的不平等漠视不管，而是采取了特别立法或者特别条款对弱势群体进行保护，例如规定处于垄断地位的法人强制缔约义务，对劳动者和消费者权益的保护进行特别立法等。这些特别立法之目的在于对因形式平等产生的副作用（事实上的不平等）进行调控，最终实现实质平等。

三、自愿原则

（一）自愿原则的含义

自愿原则是指民事主体在自己意志支配下按照自己的意愿独立进行民事活动。它具有两个方面的基本内容：一是意思自治，即民事主体按照自己的意思独立进行民法律行为，设立、变更和终止民事法律关系；二是意思支配下实施事实行为，例如在意志支配下实施侵权行为等。

（二）自愿原则作用的范围

自愿原则作为民法的基本原则，贯穿于民法的全过程，不但体现在合同编中的合同订立、履行、解除甚至关于违约责任的约定等，还体现在物权编的物权得丧变更、婚姻关系的建立和解散、收养关系的建立和终止、遗嘱继承和遗赠甚至人格权的商业利用之中。从民事法律关系的视角，自愿原则包括：一是是否进行民事活动的自愿，即民事主体有权决定参加或不参加某种民事活动的自愿，其他民事主体不得干预，更不能强迫其参加；二是当事人通过意思建立民事法律关系，即民事主体自愿决定参与的民事关系的类型以及民事法律关系权利义务具体内容的，例如自愿决定订立合

---

① 易军：《民法基本原则的意义脉络》，载《法学研究》2019年第6期。

并决定合同内容；三是当事人通过意思变更民事法律关系，变更民事法律关系又包括民事法律关系主体变更、客体变更和内容变更；四是当事人通过意思终止或者消灭民事法律关系，例如按照协议解除当事人之间的合同关系等；五是自愿决定民事法律关系法律责任，例如民事主体可以在合同中约定违约责任。

自愿原则并非绝对的，要受到合法原则、诚实信用原则、公平原则、公序良俗原则等其他原则的限制。例如，双方当事人自愿订立了法律禁止转让的标的物或者双方当事人订立的合同内容违反法律效力性强制性规定的，无效。

（三）自愿原则是责任自负、过错责任、行为能力等民事法律制度设计的基础

民事主体依自己的意思治理自治，所以当事人要对因自己意思表示建立的法律关系享有民事权利义务，这些权利义务通常是约定的，但自愿原则要求表意人有行为能力，不具有相应行为能力，欠缺必要的意思表示能力，也不会产生表意人期待的法律效果。在意志支配之下的行为而产生了侵权、不当得利、无因管理等，则是基于法律规定产生权利义务关系。尤其是在侵权行为中，行为人的意志对确定其是否要对其行为承担责任的依据，所以过错责任原则为侵权责任的基本归责原则，产生了过错责任。作为意思自愿的结果，一个人要对意志支配之下的行为负责，产生了结果自负，不论合同之债还是侵权之债，都是表意人或者行为人承担责任，第三人承担责任仅为例外。但意思表示并非总是自愿的，对于非自愿作出的意思表示，法律必须为其设定相应的救济制度，例如民事法律行为的撤销制度等。一个人的行为也并不总是在自己控制之下实施，如果行为人对自己行为失去控制力，例如突发疾病等，对造成的损害通常不负担赔偿之责。所以，自愿原则是责任自负、过错责任、行为能力以及民事法律行为救济制度等民事法律制度设计的基础。

（四）自愿原则的保护

平等原则为自愿原则的实现提供了基础，如果双方当事人法律地位不

平等，也就谈不上自愿。民事主体法律地位上的形式平等至少实现了形式上的自愿，但民事主体在自然属性、财产多寡等方面存在事实上的不同，而这些事实上的不同则导致事实上法律地位的不平等，由此导致自愿原则也出现了非自愿的情况。例如，一个急需一笔钱养活家人的劳动者与用人单位之间难以形成真正意义上的自愿协商签订劳动合同。再如，消费者到超市购物，要么同意标价购买，要么走开，根本就没有自由磋商的可能。所以，我们常见的自愿原则可能仅在居民与小商小贩的讨价还价之中，还能寻得一点踪迹。因此，一方面，民法要通过提高弱者的法律地位，使其具备能够与垄断者讨价还价的能力；另一方面，法律上又通过对格式条款的控制、规定垄断者强制缔约义务、劳动者最低工资标准、产品的质量要达到的标准等对当事人的意思表示进行干预。通过这两个方面的措施，确保民事主体能够根据自愿原则从事民事活动。

四、公平原则

《民法典》第6条将公平原则作为民法的基本原则之一。但是，公平是一个理念，因在不同的社会有不同的标准，很难说清楚，所以在民法典颁布之前，有很多学者认为：公平并非民法的基本原则。[①]但是，一般认为，公平原则是指民事主体从事民事活动时要秉持公平理念，公平、公正地确定民事活动中各方的权利和义务，并依法承担相应的民事责任。公平原则除了要求公平确定当事人的权利义务之外，也有学者认为，当事人参与民事法律关系的机会平等、正当竞争。这是公平的重要保证和基本含义。[②]这种观点是科学的。所以，公平原则体现为机会公平、权利义务公平及责任公平。

如果说自愿原则确定了民事主体进行民事活动的自由，那么公平原则则对民事主体从事民事活动的自由作出限制。公平原则对民事活动的限制表现为：首先，要求民事法律关系中权利义务关系的公平，即民事权利义

---

① 江平：《民法学》，中国政法大学出版社2011年版；尹田：《民法学总论》，北京师范大学出版社2010年版。

② 郭明瑞：《民法总则通义》，商务印书馆2018年版，第23页。

务相对等，不能一方仅享有民事权利而不承担民事义务，也不能一方仅承担义务而不享有权利。其次，要求民事主体在行使民事权利和履行民事义务时，应遵守公平理念，必要时可主张同时履行抗辩权、不安抗辩权等。再次，承担民事法律责任时要符合公平原则，不论侵权责任编规定的过错责任、无过错责任以及公平分担损失等，都是公平原则的具体体现和要求。最后，公平不限于对当事人的要求，更是对法官的要求，是法官在解释法律规范、法律行为内容时适用的衡平工具①，正如瑞士民法典第4条的规定：本法指示法官自由裁量、判断情势或者重要原因时，法官应公平合理地裁判。

民法典从形式理性出发，将平等、自愿作为民法原则，并认为在平等、自愿下民事主体形成的民事法律关系，符合公平原则的要求。但是，形式公平可能隐含了实际的不公平，这时需要对实际的不公平现象以民法基本原则或者特别法律规范的规定进行纠正，实现实质公平。所以，民法以追求形式公平为原则，以追求实质公平为例外。例外必须是法定的，例如“显失公平”“公平分担损失”等。当然，因对公平理念的理解不同，将公平作为民法的基本原则，尤其是作为裁判原则，意味着法官可以以公平为借口，在个案中行使自由裁量权，这是不合理的，也是危险的。

五、诚实信用原则

诚实信用原则简称诚信原则，是民法的帝王条款。但是，给诚实信用原则下一个确切的定义几乎是不可能的。有的学者直截了当地说：在现代法学家看来，“诚实信用”这一个概念与生俱来地无法被定义。②何以如此？诚实信用属于道德的范畴，随着时代的变化而变化。但是，学术界在研究诚实信用原则时，多对其进行了界定，但表述方式存在较大差别。有的学者认为，诚信原则是指民事主体为法律行为应当诚实、善意和守信的原则。民事主体

① 李永军：《民法总则》，中国法制出版社2018年版，第71页。

② ［美］詹姆斯·高得利：《中世纪共同法中合同法上的诚信原则》，载［德］莱茵哈德·齐默曼：《欧洲合同法中的诚信原则》，丁广宇译，法律出版社2005年版，第96页。

在民事活动中不得以损害他人利益为目的或手段而追求自己的利益，亦为诚信原则的应有内容。[①]有的学者认为，诚信原则要求民事活动的当事人在行使权利和履行义务时，应当遵循诚实信用的道德准则。[②]有的学者认为，诚实信用原则可以从以下几方面理解：（1）诚信原则包括主观诚信和客观诚信两个方面，前者是指勿害他人的内心状态，后者是指勿害他人或者有益于他人的行为；（2）诚信原则具有保护弱者的功能；（3）诚信原则不仅是财产法的规则，也适用于人身关系；（4）社会契约论是统一主观诚信与客观诚信的基础。[③]有的学者认为，诚实信用原则的含义大抵包括：（1）要求当事人言而有信，遵守已经达成的协议，保护对方的合理期待；（2）善意并尽合理的告知义务与披露义务；（3）任何一方不得以不合理的方式导致另一方的不利益；（4）诚实信用可以以公平合理的方式调整当事人之间的不合理与不公平的权利义务。[④]也有学者将诚信原则的含义和适用范围作了统一描述，认为："诚信原则的含义和适用范围极广，主要表现在以下方面：第一，民事主体在民事活动中要诚实，不弄虚作假，不欺骗他人；第二，民事主体行使权利时应以诚实的态度，顾及他人的正当利益和要求，善意为之，不以损害他人和社会公共利益的方式获得自己的私利；第三，民事主体在履行义务上，要履行诺言，严格依约定的或法定的要求履行；第四，民事主体在订立的合同中约定不明确，或者订约后客观情况发生重大变化时，应依诚信的要求确定当事人之间的权利义务和责任。"[⑤]

按照诚信原则是否包括行使权利时是否善意，上述关于诚信原则的界定可以分成两种观点：一种观点认为，诚信原则包括行使权利要善意，甚至认为诚信原则是禁止权利滥用原则的反面；另一种观点则未将善意行使权利作为诚信原则的内涵。诚信原则的含义中不应包括禁止权利滥用的内容，主要理由在于：一方面，我国民法典区分诚信原则和禁止权利滥用原

① 邹海林：《民法总则》，法律出版社2018年版，第53页。

② 梁慧星：《民法总论》，法律出版社2017年版，第49页。

③ 徐国栋：《民法基本原则解释》，北京大学出版社2013年版，第84—88页。

④ 李永军：《民法总则》，中国法制出版社2018年版，第72页。

⑤ 郭明瑞：《民法总则通义》，商务印书馆2018年版，第25—26页。

则；另一方面，禁止权利滥用原则是诚信原则在权利行使上的具体表现，诚信原则作为民法帝王条款，其对民法上的其他方面也有指导意义，例如合同解释等。所以，诚信原则是指民事主体在从事民事活动时，应该讲诚实、守信用，恪守承诺，不为欺诈行为。诚信原则的适用范围最初仅限于合同，包括依据诚信原则订立合同、履行合同义务以及合同终止之后基于诚信原则而负担后合同义务等。后来，诚信原则的适用范围扩大至整个民事活动，所以其对物权、合同、婚姻家庭和继承、侵权等都有重要的指导意义。例如，行为人造成他人损害的，基于诚信原则应主动承认自己是侵权人并主动承担赔偿责任。

作为民法基本原则，诚实信用原则不但对指导民事主体的民事活动具有意义，同时，它还具有一定的裁判功能，作为裁判功能主要表现在：一是当法律对某一民事纠纷有明确规定的，法官运用法律解决具体纠纷时，不但要基于并运用法律，还要运用诚信原则解释当事人之间的意思表示。《民法典》第142条规定："有相对人的意思表示的解释，应当按照所使用的词句，结合相关条款、行为的性质和目的、习惯以及诚信原则，确定意思表示的含义。无相对人的意思表示的解释，不能完全拘泥于所使用的词句，而应当结合相关条款、行为的性质和目的、习惯以及诚信原则，确定行为人的真实意思。"二是某一民事纠纷没有具体法律规定的，人民法院可以适用诚实信用原则进行裁判，但应当阐明诚信原则与具体案例之间的内在联系。[①]三是诚信原则还具有限制法官对法律进行解释的功能，即法院对法律进行解释时，应当符合诚信原则的要求。域外民法因没有公平原则，在法官具体的裁判案件中，往往需要对双方的利益或者不利益以诚信原则进行衡平。[②]我国民法典规定的公平原则可以实现衡平当事人利益之功能，在我国诚信原则不具有这一功能。

① 李永军：《民法总则》，中国法制出版社2018年版，第74页。

② ［日］近江幸治：《民法讲义Ⅰ民法总则》，渠涛等译，北京大学出版社2015年版，第18页。

六、合法原则

《民法典》第8条规定民事主体从事民事活动，不得违反法律，确立了合法原则。合法原则是指民事主体的民事活动要符合法律、法规甚至标准的要求。这里的"法律"包括强制性法律规范和强制性标准，而非某一部具体的法律。因为在一部法律中，有的属于强制性法律规范，有的属于任意性法律规范。对于任意性法律规范，当事人之间的约定在效力上具有优先性。当事人从事的民事活动违反强制性法律规范的，并非都无效，只有违反效力性强制规范的民事法律行为才是无效的。对于强制性标准，民事主体在从事民事活动时也要遵守，例如关于产品质量的强制性标准等，否则民事法律行为无效并因此而承担法律责任。

七、公序良俗原则

依《民法典》第8条，民事活动要遵守公序良俗原则，它是公共秩序与善良风俗原则的简称，是现代民法的一项重要法律原则。很多大陆法系国家都在民法典中确立了公序良俗原则。因此，所谓"公序良俗原则"，是指民事法律行为的内容及目的不得违反公共秩序或善良风俗。公共秩序又称为公共利益或公共政策，是指政治、经济、文化等领域的基本秩序和根本理念，是与国家和社会整体利益相关的基础性原则、价值和秩序。善良风俗也被称为社会公共道德[①]，是指基于社会主流道德观念的习俗，是全社会成员所普遍认可、遵循的道德准则。[②]公序良俗原则属于公共利益和社会道德的范畴，不同时代其具体含义有所不同，不同群体对其理解也存在较大差异。

公序良俗原则是重要的裁判性规范，所以有学者认为公序良俗应是概括条款而非基本原则，而概括条款具有规范的功能。[③]诚然如此，公序良俗

① 原《民法通则》第7条："民事活动应当尊重社会公德，不得损害社会公共利益，扰乱社会经济秩序。"

② 黄薇：《中华人民共和国民法典总则编释义》，法律出版社2020年版，第32页。

③ 于飞：《民法典总则中基本原则的立法安排》，载《法学研究》2016年第3期。

原则通常是否认民事法律行为的效力，我国民法典将其作为基本原则加以规定主要是因为公序良俗原则不但对合同效力判断具有裁判功能，还对物权、婚姻家庭和继承等民法典的其他部分的规定要有裁判功能，从提取“公因式”的角度观察，公序良俗原则适合作为民法的基本原则。

关于违反公序良俗的法律效力，各国多设有明确规定。例如日本民法典第90条规定：“以违反公共秩序和善良风俗的事项为标的的法律行为，无效。”德国民法典虽然没有确立公共秩序的概念，但是该法典第138条规定违反善良风俗的行为，无效；第826条“违反善良风俗的方法对他人故意施加损害的人，对受害人负有赔偿损害的义务”的规定也确立了善良风俗原则。德国联邦最高法院民事判例集记载，联邦最高法院就被继承人在剥夺其妻子继承权的情况下立他的情妇为单独继承人的遗嘱行为，指出：“在民法典第138条的框架下，关键的问题并不在于对某一个人的行为进行评判，并对某种不道德的行为进行制裁，而仅仅在于判断某项法律行为是否违反了善良风俗。”因此，联邦最高法院认为，被继承人优先列举其情妇为继承人，而不立其兄弟姐妹为继承人的做法是有效的（联邦最高法院不必就剥夺妻子继承权的行为作出裁判）。德国法上，违反公序良俗的法律行为无效，而这并不妨碍当事人将该法律行为当作有效行为来对待。但是，不得以法律的强制力来实现这些行为。人们不得通过法律行为，使不道德的行为变成法律上强制要求履行的行为。简言之，法律秩序拒绝给不道德的行为提供履行强制。[①]

对民事法律行为效力的判断主要体现为对行为目的和行为内容两个方面是否符合公序良俗原则。其一，法律行为的内容违反了公序良俗原则的法律后果。一项法律行为如果在内容上就违反公序良俗原则，当然无效。例如，一位妻子提起离婚诉讼，在其（显然有过错的）丈夫作出了如下承诺后，妻子撤回了她的诉讼：“丈夫承担在今后不单独进行业务旅行或娱乐旅行的义务。”这一承诺的内容是对丈夫自由的限制，违背了婚姻的道德本质，违反

① ［德］梅迪库斯：《德国民法总论》，法律出版社2013年版，第372页、第511页。

善良风俗而无效。[①]其二，一项法律行为的目的违反了公序良俗的法律后果。一项法律行为在内容上可能是合法的，但是如果法律行为的目的违反了公序良俗，其效力又当如何呢？德国联邦最高法院在上述案件的判决中继续说道，“如果被继承人立其情妇为继承人旨在酬谢其满足自己的性欲或旨在决定或加强这种两性关系的继续，那么，这种行为通常被认为是违反善良风俗的”。因此，遗嘱行为即使从表面判断是有效的，但是，如果订立遗嘱的目的是违反公序良俗的，法律行为仍然无效。相反，如果被继承人具有其他动机，即如旨在给其情妇提供生活保障，则这种行为通常是有效的。[②]

法律行为成立时违反公序良俗原则的，行为无效。如果法律行为成立时并不违反公序良俗原则，但因成立后公序良俗发生变化，即当事人也可以违反公序良俗为由而主张民事法律行为无效。[③]

八、生态原则

生态原则也称绿色原则，是指民事主体从事民事活动，应当有利于节约资源、保护生态环境。民法典将生态原则作为民法的基本原则规定下来，主要理由在于“这样规定，既传承了天地人和、人与自然和谐共生的我国优秀传统文化理念，又体现了党的十八大以来的新发展理念，与我国是人口大国，需要长期处理好人与资源生态的矛盾这样一个国情相适应。”[④]

有学者认为，绿色原则极其抽象，“节约资源、保护生态环境”究竟是指什么？估计没有多少人可以说清楚。其内容的不确定性，将其作为民法的基本原则事实上难以发挥民法基本原则的作用。绿色原则应该是一项社会责任，那么，一部关于民事权利的民法典，将其与平等、公平、自愿等原则并列，多少有些不怎么和谐的味道。[⑤]生态原则作为民法的基本原则，对于判断民事法律行为的效力等具有重要意义。

---

① ［德］梅迪库斯：《德国民法总论》，法律出版社2013年版，第372页、第515页。

② ［德］梅迪库斯：《德国民法总论》，法律出版社2013年版，第372页、第515页。

③ 马俊驹、余延满：《民法原论》，法律出版社2011年版，第45—46页。

④ 黄薇：《中华人民共和国民法典总则编释义》，法律出版社2020年版，第34页。

⑤ 邹海林：《民法总则》，法律出版社2020年版，第41页。

第五章　人的自然属性对民事能力制度建构的影响

凯尔森指出："自然人并不是自然现实而只是法律思想的构造""自然人就是人的讲法是不正确的""自然人的概念是法律构造的，是实定法上的"。从实证主义的角度看，自然人其实就是一种"法"人。[①]实证主义法学虽存在这样或者那样的缺陷，但凯尔森的观点至少说明法律上的人与自然状态的人存在极大的差别。在"人—行为—责任"的结构中，人处于主导地位，它是行为的主导者、权利的享有者与义务的承担者，是主体。行为则主要包括法律行为与侵权行为。法律行为实际上是一个人的意思表示，与行为能力有关。侵权行为则是造成他人人身或财产损害的行为，人具有侵权行为（责任）能力时，他才会对因自己的行为造成的损害承担责任。具有权利能力者是法律主体，自然人和法人具有权利能力，他们也具有行为能力与侵权能力，这是符合实证法的。那么，人的自然属性会对权利能力、行为能力以及侵权能力产生何种影响呢？自然人与法人在自然本性上的差异对其民事能力的具体制度构造又有何不同呢？

---

① 分别参见：[奥]凯尔森：《法与国家的一般理论》，沈宗灵译，中国大百科全书出版社1996年版，第108页、第109页。

第一节　人格是自然人的内在规定性

一、自然状态下的人转变为人格人

自然人的原初含义是自然状态下的人，但自然人又是一个法律上的概念。在不同的语境中，自然人有不同的指称：在自然法上，自然人是自然规律产生的人；在实证法上，自然人具有人格，是人格人。自然法意义上的自然人并非必然成为实证法意义上的自然人，二者不能等同。早在罗马法，就将人划分为平民和贵族（奴隶主），而奴隶则不是人，更不可能是法律关系的主体而是客体，不享有任何权利。就是在人的内部，对人格也以不同的人做了不同的区分，并且还有人格减等的规定。不单罗马法，就是在标榜理性的近现代文明国家的法律，也并非所有的自然人都被视作法律上的人。例如，法国民法典第8条宣称：一切法国人均享有民事权利。它虽然极具感染力地宣称法国人平等的民法地位，但其另外的目的，却在于排除非法国人对于私权的当然享有。①在美国，直到内战时期，在许多州自由的黑人虽然已经是自由的人了，但却没有法律权利。他们不是财产，但也不能被称作法律上的人。在普通法里，存在民法上的死亡——当一个人还活着的时候丧失了法律人格。②可见，并不是所有有血有肉的人都是法律上的人，“根据自然法所有人均是生来自由的，只有实在法才在他们之间造成差别”。③

将所有有血有肉的人都作为法律意义上的人即人格人，这就是“动物意义上的人向法律意义上的人的一体转变”。这种转变过程从奴隶社会就开始了，罗马法上的奴隶解放运动只是这个宏大的转变过程中的一个序幕，

---

① 尹田：《论人格权的本质——兼评我国民法草案关于人格权的规定》，载《法学研究》2003年第4期，第4页。

② ［美］罗斯科·庞德：《法理学（第四卷）》，王保民、王玉译，法律出版社2007年版，第152页。

③ ［意］彼德罗·彭梵得：《罗马法教科书（2017年校订版）》，黄风译，中国政法大学出版社2017年版，第33页。

它并没有完成从“动物意义上的人到法律意义上的人的一体转变”。这种“一体转变”的彻底实现则是在理性主义兴起之后的事情，商品经济的平等性客观上需要每一个自然人都是人格人，而理性主义、民主政治则为人格人的天下大同分别提供了理论基础、社会基础。在实证法中，将所有自然意义上的人都作为人格人，是理性主义的胜利。

二、伦理的要求是“人格是人的内在规定性”

黑格尔宣称：法的命令是：“成为一个人，并尊敬他人为人。”[①]如果透过法的命令看这句话的伦理意义，“成为一个人，并尊敬他人为人”，这里的人就是“自为地存在的意志即抽象的意志就是人”。[②]每一个人都是人，人有意志，自由是意志的定在，意志是自由的，这是合乎伦理诉求的，这种诉求在康德那里就是“人与人格的同一性”。在康德哲学中人格具有了伦理性，黑格尔则进一步扩大了这种伦理性，指出：“人格的要义在于，我作为这个人，在一切方面（在内部任性、冲动和情欲方面，以及在直接外部的定在方面）都完全是被规定了的和有限的，毕竟我全然是纯自我相关系；因此我是在有限性中知道自己是某种无限的、普遍的、自由的东西。”[③]“自为地存在的意志即抽象的意志就是人。人间最高贵的事就是成为人。”[④]“人人有人格”是符合伦理道德的，伦理的要求是“成为人并尊重他人为人”，成为人的标志是具有人格。人格在康德、黑格尔那里被赋予了伦理意义，这是符合自然法要求的，人格已经成为人的内在规定性，彻底实现了人格人与人的等同。

通过切断情感并纯化意志而使人符合理性标准，通过“经验的”与“思维的”区分，使人灵魂出壳，成为真正的理性人。[⑤]将人与人格人视为

① ［德］黑格尔：《法哲学原理》，范扬、张企泰译，商务印书馆2005年版，第46页。
② ［德］黑格尔：《法哲学原理》，范扬、张企泰译，商务印书馆2005年版，第46页。
③ ［德］黑格尔：《法哲学原理》，范扬、张企泰译，商务印书馆2005年版，第45页。
④ ［德］黑格尔：《法哲学原理》，范扬、张企泰译，商务印书馆2005年版，第46页。
⑤ ［德］李永军：《民法上的人及其理性基础》，载《法学研究》2005年第5期，第17—18页。

等同，这具有现实基础和政治意图，即消除等级差别。[①]人格人是人在法律上的假面，是一个符号，而人格人的概念是为了切断人的特殊性与法律的联系。“成为一个人，并尊敬他人为人”，这里的“成为一个人”是说“法律要确认每一个人具有平等的抽象人格”“尊敬他人为人”则要求尊重他人的人格。“抽象人格”是平等的，平等是机会的平等，机会的平等是人向人格人转变的内在要求。这样，在黑格尔法哲学那里，具有“人格”的自然人就是人格人，人格是人格人的内在规定性。奥地利民法典第16条第一次以实证法的形式规定：所有人都是人格人。而立法上直接使用自然人的概念是自然法思想在实证法上的胜利，是自然理性的必然结果，也使实证法具有了伦理性。当代成文法已经从本质上消灭了等级界限与等级差别，法律主体与意志、理性天赋的人格人与人无条件地等同在法学理论中得以贯彻。当然，在实证法上使用的人格不是对伦理意义上的人格的简单移植，而是对伦理学意义上的人格进行了进一步的技术抽象与改造，实证法意义上的人格成了主体的标志，而“人格是所有自然人所拥有的”则为伦理的基本要求。

三、未成年人成为人格人的技术处理

“为了法律权利得以实现，意志是必要的，故一如法律权利之实现所关涉的程度，主体必须具有意志”。[②]意志而没有自由，只是一句空话；同时，自由只能作为意志，作为主体，才能实现的。[③]所以，伦理性意义上的人格是自由的，并且自由是来自“天赋”，而自由是意志的定在，法律对“意志”的要求是：能够以自己的行为支配自己的意志、自主决定自己的事务，合理运用自己的财产，能够按照自己的意志实现自己利益的最大化，这样的人就是理性人。所有的自然人都是自由人，自由人是

① ［德］罗尔夫·克尼佩尔：《法律与历史——论〈德国民法典〉的形成与变迁》，朱岩译，法律出版社2003年版，第60页。

② 转引自［美］John Chipman Gray：《法律主体》，载《清华法学》第1卷第1期，清华大学出版社2002年版，第232页。

③ ［德］黑格尔：《法哲学原理》，范扬、张企泰译，商务印书馆2005年版，第12页。

有意志的，意志是符合理性的，法律上的自然人应当是理性人，理性人的构想是任何人都能够对自己的事务作出合理的安排。但是，由于年龄的限制，对事物辨认能力有限，未成年人的自然特质是没有辨认与正确表达的能力，何以成为人格人呢？对此，李永军教授正确地指出：法律便创造出代理制度，法学需要解释的恰恰就是：代理人的行为结果是如何被归于被代理人的（精神障碍的人或者新生儿或者未成年人）？代理人的意志何以被当然地认为是代理人的意志？因为这不符合理性原则，即一个人的行为的结果不属于自己而属于他人。对此，人们就用“拟制”的手段解释这一现象。[①]换句话说，如果法定代理人是以未成年人的名义从事民事活动，该意思（意志）就被拟制到未成年人身上，应该用未成年人的财产来承担由此产生的法律责任。当然，法律为了保护未成年人的利益，又特别限制了法定代理人代为进行意志活动时，不得损害未成年人的利益，否则行为无效。

第二节 人的自然属性与人格的保护

人格是抽象的主体资格，所有自然人的人格应该受到法律的平等保护。所以，自然人的人格具有了伦理价值。自然人的人格是不能被剥夺的，实证法应当提供保护。但是人的各种具体构成要素，例如生命、健康、名誉、隐私等，与作为主体意义上的人格具有很大差异，这些要素共同构成了人的本体。我国法学界围绕是否要制定人格权法以及制定一部什么样的人格权法展开了热烈讨论。因理解问题的方式、文化背景、学术水平、哲学功底等的不同，学者之间在这一问题上达成一致意见的可能性微乎其微。而立法者则需要作出选择。但“人，作为属于有感觉生物的一种，却显示出——如同在经验中所表明的——有选择的能力，不但可以作出合乎法则的选择，

① 李永军：《民法上的人及其理性基础》，载《法学研究》2005年第5期，第24页。

也可以作出违背法则的选择”[①]。那么，我国应该选择什么样的法则来保护人格呢？

一、人格不能作为权利受到保护

法律是不是仅仅保护权利？是不是只有将人格上升为权利才能更好地得到保护？实证主义法学家对此的回答是“是的”！人格必须上升为人格权，不上升为人格权不能得到有效的保护。因为实证主义不允许法学家考虑伦理的、社会的或国民经济的平衡；实证主义“毫无伦理责任”。[②]这显然没有考虑法律还要对权利之外的其他利益提供保护的实际情况。

（一）人格不能上升为权利的法哲学基础

康德、黑格尔、萨维尼等人并不承认人格权，也不承认一般人格权，反而对此持批评态度。萨维尼坚决拒绝承认所谓的原权利。一个人是不能拥有对自己的身体及其各个组成部分的权利的，否则人就会拥有自杀的权利。有人将萨维尼持这种观点的原因归结为：他（萨维尼）从原则上明确厌恶自然法理念，特别是“原权利”。[③]说萨维尼不承认人格权或者反对人格权是正确的，但说“萨维尼因为厌恶自然法的理念而反对人格权”则是错误的。康德、黑格尔是近代自然法理念的集大成者，在康德、黑格尔那里，他们却极力反对将人格上升为权利。康德从法律伦理角度出发指出：“权利是外在于我的。我们不能对内在的自我享有权利。一个人可以是他自己的主人，但并不是他自己的所有者，他不能任意处理他自己，更不用说对他人有这种关系的可能了，因为他要对在他自身中的人性负责。”[④]黑格尔在其《法哲

---

① ［德］罗尔夫·克尼佩尔：《法律与历史——论〈德国民法典〉的形成与变迁》，朱岩译，法律出版社2003年版，第87页。

② ［德］霍尔斯特·海因里希·雅克布斯：《十九世纪德国民法科学与立法》，王娜译，法律出版社2003年版，第7页。

③ 张红：《19世纪德国人格权理论之辩》，载《环球法律评论》2010年第1期，第23页。

④ ［德］康德：《法的形而上学原理——权利的科学》，沈淑平译，商务印书馆2005年版，第86页。

学原理》一书中也作了类似表达：“我作为这一个人不是我生命的主人，因为包罗万象的活动总和，即生命，并不是与人格——本身就是这一直接人格——相对的外在的东西。因此，说人有支配其生命的权利，那是矛盾的，因为这等于说人有凌驾于其自身之上的权利了。所以，人不具有这种权利，因为不是凌驾于自身之上的，他不能对自己作出判断。”[①]可见，承认人格权与是否厌恶自然法没有必然的联系。德国民法典遵循康德、黑格尔、萨维尼的信念，反对“以物权方式架构此种人格权”。因为如果这样，人自身就是自己的所有权人，并且，这与自我决定存在结构上的矛盾。社会学法学开创者狄冀从社会学的角度出发，也指出：“个人的生命是社会的宝物，为社会利益的以外目的，就不能准其为无益的冒险。”[②]法律的本质却是对财产加以组合、分割并服从于特殊目的。[③]法律在过去（和现在）都是对财产加以法律定义和法律调整，而不是身体体格的定义和调整。法律调整财产的最终目的在于保护人格，保护人格是立法的基本出发点。所以，人格不能上升为权利，不能作为权利受到保护是完全符合自然法思想的。

（二）人格不能权利化分析

人有理性，理性是自由的，自由构成了人格，人格使人从本质上成为人。人首先是且应当是“人”，生命、健康、身体、自由、尊严、名誉、隐私等内在于人的各要素共同构成了一个“有机人”。一个符合伦理道德要求的实定法必须对“人”进行保护，这并非说明“人”的自私与狭隘，因此在每一个人都具有人格的社会，法律对“人”的保护就是对每一个人的保护，更能体现法律的伦理价值。从伦理的角度看，“人”是一切活动的目的，包括立法活动，法律应当并且必须将保护“人”作为立法的出发点与最终目的。“人”不仅是民事立法的出发点，也是伦理社会一切立法的出发点。

---

① ［德］黑格尔：《法哲学原理》，范扬、张企泰译，商务印书馆2005年版，第79页。

② ［法］莱昂·狄冀：《拿破仑法典以来私法的普通变迁》，徐砥平译，中国政法大学出版社2003年版，第40页。

③ ［德］罗尔夫·克尼佩尔：《法律与历史——论〈德国民法典〉的形成与变迁》，朱岩译，法律出版社2003年版，第66—67页。

与身外之物相比，“人”是一个物前面的主语，物是宾语。没有“人”，宾语就没有任何意义，“人”使物具有了理性。实定法上的权利是自然法上的权利在法律上的反映，说到底，实证法上的权利是法律创造的可以被主体支配的东西，是人支配的对象。

在实证主义者那里，所有人的有体的和无体的部分都可量化为货币价值的物，自我决定的道德性被视为幼稚。在“法律上相互对立”，将自身视为物、对象、商品、视为精神的客体，该客体同样具有其价值并脱离情感。①现在这一复杂现象恰恰被视为人格的同一性和自治理念的转化，被视为个别性与自我决定权的展开，该展开将自我推向市场，就如同其他经济交易的标的，该复杂现象也被视为“准物权的、绝对作用的法律地位”。②甚至有人走得更远：由于人对于自己的人格可以单方面地实现自己的意思，如使用自己的姓名、肖像，将自己的器官捐赠等，因此人格权也应该属于支配权。③进而认为支配权的客体包括自我人格在内。④对此，李永军教授有一个生动形象的抨击：“主体行使权利的结果是指向了主体本身，生命权人行使生命权的结果是要了自己的命。”⑤如果仅从姓名、肖像等可以进行商业利用这一点就得出“基于伦理价值，人身可以作为权利客体”⑥这样的结论未免过于武断。“物我”是将人的物化，即人对自身的构成要素如生命、健康、自由、名誉、隐私等采用权利化的处理方式，像保护物权一样保护这些权利。“物我”说明，人不但是目的，也是手段，因为人已经成了权利

① ［德］罗尔夫·克尼佩尔：《法律与历史——论〈德国民法典〉的形成与变迁》，朱岩译，法律出版社2003年版，第87页。

② ［德］罗尔夫·克尼佩尔：《法律与历史——论〈德国民法典〉的形成与变迁》，朱岩译，法律出版社2003年版，第87页。

③ 金可可：《论支配权概念——以德国民法学为背景》，载《中国法学》2006年第2期，第81页。

④ 金可可：《论支配权概念——以德国民法学为背景》，载《中国法学》2006年第2期，第84页。

⑤ 李永军：《从权利属性看人格权的法律保护》，载《法商研究》2012年第1期，第13页。

⑥ 隋彭生：《论肖像权的客体》，载《中国法学》2005年第1期，第49页。

的对象。在实证法上说“人对自己享有权利”，这将彻底违背自然法的思想，这句话错了，因为“人”永远是目的而不是手段。

到目前为止，实定法上对人格的保护实际上就是对自我的保护，侵害人格不但会产生物质损害，例如支出医疗费，也会产生精神损害，例如痛苦、忧虑，所以侵害人格的，多会产生精神抚慰金。实定法也多从被动的、消极的方面保护人格，以侵害了“人格”要承担民事侵权责任、行政责任或刑事责任进行被动性保护。例如，瑞士民法典第28条第1款宣称，人格受到不法侵害时，可以寻求保护，可以向法官起诉任何加害人。美国法上的“隐私权是基于一个文明社会对个人隐私空间和个人人格的应有尊重，既不根植于财产权，也不根植于著作权，而只是施行于个人更一般性的不受打扰的权利”。[①]这也是人格只能受到被动保护的有力证据。德国民法典第823条规定：“故意或有过失地不法侵害他人的生命、身体、健康、自由、所有权或其他权利的人，负有向该他人赔偿因此而发生的损害的义务。”德国民法典的制定者并没有在生命、身体、健康、自由的后面分别加上一个“权”字，是自然法思想的胜利，也是对自我的肯定与保护。正如拉伦茨在批判耶林的“权利利益理论”时指出的：“各种利益通过法律制度以其他方式也能得到很好的保护，而不一定要创设一个‘权利’，只要明确以什么方式来实现这种法律保护即可。”[②]人格权这一概念是法律实证主义法学的产物。法律实证主义者遵循这样的逻辑：受法律保护的东西，必然具有法律上的依据，即它应当是一种权利；只有侵犯权利才是侵权，相关行为人才负责任。于是，人们不得不去创造一个一般人格权概念，然后再按照权利的一般理论为这种权利寻找客体。[③]有的实证主义者对德国民法典评论道，立法者以貌似民主的方式决定了不给这些实际上被承认的人格上的“高级利益”穿上

---

① 高圣平：《比较法视野下人格权的发展——以美国隐私权为例》，载《法商研究》2012年第1期，第32页。

② ［德］卡尔·拉伦茨：《德国民法通论》（上册），王晓晔等译，法律出版社2003年版，第279页。

③ 李永军：《从权利属性看人格权的法律保护》，载《法商研究》2012年第1期，第14页。

权利的外衣。[①]其实，德国民法典的立法者不是“貌似民主”而是“民主”，如果给人格穿上权利的外衣，自然人可以自由地出售自己的身体器官、结束自己的生命，后果实在太可怕了。在实证主义法学大行其道的今天，如果我们非要给人格穿上权利的外衣，那又该是一件什么样的、尺寸多大的外衣呢？

二、人格利益在多大范围内可以权利化

有人提出（一般）人格权是宪法上的权利。但是，转而认为，（一般）[②]人格权非民事权利。[③]有人对此评价说：“宪法上人格权与私法上人格权虽然使用同一概念，但其规范功能和意义各有不同。”[④]从实证法的角度，这种评价是客观的，也是正确的。民法作为法律，也要保护人格利益，从实证法的角度确认人格权确实具有一定的意义。但民事实证法在确立人格权这一概念时不能背离“道德的底线”，否则实在法将被指责为“毫无伦理责任”。这时，我们还得回到黑格尔的那句“成为一个人，并尊敬他人为人”的箴言。从实证法的意义上，“成为一个人”就是在法律上将它当成人看待，使其成为主体；“尊敬他人为人”则是从法律上确认人之为人，他人有权要求你，更有权要求法律的尊敬。“尊敬他人为人”说明：配偶权并不是支配配偶的权利，而是配偶之间基于配偶身份产生的权利义务关系；生命权不是来支配的，而是要求他人尊重的。法律如何尊敬一个人，那就是最大限度地提供保护。所以，如果非要在立法上创造一个一般人格权的概念，它的基本含义是且应当是“自由权和受尊重权”，[⑤]即人有自由与受尊重的权利以及生命、健康等不受侵犯的权利。这些权利不受实体法的处分，实体法只能确认这种权

① 张红：《19世纪德国人格权理论之辩》，载《环球法律评论》2010年第1期，第23页。

② 笔者注。

③ 尹田：《论人格权的本质——兼评我国民法草案关于人格权的规定》，载《法学研究》2003年第4期。

④ 高圣平：《比较法视野下人格权的发展——以美国隐私权为例》，载《法商研究》2012年第1期，第35页。

⑤ 龙卫球：《人格权的立法论思考：困惑与对策》，载《法商研究》2012年第1期，第10页。

利，只能是被动性地要求实证法的确认而不能赋予这些权利正面权利，即法律不能规定“人对其人身享有权利”。如果“赋予这些法益以正面权利，就会出现这种问题：自杀权、请求他人帮助自杀（安乐死）、器官买卖等都具有权利处分的基础，为此还需要制定禁止性规范来防止主体的处分行为”。[①]那种认为“人格权是以具有人格属性的生命、身体、健康、自由、名誉、隐私等为客体的、为了使其自由发展必须不受任何第三人侵害的多种利益的总称”[②]的观点，将“人身”作为权利的客体，是严重背离伦理道德的。所以，一般人格权是“自由意思的客观领域”，[③]是“个体要求尊重其人格尊严、发展其个体人格的权利，其不仅仅针对国家及其机构，而且还在私法关系中对任何人都发生效力”。[④]一般人格权的首倡者劳伊尔也将“人格上权利”定义为：“人自身目的的存在和人自我目的的宣示和发展的权利。”[⑤]所以，一般人格权是尊重人格、发展人格、保护人格的权利，而不是对人格的支配权利。到目前为止的人格权，基本上都具有被动性这一特征，即在受到第三者侵害时请求保护。[⑥]所以，人格如果要穿上权利的外衣，这件外衣也是宣示性权利，法律提供的仅为被动性保护而不能允许主体自由支配。

在一般人格权之外有特别人格权。我国有学者指出：就特别人格权而言，其客体是相应的人格要素。[⑦]生命、健康、身体、隐私、名誉、姓名、肖像、个人数据等共同构成了人格要素。学术界在论证人格权的支配性时，常以姓名权、肖像权作为例证。学者在评注德国民法典第823条中的“其他权利”是什么时认为：“其他权利，如特别人格权（包括姓名权、作者人格

---

① 李永军：《从权利属性看人格权的法律保护》，载《法商研究》2012年第1期，第16页。

② ［日］五十岚清：《人格权法》，铃木贤、葛敏译，北京大学出版社2009年版，第7页。

③ ［德］梅迪库斯：《德国民法总论》，邵建东译，法律出版社2000年版，第62—64页。

④ ［德］汉斯·彼特·哈佛坎普：《1918年以来一般人格权在德国的发展》，金可可译，载《华东政法大学学报》2011年第1期，第117页。

⑤ 张红：《19世纪德国人格权理论之辩》，载《环球法律评论》2010年第1期，第23—24页。

⑥ ［日］五十岚清：《人格权法》，铃木贤、葛敏译，北京大学出版社2009年版，第15页。

⑦ 张俊浩主编：《民法学原理》，中国政法大学出版社2000年版，第141页。

权、肖像权)、著作权等。”[①]那么，在德国法上，健康、生命不能冠之以权利，而姓名、肖像又何以被作为权利来处理呢？在我个人看来，姓名、作者人格、肖像从本质上来说并非“人格”的构成要素，而是人格之外的东西，是可以物化处理的东西。德国哲学家卡西尔指出：“人不仅能生活而且能借助符号来表达生活，因此，人是符号的动物，符号化思维和符号化行为是人类生活中最富有代表性的特征。”[②]所以，将生物意义上的血肉之躯被打造、转化成“符号体”，人格的符号化、标识化正是对这一社会演变的回应。[③]姓名、肖像、声音等都是一个人的标识化的东西，它们甚至可以像物一样授权给别人使用。

1.姓名权应该是一项独立的民事权利

“姓名”由姓和名构成，它是“自我”的一个外在符号，是进行民事行为的外在表征，签名能够确定当事人，也为民事代理的存在奠定了基础，它的最大益处是简化交易成本。姓名属于人，人有权决定姓名、自己或授权他人使用姓名（现代社会，姓名的商业化已经不是什么新鲜事）、变更姓名，只要愿意，甚至可以决定自己不要姓名（当然，从实际需要出发，还是要有一个姓名的）。姓名本来就是身外之物，姓名本身并不在“人格”的范围之内，它属于人，我们有权支配它，它是权利。

单纯地对姓名权的侵害通常不会令“自我”产生心理上的不愉快，例如非法使用影视明星的姓名做商业宣传，通常不会产生精神慰抚金，这时损害的是明星的姓名所具有的商业价值。虽然姓名是身外之物，但姓名又是一个人的象征，有些卑劣的人会使用他人姓名从事一些损害他人人格的行为，例如指名道姓地揭露他人隐私、侮辱与谩骂等，这时“人格”受到了侵害，通常产生精神上的痛苦，可以主张慰抚金，但这种情况下产生慰抚金请求权的基础通常不是姓名权受到侵害，而是隐私、名誉受到侵害。再如，非法使用影视明星的姓名做虚假宣传或者性药品宣传时，也会造成受

---

① 见陈卫佐译注：《德国民法典（第二版）》，法律出版社2006年版，第306页。

② ［德］恩斯特·卡西尔：《人论》，甘阳译，上海译文出版社1985年版，第35页。

③ 谢晓尧：《商品化权：人格符号的利益扩张与衡平》，载《法商研究》2005年第3期，第81—87页。

害者的精神损害，但这种损害并非由侵害姓名权造成而是因侵害了受害人的名誉。所以，瑞士民法典于姓名的保护部分在“请求慰抚金”这一点上是非常谨慎的，其中规定“如就侵害的种类侵害人应当给付一定数额的慰抚金时，亦可提出此项诉请”。德国民法典第12条也明确规定了姓名权，根据该条的规定，侵害姓名权产生救济方式有二：其一，权利人可以请求该他人除去侵害；其二，有继续受侵害之虞的，权利人可以提起不作为之诉。当然，按照第823规定，受害人还可以基于姓名权受到侵害而主张赔偿，但这里的赔偿是否包含慰抚金则是一个有争议的问题。所以，那种以有很多国家规定了姓名权从而认为在实定法上已经广泛确认了“人格权”的观点是非常缺乏说服力的，更遑论由姓名权推及生命权、健康权、隐私权、名誉权等各种特别人格权了。

2. 肖像权

肖像是通过绘画、照像、雕刻、录像、电影等艺术形式使公民的外貌在物质载体上再现的视觉形象，它反映了肖像者的真实形象和特征。人的肖像，作为人的外部形象，在没有被人体以外的物质载体固定以前，它就自始存在，是人格不可或缺的要素。[①]那么，肖像真的是人格的构成要素吗？要回答这个问题，必须先回答肖像是物质性的还是精神性的。有人认为，肖像是一个人的外在形象，不是精神性的，而是物质性的，是一个客观存在。[②]也有人认为，肖像权作为公民的具体人格权，体现的基本利益是精神利益。[③]肖像本身应该是物质性的，是可以被支配的，具有价值与使用价值，它应当被作为商品来看待，在本质上并不是人格权，或者即使具有一定的人身属性，但那也是外在的，与生命、自由、健康、身体等不能同等对待。一个人的肖像甚至可以被他人合理使用，而生命、健康则不能。例如，新闻报道、教科书、瞻仰或怀念而占有使用一个人的肖像，并不构成侵害肖像权。实践中，侵害肖像权的主要方式是未经同意擅自使用他人肖像进行

---

① 隋彭生：《论肖像权的客体》，载《中国法学》2005年第1期，第48页。

② 隋彭生：《论肖像权的客体》，载《中国法学》2005年第1期，第48页。

③ 杨立新、尹艳：《侵害肖像权及其民事责任》，载《法学研究》1994年第1期，第92页。

商业活动，且从实证法上以赋予主动权利的方式保护肖像权并不违反伦理道德，这恰恰更能体现法律对人的人文关怀。所以，肖像主要的属性不是人格的要素，而是它具有社会学上的价值和美学上的价值。如果说姓名是一个人的符号，那么肖像则是一个人的外部形象，包括人的容貌和体貌。姓名或者肖像之所以具有商业价值，主要的原因在于它们是一个人的象征。法律保护肖像权并非主要保护权利人的精神利益，而是肖像体现的经济价值，我国原《民法通则》将“以营利为目的”作为侵害肖像权的构成要件正是肖像具有经济价值的要求。

有人认为，擅自将他人的肖像再现为映象、侮辱性使用、毁容等也是侵犯肖像权的行为。[①]歪曲、毁损、玷污等侮辱性使用他人肖像，并不构成侵害肖像权，而是对他人人格尊严的侵害。例如将漂亮的女明星的面部肖像画上胡子等进行丑化处理，这侵害的是名誉而不是肖像。毁容确实能够引起他人肖像发生变化，但毁容更是对他人身体、健康甚至生命的侵害，将这种行为作为侵害肖像权来处理低估了这些侵害行为的严重性。从严格意义上讲，和姓名一样，肖像为肖像权人所专有，他人不得私自制作、使用其肖像，权利人有权禁止他人再现自己的肖像，偷拍行为是不法的。但是根据公共利益、本人利益、时事新闻报道等的需要，监控拍摄等则不构成侵害肖像权。当然，只是制作肖像而不予以使用，尚不足以构成侵害肖像权。“使用”是不是一定要以“营利性为目的”呢？我国原《民法通则》第100条做了肯定性回答，规定：“公民享有肖像权，未经本人同意，不得以营利为目的使用公民的肖像。”学术界对本条使用的“营利性目的”进行了激烈的批评。[②]其实，侵害肖像权的行为主要是营利性非法使用，但从保护肖像权人的角度出发，法律应该明确合理使用的范围（阻却违法性的行为），除此之外的使用（行为人能够证明属于合理使用的除外）构成侵犯肖像权。

---

① 隋彭生：《论肖像权的客体》，载《中国法学》2005年第1期，第52页。

② 杨立新、尹艳：《侵害肖像权及其民事责任》，载《法学研究》1994年第1期，第93页；隋彭生：《论肖像权的客体》，载《中国法学》2005年第1期，第52页。

所以，姓名、肖像、声音等都是一个人的标识，虽然具有人格要素的属性，但更多的是外在的，它们与生命、健康等内在地属于一个人是不同的，它们是可以被支配的，甚至是可以授权他人使用的。如果以肖像权、姓名权等论证人格权的存在，甚至依此推断生命权、健康权的真实性，是不合适的。如果实证法非要给生命、健康等穿上权利的外衣，那也必须是一件尺寸合适的华丽外衣。这件外衣只能是被动性保护，而不能是主动性权利，更不可能是一种支配权。

三、法人没有人格权

有学者提出："虽然法人没有一般人格权，但法人是否具有特别人格权呢？"对此，有学者作出了肯定性回答：有！依据是我国民法通则、民法典以立法的形式确认了法人有名称权、名誉权、荣誉权等特别人格权。但也有相反的观点认为，法人没有人格权。其实，法人不过是一个社会组织体，该社会组织体并没有生命、健康、名誉、隐私等，法人不可能像自然人一样享有伦理意义上的人格。在实证法上，可以赋予法人人格，但这种人格也只能是一种主体资格的象征，除此之外别无其他。但人格作为一种主体资格的象征被实证法所抛弃，权利能力成了实证法上主体资格的象征。所以，在实证法上，法人是没有人格权的。

团体是一个真实的存在，但团体并非自然人，它在自然属性上与生物意义上的人存在很大差别，差别的客观性决定了法人没有生命、健康、自由、安全以及人类尊严等基本价值。法律之所以给特定的团体以人格，是因为这种人格不过是一种抽象的法律主体地位的标志符号（现在已经被权利能力取代），除此之外没有任何意义。因此，仅存在一个法人，其仿佛是人，但其实不是道德的，更不是一个神秘的超人，而是拟制的，一个能够拥有财产的、人为设定的主体。我国民法典中确实规定法人拥有名称权、名誉权、荣誉权等权利，但法人的名称权不过是其对外经济活动的标志，不包含任何人的伦理因素，它具有更多的经济价值，法人的名誉权、荣誉权不过是一个好的市场（社会）评价，能够为其带来经济上的利益，损害法人的名誉不会造成其精神上的不愉快或痛苦，也就不适用精神损害赔偿的规定。

第三节 人的自然属性对权利能力构造的影响

一、人的自然属性要求用权利能力取代人格

人格是自然人在实证法上的升华，是一种技术处理。人与人格等同处理的后果是：所有的自然人都能够平等地进行民事交易活动。应该说，实证法上采取人格这一概念足以解释并保证自然人之间能够平等进行民事活动。但现实情况是：现代民事立法中并没有像罗马法那样使用“人格”这一标志民事主体身份的概念，而是使用了权利能力这一概念来标志主体资格的身份，即凡是具有权利能力者都是民事主体。对于所有人的权利能力不存在一个先于法律的、准人类学的论证，权利能力基于实证法，而实证法用“权利能力”去替代“人格”是因自然人的自然属性与法人的自然属性的不同造成的。

（一）现代意义上的人格内涵更为丰富

在奴隶社会与封建社会民事法律制度中，人格是一种特权，是一种身份象征，并且非任何自然人都具有人格，只有特权阶层才具有人格。数千年的实证法将人格污染成为一种特权的象征，必然遭到很多人的反感。所以，罗马法中的人格权不是人本身的权利，至多不过是特殊人的权利。自从人格成了人的内在规定性之后，就自然人而言，权利能力毫无疑问是人格的表现，但较之权利能力，人格具有更高的抽象性和更为丰富的内涵。①人格成了一个国家基本法层面上的东西而不再局限于民事领域。黑格尔正确地指出：“人格一般包含着权利能力，并且构成抽象的从而是形式的法的概念和这种法的其本身也是抽象的基础。”②所以，人格不再仅是一个享有民事权

① 尹田：《论人格权的本质——兼评我国民法草案关于人格权的规定》，载《法学研究》2003年第4期，第6页。

② ［德］黑格尔：《法哲学原理》，范扬、张企泰译，商务印书馆2005年版，第46页。

利、承担民事义务的标志，更是享有政治权利的标志。人格的含义已远远超出了民法的范畴，成为宪法上的重要概念。德国关于人格的规定主要是基本法第1条与第2条的规定，根据这两条的规定，德国联邦法院创制出一个又一个关于人格权的经典案例。所以，在德国民法理论上，无论对权利能力作何理解，权利能力都没有被直接解释为“人格”的同义语。[①]虽然瑞士民法典使用了人格的概念，但这里的人格包括权利能力、行为能力甚至姓名权等，人格不能再委身为一个民事主体符号的作用，那种认为“权利能力之制度，在自然人之范围内，几无价值可言”[②]的观点没有看到人格在现代社会具有的丰富内涵。

（二）权利能力剔除了自然人与法人的特殊性

人格概念内涵的丰富与发展，在实证法上需要一个符号来表征自然人的民事主体地位的平等性，这就是权利能力。但这只回答了问题的一半，另一半问题是：自然人为什么能够与一个社会组织体进行民事交易呢？要回答这个问题，首先要从法人的本质开始寻找答案。

学术界关于法人本质的说明已经很多，并形成了否认说、拟制说、有机体说等各种各样的学说，这些学说试图解释法人的本质并回答其之所以能够与自然人进行平等的民事交往的理论基础，这方面的文献资料浩如烟海，在这里无意对这些资料作出一个整体的梳理。但有一点是肯定的：社会团体作为一个组织体，是现实存在的，这个组织体的自然特征与自然人存在很多差别，它没有生命、健康、身体、隐私、名誉等，它不具有伦理价值。因此，人格不可能是组织体的内在规定性。实证法上本来可以直接赋予社会组织体以“人格”，并且规定法人的人格与自然人的人格是平等的。但问题的关键是，随着人类社会的进步，人格这一概念的内涵与外延已经不再被限制在民事主体资格的象征这一狭隘的意义上了。德国民法设计“权

① 尹田：《论人格权的本质——兼评我国民法草案关于人格权的规定》，载《法学研究》2003年第4期，第5页。

② 曾世雄：《民法总则之现在与未来》，中国政法大学出版社2001年版，第78页。

利能力”的根本目的还在于为团体准备一顶“民事主体”的桂冠！如此一来，主体化的团体与自然人便在“权利能力”即“民事主体资格”的屋檐下找到了共同栖身、和谐相处的家园，德国民法典总则的主体制度得以完满架构。[①]权利能力这一概念剔除了自然人与法人在自然属性上的差异，为二者能够平等进行民事活动架设了一座天桥。

二、权利能力的内涵

在实证法上，“权利能力”的概念取代了“人格”。一般认为，权利能力是指一个人作为法律关系主体的能力，也即作为权利享有者和义务承担者的能力（或称资格）。[②]权利能力是一种主体资格的象征，权利能力的内涵至少包括：（1）以自己的名义享有权利的资格；（2）以自己的名义承担义务的资格。那么，权利能力的概念中是否包含了民事责任能力的问题呢？

民事责任能力是我国首创，其目的是与刑事责任能力、行政责任能力等其他责任能力区别开来。关于民事责任能力的本质，学术界存在不同的看法：有的学者认为，民事责任能力就是侵权责任能力；有的学者认为，民事责任能力是与民事权利能力、民事行为能力相互独立的一项能力；还有的学者认为，民事责任能力是民事权利能力的组成部分。[③]但我国主流学者认为，民事责任能力又称侵权责任能力，是行为人对民事违法行为承担民事责任的能力。[④]这种观点认为，民事责任能力与民事权利能力存在本质的不同。但正如德国著名民法学家拉伦茨教授指出的：“伦理学上的人的概念，也包含着人必须对自己的行为和不法行为承担责任的思想。主动承担责任以及被对方

---

① 尹田：《论人格权的本质——兼评我国民法草案关于人格权的规定》，载《法学研究》2003年第4期，第14页。

② ［德］卡尔·拉伦茨：《德国民法通论》，王晓晔等译，法律出版社2003年版，第122页。

③ 孙毅：《处于多重语境中的民事责任能力》，载《北方法学》2007年第1期，第42页。

④ 魏振瀛：《民法》，北京大学出版社、高等教育出版社2000年版，第54页。

要求承担责任，是人的特权，也是人的负担。”[①]一个人要成为人，必须有对自己的行为负责的资格，人的个体性差异不影响民事责任能力的享有，这是伦理上的要求。反对的意见可能会认为，一个婴幼儿没有辨认能力，他不可能对自己的行为负责。这种看法从根本上说是错误的，因为它混淆了作为承担责任的抽象资格与是否要承担责任的具体情况之间的界限。更何况，法定代理人代理未成年人从事民事法律行为的后果要由被代理人承担，被代理人也具有承担民事责任的实际可能。所以，民事责任能力应该属于权利能力的有机组成部分，它与享有权利的资格、负担义务的资格共同构成权利能力。其实，不论是在国外，还是在我国台湾地区，责任能力都是“侵权责任能力”的简称。而我国学术界非要在“责任能力”之前加上“民事”二字，要么是对国外立法上的“责任能力”的曲解，要么我们的民事责任能力根本就不是外国法律上的“责任能力”，而是一个新创设的概念，笔者更愿意接受后一种解释，我国民法上创造的“民事责任能力”与传统民法上的（侵权）责任能力不是一回事，而是权利能力的内涵之一。

三、人的自然属性的差异说明权利能力不能被剥夺或者限制

（一）自然人的自然属性说明权利能力不能被剥夺或者限制

理论与立法上，自然人的权利能力不能被剥夺，但是关于自然人的权利能力能否被限制，则存在不同的观点。一种意见认为，自然人的权利能力，受法律之限制，各国法律皆然。[②]另一种意见认为，权利能力是不受限制的。[③]人格是自然人的内在规定性，抽象人格并不包含人的特殊性，作为情欲、需要、冲动、偶然偏好等是人的特殊性，在实定法中通常是不加以考虑的，人们不考虑特殊利益、我的好处或者我的幸福，同时也不考虑我的意志的特殊动机、见解和意图。因为在人格中特殊性尚未作为自由而存

---

① ［德］卡尔·拉伦茨：《德国民法通论》，王晓晔等译，法律出版社2003年版，第51页。

② 姚瑞光：《民法总则论》，中国政法大学出版社2011年版，第35页。

③ 李永军：《民法总论》，法律出版社2006年版，第205页。

在，所以关于特殊性的一切东西，在这里都是无足轻重的。[①]如果要考虑这些特殊性，人与人之间就无法平等地进行民事活动。每个自然人都具有权利能力，因为他们在本质上是一个伦理意义上的人。[②]对于权利能力，其不同于法律行为或行为自由，不取决于一个特殊的个体性。即使在一般的民法典中也不存在通过性别、年龄、肤色、宗教信仰不同而造成的歧视。所有的人的同等尊严的理性法学说得以贯彻。[③]自然人的主体地位的基础是自然法，任何实证法仅能够确认（或者说是体现）这种主体地位，而不能处分自然人主体地位的基础，以防止国家利用实证法来剥夺人的主体地位，从而制造人的不平等状态。[④]从自然人的角度观察，权利能力已经具备了伦理内涵，自然人的伦理性要求自然人的权利能力是不能被限制或者剥夺的。[⑤]权利能力虽然是一个实证法上的技术性创造，但这种创造要求将所有自然意义上的人都作为具有权利能力的主体，是符合伦理要求的。所以，就如有的学者所言：人的权利能力平等在今日被认为理所当然，然而，在当时应该说是西欧历史中划时代的重要事件。[⑥]那种认为“成文法可以全部或部分否定一些单个人具有权利能力”的观点是违背现代伦理要求的。权利能力作为一种主体资格，并不体现民事主体的实在性差异，也不能受到限制。

（二）法人的自然属性说明权利能力不能被剥夺或限制

1. 法人的权利能力是不能被剥夺的

有人提出法人的权利能力是法律给的，所以法律也可以剥夺某一个具体法人的权利能力，让其丧失主体资格，甚至将其误读为法人人格否认理

---

① ［德］黑格尔：《法哲学原理》，范扬、张企泰译，商务印书馆2005年版，第47页。

② ［德］卡尔·拉伦茨：《德国民法通则》，王晓晔等译，法律出版社2003年版，第120页。

③ ［德］罗尔夫·克尼佩尔：《法律与历史——论〈德国民法典〉的形成与变迁》，朱岩译，法律出版社2003年版，第76页。

④ 李永军：《论权利能力的本质》，载《比较法研究》2005年第2期，第46—47页。

⑤ 李永军：《论权利能力的本质》，载《比较法研究》2005年第2期，第48页。

⑥ ［日］星野英一：《私法中的人——以民法财产法为中心》，王闯译，载梁慧星主编：《民商法论丛（第八卷）》，法律出版社1997年版，第156页。

论。其实，法人人格否认理论并不是对法人主体资格的剥夺，而是在法人成员的权利能力与法人的权利能力发生混淆的情况下，为了保护特定债权人的利益，在特定的法律关系中否认法人人格的独立性，让法人背后的成员出来承担责任。法人人格否认并没有剥夺法人的主体资格，法人的主体资格仍然存在。当然，与自然人的肉体消失导致权利能力终止一样，法人赖以存在的团体消失后其权利能力也就消失了。

2.法人的权利能力是不能被限制的

法人的权利能力不能被剥夺，但法人的权利能力能否被限制呢？有人对此回答道：与自然人的权利能力相比，法人的权利能力的范围是有限制的。例如，他们不能享有亲属法上的权利。[①]我国台湾地区学者王泽鉴认为，权利能力为人之尊严的表现，法律虽得加以限制（如矿业权等），但须有正当理由。[②]我国权威教科书中也认为，法人的权利能力受法人自然属性、法人宗旨以及法规的限制。[③]并且，法人的民事权利能力具有差异性的特点，不同的法人，其民事权利能力的范围是不一样的。[④]甚至有学者走得更远，认为法人的权利能力能够受到限制的观点说明在有权利能力与无权利能力中间还存在一个有限的权利能力。德国法学家法布里丘斯提出“相对权利能力”理论，“相对权利能力”理论提出后，得到穆恩切那儿、吉特尔、帕特兰、海因雷彻斯、朴罗斯基等呼应和发展，成为德国法学的一股重要潮流。[⑤]当然，对法布里丘斯的观点也有持否定意见的学者，他们认为，法布里丘斯的权利能力的相对化，有害而无益。[⑥]当然，也有人认为，权利能力

---

① ［德］卡尔·拉伦茨：《德国民法通论》，王晓晔等译，法律出版社2003年版，第123页。

② 王泽鉴：《民法总则》，中国政法大学出版社2001年版，第105页。

③ 魏振瀛：《民法》，北京大学出版社、高等教育出版社2000年版，第80—81页。

④ 魏振瀛：《民法》，北京大学出版社、高等教育出版社2000年版，第80页。

⑤ 黄立：《民法总则》，第66页之注②，转引自龙卫球：《民法总论》，中国法制出版社2001年版，第191页。

⑥ ［德］迪特尔·梅迪库斯：《德国民法总论》，邵建东译，法律出版社2001年版，第781页。

不受剥夺与限制。[①]

作为一种法律主体资格的象征，权利能力只能做有和无的划分，不可能存在特别权利能力。有权利能力者就可以以自己的名义享有权利、承担义务；无权利能力者就不能以自己的名义享有权利、承担义务。试想，如果一个民事主体的权利能力是受到限制的，另一个民事主体的权利能力是不受限制的，二者又何以能够平等地进行民事活动呢？法人的自然属性从根本上讲是指法人本身是一个社会团体。法人是法律将社会团体作为法律上的人来看待的产物，所以是“法人”。法人具有权利能力完全是实证法上的设定。实证法之所以给法人以权利能力，其目的是在团体与自然人之间架设一座可以进行平等交易的桥梁。法人的权利能力作为一种抽象的主体资格的象征，与自然人的权利能力没有差别，是平等的。所以，认为自然人有不同的特别权利能力，法人也各有自己的特别权利能力的观点从根本上就将权利能力的本质给搞错了。

甚至有学者还提出，民事权利能力可分为一般民事权利能力与特别民事权利能力。一般民事权利能力，泛指参加一般民事法律关系的法律资格；特别民事权利能力，指参加特定的民事法律关系所要求的法律资格。例如，作为个体工商户的自然人，除具有自然人的一般民事权利能力外，还具有与其登记的经营范围一致的特别民事权利能力。自然人与法人，基于性质的差异，存在特别民事权利能力的差异；甚至本国人与外国人之间基于政策上的考虑，也有特别民事权利能力的差异。[②]权利能力使自然人、法人之间实现了法律世界的机械统一，缺乏感性的法律的人不会患上机械化病。权利能力变成了一个“以自己的名义享有权利承担义务的”标签。权利能力平等是一种抽象平等而非具体平等，是一种资格或者说是一种取得权利的可能性的平等，而非具体权利的平等。也就是说，是一种起点平等而非结果平等。[③]主张法人的权利能力受到限制或者应该承认部分权利能力的观点

① 龙卫球：《民法总论》，中国法制出版社2001年版，第229页。

② 梁慧星：《民法总论》，法律出版社1996年版，第58页。

③ 李永军：《论权利能力的本质》，载《比较法研究》2005年第2期，第43页。

是深受人的特殊性的影响的，但权利能力确实是不考虑人的特殊性的。所以，也就不存在什么特殊性权利能力的问题。

第四节　人的自然属性对行为能力的影响

康德指出："一个人能够按照自己的表述去行动的能力，就构成这个人的生命。"[①]可见，行为能力在整个民事主体制度中的重要性。行为能力是指法律认可的一个人可进行法律行为的能力，法律行为的核心是意思表示，说到底，行为能力在本质上是一个人具有的通过他的心理表现出来的能够把外界对象的根据和这些表述取得一致的能力。权利能力解决了主体资格问题，行为能力则要解决主体进行意思表示的问题。意思能力的有无，是事实问题，须就各个具体的法律行为，考虑行为人的年龄、智力及精神状态而决定之，并无统一的基准。[②]权利能力是一种可能性，它是一个抽象的、平等的、狭隘的概念，它原则上无法达到论述性别、国家公民、等级、宗教信仰的差别的目的，也无法影响人在私法上的地位、尊严，而行为能力则将这种可能性转化为现实，充分考虑了人的自然属性。自然人与法人之间在民法上的许多差别大多是天然的，就如自然人存在完全行为能力人、限制行为能力人和无行为能力人，却没有限制行为能力和无行为能力的法人一样，是主体本身的特殊性所致。[③]可见，自然人、法人本身的特殊性虽然没有影响权利能力，但影响了行为能力。

一、自然人的特殊性对行为能力的影响

法律要为一般立法，法律规则不能针对人的特殊性进行立法。但特殊性对人的行为确实产生了影响。如果把内心的情感、倾向和任性跟实定法

---

① ［德］康德：《法的形而上学原理——权利的科学》，沈淑平译，商务印书馆2005年版，第14页。

② 梁慧星：《民法总论》，法律出版社1996年版，第59页。

③ 李永军：《论权利能力的本质》，载《比较法研究》2005年第2期，第50页。

和法律相对立，哲学至少不能承认这些权威。[①]自然人的特殊性需要在特殊性与一般性之间进行整合。

首先，根据年龄、智力状况将自然人的行为能力划分为完全民事行为能力、限制民事行为能力与无行为能力。

其次，具体的人的差异通过行为能力加以不同规定，行为能力将人进行了三六九等的划分，只有“完全民事行为能力人”有能力交易和行为，即只有在目的导向理性中满足可资利用的自由标准的人才有行为能力。被排除的人是那些理性失灵、尚未戒掉不加阻止追求兴趣原则的人，或者是那些毫无收益的浪费、挥霍金钱和恣意享受生活作为挥霍的人。

最后，马吉雅维利认为人的本性是“各种自然的激情、愤怒、傲慢与性欲”。人的本质是吝啬、贪婪、残忍、背信弃义、脆弱、傲慢、好色、狡诈、冷酷、轻率、无信任（怀疑），并且人自身不能胜任社会交往。[②]经验的人存在偏好、欲望和所有的“主观原因”，具体的我，想要这个或那个，有“需要，情绪和念头”。人的这些自然本性虽然不影响人作为人，但它会影响到意思表示的真实性，欺诈、胁迫、乘人之危而谋取利益是人的本性，人的自私自利的本性需要实证法对法律行为的效力作出不同判断：无效、效力待定或者可撤销等。所以，那种认为“在民法中，即使是有机的人也是一个拟人的比喻，因为原始本性的人在民法中并未出现”[③]的观点虽然看到了人的自然属性对权利能力确实没有影响，但没有看到人的本性对行为能力的影响，是不全面的。

二、团体的自然属性对法人行为能力的影响

民事主体的权利能力平等，在民法规范意义上来讲应是一个真实的存在。但这种平等，应在主体“能为”的界限内才有意义。例如，据上述学

① ［德］黑格尔：《法哲学原理》，范扬、张企泰译，商务印书馆2005年版，第4页。

② ［德］罗尔夫·克尼佩尔：《法律与历史——论〈德国民法典〉的形成与变迁》，朱岩译，法律出版社2003年版，第77页。

③ ［德］罗尔夫·克尼佩尔：《法律与历史——论〈德国民法典〉的形成与变迁》，朱岩译，法律出版社2003年版，第71页。

者所言，继承、亲属法上的权利以及生命、健康等领域的权利，不是说法人没有这种抽象资格，而是说这种资格对于法人来说没有意义，即没有运用这种资格的可能性。[①]法人的本体是一个组织体，组织体的自然属性使其不能进行意思表示，法人需要一个自然人代替其进行意思表示，这个人就是法人的法定代表人。法定代表人通常是具有肉体的完全民事行为能力人。所以，法人的自然属性决定了不会对法人的行为能力与自然人一样作出有、无和限制的分类，但法人的自然属性决定了法人对有些法律行为是要受到限制的。例如法人不能结婚等。另外，法人的目的都会对法人的行为能力进行限制。这些限制说明法人的行为能力是有限的。法定代表人可能为了本人利益进行意思表示，也可能为了法人利益进行意思表示。法定代表人为谁进行意思表示在实证法上采取了“名义说”。如果以自己的名义进行法律行为，就是法定代表人自己的行为，法律后果由自己承担；如果以法人的名义进行法律行为，就是法人的行为，法律后果由法人承担。

自然人与法人在自然属性上的差异造成了自然人与法人在行为能力上的差异，尤其是在法人日益强大的今天，法人已经涉及人类生活的方方面面，人类创造的庞然大物——法人已经控制了人类，人越来越依附于法人，法人与自然人人格的抽象平等在实际上并没有实现真正平等。所以，在民法上要对法人的行为能力进行限制，例如为了保护劳动者、消费者的权利，需要对用人单位、经营者的缔约自由进行限制。所以，自然人与法人在自然属性上的差异导致了二者之间的行为能力是有差别的。

① 李永军：《论权利能力的本质》，载《比较法研究》2005年第2期，第50页。

第六章　自然人

民法典总则编第二章分四节规定了自然人这一民事主体，第一节是关于自然人民事权利能力和民事行为能力的规定；第二节是关于自然人民事行为能力欠缺之弥补制度即监护制度的规定；第三节是关于自然人下落不明后有关法律关系处理即宣告死亡和宣告失踪制度的规定；第四节是关于个体工商户和农村土地承包经营户的规定。

第一节　自然人的民事权利能力和民事行为能力

一、自然人的民事权利能力

（一）自然人的民事权利能力的界定

自然人是基于自然规律出生的人。自然人的民事权利能力是自然人具有的能够以自己的名义作为民事法律关系主体的资格，因民事法律关系以民事权利义务为内容，而民法是权利法，所以自然人的民事权利能力是能够以自己的名义享有民事权利的资格。自然人民事权利能力具有以下几个特征：

第一，平等性。无论自然人的年龄、性别、宗教信仰、文化程度、财产多寡以及精神状态等，自然人的权利能力是平等的，这种平等是抽象的平等，形式上的平等。它是民法平等原则的基本体现和核心内容，也是自然人能够以自己的名义进行民事活动的出发点和基础。虽然民法典并未规定自然人的民事权利能力和法人、非法人组织的民事权利能力平等，但作为一种抽象资格，他们之间的法律地位是平等的，即民事权利能力是平等的，这也是自然人、法人和非法人组织之间能够进行平等交易的基础。自然人民事权利能力具有平等性，但法律也要对特殊群体进行保护，例如消费者、劳动者、妇女、儿童、老人和残疾人等，其保护的目的在于实现在具体法律关系中的实质平等。

第二，不可剥夺性。在人类历史上，自然人的主体资格是可以被剥夺的。例如，在罗马法上，并非一切人均为罗马社会的权利主体。除了是人之外，还需要具备其他基本条件：是自由的，而且，就市民法关系而言，还应当是市民。自由是法律意义上的自由，指“做一切想做之事的自然权利，以受法律禁止或强力阻碍为限”。拥有这种自由权的人叫作“自由人”；完全丧失者是“奴隶”，他不是主体，而是权利标的。“自由人”包括生来自由人和解放自由人。除了自由之外，具有市民身份是权利能力的另一个重要条件。罗马法上的人格是可以减等的，它实际上是自然人民事权利能力的剥夺。人格减等包括：（1）丧失自由地位的“最大人格减等”（丧失自由权，沦为奴隶）；（2）丧失市民身份的“中人格减等”；（3）丧失家族权的“最小人格减等”（保留自由权和市民身份）。①在现代社会，自然人的民事权利能力具有伦理意义，所有自然人皆享有民事权利能力，只能作为权利主体而不能成为权利标的。所以，自然人的民事权利不能被剥夺。当然，有些罪犯的政治权利可能会被剥夺，但不影响其作为民事主体的资格，仍享有民事权利能力。

第三，自然人的民事权利能力不能转让。自然人的民事权利能力是主体资格的标志，具有抽象性，不可转让；自然人民事权利能力的伦理性说明其不能转让；自然人皆有民事权利能力，且有民事权利能力足矣，再多也无实际意义，所以自然人民事权利能力也没有转让的市场。

第四，自然人民事权利能力不能被抛弃。自然人民事权利能力作为主体资格的象征，具有抽象性，它不能被抛弃，也无法抛弃。

---

① ［意］彼得罗·彭梵得：《罗马法教科书（2017年校订版）》，黄风译，中国政法大学出版社2017年版，第25—35页。

（二）自然人民事权利能力的开始与终止

1. 自然人的民事权利能力始于出生

出生是一个具体的法律事实。德国民法典规定，自然人的权利能力始于出生的完成，我国《民法典》第13条也作了类似的规定。何谓“出生”，存在不同观点，主要有独立呼吸说、与母体脱离说、露出说等。但是，通说认为，出生是指婴儿与母体脱离，并且有生命体征。[①]从母体娩出后是活体但即使很快地死去，我们也必须承认它曾经具有民事权利能力。民法上的出生的意义是由胎儿变为婴儿，成为独立的法律关系主体，享有民事权利能力，在亲属法上成立父母子女关系、抚养关系等，在财产法上可以自己的名义参与各种民事法律关系，但因其无民事行为能力，由其法定代理人代理进行。

出生时间的判断具有重要价值，《民法典》第15条对此作了规定，它包括以下三个层次：（1）自然人的出生时间，以出生证明记载的时间为准。出生证明必须由批准开展助产技术服务并依法取得母婴保健技术服务许可证的医疗保健机构依法定程序签发。出生证明上记载有新生儿的姓名、性别、出生时间、父母姓名等，它是记载出生时间的原始凭证，是确定自然人出生时间的最基本的依据。（2）没有出生证明的，以户籍登记或者其他有效身份登记记载的时间为准。户籍登记是公安机关依照户籍管理法律法规，对公民身份信息进行的登记记载。出生后办理户籍登记的，需要遵守严格的条件和程序，所以户籍登记具有证明出生时间的效力。其他有效身份登记包括我国公民居住证、港澳同胞回乡证、台湾居民的有效旅行证件、外国人居留证等。（3）出生证明上记载的出生时间、户籍登记或者其他有效身份登记记载的时间，具有很强的证明效力，但记载并非准确无误，仅具有推定效力。所以，如果有其他证据足以推翻以上记载时间的，以该证据证明的真实的出生时间为准。例如甲之出生证明记载出生日期为2020年10月8日，但户口登记簿上记载的时间为2020年10月10日，应该以出生证

---

① 《自然人出生标准宜采用“生命特征说”》，载《人民法院报》2017年5月11日第6版。

明记载的日期作为甲的出生日期。但如果有其他证据证明甲的真实出生日期为2020年10月6日，则以2020年10月6日作为其出生日期。

2. 自然人的民事权利能力终于死亡

自然人死亡的，民事权利能力终止，也就不再成为民事权利义务关系的主体。死亡包括自然死亡与宣告死亡（推定死亡）两种。自然死亡是自然人基于自然规律而死亡，自然死亡最重要的是确定死亡的时间，它关系到继承开始以及债权债务的清结、婚姻以及父母子女关系何时终止并对有特殊身份要求的契约如加工承揽合同、劳动合同的终结等具有重要意义。同时，死亡的地点有时在国际私法上也具有重要的作用。

自然死亡的判断标准随着现代医学的发展越来越精确。但同时科学可以左右人的死亡时间，如将病人冷藏，等到科学足以治疗该病时，再将其复活等。这些对法学理论提出了新的挑战。但在学理上，学者对死亡的界定主要有呼吸停止说、脑细胞死亡说和心脏跳动停止说等主张。依传统定义，一般以心脏停止的时点来确定死亡的时间。但近年来已有放弃传统定义的趋势。各国学说认为宜以脑干完全丧失功能（脑波无法测得，且不能恢复）即“脑死”，作为死亡的时间。[①]当然为防止“死而复生”带来行为能力及继承法上的纷争，对于死亡，应当在几种可能考虑的时间中选择最后的那个时间，因为前面的“死亡”仅仅是一种假死而已。[②]依《民法典》第1121条第2款，相互有继承关系的数人在同一事件中死亡，难以确定死亡时间的，推定没有其他继承人的人先死亡。都有其他继承人，辈份不同的，推定长辈先死亡；辈份相同的，推定同时死亡，相互不发生继承。

此外，民法典还对死者的名誉、荣誉、隐私等进行保护，但该保护并非说明死者具有民事权利能力，也不能说明死者属于民事主体，民法典对死者人格利益的保护主要是考虑死者近亲属的利益。有学者指出：实际上，侵害死者的名誉往往也就是侵害了其近亲属的名誉权，从而近亲属以其权利受到侵害而请求法律保护，近亲属并非是请求保护死者的名誉

① 施启扬：《民法总则》（修订八版），中国法制出版社2010年版，第67页。

② ［德］梅迪库斯：《德国民法总论》，邵建东译，法律出版社2013年版，第789页。

权。[①]因为死者不是主体，何以有“名誉权”。例如，甲在某网站发帖宣称乙之父系因生活不检点染风流病死亡，甲侵害乙之父的名誉，但乙之父已经亡故，不是民事主体，无法主张损害赔偿，但乙因甲的发帖被同事耻笑等，颜面扫地，乙对甲主张自己利益受损害之赔偿。侵害死者的名誉、肖像等，有时并不损害死者近亲属的名誉，但有时违反社会公德的要求，造成对客观事实的歪曲，损害了社会公共利益。此时社会公众应有权提起公益诉讼，请求侵害人承担侵权责任。[②]所以，《民法典》第185条规定：“侵害英雄烈士等的姓名、肖像、名誉、荣誉，损害社会公共利益的，应当承担民事责任。”例如，被告洪某在某网站公开发表《小学课本“狼牙山五壮士”有多处不实》一文，涉案文章多处作出似是而非的评价、推测乃至质疑，尽管涉案文章无明显侮辱性语言，但被告洪某在文章中通过强调与基本事实无关或者关联不大的细节，从而否定主要事实的真实性，进而降低狼牙山五壮士的英雄形象和精神价值。其行为符合以贬损、丑化的方式损害他人的名誉和荣誉权益的特征。法院判决被告立即停止侵害行为，并于判决生效后3日内公开赔礼道歉。[③]

因死亡具有重要意义，民法典对自然人死亡时间的确定作了明确规定，包含以下三个层次：（1）自然人的死亡时间，以死亡证明记载的时间为准。死亡证明是有关单位出具的证明自然人死亡的文书。主要包括以下几类：公民死于医疗单位的，由医疗单位出具死亡医学证明书；公民正常死亡但无法取得医院出具的死亡证明的，由社区、村（居）委会或者基层卫生医疗机构出具证明；公民非正常死亡或者卫生部门不能确定是否属于正常死亡的，由公安司法部门出具死亡证明；死亡公民已经火化的，由殡葬部门出具火化证明。死亡证明是记载死亡时间的原始凭证，具有证明时间的准确性和规范性。[④]所以，原则上以死亡证明记载的时间作为确定死亡的时间。（2）没有死亡证明的，以户籍登记或者其他有效身份登记记载的时间为准。

---

① 郭明瑞：《民法总则通义》，商务印书馆2018年版，第47页。

② 郭明瑞：《民法总则通义》，商务印书馆2018年版，第48页。

③ 葛某诉洪某名誉权、荣誉权纠纷案，最高人民法院2018年12月发布的指导性案例。

④ 黄薇：《中华人民共和国民法典总则编释义》，法律出版社2020年版，第43—44页。

（3）有其他证据足以推翻以上记载时间的，以该证据证明的时间为准。

3.胎儿利益保护

对未出生胎儿的法律地位的确认，有四种立法主义：一是规定胎儿有民事权利能力，如瑞士。二是规定胎儿原则上无民事权利能力，但在若干例外情形下则视为有民事权利能力，法、德、日等国民法采此主义。三是承认活着出生的胎儿有民事权利能力，如捷克。四是不承认胎儿具有民事权利能力，只在继承事项上对胎儿利益的保护作出规定，例如原《继承法》第28条规定："遗产分割时，应当保留胎儿的继承份额。胎儿出生时是死体的，保留的份额按照法定继承办理。"学者对这个问题的看法不一。有的学者持肯定意见，主张胎儿具有权利能力。因为依照自然法，人的权利始于受胎，因为在这一刻，产生了人类的一个新生命。这个胎儿的权利能力并不取决于胎儿出生之后是否是活体。持否定意见的学者认为，胎儿不具有权利能力，这并不意味着不对胎儿的利益加以保护，并且还需要保护胎儿将来的权利。①

《民法典》第16条在参照国外立法以及学术界主要观点基础上，结合我国实际，明确规定胎儿在特定情形下视为具有民事权利能力。这里的"视为"应从以下三个方面理解：（1）视为具有民事权利能力，说明胎儿并不具有民事权利能力，仅在特定情形下具有民事权利能力的法律效果。所以，胎儿并非法律主体。（2）特殊情形限于"涉及遗产继承、接受赠与等胎儿利益的保护"，"等"字说明，在遗产继承和接受赠与之外，还存在其他胎儿利益保护问题。有学者将其限定为侵权损害赔偿。②但也有学者解释"等"字时认为，没有限定在继承范围以内，原则上也包括侵权等其他需要保护胎儿利益的情形。③本书认为，"等"字说明其具有兜底性，它除了包括遗产继承、接受赠与和侵权损害赔偿之外，其他需要保护胎儿利益的情形也包括在内。（3）赋予胎儿娩出时为死体的法律溯及力，胎儿民事权利能力自始不存在。

胎儿出生后，对在出生之前受到的损害，享有损害赔偿请求权。这种

---

① ［德］卡尔·拉伦茨：《德国民法通论》，王晓晔等译，法律出版社2003年版，第124页。

② 郭明瑞：《民法总则通义》，商务印书馆2018年版，第46页。

③ 黄薇：《中华人民共和国民法典总则编释义》，法律出版社2020年版，第49页。

损害赔偿请求权具有以下特征：一是损害发生在胎儿时期。二是胎儿出生时是活体，如果胎儿出生是死体的，无法行使损害赔偿请求权。三是胎儿虽然尚未出生，但是胎儿的生命已经存在，胎儿的健康也已经是客观事实，如果他人的不当行为，造成胎儿的损害，胎儿有权要求赔偿。关于这方面的案例主要有：一是胎儿的母亲因输入带性病的血液而使胎儿也感染上性病，胎儿要求医疗机构等承担损害赔偿；[①]二是对母体的侵害同时造成对胎儿的损害的，例如机动车事故造成孕妇受伤害的同时造成胎儿受伤害。如果因为侵权行为，造成胎儿死亡的，按照举重以明轻的法律原则，对死亡胎儿的利益更应当保护。这时，提起损害赔偿的权利主体是孕妇，请求权基础是人身损害赔偿请求权。例如，孕妇甲被乙驾驶的机动车碰撞受伤，胎儿娩出后为活体的，该婴儿可向乙主张在胎儿期间受到的损害赔偿。胎儿因机动车碰撞死亡的，孕妇甲基于人身权利受到侵害要求乙承担赔偿责任。

二、自然人的民事行为能力

（一）自然人民事行为能力的界定

自然人的民事行为能力是指自然人以自己的意思表示独立取得权利承担义务的资格。行为能力也称为表意能力，所以也有学者认为，行为能力是指得以自己的意思表示，使其行为发生法律上效果的资格。[②]行为能力是指法律所认可的一个人可进行法律行为的能力，即为本人或者被代理人所为的能产生法律后果的行为的能力。[③]法律承认具备一定最低表意能力的人具有一定的行为能力。所以，行为能力与意思表示能力有关，并非任何自然人都有民事行为能力。对自然人而言，具有民事权利能力不必然具备民事行为能力。自然人的表意能力与其年龄和精神状态有关。因为年龄

① 1946年9月9日，因被告医院的过错，一名妇女被注射了受梅毒污染的血液。1947年10月13日，该妇女产下一患有先天性梅毒的女婴。德国联邦最高法院判决胎儿享有损害赔偿请求权。[德]梅迪库斯：《德国民法总论》，邵建东译，法律出版社2013年版，第786—787页。

② 王泽鉴：《民法总则》，北京大学出版社2009年版，第122页。

③ [德]卡尔·拉伦茨：《德国民法通论》，王晓晔等译，法律出版社2003年版，第133页。

是一个相对确定和稳妥的标准，法律以年龄为标准对自然人的行为能力做了基本划分。但在成年人为精神病人的情况下，他们的民事行为能力也受到限制。所以，我国民法根据年龄和精神状态将自然人的民事行为能力划分为完全民事行为能力、限制民事行为能力和无民事行为能力。民事行为能力的类型影响了民事法律行为的效力，所以，法律设定行为能力的目的是保持法律行为的合法性，保护未成年人以及精神病人的合法权利不受侵害。

（二）自然人民事行为能力的分类及实施民事法律行为的效力

根据年龄和精神状态，民法典将自然人民事行为能力区分为完全民事行为能力、限制民事行为能力和无民事行为能力。

1.完全民事行为能力人的范围及实施民事法律行为的效果

18周岁以上精神智力正常的自然人为成年人，具有完全民事行为能力，属于完全民事行为能力人，可以独立实施民事法律行为。但“一刀切”并非妥当，我国实施九年制义务教育，未成年人6岁入学，15岁初中毕业，有些未成年人开始步入社会，所以民法典将16周岁以上的未成人，以自己的劳动收入为主要生活来源的，视为完全民事行为能力人。“视为”完全民事行为能力人说明他还不是完全民事行为能力人，只是从实施的民事法律行为效果上与完全民事行为能力人一致。

2.限制民事行为人的范围及实施民事法律行为的效果

限制民事行为能力人包括两类：一是8周岁以上的未成年人（不含《民法典》第18条中被“视为”完全民事行为能力人的未成年人）；二是不能完全辨认自己行为的成年人。这里的“不能完全辨认自己行为”是指具有一定的辨认能力，但不完全。限制民事行为能力人实施民事法律行为的，由其法定代理人代理或者经其法定代理人同意、追认；但是，可以独立实施纯获利益的民事法律行为或者与其年龄、智力及精神健康状况相适应的民事法律行为。这里的“同意”是其法定代理人在限制民事行为能力人实施民事法律行为之前的事先同意。这里的“追认”是其法定代理人在限制民事行为能力人实施民事法律行为之后的事后同意。

3. 无民事行为能力人的范围及实施民事法律行为的效果

无民事行为能力人包括两类：一是不满8周岁的未成年人，二是不能辨认自己行为的成年人。无民事行为能力人不能实施民事法律行为，由其法定代理人代理实施民事法律行为。无民事行为能力人可否实施纯获利益的民事法律行为，民法典颁布之前采取肯定态度，但民法典持否定态度。本书认为，主要原因有三：一是8周岁以下的儿童处于父母或者其他监护人的全面保护之下，极少有独立实施民事法律行为的机会，由其法定代理人全面代理实施民事法律行为是符合我国国情的。[①]对于无民事行为能力的成年人因对普通事物和行为欠缺基本的认识判断能力，也不能正常预见自己行为的法律后果，不能独立实施包括纯获利益的民事法律行为。二是“纯获利益”比较抽象，有时难以判断，例如送给一个6岁孩子一部手机，虽然从经济利益看是纯获利益，但并不一定有利于未成年人成长。三是在一定程度上还能起到打击行贿、受贿行为的作用。例如，甲送给乙公务人员之6周岁儿子丙10000元作为压岁钱，必须经丙之法定代理人乙同意，乙一旦同意，则其涉嫌收受贿赂。

成年人的精神错乱状态有些“按其性质是暂时的”，主要是指发高烧、酒后大醉以及其他心醉神迷状态。这些仅是一时的现象导致无行为能力的后果。[②]对于这些暂行性或者短暂性的状态，不属于我国民法典上的无民事行为能力人或者限制民事行为能力人。[③]

三、成年人欠缺民事行为能力的认定及恢复

（一）成年人欠缺民事行为能力认定的制度价值

有学者认为，未成年人因为存在无民事行为能力和限制民事行为能力的差别，8周岁以上的年龄标准并非未成年人属于限制民事行为能力人的绝

---

① 黄薇：《中华人民共和国民法典总则编释义》，法律出版社2020年版，第60页。

② ［德］卡尔·拉伦茨：《德国民法通论》，王晓晔等译，法律出版社2003年版，第135页。

③ 黄薇：《中华人民共和国民法典总则编释义》，法律出版社2020年版，第61页。

对要素。因此，未成年人究竟为无民事行为能力人抑或限制民事行为能力人，同样存在行为能力瑕疵的认定问题。[①]未成年人的民事行为能力因受年龄因素影响，而年龄则可以通过身份证明确定，属于证明问题，认定其为无民事行为能力人或者限制民事行为能力人的必要性不大。但是，成年人之民事行为能力受智力状况和精神状态的影响，而智力状况和精神状态有时从外观上难以有效判断，甚至需要进行专业鉴定。因此，需要对其民事行为能力存在欠缺作出认定。认定成年人欠缺民事行为能力的意义主要有三个方面：一是一旦成年人被认定为民事行为能力存在欠缺，就要为其依法确定监护人，并由监护人保障其合法权益。二是监护人可以通过主张该成年人实施的民事法律行为无效，或者撤销该民事法律行为，避免该成年人在交易中权益受损。三是有利于保护交易相对人的利益。通过对成年人民事行为能力欠缺的认定，交易相对人可以在交易之前事先决定是否与该成年人进行交易，如果在不知情的情况下进行了交易，相对人也可以通过催告监护人及时予以追认或者依法撤销该民事法律行为，尽快确定民事法律行为的效力。

（二）认定成年人欠缺民事行为能力的要件

成年人被认定欠缺民事法律行为能力的，需要具备实体要件和程序要件。

1.实体要件

实体要件是该成年人存在民事行为能力欠缺的事实，即该成年人不能辨认或者不能完全辨认自己的行为。

2.程序要件

（1）申请人申请。认定成年人欠缺民事法律行为能力的，需要以利害关系人或者有关组织向人民法院提出申请。民法典对这里的“利害关系人”没有明确规定。有学者认为主要包括本人的近亲属、债权债务人等，但也要结合具体案件根据实际情况作出判断，认定利害关系人是不是适格的申

① 邹海林：《民法总则》，法律出版社2018年版，第83页。

请主体，需要看本人的民事行为能力状况对其是否有重要意义或影响。例如，本人的债务人如果不是为了确定民事法律行为的效力，也不得向法院申请认定其为无民事行为能力人、限制民事行为能力人。[①]也有学者认为，这里的利害关系人一般认为是不能辨认或者不能完全辨认自己行为的成年人的近亲属或法律规定或指定的监护人。但债权人、债务人不能成为利害关系人，因为他们的债权债务可以通过其他途径予以确认或履行，申请认定自然人民事行为能力资格主要体现的是保护功能，而不是为了维护交易安全与交易效率。[②]本书认为，这里的“利害关系人”不限于监护人，还包括本人的近亲属以及其他与本人民事行为能力状态认定有利害关系的债权人、债务人等。这里的有关组织包括：居民委员会、村民委员会、学校、医疗机构、妇女联合会、残疾人联合会、依法设立的老年人组织、民政部门等。

（2）向该自然人住所地基层人民法院提出申请。申请认定自然人无民事行为能力或者限制民事行为能力，由其近亲属或者其他利害关系人向该自然人住所地基层人民法院提出。申请书应当写明该自然人无民事行为能力或者限制民事行为能力的事实和根据。人民法院受理申请后，必要时应当对被请求认定为无民事行为能力或者限制民事行为能力的自然人进行鉴定。申请人已提供鉴定意见的，应当对鉴定意见进行审查。

人民法院审理认定自然人无民事行为能力或者限制民事行为能力的案件，应当由该自然人的近亲属为代理人，但申请人除外。近亲属互相推诿的，由人民法院指定其中一人为代理人。该公民健康情况许可的，还应当询问本人的意见。

（3）人民法院根据案件事实作出判决。人民法院经审理认定申请有事实根据的，判决该自然人为无民事行为能力人或者限制民事行为能力人；认定申请没有事实根据的，应当判决予以驳回。

---

① 黄薇：《中华人民共和国民法典总则编释义》，法律出版社2020年版，第67页。

② 中国审判理论研究会民事审判理论专业委员会：《民法典总则编条文理解与司法适用》，法律出版社2020年版，第60—61页。

（三）欠缺民事行为能力人超越行为能力所为的表意行为效力

法律规定无民事行为能力或者限制民事行为能力之主要目的在于保护民事行为能力欠缺者的利益。那么，表意人欠缺行为能力，是否因相对人的善意而有效呢？德国著名法学家梅迪库斯认为：无行为能力及其原因无须具有可识别性。因此，他方当事人完全可能在没有任何过失的情况下信赖某项行为的有效性，而该项行为实际上因行为人没有行为能力而无效。法律之所以规定了无民事行为能力人从事的行为的无效性，恰恰是为了保护无民事行为能力人。这种保护应当与对方当事人的善意或者恶意无关。[①]我国民法典对无民事行为能力人之规定同于德国民法，应做相同解释。而限制民事行为能力人超越行为能力所为的表意行为效力待定，其法定代理人事前同意或者事后追认的，有效；反之，则无效。

（四）恢复民事行为能力的认定

成年人被人民法院依法认定欠缺民事行为能力后，其智力状况和精神状态可能经过恢复，经本人、利害关系人或者有关组织申请，人民法院可以根据其智力、精神健康恢复的状况，应当作出新判决，撤销原判决，认定该成年人恢复为限制民事行为能力人或者完全民事行为能力人。恢复民事行为能力的认定申请人中的“利害关系人”是否与欠缺民事行为能力认定申请人中的“利害关系人”在范围上保持一致？有的学者认为，这里的“利害关系人”主要包括本人的监护人、债权债务人等。[②]本书认为，这两处的“利害关系人”不存在本质差别。

四、自然人住所

（一）自然人住所的概念

自然人住所是指自然人长期居住并进行民事活动的中心场所或者主要

---

① ［德］梅迪库斯：《德国民法总论》，邵建东译，法律出版社2013年版，第417页。

② 黄薇：《中华人民共和国民法典总则编释义》，法律出版社2020年版，第67页。

场所。在法律上确定自然人住所，具有以下意义：（1）自然人住所是宣告死亡、宣告失踪中下落不明的判断地点标准；（2）自然人住所决定婚姻登记地点的选择；（3）自然人住所是确定权利行使和履行义务的地点的重要依据；（4）自然人住所是确定法院地域管辖权的依据；（5）自然人住所也是继承开始的地点；（6）自然人住所是法律文书送达的地点；（7）自然人住所是确定涉外民事法律关系法律适用的准据法的重要连结点。

（二）住所的确定

居所是自然人实际居住的处所。一个自然人可以同时拥有两个或者两个以上的居所，但住所只能有一处；居所有的是暂时居住的，有的是长期居住的，但住所通常具有长期居住性。从立法例上，住所有意定住所、法定住所。意定住所是指基于当事人的意思而设立的住所。如法国、日本及英美国家采用。法定住所是指不依当事人的意思而由法律直接规定的住所。例如我国《民法典》第25条规定，以户籍登记或者其他有效身份登记记载的居所为住所。当然，在立法例上，也有国家民法认为，自然人可以有多个住所。

从我国《民法典》第25条规定来看，似乎采纳了意定住所，即应这样理解：任何人可以通过意愿来选择与户籍不一致的居住地，只有不能确认其经常居住地时，才以户籍登记或者其他有效身份登记记载的居所为住所。[①]按照原《民通意见》第9条的规定，自然人离开住所地最后连续居住一年以上的地方，为经常居住地。所以，本书认为，经常居所作为自然人的住所具有排斥户籍登记或者其他有效身份登记记载的居所作为住所的效力，而经常住所的构成需要具备久住的意思和久住的事实。就医、劳务派遣、公务等情形都说明客观在当地，但主观无定居意图的居住，不能认定为经常居住地。[②]

---

① 李永军：《民法总则》，中国法制出版社2018年版，第195页。

② 沈德咏：《中华人民共和国民法总则条文理解与适用》，人民法院出版社2017年版，第259页。

除此之外，尚存在以下关于自然人住所认定的特别之处：（1）自然人由其户籍所在地迁出后至迁入另一地之前，尚无经常居住地的，仍以其原户籍所在地为住所。（2）无民事行为能力人、限制民事行为能力人，由其法定代理人代受意思表示、代收法律文书，故无民事行为能力人、限制民事行为能力人，以其法定代理人的住所为住所。（3）外国人、无国籍人的住所。有的学者认为，在中华人民共和国领域内无户籍登记和经常居所的外国人、无国籍人，其居所视为住所。①本书认为，如果外国人、无国籍人有经常居所的，经常居所为住所，没有经常居所的，在我国已经取得居住证或者有效居留证件的，以这些有效身份证件上记载的居所为住所，不能确定的，其居所视为住所。

第二节　民法上的监护制度

一、监护的概念及功能

大陆法系传统民法认为，监护是指在亲权法之外的对行为能力欠缺的救济制度。《民法典》第26条规定，父母对未成年子女负有抚养、教育和保护的义务。成年子女对父母负有赡养、扶助和保护的义务。本条涉及父母子女关系，尤其是父母对未成子女照顾等属于传统民法上的亲权内容。所以，我国民法典中的监护不仅仅是对自然人行为能力欠缺的救济，而是包括传统民法中亲属法上亲权的内容。②

关于监护的概念，我国学术界有不同的界定。有的学者认为，民法上的监护是指由法定的民事主体对有民事行为能力瑕疵的自然人的人身和财产进行监视、照顾和保护的制度。原则上讲，监护适用于无民事行为能力人和限制民事行为能力人。③有的学者认为，监护是指对未成年人和精神病

---

① 梁慧星：《民法总论》，法律出版社2017年版，第116页。

② 李永军：《民法总则》，中国法制出版社2018年版，第185页。

③ 邹海林：《民法总则》，法律出版社2018年版，第85页。

人的人身、财产及其他合法权益进行监护和保护的一种民事制度。[①]有的学者认为，监护是指对于不能得到亲权保护的未成年人和精神病人，设定专人以保护其利益的法律制度。[②]存在上述差别的主要原因在于是否区分亲权和监护。我国民法典中的监护包括亲权的内容，监护是指监护人对无民事行为能力人和限制民事行为能力人的保护、照顾、管理等。监护主要有以下两个方面的功能：一是保护无民事行为能力人和限制民事行为能力人的利益；二是通过监护人对这两类人的管理，防止其实施侵权行为，促进未成年人健康成长，维护社会公共利益。

二、我国民法上的监护与禁治产制度的区别

禁治产是一个国外民法上的法律术语，凡是被宣告了禁治产的人，就丧失了对于自己财产的管理权限，要由法院为他设定的辅助人或监护人来帮助他管理财产。我国没有规定禁治产制度。德国民法典对此作了明确规定，如果一个人缺乏自决能力，并且经过法院的宣告，对之实行某些措施加以保护，以免其人格遭到重大侵害。这时就可通过国家的行为宣告其为禁治产人，来剥夺或限制其行为能力。禁治产制度的存在是对不能自决事务的人实行的，它在很大程度上限制了行为能力，所以不能随意滥用，而必须经过国家以程序加以宣告。按照德国民法典的规定，宣告禁治产有以下理由：精神病、精神耗弱、挥霍浪费以及酗酒和吸毒。但是，并不是只要具备了这些情况，就可以宣告其为禁治产人，其还必须具备下列前提条件：（1）因精神病或精神耗弱而宣告禁治产的。需要被宣告禁治产者“不能处理自己事务”。（2）对因挥霍浪费而宣告禁治产的，须禁治产人挥霍浪费“致自己或家属有陷于贫困之虞”。（3）对因酗酒或吸毒而宣告禁治产的，须有“不能处理自己事务，或者致自己或家属有陷于贫困之虞，或危及他人安全”。对精神病或精神耗弱者，宣告其为禁治产，主要是考虑到对他们个人利益的保护；对挥霍浪费宣告禁治产，主要是考虑到对家庭

---

① 佟柔：《中国民法》，法律出版社1990年版，第75页。

② 张俊浩：《民法学原理（上）》，中国政法大学出版社2000年版，第117页。

成员的保护；而对酗酒或吸毒者宣告禁治产，主要是保护本人、家属以及公共安全。日本民法典在1999年修订时，废止了禁治产制度，而增设了成年监护、成年保佐制度、成年辅助制度。三个制度指向的对象不同，监护指向因精神障碍而处于欠缺事理辨识能力常态的人。保佐指向因精神障碍而事理辨识能力显著不足的人。辅助指向因精神障碍而事理辨识能力不足的人。

与民法通则相比，我国民法典关于监护制度发生了很大变化，主要体现在：一是增加了遗嘱监护，二是增加了临时监护，三是增加了事先协商监护人制度，四是增加了撤销监护人资格的具体情形，五是增加了监护人资格的恢复制度。

三、监护的种类及监护人的范围

（一）法定监护人

法定监护是指根据法律规定而产生的监护。这种监护中的监护人称为法定监护人。法定监护区分为未成年人的法定监护和成年人的法定监护。

1.未成年人的法定监护人

父母是未成年子女的监护人。未成年人的父母已经死亡或者没有监护能力的，由下列有监护能力的人按顺序担任监护人：（1）祖父母、外祖父母；（2）兄、姐。这里需要注意的是这些人要做监护人，需要具有监护能力。例如兄、姐需要具有完全民事行为能力。

2.成年人的法定监护人

无民事行为能力或者限制民事行为能力的成年人，由下列有监护能力的人按顺序担任监护人：（1）配偶；（2）父母、子女；（3）其他近亲属。

（二）遗嘱指定监护人

被监护人的父母担任监护人的，可以通过遗嘱指定监护人。这里的被监护人不限于未成年人，包括已经成年的精神病人等。但是，成年人为被监护人，其父母、子女处于同一顺位，只有在有些成年人没有配偶和子女的情况下，才可以适用《民法典》第29条，由父母为成年子女遗嘱指定监护人。[①]但也有人认为，从本条的本意看，这里的被监护人应仅限于未成年人，而不包括无民事行为能力或限制民事行为能力的成年人。[②]“被监护人的父母”可以通过遗嘱指定监护人，但没有要求共同指定监护人，若其父母各自订立遗嘱指定了不同的监护人，谁为监护人呢？有的人认为，当然应当以最后死亡者的遗嘱指定为准。因为未成年人的父母一方死亡的，只有生存的一方，才为未成年子女的监护人。[③]有的人认为，如果有公证的，以公证的遗嘱为准。如果两份遗嘱都有公证或者都没有公证的，以最后一份遗嘱中指定的监护人为准。[④]在起草民法总则的过程中，宪法和法律委员会经研究，建议将相应规定修订为：未成年人的父母可以通过遗嘱指定未成年人的监护人；其父、母指定的监护人不一致的，应当尊重被监护人的意愿，根据最有利于被监护人的原则确定。[⑤]个人认为，以后死亡一方所立遗嘱为准确定监护人。被监护人的父母通过遗嘱指定的监护人，主要是《民法典》第27条、第28条规定的监护人，当其遗嘱指定的监护人是其他亲朋好友的，需要取得其他亲朋好友的同意。

（三）协议确定的监护人

依法具有监护资格的人之间可以协议确定监护人。协议确定监护人应当尊重被监护人的真实意愿。协议确定监护人的，需要具备下列条件：（1）依法具有监护资格的人才可以被协议确定为监护人，其范围仅限于《民法典》第28条和第29条确定的监护人；（2）各具有监护资格的人之间通过协议确定；（3）应当尊重被监护人的真实意愿。如果说，通过协商确定第三人作为未成年人的监护人，法律当然没有禁止的必要，但应该适

---

① 李永军：《民法总则》，中国法制出版社2018年版，第190页。

② 郭明瑞：《民法总则》，商务印书馆2018年版，第61页。

③ 郭明瑞：《民法总则》，商务印书馆2018年版，第62页。

④ 李永军：《民法总则》，中国法制出版社2018年版，第189页。

⑤ 全国人民代表大会宪法和法律委员会《关于〈中华人民共和国民法总则（草案）〉修改情况的汇报》（2016年10月31日）。

用合同法关于委托的规定。[①]

（四）指定监护人和临时监护人

指定监护是指由于在有监护资格的人之间对担任监护人存在争议，由法律规定的部门从中指定监护人的监护。这里的“争议”包括有监护资格的人争做监护人或者都不愿意担任监护人。指定监护人有两种方式：其一，由有关机关指定。对监护人的确定有争议的，由被监护人住所地的居民委员会、村民委员会或者民政部门指定监护人，有关当事人对指定不服的，可以向人民法院申请指定监护人。其二，由人民法院指定。有关当事人可以直接向人民法院申请指定监护人。指定监护人时，居民委员会、村民委员会、民政部门或者人民法院应当尊重被监护人的真实意愿，按照最有利于被监护人的原则在依法具有监护资格的人中指定监护人。监护人被指定后，不得擅自变更；擅自变更的，不免除被指定的监护人的责任。

在指定监护人前，被监护人的人身权利、财产权利以及其他合法权益处于无人保护状态的，为了保护被监护人的利益，由被监护人住所地的居民委员会、村民委员会、法律规定的有关组织或者民政部门担任临时监护人。

（五）自愿监护人

自愿监护人是指依据法律本无监护义务，但主动提出愿意担任无民事行为能力人或者限制民事行为能力人的监护人，并经有关部门同意的监护人。主要是《民法典》第27条、第28条规定的具有监护资格的人之外的其他个人和组织。对于未成年人之被监护人，其他愿意担任监护人的个人或者组织，但是须经未成年人住所地的居民委员会、村民委员会或者民政部门同意。对于成年人之被监护人，其他愿意担任监护人的个人或者组织，但是须经被监护人住所地的居民委员会、村民委员会或者民政部门同意。如果未成年人有判断能力的，还要尊重未成年人的意见。

---

① 李永军：《民法总则》，中国法制出版社2018年版，第188页。

（六）委托监护人

委托监护人是指具有完全民事行为能力的成年人，与其近亲属、其他愿意担任监护人的个人或者组织事先协商，以书面形式确定自己的监护人。委托确定的监护人在该成年人丧失或者部分丧失民事行为能力时，履行监护职责。有的学者认为，我国原《民法总则》第33条，确定了合同委托监护制度。监护职责委托与委托监护是有区别的，监护职责委托是指将自己的监护职责委托他人代为履行，这属于委托合同的范畴，而非通过委托合同确定新的监护人，监护职责委托中，并不免除监护人的责任。所以，我国《民法典》第1189条规定，“无民事行为能力人、限制民事行为能力人造成他人损害，监护人将监护职责委托给他人的，监护人应当承担侵权责任；受托人有过错的，承担相应的责任”。基于父母一方的监护职责委托与另一方的法定监护发生冲突的，应该首先保护的是未成年人父母的法定监护权。[①]委托监护是成年人在自己是完全民事行为能力人之时，作为委托人，与受托人以书面形式确定当自己成为无民事行为能力人或者限制民事行为能力人时，受托人担任监护人的监护，在本质上是设定新的监护人。

（七）补充监护人（机关监护人）

没有依法具有监护资格的人的，监护人由民政部门担任，也可以由具备履行监护职责条件的被监护人住所地的居民委员会、村民委员会担任。

四、监护的本质

关于监护的性质，有不同的观点，主要有监护权利说、监护义务说和监护职责说。

监护权利说认为，监护是一种权利，将监护称为监护权。而监护权又

---

① 本书编写组：《父母一方对未成年子女的监护权优先于因委托而行使的监护权》，载最高人民法院民事审判第一庭编：《民事审判指导与参考》2010年第1集，法律出版社2010年版，第287—288页。

存在亲权说和身份权说。亲权说认为，监护权应归入亲权或等同于亲权。身份权说不同意亲权说，认为监护权不限于亲权，而是比亲权的范围更广的身份权。监护权利说，将监护关系严格地束缚在亲属关系的制度逻辑中，貌似构造了监护制度应有的纯洁性和封闭性，使我们无法在亲属关系之外讨论监护制度，势必影响监护制度的多样性发展。①

监护义务说认为，监护不是权利，而是附加给监护人的义务。为了保护被监护人的利益，监护人不能从监护中获得利益，实难体现为一种权利。②监护义务说非常清楚地表达了监护人在监护关系中的地位。监护的性质，无论监护关系形成的基础为法定监护抑或基于法律行为的监护，均为监护人依照民法所承担的法定义务。③

监护职责说认为，监护是一种职责而非权利。监护的目的是保护被监护人的人身和财产，而不是支配被监护人的权利，也不允许监护人借监护为自己谋取利益，监护是一种具有社会公益性的职责。监护人既有监护的职权，又承担较重的法律上的责任，体现为权利和义务的统一，性质上只能是一种职责。罗马法并不视监护为权利，而称为一种公职或责任。④监护职责说，是我国原《民法总则》中坚持的观点，例如第33条、第34条、第35条使用了监护职责的表述。权利和义务的统一被表述为“职责”，既非民法上的权利，也非民法上的义务。故监护之本质为一种职责而非民事权利，应毋庸置疑。⑤

那么，监护人到底有没有权利呢？我国《民法典》第34条第2款规定：“监护人依法履行监护职责产生的权利，受法律保护。”那么，监护本身是不是权利呢？监护人根据监护职责是否会产生权利呢？我国有学者对后者总结后认为，就可能性上说，大概包括以下两种情况：（1）对被监护人的

---

① 邹海林：《民法总则》，法律出版社2018年版，第87页。

② 邹海林：《民法总则》，法律出版社2018年版，第86页。

③ 邹海林：《民法总则》，法律出版社2018年版，第88页。

④ ［意］彼得罗·彭梵得：《罗马法教科书（2017年校订版）》，黄风译，中国政法大学出版社2017年版，第131—134页。

⑤ 梁慧星：《民法总论》，法律出版社2017年版，第106页。

财产请求权；(2)对第三人的请求权。[①]对于前者，监护权本身是一种权利，这已经在司法实践中得到确认。例如，最高人民法院民事案件中有“监护权纠纷”案由，该案由释义为：监护权纠纷是指因行使监护权而发生的民事争议，主要是监护权人认为其依法行使的监护权被他人侵害时所引发的纠纷。该案由要与“申请确定监护人”“申请变更监护人”“申请撤销监护人资格”案由区分开来。实践中，涉及侵害监护权以及监护人怠于行使监护权引起的纠纷，均可将其确定为“监护权纠纷”。[②]

监护权与抚养权是两种不同的权利。父母与子女间的关系，不因父母离婚而消除。所以，在夫妻离婚后，都是未成年人之子女的法定监护人，但抚养权归于一方，子女无论由父或母直接抚养，仍是父母双方的子女。所以，离婚后，父母对于子女仍有抚养和教育的权利和义务，抚养教育孩子是父母应尽的法定义务。

五、监护人的职责

(一) 监护人履行监护职责的原则

(1) 监护人应当按照最有利于被监护人的原则履行监护职责

监护人履行监护职责时，有多种选择的，应当选择最有利于被监护人的方式履行监护职责，而非选择最容易、对监护人有利的方式。并且，监护人原则上不得处分被监护人财产，如果监护人处分被监护人的财产损害其利益的，所为的处分行为无效，但是为了维护被监护人利益而处分的不在此限。为维护被监护人利益而处分主要是指监护人处分被监护人财产的行为肯定能够为其带来利益，例如将被监护人财产存入银行，获得利息等，如果监护人将被监护人的财产用于投资，则通常不被允许。所以，这里的处分是指“消极处分”，只有为了被监护人的生活或成长需要才能处分其财产，但不是积极的营

---

① 李永军：《民法总则》，中国法制出版社2018年版，第193页。

② 最高人民法院民事案件案由规定课题组编著：《最高人民法院民事案件案由规定理解与适用》，人民法院出版社2011年版，第74—75页。

利性处分。[①]

（2）尊重被监护人意愿原则

监护人履行监护职责时应充分尊重被监护人的意愿，主要体现在两个方面：一是未成年人的监护人履行监护职责，在作出与被监护人利益有关的决定时，应当根据被监护人的年龄和智力状况，尊重被监护人的真实意愿。二是成年人的监护人履行监护职责，应当最大限度地尊重被监护人的真实意愿。

（3）独立原则

独立原则主要是指被监护人是成年人的，监护人应保障并协助被监护人实施与其智力、精神健康状况相适应的民事法律行为，对被监护人有能力独立处理的事务，监护人不得干涉。

（二）监护人的监护职责

监护人的监护职责主要有两项：（1）代理被监护人实施民事法律行为。民事行为能力是意思表示能力，而民事法律行为是以意思表示为核心构成要素以发生私法效果为目的的行为。所以，自然人民事行为能力的状态决定了其能否实施民事法律行为。被监护人因年龄、智力和精神健康状况等因素影响，没有完全民事行为能力，他们要么属于无民事行为能力人，要么属于限制民事行为能力人。无民事行为能力人不能实施民事法律行为，限制民事行为能力人不能超过其行为能力实施民事法律行为，为维护被监护人的利益，监护人要代理被监护人实施民事法律行为。（2）保护被监护人的人身权利、财产权利以及其他合法权益。被监护人缺乏必要的意思表示能力和辨别能力，不能有效保护自己的人身权利、财产权利以及其他合法权益等。所以，监护人要通过对被监护人的管理、照顾、保护等方式保护被监护人的各项合法权益。

监护人要认真履行监护职责，保护被监护人的人身权利、财产权利和其他合法权益，不得侵害被监护人合法权益。如果不履行监护职责造成被

---

① 李永军：《民法总则》，中国法制出版社2018年版，第191页。

监护人损害的或者侵害被监护人合法权益的，应当承担法律责任。这里的“不履行”是指有能力履行监护职责的监护人不履行监护职责造成被监护人损害；这里的“法律责任”包括刑事责任、行政责任以及民事责任。

因发生突发事件等紧急情况，监护人暂时无法履行监护职责，被监护人的生活处于无人照料状态的，被监护人住所地的居民委员会、村民委员会或者民政部门应当为被监护人安排必要的临时生活照料措施。

六、监护人资格的撤销和恢复

（一）监护人资格撤销的事由

监护资格的撤销是指监护人不履行监护职责或者不正确履行监护职责，依法剥夺监护人监护资格的制度。我国民法典总则编确定了监护人资格的撤销制度。监护人资格撤销的事由主要包括：（1）实施严重损害被监护人身心健康行为的；（2）怠于履行监护职责，或者无法履行监护职责并且拒绝将监护职责部分或者全部委托给他人，导致被监护人处于危困状态的；（3）实施严重侵害被监护人合法权益的其他行为的。

（二）监护人资格撤销的程序

撤销需要由人民法院依据特别程序进行。监护人资格撤销的申请人是“有关个人或者组织”。有关个人和组织包括：其他依法具有监护资格的人，居民委员会、村民委员会、学校、医疗机构、妇女联合会、残疾人联合会、未成年人保护组织、依法设立的老年人组织、民政部门等。个人和民政部门以外的组织未及时向人民法院申请撤销监护人资格的，民政部门应当向人民法院申请，这时民政部门申请撤销监护人资格是其应履行的义务。

（三）对被监护人的临时监护措施

撤销监护人监护资格的同时，人民法院应当安排必要的临时监护措施，并按照最有利于被监护人的原则依法指定监护人。

（四）被撤销监护资格的监护人仍承担对被监护人负担的义务

监护人的监护资格被撤销的，其对被监护人应承担的法定义务并不免除。所以，依法负担被监护人抚养费、赡养费、扶养费的父母、子女、配偶等，被人民法院撤销监护人资格后，监护人应当继续履行负担的义务。

（五）监护人资格恢复制度

监护人资格恢复制度是指监护资格被人民法院依法撤销后，在具备一定法定条件时，经申请，人民法院决定恢复其监护人资格的制度。监护资格恢复的条件包括：（1）被监护人的父母或者子女的监护资格被撤销的，才适用监护资格恢复制度，其他指定监护人或者协议确定的监护人只要被撤销就永久性地失去监护人资格，不得恢复。（2）须由被撤销监护资格的父母或者子女向人民法院申请。（3）被撤销监护资格的父母或者子女确有悔改表现。（4）不具备禁止恢复的情形，即不存在对被监护人实施故意犯罪。

向人民法院申请恢复监护资格的，是否恢复，由人民法院在尊重被监护人真实意愿的前提下，视情况判决恢复或者不恢复其监护人资格。如果判决恢复监护人资格的，人民法院指定的监护人与被监护人的监护关系同时终止。

七、监护关系的终止

监护关系终止的事由包括：（1）被监护人取得或者恢复完全民事行为能力。被监护人取得或者恢复完全民事行为能力的，其能够独立进行民事法律行为，也能保护自己的合法权益，监护关系终止。（2）监护人丧失监护能力。监护人要具备监护能力，否则不能履行监护职责，所以当监护人成为无民事行为能力人、限制民事行为能力人或者经济处于危困状态的，没有监护能力，这时监护关系相对终止。（3）被监护人或者监护人死亡。监护关系属于双方法律关系，监护人或者被监护人一方死亡或者双方同时死亡的，监护关系终止。但是，监护人死亡的，这时监护关系相对终止。（4）人民法院认定监护关系终止的其他情形。例如，人民法院判决撤销监护人的监护资格的，这时监护关系相对终止。

监护关系绝对终止的，无须再安排新的监护人。例如，被监护人死亡的，监护关系绝对终止。但是监护关系相对终止后，例如监护人死亡的，被监护人仍然需要监护，这时应当依法另行确定监护人。

第三节　宣告失踪和宣告死亡

一、宣告失踪

所谓宣告失踪，是指失踪人下落不明满一段时间，利害关系人申请，宣告其为失踪人，并为其设定财产管理人的法律制度。

（一）宣告失踪的含义及制度价值

民法设立宣告死亡制度保护的是利害关系人的利益，那么民法设立宣告失踪的目的在于为失踪人设定财产管理人，管理失踪人的财产，所以宣告失踪制度的目的在于保护失踪人的权利。所以，宣告死亡制度的目的是了结失踪人遗留下来的法律问题，如失踪人债权债务关系的了结以及失踪人财产的管理等。

（二）宣告失踪的立法例

关于宣告失踪和宣告死亡制度，有不同的立法例。有的国家仅规定宣告失踪制度而无宣告死亡制度，例如法国；有的国家既规定宣告失踪制度也规定宣告死亡制度。例如，我国民法典。还有民法仅规定宣告死亡制度，例如我国台湾地区民法。当然，失踪制度比较复杂，涉及对失踪人财产的管理、继承甚至债权债务关系的处理等。因此，德国民法将民法典中的宣告死亡制度废止而另行制定失踪法。我国在立法上明确规定了宣告死亡与宣告失踪两种制度。有学者认为我国不应该采用宣告死亡制度，而只能采取宣告失踪制度，其理由主要有两点：第一，宣告死亡不符合我国传统的道德感情，例如某人下落不明的，其近亲属期待他（她）能够活着回来，一旦宣告其死亡，必然伤害近亲属的感情。第二，可以改造宣告失踪制度，使宣告失踪制度包含宣告死亡制度的效力。这种观点虽然有一定的道理，但是，宣告死亡已经在我国原民法通则有了明确规定，贸然取消不可取，另外，改造宣告失踪制度，使其能够发生宣告死亡的法律效果，与宣告死亡在功能上并无不同，宣告失踪和宣告死亡双轨制立法模式是符合我国国情的。因此，民法典继续沿袭民法通则的立法模式，规定了宣告失踪和宣告死亡制度。

（三）宣告失踪的构成要件

宣告失踪应符合法律规定的实质要件与程序要件。

1.宣告失踪的实质要件

（1）自然人离开其住所下落不明满一定期限

依据《民法典》第40条，自然人下落不明满二年的，利害关系人可以向人民法院申请宣告该自然人为失踪人。下落不明是指自然人离开其住所后持续不间断地没有音讯的状态。自然人下落不明的时间从其失去音讯之日起计算。战争期间下落不明的，下落不明的时间自战争结束之日或者有关机关确定的下落不明之日起计算。

（2）利害关系人向人民法院申请

利害关系人的申请，宣告失踪的申请人是否有顺序上的限制？按照原《民通意见》第24条的规定："申请宣告失踪的利害关系人，包括被申请宣告失踪人的配偶、父母、子女、兄弟姐妹、祖父母、外祖父母、孙子女、外孙子女以及其他与被申请人有民事权利义务关系的人。"宣告失踪的申请人没有顺序上的限制。申请书应当写明失踪的事实、时间和请求，并附有公安机关或者其他有关机关关于该公民下落不明的书面证明。

2.宣告失踪的程序要件

宣告失踪的案件，向下落不明人住所地基层人民法院提出。住所地与居住地不一致的，由最后居住地基层人民法院管辖。人民法院受理宣告失踪案件后，应当发出寻找下落不明人的公告。宣告失踪的公告期间为三个月。

公告期间届满，人民法院应当根据被宣告失踪的事实是否得到确认，作出宣告失踪的判决或者驳回申请的判决。

（四）失踪人财产的管理

宣告失踪制度的目的在于保护失踪人的财产。因此，自然人被宣告失踪的，应该为其指定财产代管人，管理失踪人的财产。

1.财产代管人

在国外，自然人失踪的，应设立专门的财产代管机构或者财产代管人，以保护失踪人的财产权利。我国《民法典》第42条也规定了失踪人财产代管人。财产代管人可以是失踪人的配偶、成年子女、父母或者其他愿意担任财产代管人的人。这里的“其他愿意担任财产代管人的人”主要是指与失踪人关系密切的其他亲属、朋友，也包括有关组织。[①]另外，无民事行为能力人、限制民事行为能力人失踪的，其监护人为财产代管人。[②]

财产代管人首先由失踪人的配偶、成年子女、父母或者其他愿意担任财产代管人的人协商确定。对失踪人财产代管人的确定有争议的，或者失踪人的配偶、成年子女、父母或者其他愿意担任财产代管人的人没有代管能力的，或者没有财产代管人的，由人民法院指定的人担任财产代管人。人民法院应以有利于失踪人财产管理的原则指定财产代管人。

2.财产代管人的义务

（1）保管财产的义务

财产代管人应当妥善管理失踪人的财产，维护其财产权益。财产代管人承担的是善良管理人还是一般管理人的注意义务？如果是前者，管理人承担的义务较重，如果是后者，承担的义务较轻。本书认为，财产代管人不具有专业技术资质要求，尽到如同对待自己财产一样的管理注意义务即可，即财产代管人承担一般管理人的注意义务。所以，财产代管人因故意或者重大过失造成失踪人财产损失的，应当承担赔偿责任。

---

① 黄薇：《中华人民共和国民法典总则编释义》，法律出版社2020年版，第112页。

② 李永军：《民法总则》，中国法制出版社2018年版，第198页。

（2）清理债权、债务的义务

清理失踪人所欠税款、债务和应付的其他费用，由代管人从失踪人的财产中支付。这里的“其他费用”，包括赡养费、扶养费、抚育费和因代管财产所需的管理费等必要的费用。失踪人的财产代管人拒绝支付失踪人所欠的税款、债务和其他费用，债权人提起诉讼的，人民法院应当将代管人列为被告。

（3）财产代管人为失踪人的利益有权以自己的名义提起诉讼

失踪人的财产代管人向失踪人的债务人要求偿还债务的，可以作为原告提起诉讼。

（4）移交财产和报告财产管理情况的义务

失踪人出现后或者财产代管人变更的，财产代管人应向“失踪人”或者变更后的财产代管人移交财产并报告财产管理情况。

财产代管人是否有取得相应报酬的权利，我国民法典没有明确规定。但从公平原则角度考虑，似应该允许，但其报酬数额不宜高于市场平均水平。

3. 财产代管人的变更

财产代管人不履行代管职责、侵害失踪人财产权益或者丧失代管能力的，失踪人的利害关系人可以向人民法院申请变更财产代管人。财产代管人有正当理由的，也可以向人民法院申请变更财产代管人。变更后的财产代管人有权要求（原）财产代管人及时移交有关财产并报告财产代管情况。

（五）宣告失踪的撤销

被宣告失踪的人重新出现或者确知他的下落，经本人或者利害关系人申请，人民法院应当作出新判决，撤销对他的失踪宣告。

失踪人重新出现，有权要求财产代管人及时移交有关财产并报告财产代管情况。

二、宣告死亡（推定死亡）

宣告死亡是指自然人离开住所下落不明满一段时间后，经利害关系人申请人民法院依法宣告其死亡的法律制度。

（一）宣告死亡的法律意义

民法上的死亡包括自然死亡和宣告死亡。通常宣告死亡发生与自然死亡相同的法律效果，例如财产法上的意义是继承、劳动关系终止等。但是，宣告死亡毕竟是一种推定死亡，所以在身份法上的意义有不同于自然死亡之处，例如虽然我国民法典规定被宣告死亡的人的婚姻关系，自死亡宣告之日起消除，但死亡宣告被撤销的，婚姻关系自撤销死亡宣告之日起自行恢复。所以婚姻关系并不因宣告死亡的发生而当然地解除。如果被宣告死亡者还活着，父母子女关系也并不因宣告死亡而解除。失踪人下落不明满一定时间后，其以住所为中心形成的各种社会关系趋于稳定，法律规定宣告死亡制度的主要价值在于确定因自然人失踪而不确定的各种秩序，所以宣告死亡制度不同于宣告失踪制度，其主要功能是保护与失踪人有关的利害关系人的利益，例如继承人可以继承被宣告死亡者的“遗产”、其配偶可以再婚等。

（二）宣告死亡的要件

宣告死亡的要件包括实体要件和程序要件。

1.宣告死亡的实体要件

（1）下落不明的时间要件。民法典区分了普通失踪和特殊失踪且分别规定了不同的时间要件。对普通失踪，一般规定的失踪时间较长，要求“下落不明满四年”；而对特殊失踪，时间一般较短，要求“因意外事件，下落不明满二年”，甚至“因意外事件下落不明，经有关机关证明该自然人不可能生存的，申请宣告死亡不受二年时间的限制”。下落不明是指公民离开最后居住地后没有音讯的状况。因意外事件下落不明的，两年的起算从“事故发生之日起”计算。战争、空难、航海以及其他危险，使人生还的可能性较小的，一般可以构成“意外事故”。对于“失踪人”在台湾地区或者在国外，无法正常通信联系的，不得以下落不明为由宣告死亡。

（2）利害关系人的申请。关于申请人的范围，民法典仅限定在“利害关系人”。原《民通意见》第25条将申请人作了顺序上的限制，第一顺位是配偶；第二顺位是父母子女；再次是兄弟姐妹、祖父母、外祖父母、孙子女、外孙子女；第三顺位是民事权利义务关系的人。这种规定的科学性是值得怀疑的：首先，没有公权力机关作为申请人的情况；其次，对申请人存在顺序上的限制，不尽合理。例如对申请人作出顺序上的限制有时候不利于对债权人利益的保护。所以，民法典没有限制申请人的顺序，比原民通意见更为合理。这里的“利害关系人”应当是与被申请宣告死亡人是生存还是死亡的法律后果有利害关系的人，主要包括被申请宣告死亡人的配偶、父母子女、兄弟姐妹、祖父母、外祖父母、孙子女、外孙子女以及与被申请宣告死亡人具有民事权利义务关系的人。

申请人应提交宣告死亡的申请书。申请书应当写明下落不明的事实、时间和请求，并附有公安机关或者其他有关机关关于该公民下落不明的书面证明。

2. 宣告死亡的程序要件

（1）由有管辖权的法院管辖。宣告死亡的案件，由被宣告失踪人住所地的基层人民法院管辖。住所地与居住地不一致的，由最后居住地基层人民法院管辖。

（2）公告。人民法院受理宣告死亡案件后，应当发出寻找下落不明人的公告。宣告死亡的公告期间为一年。因意外事故下落不明，经有关机关证明该自然人不可能生存的，宣告死亡的公告期间为三个月。公告期间届满，人民法院应当根据被宣告死亡的事实是否得到确认，作出宣告死亡的判决或者驳回申请的判决。

（三）宣告死亡的死亡时间

被宣告死亡的人是以下落不明日、下落不明满一定期限之期限届满日、人民法院受理宣告死亡申请日还是人民法院作出死亡宣告的判决日作为具体的死亡日期呢？对此有不同的立法例。有的规定为申请宣告死亡所需的下落不明法定期间届满的时间，例如日本民法；有的规定为死亡宣告作出的日期，例如西班牙民法典。我国《民法典》第48条区分一般情况与特殊情况，分别规定：一般情况下，人民法院宣告死亡的判决作出之日视为其死亡的日期；因意外事件下落不明宣告死亡的，意外事件发生之日视为其死亡的日期。

（四）宣告死亡的效力

宣告死亡的效力表现在以下几个方面：（1）宣告死亡是推定死亡，可能自然人并未死亡，死亡宣告不能剥夺其民事主体资格。所以，自然人被宣告死亡但是并未死亡的，不影响该自然人在被宣告死亡期间实施的民事法律行为的效力。（2）被宣告死亡者的财产成为遗产，其继承人按照继承法的规定依法继承。（3）依《民法典》第51条，被宣告死亡的人的婚姻关系，自死亡宣告之日起消除。（4）自然人被宣告死亡的，其子女可被依法送给他人收养，该收养关系如果符合收养法的规定，应受到法律保护。

（五）宣告死亡的撤销及效果

1.宣告死亡的撤销

被宣告死亡的人重新出现，经本人或者利害关系人申请，人民法院应当作出新判决，撤销原判决，撤销死亡宣告。这里的利害关系人应做广义理解，包括被宣告死亡人的配偶、父母子女、兄弟姐妹、祖父母、外祖父母、孙子女、外孙子女以及与被宣告死亡人具有民事权利义务关系的人。

2.撤销的效果

（1）对婚姻关系的效力。死亡宣告被撤销的，婚姻关系自撤销死亡宣告之日起自行恢复。但有两种情况不能自行恢复：其一，其配偶再婚的，这里的再婚包括再婚的、自婚后又离婚的和再婚后配偶死亡的三种情况。其二，向婚姻登记机关声明不愿意恢复的，声明应采用“书面”形式。（2）对收养关系的效力。被宣告死亡的人在被宣告死亡期间，其子女被他人依法收养的，收养合法有效；在死亡宣告被撤销后，不得以未经本人同意为由主张收养关系无效。（3）对财产继承的效力。民法典区分三个层次加以规定：其一，被撤销死亡宣告的人有权请求依照继承法取得其财产的民事主体返还财产。其二，无法返还的，应当给予适当补偿。这里的“无法返还”包括继承人消费了继承财产、将继承的财产转让给善意第三人等；这里的“适当补偿”不是赔偿，补偿的具体数额应根据公平原则确定。其三，恶意者的赔偿义务，即利害关系人隐瞒真实情况，致使他人被宣告死亡取得其财产的，除应当返还财产外，还应当对由此造成的损失承担赔偿责任。如果恶意者并没有取得财产的，因其恶意侵权，也应承担赔偿给他人造成损失的责任。

（六）被宣告死亡的人实施的行为与宣告死亡引起的后果冲突的处理

被宣告死亡的人从事的民事活动与被宣告死亡引起的法律后果不冲突的，一般不会产生法律问题，这些行为都是有效的。但是，被宣告死亡的人实施的行为与宣告死亡引起的法律后果相冲突的，例如被宣告死亡的人将自己在原住所处的财产转让给第三人，而该财产则因宣告死亡被第三人继承，那么该财产由何人取得所有权呢？在民法典制定过程中，此问题存在争议，该问题涉及各种情况和因素，比较复杂。但就个人实施的民事法律行为与被宣告死亡引起的民事法律行为相抵触的情况来说，两种民事法律行为是否都应当有效，如果都属有效，哪一个优先，等等。鉴于对此问题争议较大，民法典对此未作具体规定，留待司法实际继续总结经验。[①]

三、宣告死亡优先于宣告失踪适用

宣告死亡与宣告失踪是两种并无关联的制度。宣告失踪不是宣告死亡的前提条件；宣告死亡也不是宣告失踪的必然后果。它们在价值取向、构成要件等方面存在明显不同。原《民通意见》第29条规定：“宣告失踪不是宣告死亡的必经程序。公民下落不明，符合申请宣告死亡的条件，利害关系人可以不经申请宣告失踪而直接申请宣告死亡。但利害关系人只申请宣告失踪的，应当宣告失踪；同一顺序的利害关系，有的申请宣告死亡，有的不同意宣告死亡，则应当宣告死亡。”《民法典》基本延续了民通意见的规定，于第47条规定，对同一自然人，有的利害关系人申请宣告死亡，有

① 黄薇：《中华人民共和国民法典总则编释义》，法律出版社2020年版，第124页。

的利害关系人申请宣告失踪，符合本法规定的宣告死亡条件的，人民法院应当宣告死亡。

第四节　个体工商户和农村承包经营户

一、个体工商户和农村承包经营户的法律地位

个体工商户和农村承包经营户属于自然人的范畴，从商法学的角度观察，他们又属于商个人。经济学理论认为，自然人在经济活动中的基本作用有二：一是作为消费者参与商品交换关系，这种商品交换关系是整个社会再生产得以实现的重要环节；二是作为生产经营者直接参与商品生产和商品变换。从法律的角度，自然人作为消费者参与商品交换关系，是以一般民事主体的身份出现的，而其作为生产经营者直接参与商品生产和商品交换，则是以特殊的民事主体，即商主体的身份出现的。依据我国现行法律，个体工商户、农村承包经营户是自然人个人从事商品生产和经营的基本组织形式。我国采取民商合一的立法体制，所以民法典在自然人部分规定了个体工商户和农村土地承包经营户。但实际上，个体工商户和农村土地承包经营户已经在一定程度上超越了自然人，其虽然规定在自然人部分，在实务上应当着重个体工商户、农村承包经营户与自然人的区别，作为非法人组织而存在于民事领域。[①]但也有学者认为，我国个体工商户和农村土地承包经营户为独立的民事主体，这是民法有关民事主体极具中国特色的规定。个体工商户虽然有字号，但没有独立的财产，也不能独立承担民事责任，从这个意义上说，民法典未能实现个体工商户经由自然人向商事主体转化的全过程，个体工商户并非真正的民事主体，仅仅是有别于自然人的以营业为目的的自然人。[②]个体工商户、农村承包经营户与法人和非法人

① 梁慧星：《民法总论》，法律出版社2017年版，第117页。持相同观点的还有郭明瑞教授。参见郭明瑞：《民法总则通义》，商务印书馆2018年版，第86页。

② 邹海林：《民法总则》，法律出版社2018年版，第104—106页。

组织的最大区别就是不具有组织性[①]，它是“户”，与自然人虽有不同，但民法典将它们置于自然人一章，显示出它们更接近自然人而非更接近非法人组织，它们在性质上应该属于自然人的范畴。

个体工商户与非法人组织相比，存在诸多差别：首先，个体工商户没有“设立”过程，不存在“出资”行为，法律也不要求个体工商户必须要有字号或名称；但非法人组织要有设立过程和出资行为，且需要有字号或者名称。其次，个体工商户不能设立分支机构；但非法人组织可以设立分支机构，其可以有多处经营场所。再次，个体工商户虽然也可雇用他人，但其经营形式主要包括个人经营和家庭经营，进行工商业经营的自然人本身须参与具体经营活动；设立非法人组织的自然人则可不参与经营，甚至可以将经营活动委托给职业经理人。最后，个体工商户缴纳的税种是个人所得税；企业所得税的纳税主体是境内企业、其他取得收入的组织，但不包括个人独资企业、合伙企业。农村承包经营户也不存在设立行为、出资行为、分支机构、纳税等问题。

二、个体工商户

（一）个体工商户的概念及特征

个体工商户是有经营能力的自然人依照个体工商户条例规定经工商行政管理部门登记，从事工商业经营的一种个体经济形态。个体工商户具有以下几个特征：

一是以从事工商业经营活动为目的。成立个体工商户的目的是从事工商业经营活动，从事其他活动的，不能成为个体工商户。

二是个体工商户经依法登记成立。《民法典》第54条规定，自然人从事工商业经营，经依法登记，为个体工商户。我国个体工商户条例对个体工商户的登记条件和程序等作了规定，个体工商户登记事项包括经营者姓名和住所、组成形式、经营范围、经营场所。个体工商户履行登记手续后依

---

① 黄薇：《中华人民共和国民法典总则编释义》，法律出版社2020年版，第130页。

法开展工商业经营活动。

三是个体工商户以户的名义从事经营活动。个体工商户可以是自然人个人经营的，也可以是家庭经营的，但其是以“户”的名义从事经营活动的。这里的“户”并非户籍登记上的户，而是工商登记上的户。[①]依《民法典》第54条规定，个体工商户可以起字号。个体工商户的合法权益受法律保护，任何单位和个人不得侵害。

（二）个体工商户的债务承担

依《民法典》第56条规定，个体工商户的债务，个人经营的，以个人财产承担；家庭经营的，以家庭财产承担；无法区分的，以家庭财产承担。是否是家庭经营，应从投资和收益两个维度观察：以家庭财产投资的，收益主要用于家庭成员共同享用的，当然为家庭经营，以家庭财产承担个体工商户的债务。

三、农村承包经营户

（一）农村承包经营户的概念和特征

农村承包经营户是我国实行以家庭承包经营为基础、统分结合的双层经营体制的产物。农村承包经营户是指取得农村土地承包经营权从事家庭承包经营的农村集体经济组织的成员。它具有以下几个特征：

一是农村承包经营户属于农村集体经济组织的一个经营层次，家庭承包经营是双层经营体制的基础。二是农村承包经营户以依法取得的农村土地承包经营权为存在的财产基础。农村土地承包经营权的承包方以户为单位，而非以家庭成员为单位，个别家庭成员死亡的，并不影响农村承包经营户的存在。三是农村承包经营户主要以从事农业生产经营活动为业，农业生产经营活动包括农林牧副渔等农业生产经营活动。四是农村承包经营户是以“户”的名义从事生产经营的农村集体经济组织的成员，个别家庭

---

① 郭明瑞：《民法总则通义》，商务印书馆2018年版，第86页。

成员并非独立的农村承包经营权的主体。

（二）农村承包经营户的债务承担

农村承包经营户的债务，以从事农村土地承包经营的农户财产承担；事实上由农户部分成员经营的，以该部分成员的财产承担。

第七章　法人

第一节　法人的基本理论

一、法人的概念

在现实生活中，参与民事活动的主体除了自然人之外，还有组织体。在各种组织体中，有的组织体具有民事权利能力和民事行为能力，即法人。罗马法上，尚无抽象的“法人”概念。法人作为法学术语，是12世纪至13世纪的注释法学派创立的，但当时仅仅用来说明团体的法律地位。真正将团体赋予抽象人格，确立现代意义上的法人概念的是教会法学者。而法人作为制定法上的概念，首先出现在1794年普鲁士邦普通法典中，并被1896年德国民法典所采用，但没有对法人的概念作出界定。现在世界上绝大多数国家的民法都确立了法人制度，但对法人的概念界定各有差异，有的从不同法人类型中抽象出一般特征的概括式定义，有的通过概括和列举的双重方式对法人进行界定。有的国家虽未对法人进行比较明确的概念界定，但在法人的权利能力、设立标准等相关方面作了具体规定。

《民法典》第57条规定：“法人是具有民事权利能力和民事行为能力，依法独立享有民事权利和承担民事义务的组织。”本条与原《民法通则》第36条第1款“法人是具有民事权利能力和民事行为能力，依法独立享有民事权利和承担民事义务的组织”的规定保持一致。法人具有以下三个方面的特征：

第一，法人的组织体性。不同于自然人，法人既可以是其成员为基础形成的，但其成员的变更并不影响其存在的人的联合体，也可以是为着一定目的并具有为此目的而筹集的财产因此而组建起来的组织体。法人的组织体性可以有两种表现形式：一种是人的团体，另一种是财产的集合。我国公司法上承认一人有限责任公司，但并不能由此否定法人的组织体性，对此，民商法理论界对其进行了很多解释，主要有股份社团说、潜在社团说和特别财产说。一人有限责任公司并非对法人组织体性的否认，只是法人组织体性的一种例外。

第二，法人具有主体资格。社会组织体种类很多，并非任何社会组织体都具有法律主体资格，也并非所有社会组织都能够以自己的名义享有民事权利并承担民事义务，只有那些依法成立的具有民事权利能力的组织体才具有民事主体资格。就主体资格而言，法人的权利能力与自然人的权利能力一样，是组织体能够成为民事法律关系的主体资格。法人具有独立的主体资格应从以下三个方面进行理解：首先，法人的权利能力与自然人的权利能力是平等的，否则法人与自然人就无法平等地进行民事活动。其次，法人的权利能力独立于法人成员的权利能力，例如美国路易斯安纳民法典第24条第2款规定：法人是被法律赋予人格的实体，如公司和合伙。法人的人格独立于其成员。最后，法人的权利能力独立于法定代表人。一方面，法定代表人是法人的机关，其以法人名义从事的民事活动，由法人承担法律后果；另一方面，法定代表人又是自然人，可以自己的名义为生产、生活需要而从事民事活动。法人能够以自己的名义享有民事权利、承担民事义务，其权利和义务具有独立性。正因为法人的权利能力独立于其成员，法人之生命超越生死，具有永久性，并不因成员死亡而消灭。

第三，法人具有独立的法律人格。法人具有独立的民事权利能力和民事行为能力，能够独立承担法律责任，法人拥有独立于其成员的财产，这是它独立承担法律责任的基础，同时，法人的民事权利和义务与其成员的权利和义务是彼此分离的。所以法人的人格和自然人的人格是彼此分离的，也即法人具有独立的组织、独立的财产、独立的责任。

1.独立的组织

法人为独立的社会组织的具体含义在于：法人的民事主体资格与组成法人的自然人的民事主体资格是彼此独立的，某个或某些法人成员的死亡或退出法人组织并不导致法人资格的消灭。法人组织无须依靠其他组织或单位而独立存在。在组织上必须依赖于其他组织而存在的组织不是法人。法人有必要的组织机构，独立的组织是法人的基本特征之一，也是取得法人资格的条件之一。

2.独立的财产

法人的独立财产，是指法人所有的或经营管理的全部财产。法人的财产独立于其出资人的其他财产。独立的财产是法人的基本特征之一，也是法人成立、独立承担民事责任的物质基础。

3.独立的责任

法人具有独立的人格，独立的责任是人格独立的表现形式之一。如果法人违反民事义务，造成他人损害，由法人独立承担民事责任。法人的财产不足以清偿债务时，法人的出资人不承担清偿的责任。独立承担民事责任是法人具有独立的组织和独立的财产的必然延伸。独立的责任是法人的突出优点，也是法人的突出缺点。法人几乎所有制度的设计都是围绕着独立的责任而展开的。

任何一个团体（组织体）必须包含两个要素：人和财产，团体乃是人和财产的有机集合体。社会团体随着经济的发展发生了分化，为法律赋予“团体”以人格提供了现实基础。就团体成员与团体之关系构成来看，可将团体区分为以下三种形态：（1）成员显现型；（2）成员隐现型；（3）成员不现型。成员显现型团体分化为社团法人、合伙及无权利能力社团。

随着成员隐现型团体（在这种团体中，人和财产两要素，随着成员隐现型团体，财产显示得很充分，成员的地位和作用则不甚明显，以致使人忽视了他们的存在）的发展，财产为基础构成的团体也相应地发生了分化：一部分与人格相结合，成为独立的民事主体，如财团法人；另一部分则不具有权利能力，如遗产、信托财产、特别财产等。有一部分社会组织体转化为法人，具有民事权利能力；有一部分社会团体没有民事权利能力和民事行为能力，不是民事主体，永远只能是客体，是支配的对象；还有一部分社会团体处于法人与客体之间，具有相当有限的主体能力，我国民法典将其称为非法人组织。法人就是具有民事权利能力和民事行为能力的社会组织。而且，即使取得法人资格的社会组织，也不是在任何情况下都是以法人的名义进行活动，例如机关法人在进行公务活动时就不是以法人的名义出现的，而只有在进行民事活动或民事诉讼活动时，才以法人的名义出现。

第四，法人的目的性。作为人的集合或财产的集合，组织体取得法人资格必有其目的。有的为了盈利，例如公司；有的为了公益事业，例如公益性法人。当然法人的目的事业不得违反法律、不得危害公序良俗。

二、法人的本质

法人的本质，就是法人到底是什么的问题，也有的学者进一步具体化为，法人的本质实际上是回答法人为什么能够和自然人一样享有民事权利、承担民事义务，能够平等进行交往这一问题的。

关于法人的本质，学者之间的观点并不一致，主要形成了以下几种学说：

（1）法人拟制说。该说以罗马法上的法律思想为依据。在罗马法上，法律意义上的人与生物意义上的人是不一致的，这就为解释现代社会中的法人提供了历史素材。该说认为，只有自然人才是完全民事行为能力人，法人不过是国家运用法律手段人为地拟制而成，仅是法律的虚构，或者说仅在观念上存在，是法律凭借立法技术拟制出来的现实生活中并未存在但却存在于法律世界之中的一种民事权利主体。法人拟制说承认了法人的拟制民事主体资格，并区分了法人与其成员的财产、人格和责任，成为后来法人格独立制、法人独立财产制、有限责任制的理论基础，对于现代民商法中法人制度的建立有着不可磨灭的贡献。但该说未能将法律规定和社会经济关系联系起来，因而无法适应社会经济的发展，后为各国立法逐渐抛弃。

（2）法人否认说。法人否认说是从实证的角度不承认法人存在的一种学说。该说认为，在国家和个人之间不应该出现一个“中介”即法人，因为法人只不过是多数个人的集合或财产的集合。根据此种学说，权利的最终归属均是个人，法人自身本无独立的利益，故不能成为法律主体。法人否认说对法人财产归属的分析已经接触到了法人的实体问题，较法人拟制说有一定进步。但该说从根本上否认了法人作为主体而存在，实质上相当于否认了现实生活中社会组织的客观存在，因此不能适应社会经济生活的需要。

（3）法人实在说。法人实在说与法人拟制说和法人否认说有着质的区别。该说认为，法人不是法律拟制的主体，而是一种实实在在的客观存在的实体，和自然人一样，有自己的意思表示能力，也可以依法独立享有民事权利和承担民事义务，故法人可以称为团体人，是超出自然人生命之外的一个统一体，是一种独立的民事权利主体。根据对法人这种社会实在的性质不同认识，可以将法人实在说分为两派：其一，法人有机体说。法人有机体说又称为“团体人格说”或者“意思的实在说”。此说认为，法人和自然人一样都有自己特殊机体和意思表示能力。因此，法人享有法律人格，可以享有人格权和财产权。其二，法人组织体说。此说认为，法人的本质并不是作为社会的有机体，而是宜于作为权利能力的组织体。法人有区别于其成员的个人利益的团体利益，有团体意思和代表机关。所以法律赋予法人这种社会组织体以法律人格，并承认其为独立的民事主体。该说基本获得各国民事立法的肯定，本书将法人界定为“组织”，系采此说。

我国民法典采纳了法人的本质组织体说。组织体是一个真实的存在，但它并非自然人，从自然属性上与生物意义上的人存在很大差别，差别的客观性决定了法人没有生命、健康、自由、安全以及人类尊严等基本价值。法律之所以给特定的组织以权利能力，是因为不过是一种抽象的法律主体地位的标志符号，除此之外没有任何意义。因此，仅存在一个法人，其仿佛是人，但其实不是道德的，更不是一个神秘的超人，而是一个能够拥有财产的、人为设定的主体。一些专属于法人的权利，如某项特种经营权，自然人亦不得享有。

三、法人的分类

（一）大陆法系国家对法人的主要分类

1. 公法人和私法人

这是以法人设立的法律依据为标准对法人所作的划分。公法人是指根据宪法、行政法、政府命令等成立，具有政府职能的法人。私法人是指根据民法、民事特别法成立的法人。二者的区分意义在于：公法人和私法人的管辖法院和诉讼程序不同、公法人和私法人能否行使或分担国家权力不同、公法人和私法人成员能否构成渎职罪不同。

2. 营利法人、公益法人和中间法人

这是以法人活动的目的为标准对法人所作的划分。以营利为目的所设立的法人是营利法人，即以取得利润并分配于成员为目的，追求利润最大化。反之，为公益法人。社团法人中，既有公益法人，也有营利法人。其他则归于中间法人。

3. 社团法人和财团法人

这是以法人成立的基础为标准对法人所作的划分。社团法人是以人的集合为成立基础，是两人以上的成员所组成，根据法律取得独立的人格。财团法人是以捐赠财产为成立基础，是为一定目的而存在的财产集合体。两者的区别主要包括：（1）成立基础不同。财团法人以财产为基础成立，社团法人以成员为基础成立。（2）设立人地位不同。社团法人的设立人一般在法人成立后成为法人的成员，而财团法人的设立人不是法人的成员。（3）设立行为不同。社团法人的设立行为是合同行为，财团法人的设立行为是单方行为。（4）章程或组织的变更或解散程序不同。社团法人章程或组织变更或解散程序通常由其成员会议决定，而财团法人的章程、解散等通常由捐助行为事先确定。（5）目的事业不同。社团法人既可以是营利性的，也可以是公益性的，而财团法人只能是公益性的。

4. 本国法人和外国法人

这是按照法人的国籍所作的划分。法人的国籍有不同的判断标准，各国规定也不尽相同，主要有以下几种观点：登记国说认为法人国籍的判断以法人登记国为准，在本国登记的为本国法人，在外国登记的为外国法人；依据法律国说认为法人国籍以所依据的法律国确定，依据哪国法律设立的就是哪国的本国法人。反之则为外国法人。主要办事机构所在地国说以主要办事机构所在国作为确定法人国籍的依据。主要股东所在国说以主要股东所在国判断法人的国籍。发起人所在国说以发起人所在国判断法人的国籍。结合主义说认为法人的国籍应当按照住所地及所依据准据法说。结合主义说被多数国家所采纳。凡依据中国的法律，在中国境内设立的法人就是本国法人，否则为外国法人。

（二）英美法系的法人分类

英美法系国家认为所有法人都是社团，不承认财团法人。英美法系国家根据成员多寡，分为集体法人和独任法人。集体法人是指由多数人组成而可以永久存在的集合体法人；独任法人是指一个自然人由于法律的确认而形成的法人。

（三）我国原民法通则对法人的分类

1.企业法人。企业法人是指以营利为目的，从事商品生产和经营活动的法人。

2.机关法人、事业单位法人、社会团体法人。机关法人是指依照法律或行政命令组建的、有独立财政预算经费的各级国家机构。事业单位法人是指从事非营利性的、社会各项公益事业的法人。社会团体法人是指由其成员自愿组织的，从事社会公益事业、文学艺术、宗教等活动的各类法人。

（四）民法典关于法人的分类

以法人成立的基础，传统民法将法人分为社团法人与财团法人。凡是以人的集合为基础成立的法人为社团法人；而以财产为基础成立的法人为财团法人。我国民法由于受社会制度的长期影响，对于法人的分类，没有采取大陆法系传统的分类标准与方法，而是根据其管理职能或者所有制来划分法人。以是否从事营业活动为标准，将法人分为企业法人与非企业法人。按照有无涉外因素，企业法人又进一步分为涉外企业法人和非涉外企业法人；涉外企业法人主要是中外合资经营企业法人、外资企业法人、中外合作经营企业法人。按照所有制性质，非涉外企业法人进一步分为全民所有制企业法人、集体所有制企业法人及民营企业法人。以职能和设立方式为标准，非企业法人进一步分为机关法人、事业单位法人和社会团体法人。

我国民法典没有坚持原民法通则关于企业法人与非企业法人的分类，

而是采取了营利法人、非营利法人的分类。将法人分为营利法人、非营利法人、特别法人。营利法人进一步分为有限责任公司、股份有限公司和其他企业法人。非营利法人进一步分为事业单位法人、社会团体法人、捐助法人、社会服务机构法人。特别法人进一步分为机关法人、农村集体经济组织法人、城镇农村的合作经济组织法人、基层群众性自治组织法人。

四、法人的成立

《民法典》第58条规定："法人应当依法成立。法人应当有自己的名称、组织机构、住所、财产或者经费。法人成立的具体条件和程序，依照法律、行政法规的规定。设立法人，法律、行政法规规定须经有关机关批准的，依照其规定。"原《民法通则》第37条规定，法人应当具备下列条件：（1）依法成立；（2）有必要的财产或者经费；（3）有自己的名称、组织机构和场所；（4）能够独立承担民事责任。《民法典》第57条的规定是对民法通则第37条规定的继承与发展。通过对比发现，这两条仍有较大差别，要加以注意：

第一，原《民法通则》第37条将"能够独立承担民事责任"作为法人成立的条件，而《民法典》在第59条规定了"法人以其全部财产独立承担民事责任"。将独立承担民事责任排除在法人成立条件之外，主要原因在于：独立承担民事责任是团体取得法人资格后才具有的，是法人的特征，而不是法人成立的条件。因此，独立的民事责任不能成为衡量一个团体能否取得法人资格的条件。

第二，民法典对法人成立的程序作了规定，完善了民法通则。根据本条的规定，法人成立的程序需要批准的，先批准才可设立。其他法律、行政法规对法人成立的程序有特别规定的，按照其他法律、行政法规的规定。

第三，增加了援引其他法律、行政法规的规定。本条除了规定法人成立的一般条件之外，还对其他法律、行政法规规定的法人条件和程序作了援引性规定，在立法技术上更为成熟。

第四，将原民法通则中的"场所"修订为"住所"，立法语言更严谨。

（一）法人应当依法成立

法人必须是依法成立的组织。法人资格或法律地位不是其自身固有的或者自由取得的，而是法律承认的结果，实证主义法学大师凯尔森提出：“将自然人界说为人是不正确的。生物学意义上的人与法律意义上的人是不同的，不能同等对待。自然人的概念是法律构造的，是实定法上的，从实证主义的角度看，自然人其实就是一种‘法’人。”凯尔森的这种观点抽掉了自然人的理论性，是非常不合适的，但它却可以准确地解释法人的法律地位的取得，即组织体要取得法人资格，必须依法设立。这里的依法设立包括依据法律规定的条件和法律规定的程序设立两个方面的内容。不同的法人，其设立的具体条件和程序不同，例如，公司法对公司设立条件和程序作了规定。

（二）法人成立的一般条件

在民法典中规定法人设立的一般条件，一方面是立法技术的考虑，避免分则条文与特别法条文的重复；另一方面是在特殊类型的法人设立无特别法可依时，可直接依据民法典总则的规定申请设立。根据本条款的规定，法人成立要应当有自己的名称、组织机构、住所、财产或者经费。

1.法人的名称。与自然人的姓名相对应，法人要有自己的名称，法人的名称是法人在对外从事民事活动时用以表征其身份的标志。法人的类型不同，其名称构成也存在差异，例如，作为法人的高校名称与作为法人的公司名称就存在很大差别。即使同为公司，股份有限公司和有限责任公司的名称也存在差异，例如，我国公司法规定，有限责任公司名称中必须包含“有限责任公司”或“有限公司”字样，股份有限公司名称中必须包含“股份有限公司”或“股份公司”字样。

2.法人应当有组织机构。法人是社会组织，因自然属性限制，其本身不能进行民事活动，因此其活动是由不同建构的组织依据章程被统一起来，一个法人如果想正常运转，必须有自己健全的必要的组织机构。法人的组织机构也称法人机关，是指依法律、条例、章程规定产生的，设立于法人内部的，不需要特别委托授权就能够以法人名义对外代表法人进行民事活动，对内管理法人事务的组织或个人。法人机关是法人的组成部分，无独立人格，法人机关的行为就是法人的行为。法人机关对外以法人名义从事民事活动时，与法人之间属于民法上的代表关系。故，如无相反证据，法人机关的行为即为法人的行为，法律后果由法人承担。不同类型的法人，其组织机构存在差别。在社团法人，意思机关就是社员大会，而财团法人没有自己的成员，故没有自己的意思机关。以股份公司为例，其法人机关包括：股东大会（权力机关、决策机关、意思机关）、董事会（业务执行机关）、监事会（监督机关）、总经理（辅助业务执行机关）。

3.法人要有住所。住所是法人从事主要民事活动的所在地，它关系到合同的履行、送达地点以及人民法院对民事纠纷的管辖等，在民商法上具有特别重要的意义，因此法人的成立要有住所。

4.法人要有自己的财产或经费。法人拥有独立的财产或经费，是法人作为民事主体维持正常活动，对外独立承担责任，并与其他民事主体相互区别的必要条件。不同类型的法人，法律对其财产或经费的要求不同，例如，商业银行法对商业银行规定了比较高的最低注册资本额。不同类型的法人，其财产或经费来源也不相同，例如公司的财产来自股东的投资，而国家机关法人的财产或经费来自国家财政拨款。

（三）法律、行政法规定对法人成立的具体条件和程序另有规定的，依照法律、行政法规的规定

民法典虽然对法人成立的一般条件进行了规定，但只是一般性规定，如果其他法律、行政法规对法人的成立条件作出特别规定的，按照特别法优于一般法的原则，应按照特别法规定的法人成立条件设立公司。例如，我国公司法对公司的成立条件和成立程序作了具体规定，企业法人登记管理条例对企业法人登记程序作了规定等，都属于特别法对法人成立的具体条件或程序的规定，应按照公司法和企业法人登记管理条例的规定成立公司。

（四）设立法人，法律、行政法规规定须经有关机关批准的，依照其规定

从世界范围来看，法人设立有多种原则：（1）自由设立主义。自由设立主义，又称为放任主义，即国家对于法人的设立，不加任何干涉和限制。（2）特许设立主义。特许设立主义，也称立法特许主义，即法人的设立必须经特别立法或国家元首的许可。（3）核准主义。核准主义，又称行政许可主义，是指法人设立时除了应符合法律规定的条件外，还要经过主管行政官署的批准，主管机关依照规定进行审查，作出批准或不批准的决定。（4）准则设立主义。准则设立主义，也称注册登记主义，是指法律对于法人的设立预先规定一定的条件，设立人可依照该条件设立，一旦符合法人的成立条件，无须经过主管部门批准，就可直接到登记机关办理登记，法人即可成立。（5）强制设立主义，即国家以法令规定某种行业或某种情况下必须设立一定法人组织的设立原则。从我国立法看，公司的设立主要采纳了准则设立主义，但例外采纳了核准主义，即有些类型的公司需要经过有关机关批准才能够设立，例如，成立拍卖公司就需要公安机关批准，没有经过批准的，不能登记注册为法人。

五、设立中的法人的法律地位

《民法典》第75条规定："设立人为设立法人从事的民事活动，其法律后果由法人承受；法人未成立的，其法律后果由设立人承受，设立人为二人以上的，享有连带债权，承担连带债务。设立人为设立法人以自己的名义从事民事活动产生的民事责任，第三人有权选择请求法人或者设立人承担。"《公司法》第94条规定，股份有限公司的发起人应当承担下列责任：（1）公司不能成立时，对设立行为所产生的债务和费用负连带责任；（2）公司不能成立时，对认股人已缴纳的股款，负返还股款并加算银行同期存款利息的连带责任；（3）在公司设立过程中，由于发起人的过失致使公司利益受到损害的，应当对公司承担赔偿责任。《民法典》第75条之规定来自《公司法》的规定，同时又有所发展：（1）进一步扩大了适用范围。《公司法》第94条仅

适用于股份有限公司，而民法典本条之规定适用于所有法人。（2）明确了法人设立后对设立行为产生债务的承受。（3）增加了第三人的选择权。

法人设立行为是为取得法人资格而由设立人进行的一系列法律行为的总称，具体而言是指设立人在法人成立之前，为组建法人而进行的、目的在于取得法律主体资格的活动。

设立中的法人法律地位如何，主要存在非法人团体说、准法人说、设立中社团说、同一体说和修正的同一体说。

非法人团体说也称无权利能力社团说，该说认为，设立中的法人尚未取得法人资格，因而不具有权利能力，在性质上属于无权利能力社团。该种学说承认设立中的法人的团体性，即承认设立中的法人是独立于其成员的个性，承认设立中的法人具有有限的法律人格，可以以自己的名义从事公司设立行为，在设立法人过程中是享有权利，并在一定范围内承担义务和责任的主体。但是，设立中的法人与一般的非法人团体或者无权利能力社团在设立程序、财产的独立性、名称、机关和责任上存在区别，所以认定设立中的法人是一种具有自身特性的非法人团体。①

准法人说认为，设立中的公司是“准法人”，设立中公司存在的目的在于使自身获得法人资格，具有明显的“准法人”性质。“准法人”应当是介于团体与法人之间的一种民事主体形式，它接近于法人团体的属性，因此也可以称为“准法人”。②

设立中社团说认为，“设立中社团是以一定的人和财产为基础，具有一定的权利能力和行为能力，享有一定的权利，承担一定的义务，能承担一定的责任，但不具有独立承担责任的能力，应当认为是设立中的法人社团”。③

同一体说认为，设立中公司与成立后的公司是一同主体，只不过二者处于不同的阶段而已。这种学说对设立中的公司与成立后的公司不作严格

① 范建：《设立中公司及其法律责任研究》，载王保树主编：《商事法论集（第二卷）》，法律出版社1997年版，第150页。

② 周友苏：《新公司法论》，法律出版社2006年版，第167页。

③ 曹顺明：《设立中公司法律问题研究》，载《政法论坛》2001年第5期。

区分，认为二者在组织形态上并无实质差别。在二者权利义务的继承关系上，该说主张成立后的公司对设立中公司的行为后果不加区分概括继承。[①]

修正的同一体说，该说是对“同一体说”的一种修正，该说认为从设立中公司到成立后公司是一个连续过程，但二者之间存在严格的界限，即成立后的公司由于获准登记而取得主体资格，而设立中公司却没有主体资格。在二者权利义务的归属上，该说主张设立中公司的行为只有为设立公司所必需时，成立后的公司才予以当然继承。[②]从本条规定来看，设立人要对设立行为负责，法人设立后，设立行为产生的债权债务由法人承受。所以，设立中的法人与法人是不同的，设立中的法人并非法人，其不能以自己的名义享有民事权利、承担民事义务。

关于设立人的法律地位，学界主要有无因管理说、为第三人利益契约说、设立中的法人机关说及当然继承说。无因管理说认为，设立人与设立中的法人之间属于无因管理关系，在法人成立后，因设立人的设立行为所产生的权利义务，依据无因管理的法理转移归于法人。为第三人利益契约说认为，设立人因设立行为而与他人间所成立的法律关系，是以将来成立的法人为第三人（受益人）而订立的为第三人契约。设立中的法人机关说认为，设立人为设立中法人的机关。当然继承说认为，设立人是未经登记成立的法人代理人。[③]

以上四种观点都有片面性，均不能全面说明设立人的法律地位，从设立中法人与设立人的关系来看，设立人应当属于设立中法人的机关，由于设立中法人与成立后法人其实体是同一的，所以由设立人之设立行为所产生的权利义务自然归属于将来成立的公司；从设立人之间的关系来看，他们之间为合伙关系，所以如果公司未能合法成立，他们应当对设立行为产生的义务向第三人负连带责任。[④]

法人的设立与法人的成立是两个既相互联系又相互区别的概念。没有法

---

① 赵旭东：《公司法学》，高等教育出版社2012年版，第145页。

② 赵旭东：《公司法学》，高等教育出版社2012年版，第145页。

③ 赵旭东：《公司法学》，高等教育出版社2012年版，第112页。

④ 赵旭东：《公司法学》，高等教育出版社2012年版，第113页。

人的设立行为就不会有法人的成立，凡法人成立必经法人设立，法人成立是法人设立的结果。但二者之间的区别也很明显：其一，两者的性质不同。法人的设立是一种准备行为，这种准备行为既有法律性质上的，也有非法律性质上的；而法人的成立则不同，它属于法人产生的形成阶段，其行为性质均属于法律意义上的行为。其二，二者的要件不同。法人的设立一般要有合法的设立人，存在设立基础和设立行为本身合法等要件；而法人的成立一般应具备依法成立，有必要的财产或者经费以及有自己的名称、组织机构和住所等要件。因此，法人的设立并不当然导致法人的成立，当设立无效时，法人就不能成立。其三，二者的效力不同。法人在设立阶段，仍不具有法人资格，其行为是非法人组织的行为，所发生的债权债务，由设立后的法人享有和承受；如果法人不能成立，则由设立人承担设立行为产生的债务，两个以上设立人的，承担连带债务。而法人成立后，即享有民事主体资格，所发生的债权和债务，由法人享有和承担。①

设立人为设立法人从事的民事活动，是为了成立法人，在成立法人后，应该由法人承受权利义务。法人未成立的，设立法人产生的权利义务由设立人承受，两个以上设立人的，设立人要对产生的债务承担连带责任，对产生的债权享有连带债权。为了设立法人，在设立过程中设立人以自己的名义从事民事活动而产生民事责任的，第三人享有选择权，可以选择成立后的法人承担民事责任，也可以请求设立人承担责任，成立后的法人与设立人对第三人的债务不承担连带责任。此处的“选择权”应解释为形成权，第三人一旦选定就不能变更。

六、法人的能力

（一）法人的权利能力

法人的权利能力是指法人依法享有民事权利和承担民事义务的资格。法人的权利能力是法人实施民事行为，参与民事法律关系的前提，是法人具

① 魏振瀛：《民法学》，北京大学出版社、高等教育出版社2016年版，第91页。

有法律上之人格的表现。法人的行为能力是法人能够以自己的意志从事民事行为，取得民事权利和承担民事义务的资格。法人的民事权利能力和民事行为能力的取得时间和终止时间是一致的，即从法人依法成立时法人取得民事权利能力和民事行为能力，终止时法人的民事权利能力和民事行为能力消灭，这与自然人的民事权利能力和民事行为能力不同时取得存在差别。

法人的类型不同，其成立的具体时点有所不同，根据原《民通意见》第50条的规定，有独立经费的机关法人从成立之日起具有法人资格；具备法人条件的事业单位、社会团体，依法不需要办理法人登记的，从成立之日起，具有法人资格；依法需要办理法人登记的，经核准登记，取得法人资格。法人终止的时间应是法人清算完结登记注销之日，法人终止的原因包括撤销、解散、宣告破产等。

有人提出法人的权利能力是法律给的，所以法律也可以剥夺某一个法人的权利能力，让其丧失主体资格。这种看法是不正确的，法人人格否认理论并不是对法人主体资格的剥夺，而是当法人的成员与法人的权利能力发生混淆的情况下，为了保护特定债权人的利益，在特定的法律关系中否认法人人格的独立性，让法人背后的成员出来承担责任。法人人格否认并没有剥夺法人的主体资格，法人的主体资格仍然存在。与自然人的肉体消失而要权利能力终止一样，法人赖以存在的团体消失后其权利能力也就消失了。

法人的权利能力不能被剥夺，那么，法人的权利能力能否被限制呢？有人对此回答道：可以。与自然人的权利能力相比，法人的权利能力的范围是有限制的。例如，他们不能享有亲属法上的权利。我国台湾地区学者王泽鉴认为，权利能力为人之尊严的表现，法律虽得加以限制（如矿业权等），但须有正当理由。我国权威性教科书中也有人认为，权利能力不受剥夺与限制。法人的权利能力能够受到限制，这说明在有权利能力与无权利能力中间还存在一个有限的权利能力。对此，德国法学家法布里丘斯最早提出，传统理论赋予主体资格过于追求平等抽象，没有体现应有的差别，并简单排除其他形体得为主体，难说合理。由此，他提出“相对权利能力”理论，试图改革德国民法的抽象权利能力概念。“相对权利能力”理论提出后，得到穆恩切那儿、吉特尔、帕特兰、海因雷彻斯、朴罗斯基等呼应和发展，成为德国法学的一股重要潮流。当然，对法布里丘斯的观点也有持否定意见的学者，他们认为，法布里丘斯的权利能力的相对化，有害而无益。

权利能力的概念是自然人、法人之间实现了法律世界的机械统一，缺乏感性的法律的人不会患上机械化病。权利能力变成了一个“以自己的名义享有权利承担义务的”标签。权利能力平等是一种抽象平等而非具体平等，是一种资格或者说是一种取得权利的可能性的平等，而非具体权利的平等。也就是说，是一种起点平等而非结果平等。主张法人的权利能力受到限制或者应该承认部分权利能力的观点是深受人的特殊性影响的，但权利能力确实是不考虑人的特殊性的。

（二）法人的行为能力

法人的行为能力是指法人以自己的意思取得权利、承担义务的能力。法人作为一个组织体，需要通过一定的机关实现自己的意思表示能力，即行为能力。而这个机关就是法定代表人。

《民法典》第61条规定：“依照法律或者法人章程的规定，代表法人从事民事活动的负责人，为法人的法定代表人。法定代表人以法人名义从事的民事活动，其法律后果由法人承受。法人章程或者权力机构对法定代表人的代表权的限制，不得对抗善意相对人。”

1.法定代表人的概念

《民法典》第61条第1款对法定代表人的概念进行了界定，法人的法定代表人是指依照法律或者法人章程的规定，代表法人从事民事活动的负责人。法定代表人是法人机关的一种。关于如何代表法人，存在共同代表制、单独代表制、单一代表制三种立法例。共同代表制如德国，由董事会代表社团，董事会具有法定代理人的地位。单独代表制下，法人的每个董事或者理事对外都可以代表法人，如我国台湾地区。单一代表制则由单一的法定代表人作为法人机关代表法人从事民事活动，我国采纳单一代表制。法定代表人是否一定为自然人，理论上有不同的认识，但实务中应肯定仅自然人可以为法人的法定代表人。

2.代表权

法定代表人对外代表法人，享有代表权，即法定代表人所为的法律行为视为法人的行为。法定代表人是法人的机关，其身份赋予其实施法律行为的地位和权利，无须法人另行授权。法定代表人的代表权原则上并无限制，但法人章程或者权力机构对法定代表人的代表权进行限制的，不得对抗善意相对人。我国《公司法》第25条与第82条都规定，公司章程应当规定公司的法定代表人，当然包括对其职权进行限制，但这种限制不能对抗善意第三人。"善意"是指对"法人章程或权力机构对法定代表人的代表权进行限制的事实不知情或者不应当知情"。

3.个人行为与法人行为的区分

法定代表人是自然人，他的法律身份具有二重性：一方面作为自然人，法定代表人可以为生产、生活需要从事民事法律行为；另一方面作为法定代表人，为了法人的利益而进行民事法律行为。那么，如何判断法定代表人的民事法律行为是为了个人利益还是法人利益呢？本条采纳了"名义说"，即法定代表人以"法人名义"从事的民事活动，其法律后果由法人承受。

原《民法通则》第38条规定："依照法律或者法人组织章程规定，代表法人行使职权的负责人，是法人的法定代表人。"第43条规定："企业法人对它的法定代表人和其他工作人员的经营活动，承担民事责任。"本条是对原《民法通则》第38条、第43条规定的继承发展。适用本条时，应注意以下几点：

第一，原《民法通则》第43条将法人承担责任的范围限于"经营活动"，原《民通意见》第58条进一步限制了第43条的适用范围，规定："企业法人的法定代表人和其他工作人员，以法人名义从事的经营活动，给他人造成经济损失的，企业法人应当承担民事责任。"《民法典》第62条采纳了"名义说"，是对原《民通意见》第58条的坚持，但将"经营活动"修订为"民事活动"，扩大了适用范围。法定代表人以法人名义从事的民事活动，既产生义务，又产生权利，权利义务由法人承受，所以将"给他人造成经济损失的，企业法人应当承担民事责任"修订为"其法律后果由法人承受"。

第二，区分"代表权"和"代理权"。"代表权"说明，法定代表人是法人的机关，法定代表人的行为就是法人的行为；“代理权”则说明，存在两个民事主体，其中一个是代理人，另一个是被代理人，法人的其他工作人员不是法人的机关，其为独立的民事主体，其以法人的名义从事民事活动，适用代理制度。

第三，法定代表人超越代表权限从事的民事活动是有效的，但第三人明知或应知其超越代表权限而仍然与其从事民事活动的，民事活动无效。例如，我国原《合同法》第50条规定：“法人或者其他组织的法定代表人、负责人超越权限订立的合同，除相对人知道或者应当知道其超越权限的以外，该代表行为有效。”

第四，《民法典》第62条第2款限于“民事活动”，这里的“民事活动”不包括侵权行为且主要是指经营行为，即订立合同的行为。法定代表人实施侵权行为的，适用本法第63条的规定，不适用本条的规定。民法典明确区分法人对法定代表人的民事活动和职务致害责任的承担为两种不同的制度并分别进行立法，更加科学合理。

（三）法人的责任能力

《民法典》第60条规定：“法人以其全部财产独立承担民事责任。”独立责任体现在：

第一，独立承担民事责任是其法律主体地位的必然要求。依据本法规定，法人是依法设立的能够独立享有民事权利和承担民事义务的组织。法人作为具有独立人格的民事主体，具有独立的民事权利能力和民事行为能力，任何民事主体均应以其全部财产承担清偿全部债务的责任，即任何民事主体对其债务要承担无限责任。

第二，法人要以自己的全部财产对其承担的债务承担责任，仍然是“无限责任”。但是相比一般的民事主体，法人所承担的责任在通常情况下为一种“有限责任”。这里的“有限责任”并不是指法人之债权人只能就法人的部分财产请求清偿，或是法人作为债务人可以只用部分财产进行清偿，而是说在法人资不抵债时，法人之债权人只能就法人自身的全部财产请求清偿债务，不得要求法人的发起人对法人的债务承担责任，换言之，法人的发起人对法人的债务仅以设立法人时的出资承担责任。

第三，法人的责任独立于法人成员的责任。法人的财产独立于法人成员，法人成员的财产也独立于法人的财产。所以，不能以法人的财产清偿法人成员的债务。法人成员对法人的债务也不承担责任。但是，在法律另有规定时，其他人可能要对法人的债务承担责任。例如《公司法》第20条规定：公司股东滥用股东权利给公司或者其他股东造成损失的，应当依法承担赔偿责任。公司股东滥用公司法人独立地位和股东有限责任，逃避债务，严重损害公司债权人利益的，应当对公司债务承担连带责任。第21条规定，公司的控股股东、实际控制人、董事、监事、高级管理人员不得利用其关联关系损害公司利益。否则，给公司造成损失的，应当承担赔偿责任。

（四）法人的侵权责任能力

《民法典》第62条规定："法定代表人因执行职务造成他人损害的，由法人承担民事责任。法人承担民事责任后，依照法律或者法人章程的规定，可以向有过错的法定代表人追偿。"

1.法人具有侵权责任能力

由于法人与自然人存在天然的区别，法人不像自然人那样具有辨识自己的行为后果并控制自己的行为的能力，所以法人是否能够实施侵权行为并承担侵权责任，存在代表说和代理说两种不同的观点。代理说认为，法人既无行为能力，也无侵权责任能力，法人不能自己从事法律行为，而是由董事（董事长）以代理人的身份从事法律行为，在执行法人事务过程中构成侵权行为时，应该按照代理关系的规定决定法人是否应当承担责任，即法人的董事（董事长）侵权的，法人承担的是替代责任，而非自己责任。代表说认为，法人有自己的机关，法人机关的行为就是法人的行为。所以，董事（董事长）执行职务的行为是法人自己的行为，因此而产生的侵权行为是法人的侵权行为，法人要对此承担责任属于自己责任而非替代责任。代表说以法人本质为实在说为前提，我国也采纳了"代表说"。

法定代表人职务侵权是指法人的法定代表人在执行职务中致人损害引发的侵权责任。根据本条以及侵权责任法关于侵权责任构成要件的规定，法定代表人职务侵权除了要符合侵权责任的构成要件外，还包括“执行职务”这一特殊要件。“执行职务”是划分法人与其法定代表人侵权行为的界限，法定代表人在执行职务时所为的行为，不管是合法行为，还是违法行为，都应视为法人的行为，其法律后果由法人承受。

2. 法人对法定代表人的追偿权

所谓法人对法定代表人的追偿权是指法定代表人因过错而致法人侵权的，法人在承担责任后，可以向法定代表人追偿。法人的追偿权应符合下列条件：

第一，时间条件。法人向法定代表人追偿须在承担了民事责任后，在承担民事责任前不能向法定代表人追偿。

第二，法定代表人有过错。《公司法》第147条规定：“董事、监事、高级管理人员应当遵守法律、行政法规和公司章程，对公司负有忠实义务和勤勉义务……”法人对法定代表人的追偿权源于法定代表人的忠实义务和勤勉义务，法定代表人在执行职务过程中应尽到忠实义务和勤勉义务，防止代表法人的行为造成损害，如果法定代表人未尽到相应义务，主观上即有过错，造成法人损失的，法人有权向法定代表人追偿。

第三，法人行使追偿权时，应该依照法律或者法人章程的规定进行。

3. 应该注意的几个问题

第一，区分自己责任与使用人责任。

原《侵权责任法》第34条第1款规定：“用人单位的工作人员因执行工作任务造成他人损害的，由用人单位承担侵权责任。”本条是对使用人责任的规定。而原《民法通则》第121条规定：“国家机关或者国家机关工作人员在执行职务中，侵犯公民、法人的合法权益造成损害的，应当承担民事责任。”原《民通意见》第152条规定：“国家机关工作人员在执行职务中，给公民、法人的合法权益造成损害的，国家机关应当承担民事责任。”《最高人民法院关于审理人身损害赔偿案件适用法律若干问题的解释》第8条规定：“法人或者其他组织的法定代表人、负责人以及工作人员，在执行职务中致人损害的，依照民法通则第121条的规定，由该法人或者其他组织承担民事责任。……”这三条将法人之法定代表人执行职务过程中产生的职务侵权与法人之使用人在执行职务过程中的侵权合并规定，混淆了法人的自己责任和替代责任。

所谓法人的自己责任，是指法人对自己的行为承担的侵权责任。法人承担自己责任的情形主要有两种：其一，法人自身的侵权行为，是指不以其成员的侵权为媒介而造成他人损害应该承担民事责任的行为，例如法人对环境的污染或者其他公害行为等。其二，法人的法定代表人执行职务过程中产生的侵权行为。所谓法人的替代责任，是指法人对其工作人员在执行工作任务过程中造成的损害而承担的民事责任。之所以称为替代责任原因在于：法人之工作人员并非法人机关，二者是两个独立的民事主体，工作人员为代理人，法人为被代理人，工作人员完成工作任务过程的行为并非法人的行为，但法人对该行为造成的损害承担责任，是对他人行为负责的特殊侵权行为，是典型的替代责任。[①]用人者责任具有如下特征：其一，用人者责任本质上是一种替代责任。用人者本质上并不是为自己的行为承担责任，而是为他人的行为承担责任，承担责任的根据主要是基于用人者与被用人之间存在特定的关系。其二，被用人须在为用人者的利益而进行职务行为。首先，被用人是为用人者的利益服务。其次，被用人的行为需是职务行为。其三，用人者对被使用人具有指挥、监督权力。“使用”即指挥、监督被用人执行自己的意图以实现自己的利益。其中指挥权具有决定性的意义。如使用人对被用人不享有指挥、监督权，特别是不享有指挥权，则非使用人责任中的使用关系。如委托代理、承揽中，委托人均对代理人和承揽人没有指挥权，故不属于这种类型。其四，被用人在执行职务中对第三人造成损害。如没有对第三人造成损害，则用人者的对第三人责任将无从谈起。用人者责任构成要件为：其一，工作人员的职务行为构成侵权责任，即用人者责任的成立首先需要工作人员的职务行为构成对第三人权益的侵权责任。其二，工作人员的行为必须是职务行为。用人单位承担侵权责任的前提是工作人员的行为与“执行工作任务”有关。工作人员应当按照用人单位的授权或者指示进行工作。与工作无关的行为，即使发生在工作时间内，用人单位也不承担侵权责任，该责任由工作人员自己承担。其

① 杨立新：《侵权责任法》，复旦大学出版社2011年版，第178页。

三，用人单位和工作人员之间必须存在合法的劳动关系。如果二者之间没有合法的劳动关系，用人单位承担用人责任的根据就不存在。

第二，区分国家赔偿与民事赔偿。

国家机关也属于法人，国家机关法定代表人在执行职务过程中造成损害的，应适用《最高人民法院关于审理人身损害赔偿案件适用法律若干问题的解释》第8条第2款的规定，依照国家赔偿法的规定处理。

第三，区分职务行为与非职务行为。

关于法人要对法定代表人的哪些侵权行为承担责任，理论界有不同的学说，主要有经营活动说、法人名义说、执行职务说三种观点。[①]我们认为，首先，法定代表人为法人的利益从事经营活动的，属于民事法律行为的范畴，与侵权责任不同，不能以经营活动作为认定执行职务的标准。其次，法定代表人以法人名义从事民事活动的，法人要承担责任，属于本法第62条调整的范围，不属于法定代表人职务侵权的判断标准。那么如何理解“执行职务”，有的学者指出，判断是否执行职务的标准是：第一，是否以法人的名义；第二，是否在外观上足以被认定为执行职务；第三，是否以社会共同经验足以认为与法人职务有相当关联。[②]我国立法上虽无关于“执行职务”的认定标准的规定，但2003年《最高人民法院关于审理人身损害赔偿案件适用法律若干问题的解释》第9条第2款规定“从事雇佣活动”是指从事雇主授权或者指示范围内的生产经营活动或者其他劳务活动。雇员的行为超出授权范围，但其表现形式是履行职务或者与履行职务有内在联系的，应当认定为“从事雇佣活动”。本条规定虽然被废止，但可供作为认定“执行职务”的参考。法人要对法定代表人在执行职务过程中造成的损害承担民事责任。

七、法人的住所

（一）法人的住所的概念和法律意义

法人的住所是法人的法律关系的中心地。法人住所具有重要的法律

① 魏振瀛：《民法》，北京大学出版社、高等教育出版社2010年版，第86页。

② 魏振瀛：《民法》，北京大学出版社、高等教育出版社2010年版，第86页。

意义，如决定债务履行地、决定法人的登记地、决定诉讼管辖，决定法律文书的送达的处所，决定涉外民事关系的准据法等。具体而言，确立法人住所的法律意义主要包括：（1）充分体现了尊重当事人意思自治原则，法人的住所以该法人向行政主管部门申报的地点为准，给予法人更多的选择自己住所地的权利，是民法学中意思自治原则的体现。（2）法人的住所是判断法人国籍的重要标志之一。在民商事案件中，常常依据法人的住所来判断法人的国籍。（3）确立法人的住所有助于解决国内法律纠纷。法人住所与民事诉讼法关于案件管辖、法律文书送达等的内容密切相关。（4）确立法人的住所有助于解决国际法律纠纷。法人的住所地是国际私法中一个非常重要的连结点，因此确立法人的住所对于快速高效解决国际民商事案件具有重要意义。（5）确立法人的住所，有利于民商事交往的双方当事人获得更加丰富的信息，提醒当事人注意防范法律风险，有助于市场交易更加透明，从而有利于降低市场交易的风险。（6）住所是法人成立的重要条件之一，也是一个法人的重要组成部分，没有住所，不得成立法人。

（二）法人住所的具体确定

一个法人只能有一个住所。各国对法人住所的规定主要有登记对抗主义和登记要件主义。各国民法多以管理所在地，即法人主要事务所的所在地为法人住所。多数国家，采取登记对抗主义，非经登记，不得对抗第三人。如日本采取了对抗主义，这显然是基于外部观点的考虑结果，以维护第三人的信赖利益，满足交易安全的需要。另一些国家，则采取登记要件主义，非经登记，一律视为没有发生。我国对法人的住所登记，采登记要件主义。按照本条的规定，法人的主要办事机构所在地为法人的住所。法人的住所需要登记的，应该以主要办事机构所在地为登记住所地。可见，我国对法人（尤其是企业法人与社会团体法人）的住所登记，采登记要件主义。一个法人的住所无须登记的，又同时具有多个在不同地区的办事机构，那么应该认定该法人主要的办事机构所在地为其住所。

（三）与民法通则的比较

原《民法通则》第39条规定："法人以它的主要办事机构所在地为住所。"本条是对原《民法通则》第39条的进一步发展，在具体适用中，应注意以下三点：

第一，法人住所不同于法人的场所。法人的住所是一个具有法律意义的概念，法人的场所就是法人从事业务活动或生产经营活动的处所。法人必须有自己的场所才能开展正常的民事活动，法人的场所既包括法人的机关所在地，也包括法人的生产经营场所及其分支机构所在地。一个法人可以有多个场所，但一个法人只有一个住所。法人的场所可以是自己所有的，也可以是租赁他人的。住所只是法人活动场所中的那个主要办事机构所在地的场所，《民法典》第59条将法人的住所作为法人的成立要件，比将"场所"作为法人的成立要件更加科学。

第二，原《民法通则》对法人住所的规定比较简单，对住所的登记制度没有作出规定，民法典虽然也将"主要办事机构所在地"作为法人的住所，但对住所应当登记的，应选择主要办事机构所在地作为登记住所。

第三，哪些类型的法人住所需要登记，在我国多以行政法规的形式进行了规定。主要涉及以下四类法人：（1）事业单位登记管理暂行条例将住所列为事业单位法人的登记事项。（2）企业法人登记管理条例也将住所列为企业法人的登记事项。（3）社会团体登记管理条例则将住所作为社会团体法人的登记事项。（4）基金会管理条例将住所列为基金会的登记事项。

八、法人的登记

（一）法人的变更登记

法人的变更登记是指法人登记事项发现变化的，应该向登记机关提出申请，由登记机关审核后对原登记事项变更而进行的登记。并非任何类型的法人都需要办理登记，只有需要办理登记的法人才需要办理登记，需要办理登记的法人也并非任何事项都需要登记，只有登记事项发生变更的，才应当依法向登记机关申请变更登记。

《基金会管理条例》第11条规定，基金会设立登记的事项包括：名称、住所、类型、宗旨、公益活动的业务范围、原始基金数额和法定代表人。《社会团体登记管理条例》第12条规定，社会团体登记事项包括：名称、住所、宗旨、业务范围、活动地域、法定代表人、活动资金和业务主管单位。《事业单位登记管理暂行条例》第8条规定，事业单位法人登记事项包括：名称、住所、宗旨和业务范围、法定代表人、经费来源（开办资金）等情况。《企业法人登记管理条例》第9条规定，企业法人登记注册的主要事项：企业法人名称、住所、经营场所、法定代表人、经济性质、经营范围、经营方式、注册资金、从业人数、经营期限、分支机构。可见，不同法人的登记事项是不同的，法人登记事项发生变更的，应当办理变更登记。例如，《企业法人登记管理条例》第17条规定："企业法人改变名称、住所、经营场所、法定代表人、经济性质、经营范围、经营方式、注册资金、经营期限，以及增设或者撤销分支机构，应当申请办理变更登记。"《事业单位登记管理暂行条例》第10条规定："事业单位的登记事项需要变更的，应当向登记管理机关办理变更登记。"

变更登记应依法向登记机关提出申请，不同类型的法人，其登记机构存在差异。例如，《事业单位登记管理暂行条例》第5条规定："县级以上各级人民政府机构编制管理机关所属的事业单位登记管理机构……负责实施事业单位的登记管理工作……"而企业法人登记主管机关则是国家市场监督管理总局和地方各级市场监督管理局。

申请法人变更登记的，一般应履行下列程序：（1）变更登记申请书；（2）提交相关证明文件和登记管理机关要求提交的其他相关文件；（3）登记机关对申请书和相关文件进行审查；（4）进行变更登记，换发新的登记证书。

（二）法人登记的效力

对有些法人，登记是法人取得民事权利能力和民事行为能力，享有民事权利和承担民事义务的要件，也是变更其民事权利和民事义务范围的要件，甚至是其民事权利能力和民事行为能力消灭的要件。法人登记的目的在于保护相对人的利益，维护交易安全。特别是对于以营利为目的的企业法人，其登记对第三人利益的影响尤为显著。所以，我国法律上对很多法人规定了登记制度。除了不需要进行登记的法人以外，法人登记通常包括法人的设立登记、变更登记和注销登记。《民法典》第64条对法人住所登记，第65条对法人变更登记进行了规定，而本条主要涉及对法人登记效力的规定。

从我国立法来看，法人登记的效力或为生效要件，或为对抗要件。例如，按照原《民法通则》第41条规定，经主管机关核准登记是取得法人资格的生效要件；《民法典》第78条规定，营利法人经依法登记成立。此外，基金会管理条例等也将登记作为组织体取得法人资格的生效要件。所以，从设立登记的角度看，设立登记是法人取得权利能力和行为能力的程序性要件。所以，设立登记，登记为法人成立要件，必经办理登记，始生法人成立、取得权利能力之效力，称为登记要件主义。

法人登记涉及对法人名称、住所、法定代表人等事项的具体登记记载，对这些事项的登记具有对抗效力，如果登记记载的事项与实际情况不相符合的，不能以实际情况来否定善意第三人对登记事项的信赖。例如，某企业的登记住所与主要办事机构所在地不一致的，不能以此对抗善意第三人对登记的住所的信赖，即对善意第三人仍以登记的住所为法人的住所。所以，就登记事项而言，登记具有对抗效力。所谓登记对抗主义，则以登记为对抗第三人的要件，仅有宣示性的效力，法人应登记事项而虽未登记，在法人内部有效，但未经登记则不得以其事实对抗第三人。不得对抗第三人是指法人不得以该不登记或者不为变更登记之事项，对于依法应申请登记以外之人主张其效力而言。

（三）登记信息公示

法人登记是登记机关将登记事项进行记载的行政行为，登记的效力或为生效要件主义，或为对抗要件主义，但不论何种“主义”，登记机关应将登记事项公之于众，才会为社会所知晓，目的在于保护第三人利益和交易安全。我国原民法通则虽未对法人登记信息的公示作出规定，但我国关于法人登记的相关行政法规中对法人登记信息的公示多作了规定。例如，《企业法人登记管理条例》第23条规定："登记主管机关应当将企业法人登记、备案信息通过企业信用信息公示系统向社会公示。"《事业单位登记管理暂行条例》第14条规定："事业单位的登记、备案或者变更名称、住所以及注销登记或者注销备案，由登记管理机关予以公告。"本条之规定源于上述行政法规关于法人登记的公告。本条之规定应从以下五个方面来理解：

第一，公示的内容是法人的登记信息，不同类型法人的登记信息不同，其公示的具体信息存在差异。

第二，"应当"公示而非可以公示，即凡是需要办理登记的法人，其登记事项都应当公示。

第三，"依法"公示要求公示的内容、公示的方式和范围、公示的程序等符合法律的规定。

第四，"及时"是对公示时间的要求，公示是否及时应从公示的内容、公示的范围、公示的手段等各方面综合判定。

第五，公示法人的登记信息实乃登记机关的一项义务，应该公示而未公示的，登记机关的工作人员未履行职责的，要承担相应的法律责任。例如，《企业法人登记管理条例》第33条规定："主管部门、审批机关、登记主管机关的工作人员违反本条例规定，严重失职、滥用职权、营私舞弊、索贿受贿或者侵害企业法人合法权益的，应当根据情节给予行政处分和经济处罚；触犯刑律的，由司法机关依法追究刑事责任。"

九、法人的合并与分立

法人合并是指两个或两个以上的法人合并为一个法人。《公司法》第172条规定："公司合并可以采取吸收合并或者新设合并。一个公司吸收其他公司为吸收合并，被吸收的公司解散。两个以上公司合并设立一个新的公司为新设合并，合并各方解散。"所以，法人合并分为吸收合并和新设合并。吸收合并是指一个法人归并到另一个法人，被归并的法人资格消灭，而另一个法人继续存在并吸收了已经消灭的法人。例如，A公司被并入B公司，A公司法人资格消灭，而B公司法人资格继续存在。新设合并是指两个以上的法人合并为一个新法人，原来的法人都消灭，新的法人产生。例如，甲公司和乙公司合并为丙公司，甲公司、乙公司法人资格消灭，丙公司法人资格存续。

对于法人合并后其权利义务关系的处理，根据本条的规定，由合并后的法人享有和承担。在上述第一个例中，B公司吸收了A公司，A公司被吸收之前的债权债务由继续存续的B公司承担。在上述第二个案例中，甲公司、乙公司在合并为丙公司之前的债权债务由新设立的丙公司承担。

法人分立是指一个法人分成两个以上的法人。法人分立有新设分立和派生分立两种。新设分立即解散原法人，而分立为两个以上的新法人。例如，A公司分立为B公司、C公司，A公司消灭，此为新设分立。派生分立，即原法人存续，但从中分立出新的法人。例如，甲公司派生设立了乙公司，甲公司继续存续，乙公司是从甲公司派生而来。

对于法人分立后原权利义务的处理，按照本条的规定，由分立后的法人享有连带债权，承担连带债务，债权人和债务人另有约定的除外。所以，法人分立的，权利义务处理，首先要看债权人和债务人是否有约定，如果有约定的按照约定，如果没有的，分立后的法人享有连带债权、承担连带债务。例如，甲公司在分立为乙公司和丙公司之前，对外享有20万元债权，承担了30万元债务。那么，乙公司和丙公司对30万元债务承担连带责任，即债权人可以要求乙公司或丙公司清偿全部债务，即使乙公司和丙公司内部有约定的债务承担份额，但该约定不能对抗债权人，在该约定在乙公司和丙公司内部发生效力，换言之债权人向乙公司或丙公司主张债权后，乙公司或丙公司不能依据内部的约定拒绝向债权人清偿债务，乙公司或丙公司承担债务之后，可以按照内部约定的比例向对方追偿。乙公司和丙公司对甲公司的20万元债权享有连带债权，乙公司或丙公司可以向债务人主张全部债权，但乙公司、丙公司与债务人另有约定的除外。

关于法人合并、分立后的债权债务处理，原《民法通则》第44条规定："企业法人分立、合并或者有其他重要事项变更，应当向登记机关办理登记并公告。企业法人分立、合并，它的权利和义务由变更后的法人享有和承担。"《公司法》第173条至第177条、第180条对公司的合并与分立作了详细规定。原《合同法》第90条对合同当事人合并、分立对合同权利义务的影响也作了专门规定。《民法典》第67条之规定与其他法律的相关规定相比，在适用上应注意以下两点：

第一，民法典关于法人合并、分立对权利义务的承受的规定具有一般性，而原《民法通则》第44条的规定仅限于企业法人，公司法的规定仅限于公司，《合同法》第90条的规定仅限于合同债权债务的承受，这些规定仅为特殊规定，《民法典》第67条的规定具有一般性，其适用于全部法人的合并、分立，既涉及债权债务等民事权利义务的承受和分担问题，又涉及其他民事权利义务的承受和分担问题。

第二，民法典关于法人合并、分立的程序没有作出规定，应参考民法通则、公司法关于企业法人、公司合并、分立程序的规定。一般而言，法人合并需要经过下列程序：（1）由合并各方签订合并协议；（2）编制资产负债表及财产清单；（3）作出合并决定；（4）通知债权人并进行公告；（5）公司债务清偿或者向债权人提供相应的担保；（6）办理注销登记、变更登记或新设登记。法人分立需经过下列程序：（1）法人的出资人作出分立的决议。（2）由分立各方就分立的有关具体事项订立协议。（3）依法办理有关审批手续。（4）处理债权、债务等各项分立事宜。（5）依法办理变更登记、注销登记或新设登记等手续。

十、法人资格的终止

（一）法人终止事由

法人的终止，也称法人的消灭，是指法人丧失民事权利能力和民事行为能力，终止民事主体资格。法人终止后，其民事权利能力和民事行为能力丧失，不能再以法人的名义对外从事民事活动。法人终止的原因，是导致法人丧失民事主体资格的情形。根据本条的规定，法人终止的原因包括：（1）法人解散。法人解散分为自行解散和强制解散，本法第69条对法人解散作了详细规定。（2）法人被宣告破产。企业法人不能清偿到期债务时，人民法院可根据企业的法定代表人、主管部门以及债权人的申请，依法宣告其破产。按照企业破产法关于企业破产程序的相关规定，在对企业法人财产、债权和债务进行清理的基础上，注销法人登记，终止其民事主体资格。（3）法律规定的其他原因。如法人的合并、分立、国家经济政策的调整和发生战争等。同时，我国存在营利性法人、非营利性法人，不同类型的法人其终止的具体原因也存在差别。例如，事业单位法人违反规定接受、使用捐赠、资助，情节严重的，经审批机关同意，予以撤销登记，收缴事业单位法人证书和印章。

法人资格终止的程序主要包括：（1）进行清算，我国民法典对法人清算作了规定。（2）注销登记。注销登记是指登记主管机关依法对法人的登记进行注销，终止法人资格的行为。（3）需要经过有关机关批准的，要经过批准后才能办理注销登记。有些法人在注册登记为法人，取得法人资格之前，需要按照法律、行政法规规定经有关机关批准。针对这些需要经过批准设立的法人，法人资格终止的，也应当依照法律、行政法规的规定，须经有关机关批准。例如，《社会团体登记管理条例》第21条规定："社会团体应当自清算结束之日起15日内向登记管理机关办理注销登记。办理注销登记，应当提交法定代表人签署的注销登记申请书、业务主管单位的审查文件和清算报告书。"

原《民法通则》第45条规定："企业法人由于下列原因之一终止：（一）依法被撤销；（二）解散；（三）依法宣告破产；（四）其他原因。"第46条规定："企业法人终止，应当向登记机关办理注销登记并公告。"《民法典》第68条的规定是对原《民法通则》第45条、第46条的发展，在适用《民法典》第68条的规定时，应该注意以下两点：

第一，民法典没有将"依法被撤销"作为法人终止的事由，而是将"依法被撤销"作为《民法典》第69条中规定的法人解散的事由之一。所以，"依法被撤销"不再是与解散并列的事由而是法人解散的一种情形。

第二，原《民法通则》第45条、第46条的规定仅适用于企业法人，而《民法典》第68条的规定具有一般性，不限于企业法人，还可以适用于事业单位法人等，当然"法人被宣告破产"适用于企业法人。

（二）法人解散事由

所谓法人的解散事由是指法人解散的具体情形，法人解散的事由可以分为自行解散和强制解散。自行解散是指法人的目的事业完成或者无法完成，按照法人机关的决议、法人章程规定的存续期限届满或者解散事由的发生而自动解散的情况。[①]根据本条的规定，法人自行解散的事由主要包括：（1）法人章程规定的存续期间届满或者法人章程规定的其他解散事由出现。（2）法人的权力机构决议解散。法人的权力机构主要是指法人的意思机构，即能够通过决议形成法人意思的机构，例如公司的股东大会等，如果法人章程规定不允许法人解散，而全体成员共同决定解散，则应当视为对原章程进行了修改。[②]（3）因为设立法人的目的已经实现或确定无法实现而解散。（4）因法人合并或者分立需要解散。法人合并包括新设合并和吸收合并，在吸收合并中，被吸收的法人需要解散。法人分立分为派生分立和新设分立。在新设分立中，原法人解散。法人强制解散是指法人在出现了法律规定的事由后，由国家机关依法解散法人。民法通则将法人的强制解散界定为“依法被撤销”，并将其与法人解散并列作为法人终止的事由，它实际上属于法人的强制解散，一般不依赖于法人自己的决定，而是由法律规定或者行政命令决定的。（5）其他法律、行政法规规定的法人解散的其他事由。

（三）法人清算义务人

法人清算是指法人在终止前，清算义务人依照法律规定的程序对其财产进行清理并了解法人债权债务的行为。[③]对于营利性法人而言，清算是其终止前的必经程序；对非营利性但曾实施了营利性活动的法人如社会团体法人、事业单位法人而言，也必经清算程序才能使法人资格归于消灭；对于不从事任何营利性活动的国家机关法人、事业单位法人等公法人而言，

---

① 翟新辉：《民法学总论》，中国政法大学出版社2015年版，第123页。

② 翟新辉：《民法学总论》，中国政法大学出版社2015年版，第123页。

③ 王利明：《民法学》，法律出版社2008年版，第74页。

一般不需要经过清算即可直接归于消灭。[①]

法人清算分为破产清算和一般清算。破产清算要按照《民法典》第73条的规定和企业破产法的规定进行。一般清算，也称非破产清算是指不以破产法程序进行的清算，一般清算适用于营利性法人非破产原因进行的清算以及事业单位法人、社会团体法人、基金会法人等非营利性法人终止时的清算。但在进行一般清算时，清算组发现企业法人存在破产原因时，应当按照破产程序处理。按照该条的规定，法人解散的，应当进行清算，但法人合并与分立时，无需进行清算；而《民法典》第69条对法人解散的事由进行了规定，所以出现第69条规定的除法人合并与分立的情形外，法人解散的，要进行清算。

一般清算中，要由清算义务人组成清算组进行法人清算。清算义务人是法人的董事、理事等执行机构或者决策机构的成员，清算义务人应当成立清算组负责法人清算。所谓清算组是指负责进行清算的组织或者个人，又称清算人。[②]不同类型的法人，其清算组的成员不同，例如《社会团体登记管理条例》第22条规定，社会团体在办理注销登记前，应当在业务主管单位及其他有关机关的指导下，成立清算组织，完成清算工作。根据该条的规定，社会团体法人的清算组成员由业务主管单位及其他有关机关决定。在破产清算中，要由主管机关或者人民法院组成有关机关或者有关人员成立清算组织，进行清算，在我国破产法中称为“管理人”。

清算义务人应及时组成清算组进行清算，根据本条的规定，清算义务人未及时履行清算义务，造成损害的，应当承担民事责任。清算义务人未及时履行清算义务的行为主要是指未及时成立清算组开展清算活动，或者虽然成立清算组但对清算活动采取消极态度，不及时履行清算义务，拖延清算事务的进行。清算义务人未及时履行清算义务，则会给债权人造成损害，应该承担民事责任。例如，清算义务人在法人财产未对债权人进行清偿前，擅自将其分配给出资人，或者清算义务人对个别债权人进行清偿，造成债

① 刘凯湘：《民法总论》，北京大学出版社2008年版，第206页。

② 魏振瀛：《民法学》，北京大学出版社、高等教育出版社2016年版，第96页。

权人利益受到损害的，清算义务人应该承担民事责任。因清算义务人与债权人之间并无关于清算的约定，所以此处的“民事责任”在性质上应为侵权责任，应以清算义务人存在过错为构成要件。清算义务人逾期不成立清算组进行清算的，主管机关或者利害关系人可以申请人民法院指定有关人员组成清算组进行清算。

按照原《民通意见》第60条第3款的规定，以逃避债务责任为目的而成立的清算组织，其实施的民事行为无效。

原《民法通则》第47条规定，企业法人解散，应当成立清算组织，进行清算。企业法人被撤销、被宣告破产的，应当由主管机关或者人民法院组织有关机关和有关人员成立清算组织，进行清算。原《民通意见》第60条规定：“清算组织是以清算企业法人债权、债务为目的而依法成立的组织。它负责对终止的企业法人的财产进行保管、清理、估价、处理和清偿。对于涉及终止的企业法人债权、债务的民事诉讼，清算组织可以用自己的名义参加诉讼。以逃避债务责任为目的而成立的清算组织，其实施的民事行为无效。”根据《公司法》第184条的规定，当公司出现了除公司合并或者分立需要解散的事由外，应当在解散事由出现之日起15日内成立清算组，开始清算。有限责任公司的清算组由股东组成，股份有限公司的清算组由董事或者股东大会确定的人员组成。逾期不成立清算组进行清算的，债权人可以申请人民法院指定有关人员组成清算组进行清算。人民法院应当受理该申请，并及时组织清算组进行清算。而依据《公司法》第190条的规定，清算组成员应当忠于职守，依法履行清算义务。清算组成员不得利用职权收受贿赂或者其他非法收入，不得侵占公司财产。清算组成员因故意或者重大过失给公司或者债权人造成损失的，应当承担赔偿责任。《民法典》第70条是对民法通则、公司法上述规定的发展，在适用该条时，应该注意以下三点：

第一，民法典关于法人清算的规定具有一般性，而公司法仅适用于公司清算，具有特殊性，公司清算的，应该按照公司法的规定进行，公司之外的法人清算则适用民法典的规定。原民法通则的规定仅适用于企业法人。

第二，清算义务人组织方面存在差异。法人清算的，由法人的董事、理事等执行机构或者决策机构的成员为清算义务人。而有限责任公司的清算义务人是股东，股份有限公司的清算义务人是董事或者股东大会确定的人员。民法通则规定，企业法人被撤销的，其清算组应当由主管机关或者人民法院组织有关机关和有关人员组成。

第三，法人清算义务人承担的是过错责任，即清算义务人未及时履行清算义务，造成损害的，应当承担民事责任。而公司清算义务人虽也承担过错责任，但只有存在故意或者重大过失时，才承担责任，存在一般过失的，不承担民事责任。

（三）法人的清算程序和清算组职权

法人的清算程序和清算组职权，依照有关法律的规定。例如，破产清算程序应适用企业破产法关于破产清算程序和管理人职权的规定。再如，事业单位法人的清算程序依据事业单位登记管理暂行条例、事业单位登记管理暂行条例实施细则和中华人民共和国审计法的规定。如果有关法律对清算程序和清算组职权没有规定或者规定不明确的，参照我国公司法规定的公司清算程序和清算组职权。

公司清算程序主要包括：（1）确定清算义务人，组成清算组。有限责任公司的清算义务人是股东，股份有限公司的清算义务人是董事或者股东大会确定的人员。（2）通知债权人。清算组应当自成立之日起10日内通知债权人，并于60日内在报纸上公告。（3）债权人向清算组申报债权。债权人应当自接到通知书之日起30日内，未接到通知书的自公告之日起45日内，向清算组申报其债权。债权人申报债权，应当说明债权的有关事项，并提供证明材料。清算组应当对债权进行登记。在申报债权期间，清算组不得对债权人进行清偿。（4）制定清算方案。清算组在清理公司财产、编制资产负债表和财产清单后，应当制定清算方案，并报股东会、股东大会或者人民法院确认。（5）公司财产分配。公司财产在分别支付清算费用、职工的工资、社会保险费用和法定补偿金，缴纳所欠税款，清偿公司债务后的剩余财产，有限责任公司按照股东的出资比例分配，股份有限公司按照股东持有的股份比例分配。（6）制作清算报告。公司清算结束后，清算组应当制作清算报告，报股东会、股东大会或者人民法院确认。（7）申请注销公司登记。清算组将清算报告报送公司登记机关，申请注销公司登记，公告公司终止。

清算组在清理公司财产、编制资产负债表和财产清单后，发现公司财产不足清偿债务的，应当依法向人民法院申请宣告破产。公司经人民法院裁定宣告破产后，清算组应当将清算事务移交给人民法院。

清算组负责对终止的企业法人的财产进行保管、清理、估价、处理和清偿，具体而言在清算期间清算组行使下列职权：（1）清理公司财产，分别编制资产负债表和财产清单；（2）通知、公告债权人；（3）处理与清算有关的公司未了结的业务；（4）清缴所欠税款以及清算过程中产生的税款；（5）清理债权、债务；（6）处理公司清偿债务后的剩余财产；（7）代表公司参与民事诉讼活动。

我国《民法典》第71条是一条关于清算程序和清算职权援引条款的规定，在法人进行清算时应注意特别法的规定。例如，基金会法人之清算首先应按照基金会管理条例以及其他关于基金会法人清算的相关规定，在没有规定或者规定不明确时，参照适用公司法关于公司清算程序和清算职权的规定。

（四）清算终结

法人在清算期间的法律地位如何，学术界争议比较大。归纳起来主要有三种观点：[①]（1）清算法人说。该说认为，法人一经解散，即为法人终止，法人的民事主体资格消灭。但是为了便于清算，应在清算时把原法人视为一个以清算为目的的清算法人，清算法人不享有原法人的民事权利能力和民事行为能力。（2）同一法人说。该说认为，法人的解散并不等同于法人的消灭，只有清算终结时，法人资格才归于消灭。虽然法人在清算期间，已经不能进行各种积极的民事活动，但他还必须以原法人的名义，对外享有债权和负担债务。在法人清算期间，法人资格仍然存在。（3）拟制法人说。该说认为，法人解散即为法人消灭，只是为了清算的目的，法律上拟制法

① 魏振瀛：《民法学》，北京大学出版社、高等教育出版社2016年版，第96页。

人在清算目的范围内享有民事权利能力，从法人解散至清算完结视为法人仍然存续。从《民法典》第72条第1款“清算期间法人存续，但是不得从事与清算无关的活动”的规定来看，我国民法典采纳了“同一法人说”，这表明清算是法人的终止程序，清算中的法人与清算前的法人具有同一人格，只是其活动范围受到限制，“不得”从事与清算无关的活动，例如清算期间的法人不能继续开展经营活动等。

清算组依照特别法或参照公司法规定的清算程序履行清算职责，将清算财产分别用于支付清算费用、职工的工资、社会保险费用和法定补偿金，缴纳所欠税款，清偿债务，有剩余财产的，剩余财产的处理根据法人章程的规定或者法人权力机构的决议处理，但法律另有规定的，依照其规定。例如《公司法》第187条第2款规定，剩余财产由有限责任公司按照股东的出资比例分配，股份有限公司按照股东持有的股份比例分配。再如《基金会管理条例》第33条规定，基金会注销后的剩余财产应当按照章程的规定用于公益目的；无法按照章程规定处理的，由登记管理机关组织捐赠给与该基金会性质、宗旨相同的社会公益组织。社会团体法人注销后的剩余财产的处分，按照国家有关规定办理。

法人清算终结与法人资格终止的关系因法人是否需要办理注销登记而不同。法人资格终止以办理注销登记为条件的，法人清算是法人资格终止的程序，法人清算终结是法人办理注销登记的前置程序，未经清算的，不能注销其法人资格。所以，法人在向登记机关申请办理登记的，应当出具清算报告。对于那些不以办理注销登记作为法人资格终止的法人而言，法人清算结束时，法人主体资格消灭。例如，不需要办理登记的事业单位法人，从清算结束时，法人主体资格消灭。

原《民法通则》第40条规定：法人终止，应当依法进行清算，停止清算范围外的活动。《民法典》第72条第1款的规定源于本条，但在措辞方面存在差别，民法典在措辞上明确了三个方面的问题：第一，清算期间法人仍然存续；第二，清算期间，法人活动范围限于“清算有关的活动”；第三，“不得”说明法人在清算期间实施超越清算事务的活动，无效。

《民法典》第72条第2款是在总结了《公司法》第187条等相关规定的

基础上提出来的，该条是新增加的条款，不仅适用于公司，也适用于其他企业法人、社会团体法人等。

原《民法通则》第46条规定："企业法人终止，应当向登记机关办理注销登记并公告。"《民法典》第72条第3款之规定源于此，但有发展和超越，明确了清算终结与法人主体资格消灭的关系，具有普遍适用性。

（五）破产清算后法人资格消灭

破产宣告是指人民法院对具备破产原因的事实作出有法律效力的认定。法人被人民法院进行破产宣告的，债务人变为破产人，债务人财产成为破产财产，债权成为破产债权。人民法院受理破产申请后，应该指定管理人。在人民法院宣告企业法人破产后，管理人应依法对企业法人进行破产清算，其基本程序如下：1.及时拟订破产财产变价方案，提交债权人会议讨论。2.按照债权人会议通过的或者人民法院已裁定的破产财产变价方案，适时变价出售破产财产。3.清偿破产费用和共益债务。破产财产在优先清偿破产费用和共益债务后，依照下列顺序清偿：（1）破产人所欠职工的工资和医疗、伤残补助、抚恤费用，所欠的应当划入职工个人账户的基本养老保险、基本医疗保险费用，以及法律、行政法规规定应当支付给职工的补偿金。（2）破产人欠缴的除前项规定以外的社会保险费用和破产人所欠税款。（3）普通破产债权。破产财产不足以清偿同一顺序的清偿要求的，按照比例分配。（4）分配破产财产。破产财产的分配应当以货币分配方式进行。但是，债权人会议另有决议的除外。管理人应当及时拟订破产财产分配方案，提交债权人会议讨论。破产财产分配方案应当载明下列事项：（1）参加破产财产分配的债权人名称或者姓名、住所；（2）参加破产财产分配的债权额；（3）可供分配的破产财产数额；（4）破产财产分配的顺序、比例及数额；（5）实施破产财产分配的方法。债权人会议通过破产财产分配方案后，由管理人将该方案提请人民法院裁定认可。破产财产分配方案经人民法院裁定认可后，由管理人执行。管理人按照破产财产分配方案实施多次分配的，应当公告本次分配的财产额和债权额。

破产清算程序终结的原因主要有：（1）清算程序因财产不足而终结。

债务人财产不足以清偿破产费用的，管理人应当提请人民法院终结破产程序。人民法院应当自收到请求之日起15日内裁定终结破产程序，并予以公告。破产人无财产可供分配的，管理人应当请求人民法院裁定终结破产程序。（2）清算程序因破产分配而终结。管理人在最后分配完结后，应当及时向人民法院提交破产财产分配报告，并提请人民法院裁定终结破产程序。（3）清算程序因其他原因而终结。例如，破产企业与债权人自行和解等。

管理人应当自破产程序终结之日起10日内，持人民法院终结破产程序的裁定，向破产人的原登记机关办理注销登记。破产程序终结之日起二年内，发现破产人有应当供分配的其他财产的，债权人可以请求人民法院按照破产财产分配方案进行追加分配。我国破产法适用的对象限于企业法人以及合伙企业，而企业法人之设立、变更和消灭均需办理登记手续。因此，破产清算程序终止后，应当办理法人注销登记，法人自注销登记之日起主体资格消灭。

十一、法人分支机构

法人的分支机构是指法人在某一区域设置的完成法人部分职能的业务活动机构。[①]根据设立分支机构的法人的国籍来分，可将法人的分支机构分为国外法人的分支机构和中国法人的分支机构。公司法第十一章专门规定了外国公司的分支机构问题。而保险法和商业银行法都规定，保险公司和商业银行可以在中国境内外设立机构。这就是说，外国法人可以在中国境内设立分支机构，中国法人也被允许到外国设立分支机构。

法人为了在某一区域开展民事活动，可以在该区域设置活动机构，设立分支机构是否需要办理登记，要依据法律、行政法规的规定，一般而言，设立法人需要登记的，法人要设立分支机构的，就应该进行分支机构的设立登记。例如，《企业法人登记管理条例》第34条第1款规定，企业法人申请设立分支机构的，由该企业法人申请登记，经登记主管机关批准，领取营业执照，在核准登记的经营范围内从事经营活动。有些法人设立分支机

① 江平：《法人制度论》，中国政法大学出版社1994年版，第101页。

构需要取得相关部门的批准。例如，商业银行在我国境内外设立分支机构，必须经中国人民银行审查批准，由中国人民银行颁发经营许可证，并凭许可证向工商行政管理部门办理登记，领取营业执照。法人的分支机构通常有自己的名称、组织机构和场所，也有一定的财产或者活动经费。①

法人的分支机构是否具有民事主体地位，主要存在三种不同的学说：第一种观点为否定说，该说认为法人的分支机构不是法人，不具有独立的民事主体地位。第二种观点为肯定说，该说认为，法人的分支机构具有权利能力，具备独立的民事主体地位。第三种观点为折中说，该说认为，法人的分支机构虽然不是民事主体，但可以成为民事活动的主体和诉讼主体，可以在营业登记所确定的范围内从事各种民事活动。②根据本条的规定，法人的分支机构可以自己的名义对外从事民事活动，但由此而产生的民事责任由法人承担。换言之，法人分支机构并非独立于法人，而是法人的组成部分，在本质上并非民事主体，故其对外活动应取得法人的授权。虽然本条第2款规定，分支机构以自己名义产生的民事责任也可以先以该分支机构管理的财产承担，不足以承担的，由法人承担。本条规定并非承认了分支机构的财产独立于法人财产，分支机构是法人的组成部分，分支机构的财产也属于法人的财产，所以本条规定并非说明法人承担的是补充责任，法人仍然承担全部民事责任。

法人分支机构未取得法人授权而进行民事活动的，其效力如何？主要有无效说、有效说和效力待定说。无效说认为，未经法人授权的，分支机构订立的合同是无效的。有效说认为，未经法人授权的，分支机构订立的合同是有效的，法人要对该合同承担民事责任。理由是我国《合同法》第2条认为“其他组织”可以成为合同订立的主体，其订立的合同是有效的，分支机构可以作为“其他组织”，其订立的合同有效。效力待定说认为，未经法人授权的，分支机构订立的合同效力待定，经过法人的追认就有效，法人未追认的，合同无效。从本条的规定来看，法人以自己名义从事民事活动的民事责

---

① 魏振瀛：《民法学》，北京大学出版社、高等教育出版社2016年版，第91页。

② 江平：《法人制度论》，中国政法大学出版社1994年版，第110页。

任，由法人承担，说明未经授权的，分支机构订立的合同是有效的。

《企业法人登记管理条例》第34条规定，企业法人设立不能独立承担民事责任的分支机构，由该企业法人申请登记，经登记主管机关核准，领取营业执照，在核准登记的经营范围内从事经营活动。企业法人的分支机构经法人书面授权提供保证的，如果法人的书面授权范围不明，法人的分支机构应当对保证合同约定的全部债务承担保证责任。企业法人的分支机构经营管理的财产不足以承担保证责任的，由企业法人承担民事责任。企业法人的分支机构提供的保证无效后应当承担赔偿责任的，由分支机构经营管理的财产承担。《民法典》第505条规定，当事人超越经营范围订立的合同的效力，应当依照本法第一编第六章第三节和本编的有关规定确定，不得仅以超越经营范围确认合同无效。结合上述规定，法人分支机构超越经营范围订立的合同应认定为有效，但该合同违反国家限制经营、特许经营以及法律、行政法规禁止经营规定的，应认定为无效。

第二节　营利法人

一、营利法人的概念和范围

营利法人是指以取得利润并分配给股东等出资人为目的成立的法人。营利法人是与非营利法人相对应的法人类型，它具备法人的组织体性等基本特征。此外，营利法人具有以下几个方面的特征：

（一）营利法人是以成员投资为基础组成的社团法人

在传统民商法上，一般把法人分为社团法人与财团法人两大类。所谓社团法人是指由二人以上集合组成的法人，社团法人成立的目的，有的是为了谋取利润，如公司等；有的是为了谋求成员的非经济利益，如各种协会、俱乐部等。所谓财团法人是指通过设定财产，使其独立取得权利、承担义务而组成的法人。其成立的目的一般是为社会公益事业，如教育、文化、慈善、宗教事业等。社团法人是以人的集合为基础，而财团法人则以财产的集合为基础。营利法人是以成员投资为基础，但其目的是为成员谋求利润，营利法人必为社团法人。[①]

（二）营利法人是以营利为目的的法人

所谓营利是指通过经营获取利润并将利润分配给其成员。获取利润并非营利法人所独有，例如有些事业单位法人也获取利润，但其并未将利润分配给其成员，而是为了更好地实现法人的宗旨或者某种社会公益事业，这类法人就不是营利法人。因此，营利法人的营利性应从获取利润并将利润分配给成员两个方面理解，而不能仅强调获取利润。营利法人不仅从事收益事业，而且还向其成员分配利益。故而区分营利法人与非营利法人的关键并非依法人是否从事经济行为并谋取经济利益，而是依其所得利益的归属，如果所得利益被分配给法人成员，则属于营利法人；如果所得利益归属于法人，用于实现法人设立宗旨，则为非营利性法人。[②]纵使仅将部分盈余给予成员，其余大部分为公益而支出，仍然是营利法人。[③]“营利”并非仅指简单地赚钱，而是通过经营或营业而取得盈利，所谓营业，首先，是以营利为目的。其次，营业内容必须具有确定性，即从事何种营业活动，必须预先明确规定，即营利法人要有自己的法定经营范围。再次，营业还必须具有连续性或稳定性，偶尔进行的营利活动不构成营业。最后，营业还具有行业性的特点，某些行业的经营活动虽也是以营利为目的，但不是作为法人的营业活动，从事这种活动的组织一般不称为营利法人。[④]

（三）营利法人的类型多为强制

法律对于营利法人之具体组织形态多设一定的类型，采取类型强制。营

---

① 施启扬：《民法总则》，中国法制出版社2010年版，第125页。

② 李永军：《中国民法典总则编草案建议稿及理由》，中国政法大学出版社2016年版，第122页。

③ 施启扬：《民法总则》，中国法制出版社2010年版，第125页。

④ 赵旭东：《公司法学》，高等教育出版社2012年版，第3页。

利法人包括有限责任公司、股份有限公司和其他企业法人等。有限责任公司是指根据公司登记管理条例规定登记注册，由50个以下的股东出资设立，每个股东以其所认缴的出资额对公司承担有限责任，公司法人以其全部资产对公司债务承担全部责任的经济组织。有限责任公司包括国有独资公司以及其他有限责任公司。股份公司是指公司资本为股份所组成的公司，股东以其认购的股份为限对公司承担责任的企业法人。企业法人是指具有符合国家法律规定的资金数额、企业名称、组织章程、组织机构、住所等法定条件，能够独立承担民事责任，经主管机关核准登记取得法人资格的社会经济组织。

二、营利法人的成立

（一）营利法人依登记成立

对于营利法人，其设立目的是取得经济利益并分配给其成员，故设立营利法人须遵循法律、行政法规规定的条件，并于依法办理登记时成立。法律、行政法规规定设立营利法人需要办理批准手续的，应该先取得有关机关的审批。

1.法人成立的条件

不同的营利法人，其成立条件不同。设立有限责任公司，应当具备下列条件[①]：（1）股东符合法定人数；（2）有符合公司章程规定的全体股东认缴的出资额；（3）股东共同制定公司章程；（4）有公司名称，建立符合有限责任公司要求的组织机构；（5）有公司住所。

设立股份有限公司，应当具备下列条件[②]：（1）发起人符合法定人数；（2）有符合公司章程规定的全体发起人认购的股本总额或者募集的实收股本总额；（3）股份发行、筹办事项符合法律规定；（4）发起人制定公司章程，采用募集方式设立的经创立大会通过；（5）有公司名称，建立符合股份有限公司要求的组织机构；（6）有公司住所。

---

① 《公司法》第23条。

② 《公司法》第76条。

申请企业法人登记的单位应当具备下列条件[①]：（1）名称、组织机构和章程；（2）固定的经营场所和必要的设施；（3）符合国家规定并与其生产经营和服务规模相适应的资金数额和从业人员；（4）能够独立承担民事责任；（5）符合国家法律、法规和政策规定的经营范围。

2. 原则上营利法人的成立采取准则主义

关于营利法人的成立，多数国家和地区立法例采取准则主义，即营利法人的设立一般无需经过有关机关的许可（审批），只需满足法律、行政法规规定的条件，向登记机关申请登记，营利法人经依法登记成立。从我国公司法等法律的规定来看，公司的设立原则上采取准则主义，例外采取许可主义。所以，设立有限责任公司或者股份有限公司的，符合公司法有关公司设立的具体条件，并经工商行政管理机关登记，取得法人资格；但是对一些从事特定行业的公司，法律、行政法规规定应该在取得行政许可后，再向工商行政管理部门申请设立登记。例如，从事危化品生产、经营、存储的公司，要先取得安全生产行政管理部门的审批，然后再向工商行政管理部门申请设立登记。有限责任公司、股份有限公司之外的其他企业法人，也多采取准则主义，但是国有独资的非公司形式的国有企业须经有关机关审核批准，然后经工商行政管理部门登记而设立。

如果设立中的法人未获得登记而没有取得权利能力，设立失败。那么，设立人对设立行为的后果承担无限连带责任。

3. 营利法人的登记

营利法人的登记分为设立登记、变更登记、注销登记。其中，设立登记是设立营利法人过程中所作的登记，它是营利法人设立过程的最后一个环节。设立登记的意义有：第一，通过设立登记，可以从法律上确认营利法人设立的事实。营利法人设立一经登记，即告合法成立，取得了从事营利行为的资格。未经登记，不得以营利法人的名义从事经营活动。第二，通过设立登记，可以确认营利法人的注册地，进而确认营利法人的住所和营业场所。第三，设立登记可以让交易相对人了解营利法人的基本信息，例

① 《企业法人登记管理条例》第7条。

如法定代表人、资本数额、经营范围等。第四，通过设立登记，国家可以对营利法人进行监督管理，并依法保护营利法人的合法权益。

按照公司登记管理条例、企业法人登记管理条例等相关规定，营利法人登记的基本程序如下：

（1）提出申请

一般而言，营利法人设立登记的，由设立人向拟设立的营利法人所在地的工商行政管理机关提出设立登记申请。例如，《企业法人登记管理条例》第8条规定："企业办理企业法人登记，由该企业的组建负责人申请。独立承担民事责任的联营企业办理企业法人登记，由联营企业的组建负责人申请。"申请不同类型的营利法人，提交的材料也不同。法律、行政法规规定需要经有关部门审批的，应当在申请设立登记时提交批准文件。申请人可以到登记机关提交申请，也可以通过信函、电报、电传、传真、电子数据交换和电子邮件等方式提出申请。通过电报、电传、传真、电子数据交换和电子邮件等方式提出申请的，应当提供申请人的联系方式以及通信地址。

（2）审核审查

登记主管机关对设立登记申请的各种文件进行审查，符合法律规定的，依法办理登记。例如，《公司登记管理条例》第51条规定，公司登记机关应当根据下列情况分别作出是否受理的决定：①申请文件、材料齐全，符合法定形式的，或者申请人按照公司登记机关的要求提交全部补正申请文件、材料的，应当决定予以受理。②申请文件、材料齐全，符合法定形式，但公司登记机关认为申请文件、材料需要核实的，应当决定予以受理，同时书面告知申请人需要核实的事项、理由以及时间。③申请文件、材料存在可以当场更正的错误的，应当允许申请人当场予以更正，由申请人在更正处签名或者盖章，注明更正日期；经确认申请文件、材料齐全，符合法定形式的，应当决定予以受理。④申请文件、材料不齐全或者不符合法定形式的，应当当场或者在5日内一次告知申请人需要补正的全部内容；当场告知时，应当将申请文件、材料退回申请人；属于5日内告知的，应当收取申请文件、材料并出具收到申请文件、材料的凭据，逾期不告知的，自收到申请文件、材料之日起即为受理。⑤不属于公司登记范畴或者不属于本机关登记管辖范围的事项，应当即时决定不予受理，并告知申请人向有关行政机关申请。公司登记机关对通过信函、电报、电传、传真、电子数据交换和电子邮件等方式提出申请的，应当自收到申请文件、材料之日起5日内作出是否受理的决定。公司登记机关决定予以受理的，应当出具《受理通知书》；决定不予受理的，应当出具《不予受理通知书》，说明不予受理的理由，并告知申请人享有依法申请行政复议或者提起行政诉讼的权利。

（3）公告

登记主管机关核准登记后，应发布营利法人登记公告。

（二）营利法人成立的日期

营利法人采取类型法定主义，成立任何一种形态的营利法人，都必须要有相应的法律依据。所以，“依法设立”指法人设立要有法律规范作为依据。在广义上，依法设立还包括设立条件和程序合法。①

营利法人的设立原则上采取准则主义，但要由登记机关进行登记。所以，设立营利法人的，由登记机关发给营利法人营业执照。营业执照是市场监督管理机关发给工商企业、个体经营者的准许从事某项生产经营活动的凭证。其格式由国家市场监督管理总局统一规定。营业执照上记载的事项主要包括名称、地址、负责人、资金数额、经济成分、经营范围、经营方式、从业人数、经营期限等。营业执照分为正本和副本，二者具有相同的法律效力。正本应当置于公司住所或营业场所的醒目位置，营业执照不得伪造、涂改、出租、出借、转让。没有营业执照的营利法人一律不许开业，不得刻制公章、签订合同、注册商标、刊登广告，银行不予开立账户。营业执照记载的事项发生变更的，应当依法办理变更登记，由登记机关换发营业执照。

关于法人成立日期，有不同的看法。有的学者认为，法人未经登记不能取得法人资格，没有权利能力，营业执照并非法人取得民事主体资格的条件。《公司法》第7条规定：“依法设立的公司，由公司登记机关发给公司营

① 龙卫球：《民法总论》，中国法制出版社2002年版，第386页。

业执照。公司营业执照签发日期为公司成立日期。……"《公司登记管理条例》第3条规定："公司经公司登记机关依法登记，领取《企业法人营业执照》，方取得企业法人资格。……"《企业法人登记管理条例》第3条规定："申请企业法人登记，经企业法人登记主管机关审核，准予登记注册的，领取《企业法人营业执照》，取得法人资格，其合法权益受国家法律保护。……"有学者认为，将领取营业执照作为取得法人资格成立的日期，存在逻辑上的错误，即法人资格与营业执照应该属于两个不同的东西，法人资格属于权利能力范畴，而营业执照属于行为能力范畴。为什么一个法人先取得营业执照才能取得法人资格呢？这样一个错误直接影响了我国的司法实践，一个被吊销了营业执照的法人，是否还有权利能力而作为诉讼的原告或被告呢？答案当然是肯定的。只能说，法人自登记之日起取得法人资格并同时领取营业执照取得行为能力。[①]有的学者认为，公司营业执照签发之日，为公司成立之日，公司自成立之日起，取得法人资格，开始对外营业。[②]《民法典》第78条规定，营业执照签发日期为营利法人的成立日期。采纳了第二种观点，将签发营业执照作为营利法人取得民事权利能力的要件。

（三）设立营利法人应当依法制定法人章程

法人章程是指以设立社团为目的，就社团的名称、宗旨、组织及社员地位等重要事项加以规定，是社团运作及社员权利义务的确定所依据的法律文件。社团成立后，章程为社团运行及社员权利义务的主要依据与基本规范，章程是法人组织及活动的基础。根据《民法典》第78条的规定，营利法人应当依法制定法人章程，法人章程是营利法人成立的条件之一。

法人章程具有法定性的特点。所谓法人章程的法定性是指法人章程的制定、内容、效力和修改均由法律、行政法规明确规定。例如，公司法对公司章程的规定等。法人章程的法定性体现在以下几个方面：其一，法人章程是营利法人成立的法定要件之一。例如《公司法》第11条规定："设立公

---

① 李永军：《民法总论》，法律出版社2009年版，第308页。

② 江平：《新编公司法教程》，法律出版社2003年版，第136页。

司必须依法制定公司章程。……”其二，法人章程的内容具有法定性，不同类型的营利法人，其章程记载事项存在差别，但其记载事项多为法律明确规定。章程的记载内容，从法律规范的要求及效力来看，可以分为必要记载事项、任意记载事项及不得记载事项。所谓必要记载事项是指若不记载，相关法律行为无效或不成立。主要有法人设立的目的、法人的名称、董事的人数、社员的出资、订立章程的时间等。例如，我国《公司法》第25条和第82条分别对有限责任公司和股份有限公司的公司章程的记载事项进行了规定。所谓任意记载事项是指该事项因为记载而有效，如对社员表决权的限制、利益的分配和损失的分担等。这主要是因为社团本身是私法自治的结果，而章程则是社团之团体的自治性规范，因此在不违反法律与公序良俗的前提下，可以进行自由约定。当然，如果章程没有规定，则适用法律的补充性规定。如法人利益的分配与损失的分担，章程可以约定不论出资多少均平均分配与分担。但如果章程没有约定，则依法律的补充性规定，即按照出资比例分配利益分担损失。[①]所谓不得记载事项是指某种事项为法律的强行性要求，章程不得作出规定，否则产生无效后果。例如，法律规定必须由社员大会决定的事项在章程中变为由董事会决议。其三，法人章程的法律效力是由法律赋予的，例如我国《公司法》第11条规定，公司章程对公司、股东、董事、监事、高级管理人员具有约束力。其四，法人章程修改权限和程序的法定性。法人章程的修改必须遵照法律的明确规定。例如公司法对公司章程的修改权限和程序作了明确规定。其五，法人章程须经登记。我国公司法将公司章程作为登记报送的材料之一，公司章程内容变更的，要办理相应的变更登记。

法人章程是指发起人以设立社团为共同目的并给予此目的而为的意思表示一致的行为，故应为全体成员的团体性共同法律行为。章程的制定，最初由发起人订立，在法人设立后成为该法人的自律规范，不仅对发起人有约束力，对其后加入的社员，也产生规范上的约束力。

① 李永军：《民法总论》，法律出版社2009年版，第305页。

三、营利法人的治理机构

营利法人的治理机构是其法人的组成部分，它包括权力机构、执行机构和监督机构。

（一）营利法人的权力机构

营利法人应当设置权力机构，权力机构是社团法人特有的机关，财团法人及公法人均无这一机关。权力机构也称最高权力机关或者意思机关，是法人的“意思”形成机关。权力机构具有以下法律意义：第一，权力机构由社员构成，所以这一机关通常可以称为“社员大会”或者“成员大会”。第二，权力机构为营利法人的必备机关。营利法人必须有此机关，否则就是“无头的苍蝇”。[①]第三，权力机构是营利法人的意思机关，董事会为执行机关，监事会为监督机关。第四，权力机构为营利法人的最高机关。

权力机构由若干社员组成，原则上所有社员都参与对营利法人事务的决定，为此目的，他们就必须按照一定规则召开大会。社员大会以与会的多数作出决议。[②]社员大会的主要职责是进行决议，其决议对象多为营利法人的重大事项。所以，权力机构行使修改法人章程，选举或者更换执行机构、监督机构成员，以及法人章程规定的其他职权。

1.修改营利法人的章程。营利法人的章程是其治理的重要依据，也是其对外、对内关系的依据，公司章程对法人、法人治理机构等具有法律约束力，非依法定程序和法定修改权限不得修改。依据《公司法》第43条规定，有限责任公司股东会会议作出修改公司章程的决议，必须经代表三分之二以上表决权的股东通过。《公司法》第103条规定，股份有限公司股东大会作出修改公司章程的决议，必须经出席会议的股东所持表决权的三分之二以上通过。民法典在总结公司法关于公司章程修订成功经营的基础上，明

① 李永军：《民法总论》，法律出版社2009年版，第314页。

② ［德］卡尔·拉伦茨：《德国民法通论（上）》，王晓晔等译，法律出版社2003年版，第209页。

确规定权力机构有权修订营利法人的章程。

2.选举或者更换执行机构、监督机构的成员。营利法人的执行机构、监督机构的成员能否尽职尽责，直接影响出资人出资目的的实现，而权力机构由营利法人的出资人组成。所以执行机构、监督机构的成员由权力机构产生，对权力机构负责，权力机构有权选举或者更换执行机构、监督机构的成员。

3.法人章程规定的其他职权。法人的职权包括法律直接规定的职权，也包括法人章程规定的职权。例如，有限责任公司股东会行使下列职权：（1）决定公司的经营方针和投资计划；（2）选举和更换非由职工代表担任的董事、监事，决定有关董事、监事的报酬事项；（3）审议批准董事会的报告；（4）审议批准监事会或者监事的报告；（5）审议批准公司的年度财务预算方案、决算方案；（6）审议批准公司的利润分配方案和弥补亏损方案；（7）对公司增加或者减少注册资本作出决议；（8）对发行公司债券作出决议；（9）对公司合并、分立、解散、清算或者变更公司形式作出决议；（10）修改公司章程；（11）公司章程规定的其他职权。

但是权力机构一般不直接支配法人的财产，也不直接与第三人发生关系，也就是说，权力机构不能对外代表法人。如果权力机构的决议违反实体法或程序法的规定，或者侵犯成员合法权益的，成员有权通过诉讼请求救济。

（二）营利法人的执行机构

执行机构是营利法人设立的必备机关，没有执行机构，权力机构的决定就无法得到落实，营利法人应当设执行机构。执行机构是执行权力机构的决策或者执行法人章程规定事项的机关。执行机构的成员由权力机构选举产生。例如，按照我国公司法的规定，有限责任公司与股份有限公司的执行机构为董事会，董事会由公司权力机关选举产生。执行机构具有以下特点：

（1）执行机构成员由权力机构选举产生，执行机构对权力机构负责，执行权力机构的决定。

（2）执行机构是营利法人的常设机构，自营利法人成立之日起一直存在，其成员变动并不影响执行机构的存在。

（3）执行机构对外代表营利法人，执行机构的活动具有对外效力，董事长、执行董事或者经理可担任法人的法定代表人。

（4）执行机构是营利法人的经营决策机关。执行机构执行权力机构决议，负责营利法人的经营决策，它有自己独立的职权，在法律和章程规定的范围内对公司的经营管理行使决策权，执行营利法人的日常经营事务。

（5）由于执行机构决策事务得由全体董事一人一票的表决权进行，因而董事会的组成人员应当是单数。例如公司法规定，有限责任公司的董事会，由3—13人组成，规模较小的有限责任公司或者一人有限责任公司可选择不设董事会，但设一人担任执行董事，其职权与董事会相当，执行董事为公司的法定代表人；股份有限公司的董事会由5—19人组成。

执行机构的职权主要有：（1）召集权力机构会议；（2）决定法人的经营计划和投资方案；（3）决定法人内部管理机构的设置；（4）法人章程规定的其他职权。例如，根据《公司法》第46条和第108条的规定，董事会对股东会负责，行使下列职权：（1）召集股东会会议，并向股东会报告工作；（2）执行股东会的决议；（3）决定公司的经营计划和投资方案；（4）制订公司的年度财务预算方案、决算方案；（5）制订公司的利润分配方案和弥补亏损方案；（6）制订公司增加或者减少注册资本以及发行公司债券的方案；（7）制订公司合并、分立、解散或者变更公司形式的方案；（8）决定公司内部管理机构的设置；（9）决定聘任或者解聘公司经理及其报酬事项，并根据经理的提名决定聘任或者解聘公司副经理、财务负责人及其报酬事项；（10）制定公司的基本管理制度；（11）公司章程规定的其他职权。

营利法人执行机构可能存在形式上的不同。例如，公司的执行机构为董事会或者执行董事；而不采公司组织形态的企业法人一般不设董事会或执行董事。但无论何种组织形态的营利法人，都需要法定代表人。如果营利法人的执行机构为董事会或者执行董事的，董事长、执行董事或者经理按照法人章程的规定担任法定代表人；未设董事会或者执行董事的，法人章程规定的主要负责人为其执行机构和法定代表人。

（三）营利法人的监督机构

由于营利法人的财产源于成员的出资，成员组成的社员大会作为权力机构不可能始终监督法人事务的执行机构，因此法人的社员为了自己的利益设立一个向自己负责并报告工作的机构，以监督执行机构的行为及财务状况。这便是我们常说的法人的监督机构。监督机构并非任何法人的必设机构，公法人及财团法人就没有这一机构，在我国监督机构是公司法人的必设机构。因为按照我国《公司法》第51条、第70条、第117条的规定，监督机构为公司的必需机构。而对于非公司法人则是任设机构。[①]所以，《民法典》第82条规定了“营利法人设监事会或者监事等监督机构”，可见监督机构并非所有营利法人必设机构。我国公司法规定，有限责任公司设监事会，其成员不得少于三人。股东人数较少或者规模较小的有限责任公司，可以设一名至二名监事，不设监事会。股份有限公司设监事会，其成员不得少于三人。监事会应当包括股东代表和适当比例的公司职工代表，其中职工代表的比例不得低于三分之一，具体比例由公司章程规定。监事会中的职工代表由公司职工通过职工代表大会、职工大会或者其他形式民主选举产生。监事会设主席一人，由全体监事过半数选举产生。监事会主席召集和主持监事会会议；监事会主席不能履行职务或者不履行职务的，由半数以上监事共同推举一名监事召集和主持监事会会议。董事、高级管理人员不得兼任监事。监事的任期每届为三年。监事任期届满，连选可以连任。监事任期届满未及时改选，或者监事在任期内辞职导致监事会成员低于法定人数的，在改选出的监事就任前，原监事仍应当依照法律、行政法规和公司章程的规定，履行监事职务。

监督机构的职权主要有：（1）依法行使检查法人财务；（2）监督执行机构成员、高级管理人员执行法人职务的行为；（3）法人章程规定的其他职权。我国《公司法》第53条对公司监事会或监事的职权作了规定，监事会、不设监事会的公司的监事行使下列职权：（1）检查公司财务；（2）对董事、高

---

① 李永军：《民法总论》，法律出版社2009年版，第317页。

级管理人员执行公司职务的行为进行监督，对违反法律、行政法规、公司章程或者股东会决议的董事、高级管理人员提出罢免的建议；（3）当董事、高级管理人员的行为损害公司的利益时，要求董事、高级管理人员予以纠正；（4）提议召开临时股东会会议，在董事会不履行本法规定的召集和主持股东会会议职责时召集和主持股东会会议；（5）向股东会会议提出提案；（6）依照本公司法对董事、高级管理人员提起诉讼；（7）监事可以列席董事会会议，并对董事会决议事项提出质询或者建议；（8）监事会、不设监事会的公司的监事发现公司经营情况异常，可以进行调查；必要时，可以聘请会计师事务所等协助其工作，费用由公司承担；（9）公司章程规定的其他职权。

四、出资人权利滥用的禁止

（一）禁止出资人滥用权利

营利法人的出资人滥用权利主要有两种情形：其一，滥用出资人权利损害法人或者其他出资人的权益；其二，滥用出资人有限责任损害法人的债权人利益。

营利性法人的出资人享有表决权，出资额越多，其表决权所占比重也就越大，主要出资人甚至可以控制法人的权力机构、执行机构，执行机构成了个别出资人的利益代表，出资人利用自己在出资额方面的优势，可能会损害其他出资人的利益或者法人的利益。滥用出资人权利给法人或者其他出资人造成损失的，应当依法承担民事责任。

其一，滥用出资人权利侵害法人的利益，法人之执行机构应以法人名义向滥用出资人权利者要求赔偿。为了保护法人利益，我国《公司法》第151条还规定了股东派生诉讼制度，股东派生诉讼，也称股东代表诉讼，是指当公司权益受到侵犯，而由于各种原因公司不能或怠于行使诉权，股东有权为了公司的利益，代表公司并以股东自己的名义向加害于公司的人提起诉讼。[①]但适用范围限于“董事、监事、高级管理人员执行公司职务时违

① 赵旭东：《公司法学》，高等教育出版社2012年版，第291页。

反法律、行政法规或者公司章程的规定，给公司造成损失的，应当承担赔偿责任”的情形，股东侵害法人利益的，其他股东是否有权提起代表诉讼，立法上尚不明确。原《民法总则》第83条第1款对此也没有进行明确，应该作出肯定性解释。

其二，滥用出资人权利侵害其他出资人的利益。权利受到损害的出资人可以通过直接提起诉讼的方式要求滥用出资人权利者承担民事责任，此处应该赋予受害者对滥用出资人权利者的诉权，这属于出资人直接诉讼的范畴。出资人直接诉讼是指出资人基于出资而享有股权，针对权利侵害人对其个人造成的损害提起诉讼。

公司股东如因控制股东的滥用行为利益受损，可以通过股东的直接诉讼和代位诉讼加以救济，但不可提起法人人格否认之诉。①

（二）法人人格否认

按照法人的一般理论，法人的主体资格与出资人的主体资格是相互独立的，法人不为其出资人的债务承担责任，其出资人也不对法人的债务承担责任。但是，当法人在运行过程中出现了有悖于法人责任独立的前提时，许多国家的法理和实践认为这时应该否认法人的人格，让其背后的出资人承担责任，这就是“法人人格否认”或者“揭开公司面纱”。营利法人人格否认是指法人虽为独立的主体，承担独立于其成员的责任，但当出现有悖于法人存在目的及独立责任的情形时，若再坚持形式上的独立人格与独立责任，将有悖于公平，故而在具体个案中视法人的独立人格于不顾，直接将法人的责任归结为法人成员的责任。②

法人人格否认是在个案中对法人独立人格的否认，而不是对该法人人格的全面、彻底、永久地否认，其效力不涉及该法人的其他法律关系，不影响该法人作为一个独立实体合法的继续存在。该制度的目标主要是为了保护债权人的利益，适用于民事责任或私法责任的追究，而不适用于其他

---

① 赵旭东：《法人人格否认的构成要件分析》，载《人民司法》2011年第17期。

② 李永军：《民法总则》，中国法制出版社2018年版，第407页。

法律责任。[①]

我国关于法人人格否认的立法经历了一个逐步发展的过程。自《公司法》颁布以来，我国公司制度得到了迅速发展，但也出现了许多公司人格和股东有限责任被股东滥用的行为，“皮包公司”和人格形骸化的公司等普遍存在，严重损害了债权人的利益，破坏了交易秩序。由此，公司法人人格否认理论受到学术界和司法实践界的重视。司法实践界在审理公司案件中也开始逐渐接受了法人人格否认理论，一些司法解释性的文件不同程度地体现了这一理论。2005年《公司法》修改，正式规定了公司人格否认制度，将公司法人人格否认理论立法化，这在世界公司立法史上是一个重大的制度突破和创新。

法人人格否认具体适用的要件如下：第一，主体要件。法人人格否认的适用对象必须是具体的双方当事人：一是营利法人独立人格的滥用者，即滥用法人人格的出资人，且该出资人一般是营利法人中具有支配地位的出资人；二是由于法人人格被滥用而受到损害并有权提起诉讼的原告，只能是该法人的债权人。第二，行为要件。法人人格否认的行为要件体现为“出资人滥用法人独立地位和出资人有限责任，逃避债务，严重损害法人的债权人利益的”行为。第三，主观要件。出资人滥用法人人格和出资人有限责任的目的在于逃避债务，侵害债权人利益，所以，出资人对受侵害之债权人承担侵权责任。有学者认为，法人人格否认的主观要件应该采取过错推定的方式，即如果股东没有足够证据证明自己不存在故意，就可以从客观的行为表现上推定股东的主观过错，股东就要对其滥用法人人格的行为承担赔偿责任。[②]本书认为，出资人应具备主观上的故意方可构成法人人格的滥用，即出资人以滥用法人人格和出资人有限责任的方式故意逃避债务，侵害法人债权人利益，但在举证责任分配上宜采举证责任倒置，即法律推定出资人有侵害债权人利益的故意，除非出资人能够证明其无故意。第四，债权人利益受到严重损害，这是法人人格否认理论适用中的结果要

① 赵旭东：《公司法学》，高等教育出版社2012年版，第8页。

② 赵旭东：《法人人格否认的构成要件分析》，载《人民司法》2011年第17期。

件。如果虽然存在股东滥用公司人格的行为，但是并未产生实际的损害结果，也就没有必要否认公司法人人格。而所谓的实际损害结果，须是公司的资产不足以清偿债务，使债权人的权益无法得到充分保障。如果公司资产足以清偿其债务时仍允许债权人提起法人人格否认之诉，无疑会大大降低该制度的门槛，造成法人人格否认制度的滥用，并会造成诉讼资源的浪费。[①]第五，滥用法人人格的行为与债权人受损害之间具有因果关系，受损害的债权人必须能够证明其利益受损的结果是由出资人滥用法人人格而造成的。

股东滥用法人人格的表现形式多种多样，主要有：（1）名不副实。如一人有限公司的股东将自己的人格与公司人格混同，公司财产与个人财产无法区分，收益股东取走，债务留给公司等。（2）一套人马多块牌子。各公司表面上独立，实际上无论财产利益还是盈余分配以及经营管理人员融为一体，无法区分。（3）为逃避债务另行设立公司，将优质资产转移。一旦符合“法人人格滥用的构成要件”，法人之独立责任和出资人之有限责任就被否定，滥用法人人格之出资人与法人对债权人的损害承担连带责任。“法人人格否认”仅在个案中适用，即在因出资人滥用法人人格而侵害了某个债权人或某些债权人利益时适用，并不是从根本上否认法人的主体资格和出资人的有限责任，对那些没有因滥用法人人格而遭受损害的债权人而言，法人人格独立和出资人有限责任仍然适用。

（三）利用关联关系侵害法人利益

利用关联关系侵害法人权益的行为，属于侵权行为，应该承担侵权责任，其构成要件包括：

第一，侵权人包括控股出资人、实际控制人、董事、监事、高级管理人员。民法典第84条虽然没有对“控股出资人”“实际控制人”“高级管理人员”进行界定，但《公司法》第216条对“控股股东”“实际控制人”“高级管理人员”进行了界定，可供参照。根据《公司法》第216条的规定：控

① 赵旭东：《法人人格否认的构成要件分析》，载《人民司法》2011年第17期。

股股东，是指其出资额占有限责任公司资本总额百分之五十以上或者其持有的股份占股份有限公司股本总额百分之五十以上的股东；出资额或者持有股份的比例虽然不足百分之五十，但依其出资额或者持有的股份所享有的表决权已足以对股东会、股东大会的决议产生重大影响的股东。高级管理人员，是指公司的经理、副经理、财务负责人，上市公司董事会秘书和公司章程规定的其他人员。实际控制人，是指虽不是公司的股东，但通过投资关系、协议或者其他安排，能够实际支配公司行为的人。董事是董事会的成员，一般为自然人，是董事会职权的实际执行者，他是由公司股东会选举产生的具有实际权力和权威的管理公司事务的人员，是公司内部治理的主要力量，对内管理公司事务，对外代表公司进行经济活动。监事，又称“监察人”，负责监督公司的财务情况，公司高级管理人员的职务执行情况，以及其他由法人章程规定的监督职责。控股出资人、实际控制人、董事、监事、高级管理人员有控制法人权力机构、执行机构、监督机构的权力，能够运用这种控制能力，损害公司的利益。

第二，利用“关联关系”实施了侵害法人的行为。何谓“关联关系”，本条也未作出明确规定，但《公司法》第216条对“关联关系”进行了规定：“……关联关系，是指公司控股股东、实际控制人、董事、监事、高级管理人员与其直接或者间接控制的企业之间的关系，以及可能导致公司利益转移的其他关系。但是，国家控股的企业之间不仅因为同受国家控股而具有关联关系。”

第三，给法人造成了损失。受害人为“法人”，而不包括其他股东或者法人的债权人。没有损失就无救济，侵权人必须利用“关联关系”而造成了法人损失，例如实际控制人利用自己的控制力与法人进行交易，造成法人的利益受到损失。

第四，“利用关联关系”与法人之间的损害存在因果关系，没有因果关系的，法人也不能要求赔偿损失。

第五，控股出资人、实际控制人、董事、监事、高级管理人员要有侵权的故意，即利用“关联关系”获取不正当利益，给法人造成损害，对法人的损害持故意态度。在认定侵权人是否有“故意”时，应采用举证责任倒置的方式，即控股出资人、实际控制人、董事、监事、高级管理人员要证明自己没有侵害法人利益的故意，否则应认定其有侵权故意。

法人之利益受损害的，法人之法定代表人等应该以法人名义向利用关联关系损害法人利益的控股出资人、实际控制人、董事、监事、高级管理人员主张损害赔偿。法人之法定代表人等不履行职责的，出资人可以代表法人提起诉讼，在公司法上也被称为股东派生诉讼。我国《公司法》第151条规定的股东派生诉讼制度，其被告限于董事、监事、高级管理人员，而不包括控股股东、实际控制人。但有学者在解释时认为，我国公司法规定的股东派生诉讼，可诉行为包括两种情形：（1）董事、监事、高级管理人员执行公司职务时违反法律、行政法规或者公司章程的规定，给公司造成损失的，应当承担赔偿责任。（2）他人侵犯公司合法权益，应当承担赔偿责任的情形。①

五、营利法人决议的效力

营利法人的决议包括权力机构、执行机构作出的决议。民法典、公司法等对权力机构、执行机构作出决议的范围、程序、内容、表决方式等作了明确规定，权力机构、执行机构决议符合法律规定的，决议有效。并且该决议之效力基于投弃权票或反对票的股东或者董事等。但权力机构、执行机构所为之决议存在违法情形时，民法典赋予出资人以撤销权。

出资人撤销权是指当权力机构、执行机构所做决议不符合法律或者法人章程之规定，出资人请求人民法院撤销的权利。出资人撤销权行使的情形包括以下三种：（1）营利法人的权力机构、执行机构作出决议的会议召集程序违反法律、行政法规、法人章程；（2）营利法人的权力机构、执行机构作出决议的表决方式违反法律、行政法规、法人章程；（3）营利法人的权力机构、执行机构作出的决议内容违反法人章程。

出资人撤销权行使的方式是通过诉讼方式行使，即请求人民法院撤销权力机构、执行机构的决议。撤销权属于形成权，应该在法定期间内行使，

① 赵旭东：《公司法学》，高等教育出版社2012年版，第297页。

不及时行使的，权利消灭，出资人在撤销权期满后申请人民法院撤销的，人民法院不予受理。

营利法人依据权力机构、执行机构形成的决议与善意第三人形成的民事法律关系不受影响。这里的“善意第三人”是指对“形成该决议的会议召集程序、表决方式违反法律、行政法规、法人章程或者该决议内容违反法人章程”不知情或不应当知情。此处的“不受影响”是指民事法律关系的效力判断不受决议撤销的影响，其效力判断不考虑决议撤销这一因素。换言之，决议被撤销的，营利法人与善意第三人之间所从事之民事法律行为等仍然有效。

六、营利法人的社会责任

营利法人之目的在于营利并将所得利益分配给成员。但营利法人在获取营利的同时，应该兼顾他人利益和社会利益，在行使私法上的权利、履行私法上的义务时，应恪守信用，诚信为之，自觉履行自己的义务。如果营利法人只把“营利”最大化作为唯一目标，它就可能为了实现这一目标而不择手段，侵害出资人以外的其他利害关系人的合法权益，甚至为牟取暴利而制售假冒伪劣商品，无视对劳动力资源的保护，以不正当手段侵害竞争对手或破坏环境。因此，不能再将公司的责任仅归结为股东利益最大化，公司对股东以外的其他个人、群体同样负有责任，这就是公司的社会责任。[①]

何谓营利法人之社会责任，立法上并未明确。我国《公司法》第5条对公司社会责任也作了规定，但并未对公司的社会责任进行界定，其含义含混不清，由此造成了司法适用上的困难。[②]理论界对公司社会责任有不同的看法。有的学者认为，公司为所处社会的全面和长远利益而必须关心、全力履行的责任和义务，表现为公司对社会的适应和发展的参与。[③]有的学者

---

① 张士元、刘丽：《论公司的社会责任》，载《法商研究》2001年第6期。

② 罗培新：《我国公司社会责任的司法裁判困境及若干解决思路》，载《法学》2007年第12期。

③ 马风光：《企业的社会责任模式论》，载《工业企业管理》2000年第12期。

将其定义为：公司的社会责任是指公司不能以最大限度地为股东们营利或赚钱作为自己的唯一存在目的，而应当最大限度地增进股东利益之外的其他所有社会利益。[①]有的学者认为，公司社会责任的恰当定义应为：公司在谋取自身及其股东最大经济利益的同时，从促进国民经济和社会发展的目标出发，为其他利害关系人履行某方面的社会义务。[②]有的学者认为，公司的社会责任是指公司应对股东这一利益群体以外的，与公司发生各种关系的其他相关利益群体和政府代表的公共利益负有的一定责任，主要是指对公司债权人、雇员、供应商、消费者、当地居民以及政府代表的税收收益等。[③]有的学者认为，营利法人的社会责任是指营利法人对消费者、对员工、对社区和对环境等的责任。[④]公司社会责任现在是在可以预见的将来仍是一个令人捉摸不透的概念。[⑤]但正如斯通（Stone）所言，公司社会责任的含义固然模糊不清，但恰恰由于该词模糊不清而获得了社会各界的广泛支持。公司社会责任是一个非常抽象的概念，它与商业道德相联系，其难以界定，可能其本身也无须进行界定，这样才可能更好地发挥公司社会责任的制度价值。

民法典规定了营利法人的社会责任条款，不仅是强制性、倡导性的法律规定，而是对于统帅营利法人的相关立法、指导法官和律师解释适用公司法等具有重要的现实意义，在营利法人设立、治理、运营、重组、破产等各个环节适用与解释营利法人相关立法时，也应始终弘扬营利法人社会责任的精神。

---

① 刘俊海：《公司的社会责任》，法律出版社1999年版，第51页、第7页。

② 张士元、刘丽：《论公司的社会责任》，载《法商研究》2001年第6期。

③ 朱慈蕴：《公司的社会责任：游走于法律责任与道德准则之间》，载《中外法学》2008年第1期。

④ 郭明瑞：《民法总则通义》，商务印书馆2018年版，第122页。

⑤ 罗培新：《我国公司社会责任的司法裁判困境及若干解决思路》，载《法学》2007年第12期。

第三节　非营利法人

一、非营利法人的概念和范围

（一）非营利法人的概念

非营利法人是指为公益目的或者其他非营利目的成立的，不向出资人、设立人或者会员分配所取得利润的法人。一个法人是否为非营利法人，主要由成立法人之目的的非营利性决定。非营利法人之成立主要有两个目的：一是公益目的，二是其他非营利目的。公益目的是指法人所从事的活动属于社会公益事业。公益事业是指非营利的下列事项：（1）救助灾害、救济贫困、扶助残疾人等困难的社会群体和个人的活动；（2）教育、科学、文化、卫生、体育事业；（3）环境保护、社会公共设施建设；（4）促进社会发展和进步的其他社会公共和福利事业。①在实践中，我国还存在一种营利性的公益性法人。例如，为规范聚集社会力量办学，服务教育公益性，营利性民办学校监督管理实施细则中规定了营利性民办学校，要求营利性民办学校应当坚持教育的公益性。这种法人与一般的公司型营利法人除了“营利”这一点相同外，其他毫无相同之处。②但是，出资人设立营利性民办学校的目的虽然是为公益，但其最终目的是营利，并将其利润分配给出资人。所以，非营利法人与营利法人之根本区别并非是不是营利，而是看其所获取的利润是否分配给它的出资人。除公益目的外，为其他非营利目的而成立的法人也属于非营利法人的范畴。例如，行业协会。

（二）非营利法人的范围

非营利法人包括事业单位法人、社会团体法人、基金会、社会服务机

① 《公益事业捐赠法》第3条。

② 李永军：《民法总则》，中国法制出版社2018年版，第396页。

构等。事业单位法人是指国家为了社会公益目的，由国家机关举办或者其他组织利用国有资产举办的，从事教育、科技、文化、卫生等活动的社会服务组织。社会团体法人是指中国公民自愿组成，为实现会员共同意愿，按照其章程开展活动的非营利性社会组织。基金会是指利用自然人、法人或者其他组织捐赠的财产，以从事公益事业为目的，按照基金会管理条例的规定成立的非营利性法人。社会服务机构是指自然人、法人或者其他组织为了提供社会服务，主要利用非国有资产设立的非营利性法人。

二、事业单位法人

事业单位法人，是指国家为了社会公益目的，由国家机关举办或者其他组织利用国有资产举办的，从事教育、科技、文化、卫生等活动的社会服务组织。《民法典》第88条规定："具备法人条件，为适应经济社会发展需要，提供公益服务设立的事业单位，经依法登记成立，取得事业单位法人资格；依法不需要办理法人登记的，从成立之日起，具有事业单位法人资格。"

（一）事业单位法人资格取得时间

设立事业单位，应经县级以上各级人民政府及其有关主管部门批准。但事业单位法人有的需要办理登记，有的不需要办理登记。需要办理登记的，经依法登记成立，取得事业单位法人资格；依法不需要办理法人登记的，从成立之日起，具有事业单位法人资格。不需要办理登记的事业单位法人主要包括两类：（1）法律规定具备法人条件、自批准设立之日起即取得法人资格的事业单位；（2）法律、其他行政法规规定具备法人条件、经有关主管部门依法审核或者登记，已经取得相应的执业许可证书的事业单位，不再办理事业单位法人登记，由有关主管部门按照分级登记管理的规定向登记管理机关备案。

事业单位的登记管理机关是县级以上各级人民政府机构编制管理机关所属的事业单位登记管理机构。事业单位实行分级登记管理。分级登记管理的具体办法由国务院机构编制管理机关规定。

申请事业单位法人登记，应当具备下列条件：（1）经审批机关批准设立；

（2）有自己的名称、组织机构和住所；（3）有与其业务活动相适应的从业人员；（4）有与其业务活动相适应的经费来源；（5）能够独立承担民事责任。[①]

申请事业单位法人登记，应当向登记管理机关提交下列文件：（1）登记申请书；（2）审批机关的批准文件；（3）场所使用权证明；（4）经费来源证明；（5）其他有关证明文件。[②]

登记管理机关应当自收到登记申请书之日起30日内依照本条例的规定进行审查，作出准予登记或者不予登记的决定。准予登记的，发给《事业单位法人证书》；不予登记的，应当说明理由。事业单位法人登记事项包括：名称、住所、宗旨和业务范围、法定代表人、经费来源（开办资金）等情况。[③]

（二）事业单位法人的治理结构

事业单位法人可设理事会，如果设理事会，除法律另有规定外，理事会为事业单位法人的决策机构。理事总数一般为奇数。理事一般应包括政府有关部门、举办单位、事业单位、服务对象和其他有关方面的代表。代表举办单位、监管部门的理事一般由政府部门或相关组织委派；代表职工、服务对象和社会人士的理事原则上推选产生；本单位党组织负责人、行政负责人及其他有关职位的负责人可以确定为当然理事。理事会换届时，理事应按照原渠道产生。直接关系人民群众切身利益的事业单位，本单位以外人员担任的理事要占多数。

未设理事会的事业单位法人，也有决策机构，其可能是党委会、行政办公会、举办单位或其他。

事业单位法人的决策机构的职权主要有：（1）审议和提出法人章程的修改意见；（2）审议法人业务发展规划；（3）审定重大业务活动计划；（4）拟定内设机构或分支机构设置方案；（5）审定内部主要管理制度；（6）任免或提名行政负责人；（7）审议财务预算和决算；（8）监督管理层执行理事会决议；（9）审议管理层工作报告并对管理层工作进行考评；

---

① 《事业单位登记管理暂行条例》第6条。

② 《事业单位登记管理暂行条例》第7条。

③ 《事业单位登记管理暂行条例》第8条。

（10）决定拟任法定代表人人选；（11）负责组建下届理事会，并报举办单位审核同意；（12）决定其他重大事项。

事业单位法人的法定代表人按照法律、行政法规或者法人章程的规定产生，对外代表事业单位法人进行活动，对内负责事业单位事务管理。一般情况下，行政负责人为拟任法定代表人人选。作为拟任法定代表人人选，经登记管理机关核准登记后，取得本单位法定代表人资格。

事业单位法人应该有自己的章程，其主要内容有事业单位法人的宗旨、业务范围、理事会（不设理事会除外，但应有决策机构）、管理层、资产的管理和使用等。

三、社会团体法人

社会团体法人，是指中国公民自愿组成，为实现会员共同意愿，按照其章程开展活动的非营利性社会组织。《民法典》第90条规定："具备法人条件，基于会员共同意愿，为公益目的或者会员共同利益等非营利目的设立的社会团体，经依法登记成立，取得社会团体法人资格；依法不需要办理法人登记的，从成立之日起，具有社会团体法人资格。"

（一）社会团体法人资格取得的时间

社会团体法人设立的目的为"公益目的"或者"会员共同利益"，其目的必须符合宪法、法律、法规和国家政策，不得反对宪法确定的基本原则，不得危害国家的统一、安全和民族的团结，不得损害国家利益、社会公共利益以及其他组织和公民的合法权益，不得违背社会道德风尚。社会团体不得从事营利性经营活动。

成立社会团体，应当经其业务主管单位审查同意。有些社会团体法人需要登记，需要登记的，从登记之日取得法人资格；有些社会团体法人不需要登记，不需要登记的，从成立之日起，具有社会团体法人资格。下列团体不属于社会团体登记管理条例规定登记的范围：（1）参加中国人民政治协商会议的人民团体；（2）由国务院机构编制管理机关核定，并经国务院批准免予登记的团体；（3）机关、团体、企业事业单位内部经本单位批准成立、在本单位内部活动的团体。①

国务院民政部门和县级以上地方各级人民政府民政部门是本级人民政府的社会团体登记管理机关。全国性的社会团体，由国务院的登记管理机关负责登记管理；地方性的社会团体，由所在地人民政府的登记管理机关负责登记管理；跨行政区域的社会团体，由所跨行政区域的共同上一级人民政府的登记管理机关负责登记管理。

国务院有关部门和县级以上地方各级人民政府有关部门、国务院或者县级以上地方各级人民政府授权的组织，是有关行业、学科或者业务范围内社会团体的业务主管单位。法律、行政法规对社会团体的监督管理另有规定的，依照有关法律、行政法规的规定执行。登记管理机关、业务主管单位与其管辖的社会团体的住所不在一地的，可以委托社会团体住所地的登记管理机关、业务主管单位负责委托范围内的监督管理工作。

成立社会团体，应当具备下列条件：（1）有50个以上的个人会员或者30个以上的单位会员；个人会员、单位会员混合组成的，会员总数不得少于50个；（2）有规范的名称和相应的组织机构；（3）有固定的住所；（4）有与其业务活动相适应的专职工作人员；（5）有合法的资产和经费来源，全国性的社会团体有10万元以上活动资金，地方性的社会团体和跨行政区域的社会团体有3万元以上活动资金；（6）有独立承担民事责任的能力。

社会团体的名称应当符合法律、法规的规定，不得违背社会道德风尚。社会团体的名称应当与其业务范围、成员分布、活动地域相一致，准确反映其特征。全国性的社会团体的名称冠以“中国”“全国”“中华”等字样的，应当按照国家有关规定经过批准，地方性的社会团体的名称不得冠以“中国”“全国”“中华”等字样。

申请成立社会团体，应当经其业务主管单位审查同意，由发起人向登记管理机关申请登记。筹备期间不得开展筹备以外的活动。

申请登记社会团体，发起人应当向登记管理机关提交下列文件：（1）登

① 《社会团体登记管理条例》第3条。

记申请书；（2）业务主管单位的批准文件；（3）验资报告、场所使用权证明；（4）发起人和拟任负责人的基本情况、身份证明；（5）章程草案。

登记管理机关应当自收到《社会团体登记管理条例》第11条所列全部有效文件之日起60日内，作出准予或者不予登记的决定。准予登记的，发给《社会团体法人登记证书》；不予登记的，应当向发起人说明理由。社会团体登记事项包括：名称、住所、宗旨、业务范围、活动地域、法定代表人、活动资金和业务主管单位。

（二）社会团体法人的法人章程

法人章程是设立社会团体法人的必备条件，在申请社会团体法人登记时，应该向登记管理机关提交法人章程草案。社会团体的章程应当包括下列事项：（1）名称、住所；（2）宗旨、业务范围和活动地域；（3）会员资格及其权利、义务；（4）民主的组织管理制度，执行机构的产生程序；（5）负责人的条件和产生、罢免的程序；（6）资产管理和使用的原则；（7）章程的修改程序；（8）终止程序和终止后资产的处理；（9）应当由章程规定的其他事项。

（三）社会团体法人的治理结构

社会团体法人的治理结构主要包括权力机构和执行机构。

社会团体法人应当设权力机构是社会团体法人的意思机关，也是必设机构。社会团体法人的权力机构为会员大会或者会员代表大会。权力机构多通过决议的形式管理社会团体事务，其主要职权有：（1）制定和修改章程；（2）选举和罢免理事；（3）审议理事会的工作报告和财务报告；（4）决定法人终止事宜；（5）决定章程中确定的其他重大事宜。

社会团体法人应当设执行机构，它是社会团体法人事务的具体执行机构，也是必设机构，其执行机构通常称为理事会。理事会的职权主要有：（1）执行会员大会（或会员代表大会）的决议；（2）选举和罢免理事长（会长）、副理事长（副会长）、秘书长；（3）筹备召开会员大会（或会员代表大会）；（4）向会员大会（或会员代表大会）报告工作和财务状况；（5）决定会员的吸收或除名；（6）决定设立办事机构、分支机构、代表机构和实体机构；（7）决定副秘书长、各机构主要负责人的聘任；（8）领导本团体各机构开展工作；（9）制定内部管理制度；（10）决定其他重大事项。

理事会的理事长或者会长等负责人按照法人章程的规定担任法定代表人，同时不得兼任其他社会团体法定代表人。拟任人选如果已担任其他社会团体法定代表人的，应事先解除已经担任的法定代表人职务。法定代表人人选不是章程明确的负责人的，或者同时担任其他社会团体法定代表人的，登记管理机关不予受理法定代表人变更登记。

四、捐助法人

捐助法人是指以捐助的财产为基础设立的法人。它在国外属于财团法人的范畴，我国没有财团法人这一称谓，但在立法上已经承认了实质意义的财团法人，例如基金会、社会服务机构等法人。捐助法人主要有两个特点：一是设立目的的公益性；二是法人财产全部来源于捐助。捐助法人主要包括基金会、社会服务机构和宗教活动场所。捐助法人也可从事一定的经济活动，只不过经济活动所获得的收益必须用于捐助目的规定的范围。[①]例如，《基金会管理条例》第28条规定："基金会应当按照合法、安全、有效的原则实现基金的保值、增值。"由于捐助法人没有成员，其所获的经济活动的收益不存在向成员分配的问题。

（一）捐助行为

捐助法人的捐助人必须捐助财产，制定捐助法人的根本规则，并将其用于书面形式记载，这些行为统称为"捐助行为"。捐助行为可以是生前行为，也可以是死因处分行为。生前的捐助行为是一项不需要受领意思表示的单方法律行为，捐助法人的设立一经获得许可，捐赠人就有义务提供允诺的财产。关于死因处分的捐助行为，就捐助人的捐助行为而言，捐助法人视为在

① 谭启平、黄家镇：《民法总则中的法人分类》，载《法学家》2016年第5期。

捐助人死亡之前已经设立，因而它是具有继承能力的。[1]捐助法人的成立虽然需要主管机关的许可，但不得因此而认为主管机关系捐助意思表示的相对人，故捐助行为系属于无相对人的单独行为。[2]

（二）捐助法人的登记

登记是捐助法人取得法人资格的程序性条件，自登记之日起取得捐助法人资格。我国基金会管理条例对基金会的登记制度进行了规定。目前，社会服务机构进行法人登记的，适用《民办非企业单位登记管理暂行条例》第8条的规定。而规范基金会、社会服务机构等登记制度的社会组织登记管理条例正在制定过程中。

1.基金会、社会服务机构的登记

国务院民政部门和省、自治区、直辖市人民政府民政部门是基金会、社会服务机构等捐助法人的登记管理机关。

国务院民政部门负责下列基金会、基金会代表机构的登记管理工作：（1）全国性公募基金会；（2）拟由非内地居民担任法定代表人的基金会；（3）原始基金超过2000万元，发起人向国务院民政部门提出设立申请的非公募基金会；（4）境外基金会在中国内地设立的代表机构。省、自治区、直辖市人民政府民政部门负责本行政区域内地方性公募基金会和不属于前款规定情况的非公募基金会的登记管理工作。设立基金会，应当具备下列条件：（1）为特定的公益目的而设立。（2）全国性公募基金会的原始基金不低于800万元人民币，地方性公募基金会的原始基金不低于400万元人民币，非公募基金会的原始基金不低于200万元人民币；原始基金必须为到账货币资金。（3）有规范的名称、章程、组织机构以及与其开展活动相适应的专职工作人员。（4）有固定的住所。（5）能够独立承担民事责任。

申请登记社会服务机构的，应当具备下列条件：（1）经业务主管单位

---

① ［德］迪特尔·梅迪库斯：《德国民法总论》，邵建东译，法律出版社2000年版，第866—867页。

② 王泽鉴：《民法总则》，北京大学出版社2009年版，第191页。

审查同意；（2）有规范的名称、必要的组织机构；（3）有与其业务活动相适应的从业人员；（4）有与其业务活动相适应的合法财产；（5）有必要的场所。

2. 宗教活动场所的登记

宗教活动场所是指开展宗教活动的寺院、宫观、清真寺、教堂及其他固定场所。筹备设立宗教活动场所的，应首先取得批准。具体批准程序包括：（1）由宗教团体向拟设立的宗教活动场所所在地的县级人民政府宗教事务部门提出申请；（2）县级人民政府宗教事务部门应当自收到申请之日起30日内提出审核意见，报设区的市级人民政府宗教事务部门；（3）设区的市级人民政府宗教事务部门应当自收到县级人民政府宗教事务部门报送的材料之日起30日内，对申请设立其他固定宗教活动处所的，作出批准或者不予批准的决定；（4）对申请设立寺观教堂的，提出审核意见，报省、自治区、直辖市人民政府宗教事务部门审批；（5）省、自治区、直辖市人民政府宗教事务部门应当自收到设区的市级人民政府宗教事务部门报送的材料之日起30日内，作出批准或者不予批准的决定。

宗教活动场所的设立申请获批准后，方可办理该宗教活动场所的筹建事项。设立宗教活动场所，应当具备下列条件：（1）设立宗旨不违背《宗教事务条例》第4条、第5条的规定[①]；（2）当地信教公民有经常进行集体宗教活动的需要；（3）有拟主持宗教活动的宗教教职人员或者符合本宗教规

---

① 《宗教事务条例》第4条规定："国家依法保护正常的宗教活动，积极引导宗教与社会主义社会相适应，维护宗教团体、宗教院校、宗教活动场所和信教公民的合法权益。宗教团体、宗教院校、宗教活动场所和信教公民应当遵守宪法、法律、法规和规章，践行社会主义核心价值观，维护国家统一、民族团结、宗教和睦与社会稳定。任何组织或者个人不得利用宗教进行危害国家安全、破坏社会秩序、损害公民身体健康、妨碍国家教育制度，以及其他损害国家利益、社会公共利益和公民合法权益等违法活动。任何组织或者个人不得在不同宗教之间、同一宗教内部以及信教公民与不信教公民之间制造矛盾与冲突，不得宣扬、支持、资助宗教极端主义，不得利用宗教破坏民族团结、分裂国家和进行恐怖活动。"第5条规定："各宗教坚持独立自主自办的原则，宗教团体、宗教院校、宗教活动场所和宗教事务不受外国势力的支配。宗教团体、宗教院校、宗教活动场所、宗教教职人员在相互尊重、平等、友好的基础上开展对外交往；其他组织或者个人在对外经济、文化等合作、交流活动中不得接受附加的宗教条件。"

定的其他人员；（4）有必要的资金，资金来源渠道合法；（5）布局合理，符合城乡规划要求，不妨碍周围单位和居民的正常生产、生活。

宗教活动场所经批准筹备并建设完工后，应当向所在地的县级人民政府宗教事务部门申请登记。县级人民政府宗教事务部门应当自收到申请之日起30日内对该宗教活动场所的管理组织、规章制度建设等情况进行审核，对符合条件的予以登记，发给《宗教活动场所登记证》。宗教活动场所符合法人条件的，经所在地宗教团体同意，并报县级人民政府宗教事务部门审查同意后，可以到民政部门办理法人登记。宗教活动场所终止或者变更登记内容的，应当到原登记管理机关办理相应的注销或者变更登记手续。

（三）捐助法人的法人章程

法人章程是捐助法人设立的必备条件。捐助法人章程必须明确捐助法人的公益性质，不得规定使特定自然人、法人或者其他组织受益的内容。捐助法人的章程应当载明下列事项：（1）名称及住所；（2）设立宗旨和公益活动的业务范围；（3）捐助财产数额；（4）理事会的组成、职权和议事规则，理事的资格、产生程序和任期；（5）法定代表人的职责；（6）监事的职责、资格、产生程序和任期；（7）财务会计报告的编制、审定制度；（8）财产的管理、使用制度；（9）捐助法人的终止条件、程序和终止后财产的处理。

（四）捐助法人的治理结构

由于捐助法人无成员，故捐助法人的章程不可能像社团法人那样由社员大会进行修改。恰恰相反，捐助法人的主要目的之一就是防止他人改变设立人的意志。①捐助法人没有成员，因此不可能形成意思机关，他所建立的组织只服务设立人约定的目的。②我国基金会管理条例也规定，理事会是基金会的决策机构，依法行使章程规定的职权。下列重要事项的决议，须经出席理事表决，三分之二以上通过方为有效：（1）章程的修改；（2）选举或者罢免理事长、副

---

① 李永军：《民法总论》，法律出版社2009年版，第351页。

② 谭启平、黄家镇：《民法总则中的法人分类》，载《法学家》2016年第5期。

理事长、秘书长；（3）章程规定的重大募捐、投资活动；（4）基金会的分立、合并。可见，在我国，理事会有权修改捐助法人的章程，理事会是捐助法人的决策机构。理事会设理事长、副理事长和秘书长，从理事中选举产生，理事长是基金会的法定代表人。捐助法人的法定代表人，不得同时担任其他组织的法定代表人。

基金会不设执行机构，从我国基金会管理条例的规定来看，理事会享有执行基金会事务的职权。社会服务机构可以设立执行机构。执行机构在执行机构负责人领导下开展工作，负责组织实施理事会决议和章程规定的其他职权。宗教活动场所应当成立管理组织，实行民主管理。宗教活动场所管理组织的成员，经民主协商推选，并报该场所的登记管理机关备案。宗教活动场所应当加强内部管理，依照有关法律、法规、规章的规定，建立健全人员、财务、资产、会计、治安、消防、文物保护、卫生防疫等管理制度，接受当地人民政府有关部门的指导、监督、检查。

捐助法人应当设监事会等监督机构。例如，《基金会管理条例》第22条规定："基金会设监事。监事任期与理事任期相同。理事、理事的近亲属和基金会财会人员不得兼任监事。监事依照章程规定的程序检查基金会财务和会计资料，监督理事会遵守法律和章程的情况。监事列席理事会会议，有权向理事会提出质询和建议，并应当向登记管理机关、业务主管单位以及税务、会计主管部门反映情况。"

（五）捐助人的权利

捐助人的权利主要有查询权、建议权以及撤销权。

捐助人有权向捐助法人查询捐助财产的使用、管理情况，捐助法人应当及时、如实答复；捐助人也有权向捐助法人提出捐助财产使用、管理方面的意见和建议。《基金会管理条例》第39条第2款规定："基金会违反捐赠协议使用捐赠财产的，捐赠人有权要求基金会遵守捐赠协议或者向人民法院申请撤销捐赠行为、解除捐赠协议。"

撤销权是指捐助人撤销决策机构、执行机构或者法定代表人决定的权利。捐助人撤销权指向以下两种决定：（1）捐助法人的决策机构、执行机构或者法定代表人作出决定的程序违反法律、行政法规、法人章程的；（2）捐助法人的决策机构、执行机构或者法定代表人的决定内容违反法人章程的。撤销权的权利主体可以是捐助人等利害关系人，也可以是主管机关。撤销权行使的方式为诉讼方式，即撤销权人请求人民法院撤销。

撤销权行使的效力体现为：其一，一旦撤销，决定即告无效；其二，捐助法人依据该决定与善意相对人形成的民事法律关系不受影响。这里的善意相对人是指不知或不应知决定存在撤销事由而信赖决定，从而与捐助法人形成了民事法律关系的第三人。“不受影响”是指此处的民事法律关系不因该决定被撤销而受到影响。

五、从事公益目的的非营利法人终止后的财产归属

出资人、设立人或者会员一旦向非营利法人出资，非营利法人成立后财产归属于法人所有，出资人、设立人或者会员不再享有所有权。出资人、设立人并非非营利法人的股东，为公益目的成立的非营利法人终止时，其剩余财产不再分配给出资人、设立人或者会员。剩余财产应该按照法人章程的规定或者权力机构的决议用于公益目的。无法按照法人章程的规定或者权力机构的决议处理的，由主管机关主持转给宗旨相同或者相近的法人，并向社会公告。我国《基金会管理条例》第33条规定：“基金会注销后的剩余财产应当按照章程的规定用于公益目的；无法按照章程规定处理的，由登记管理机关组织捐赠给与该基金会性质、宗旨相同的社会公益组织，并向社会公告。”这里的非营利法人限于“以公益目的成立的非营利法人”。

第四节 特别法人

一、特别法人的概念和范围

在我国，有些法人既不是营利法人，也不属于非营利法人，而是特别法人，民法典总则编第三章第四节对特别法人作了规定。根据民法典规定，

特别法人包括机关法人、农村集体经济组织法人、城镇农村的合作经济组织法人、基层群众性自治组织法人。

机关法人是指依法享有国家赋予的权力，以国家预算作为活动经费，因行使职权的需要而享有民事权利能力和民事行为能力的各级国家机关。

我国有关农村集体经济组织的法律规定主要集中于宪法、土地承包法、土地管理法、民法通则、物权法等法律法规，而这些条文并没有对“农村集体经济组织”这个名词的概念、含义进行法律上的明确。民法总则将农村具体经济组织作为特别法人的一种，明确了其主体地位，这解决了农村集体经济组织财产归属等问题。

农村合作经济组织在我国农村经济发展中日益显现出重要的、不可替代的作用，有关其的立法也已经提上了日程。民法总则将城镇农村的合作经济组织法人作为一种特别法人加以规定，明确了其主体地位，赋予其民事权利能力，对解决因城镇农村的合作经济组织主体资格欠缺产生的诸多理论问题具有重要的作用。

基层群众性自治组织是指在城市和农村按居民的居住地区建立起来的居民委员会和村民委员会。它是建立在我国社会的最基层的与群众直接联系的组织，是在自愿的基础上由群众按照居住地区自己组织起来管理自己事务的组织。民法典将其作为独立的民事主体加以规定，赋予其民事权利能力。

二、机关法人

（一）机关法人的分类

《民法典》第97条规定：“有独立经费的机关和承担行政职能的法定机构从成立之日起，具有机关法人资格，可以从事为履行职能所需要的民事活动。”据此，机关法人具体包括两类：具有独立经费的机关法人；具有独立经费并承担行政职能的法定机构。有独立经费的机关的财产来自财政拨款，机关对财政拨款实施预算管理，它是机关法人对外从事民事活动时承担责任的基础。除了机关之外，在我国还存在具有独立经费并承担行政职能的法定机构，主要是指依法承担行政管理职能的有关事业单位，例如中国证券监督管理委员会等，虽然性质上为事业单位，但因其履行行政职能，因而具有机关法人资格。这些法定机构主要有两个特点：其一，承担行政职能，是行政主体作为国家管理的执法机关，在依法对国家政治、经济和社会公共事务进行管理时应承担的职责和所具有的功能，如行政许可、行政处罚等。其二，这些机构的行政管理职能是法律、行政法规授予的，这些法定机构在承担行政职能时，享有与行政机关相同的行政主体地位，具有机关法人资格。

（二）机关法人的成立

机关法人无需办理成立登记，从成立之日就可以从事为履行职能所需要的民事活动，例如机关法人可以依自己的名义采购履行职能所需要的用品等。这些民事活动适用民法的规定，而不是行政法的规定。

（三）机关法人的终止

机关法人终止是机关法人主体资格消灭，它的终止事由主要是被撤销。机关法人被撤销的，法人资格终止，其在享有民事主体资格期间从事的民事行为产生的民事权利和义务由继任的机关法人享有和承担。所谓“继任的机关法人”，主要是指承受起职责并吸收了其经费和人员的机关法人，其“继任的机关法人”通常由作出撤销决定的机关法人决定。如果没有继任的机关法人的，由作出撤销决定的机关法人享有和承担机关法人在存续期间因从事民事行为产生的民事权利和义务。

三、农村集体经济组织法人

我国有关农村集体经济组织的法律规定主要集中于宪法、土地承包法、土地管理法、民法通则、物权法等法律法规，而这些条文并没有对“农村集体经济组织”这个名词的概念、含义进行法律上的明确。《民法典》第99条规定：“农村集体经济组织依法取得法人资格。法律、行政法规对农村集体经济组织有规定的，依照其规定。”民法典将农村集体经济组织作为特别法人的一种，明确了其主体地位，这解决了农村集体经济组织财产归属等问题。农村集体经济组织是为实行社会主义公有制改造，在自然乡村范围内，由农民自愿联合，将其各自所有的生产资料投入集体所有，由集体组织农业生产经营，农民进行集体劳动，各尽所能，按劳分配的农业社会主义经济组织。农村集体经济组织在我国已经长期存在，其作为一个组织体，依法取得法人资格，无须登记。

农村集体经济组织既不同于企业法人，又不同于社会团体，也不同于行政机关，自有其独特的政治性质和法律性质。农村集体经济组织是除国家以外对土地拥有所有权的唯一的一个组织。农村集体经济组织具有自身的独特性：一是属于经济组织，具有营利性。二是具有集体利益保障性。农村集体经济组织要保障其成员的利益，为其成员提供承包地、宅基地等，保障成员的生活，该组织具有保障成员利益的功能和责任。三是农村集体经济组织的成员是该组织所覆盖的社区的村民，农村基地经济组织的成员资格与村民作为土地承包经营权人的身份密不可分，所在社区以外的人员一般不能成为农村集体经济组织的成员，其成员具有封闭性。

法律、行政法规对农村集体经济组织有规定的，依照其规定。例如，我国土地管理法、农村土地承包经营法等对农村集体经济组织享有农村土地所有权等作了规定等。

四、城镇农村的合作经济组织法人

改革开放后，城镇农村各种形式的专业合作社和股份合作社在内的新型农村合作经济组织发展迅速，数量规模不断扩大，覆盖面日益拓展，新型农民专业合作经济组织已逐渐成为农民参与市场经济的基本组织形式。城镇农村的合作经济组织，是农村经济发展到一定阶段的产物，具有一定的自发性和组织性，由于我国目前还没有制定相应的法律法规，因此对该组织在社会的认同，法人登记依法经营、资金筹措，税赋减免等方面缺乏法律依据。造成该组织经营管理不规范，运行机制不健全。原《民法总则》第100条将这些合作经济组织的民事主体地位进行了明确，这对保护合作经济组织法人的权利和出资者的权益等具有重要意义。《民法典》第100条沿袭相关立法，规定："城镇农村的合作经济组织依法取得法人资格。法律、行政法规对城镇农村的合作经济组织有规定的，依照其规定。"

关于城镇农村的合作经济组织的含义，有不同的理解。有学者认为，城镇农村的合作经济组织是按照自愿互利、民主管理、协作服务原则组建的经济组织，主要是指供销合作社等。[①]有的学者认为，农村合作经济组织是在市场经济条件下农民为捍卫自己的利益而建立的特殊性经济组织或团体。[②]有的学者认为，合作经济组织法人，又称合作社法人，是指一定区域内的民事主体在自愿联合的基础上设立的，以互助合作、民主管理共同实现成员经济利益为目的的特别法人。合作经济组织法人首先表现为成员的互助性的组织体，在组织结构上不同于营利法人。[③]有的学者认为，城镇农村的合作经济组织法人，是指具有法人资格的城镇及农村的各类合作社。[④]城镇农村的集体经济组织在本质上是劳动群众自愿联合起来合作进行生产经营活动的组织形式，其具有以下特点：（1）营利性。城镇农村的集体经济组织从事生产经营活动，以营利为目的，这一点它与非营利法人不同。（2）合作性。成员通过设立城镇农村的集体经济组织，为组织成员提供自我服务，这一点同于非营利法人而不同于营利法人。（3）法人性。民法典规定，城镇农村的集体经济组织依法取得法人资格。合作经济组织法人不同于机关法人，其设立不仅要满足法律规定的条件，还要办理登记。例如，设立农民专业合作社，应当具备下列条件：（1）有五名以上符合《农民专业合作社法》第19条、第20条规定的成员[⑤]。（2）有符合《农民专业合作社法》规定

① 黄薇：《中华人民共和国民法典总则编释义》，法律出版社2020年版，第257页。

② 中国审判理论研究会民事审判理论专业委员会：《民法典总则编条文理解与司法适用》，法律出版社2020年版，第175页。

③ 邹海林：《民法总则》，法律出版社2018年版，第198页。

④ 郭明瑞：《民法总则》，商务印书馆2018年版，第140页。

⑤ 《农民专业合作社法》第19条："具有民事行为能力的公民，以及从事与农民专业合作社业务直接有关的生产经营活动的企业、事业单位或者社会组织，能够利用农民专业合作社提供的服务，承认并遵守农民专业合作社章程，履行章程规定的入社手续的，可以成为农民专业合作社的成员。但是，具有管理公共事务职能的单位不得加入农民专业合作社。农民专业合作社应当置备成员名册，并报登记机关。"第20条："农民专业合作社的成员中，农民至少应当占成员总数的百分之八十。成员总数二十人以下的，可以有一个企业、事业单位或者社会组织成员；成员总数超过二十人的，企业、事业单位和社会组织成员不得超过成员总数的百分之五。"

的章程[①]。(3)有符合《农民专业合作社法》规定的组织机构[②]。(4)有符合法律、行政法规规定的名称和章程确定的住所。(5)有符合章程规定的成员出资。《农民专业合作社法》第5条规定，农民专业合作社依照本法登记，取得法人资格。农民专业合作社对由成员出资、公积金、国家财政直接补助、他人捐赠以及合法取得的其他资产所形成的财产，享有占有、使用和处分的权利，并以上述财产对债务承担责任。(6)以自治为要素，体现“人合性”。合作经济组织首先是一个成员共同所有合作经济组织的财产和民主管理合作经济组织事务的组织体，在合作经济组织的目的事业内，成员有加入和退出的自由。[③]

但法律、行政法规对城镇农村的合作经济组织有规定的，依照其规定。例如，农民专业合作社法关于农民专业合作社法人的规定。

五、基层群众自治性组织法人

《民法典》第101条规定：“居民委员会、村民委员会具有基层群众性自治组织法人资格，可以从事为履行职能所需要的民事活动。未设立村集体经济组织的，村民委员会可以依法代行村集体经济组织的职能。”所以，基层群众性自治组织法人包括居民委员会、村民委员会法人。

我国农村村民实行民主选举、民主决策、民主管理、民主监督。而村民委员会是村民自我管理、自我教育、自我服务的基层群众性自治组织。

居民委员会是居民自我管理、自我教育、自我服务的基层群众性自治组织。不设区的市、市辖区的人民政府或者它的派出机关对居民委员会的

① 《农民专业合作社法》第15条规定，农民专业合作社章程应当载明下列事项：(一)名称和住所；(二)业务范围；(三)成员资格及入社、退社和除名；(四)成员的权利和义务；(五)组织机构及其产生办法、职权、任期、议事规则；(六)成员的出资方式、出资额，成员出资的转让、继承、担保；(七)财务管理和盈余分配、亏损处理；(八)章程修改程序；(九)解散事由和清算办法；(十)公告事项及发布方式；(十一)附加表决权的设立、行使方式和行使范围；(十二)需要载明的其他事项。

② 农民专业合作社法人的组织机构包括社员大会(权力机构)、理事会(理事)、监事会(监事)。

③ 邹海林：《民法总则》，法律出版社2018年版，第200页。

工作给予指导、支持和帮助。居民委员会协助不设区的市、市辖区的人民政府或者它的派出机关开展工作。

村民委员会、居民委员会具有法人主体资格，都具有部分社会事务管理职能。村民委员会与村集体经济组织的关系体现为两个方面：其一，村民委员会是村民自治组织法人，其承担了农村事务管理的职能；而村集体经济组织则是集体所有的生产资料的民事主体，其主要是作为所有权主体而存在，是农村集体经济制度的组织形式。其二，村民委员会应当尊重并支持集体经济组织依法独立进行经济活动的自主权，维护以家庭承包经营为基础、统分结合的双层经营体制，保障集体经济组织和村民、承包经营户、联户或者合伙的合法财产权和其他合法权益。

未设立村集体经济组织的，村民委员会依照法律规定，管理本村属于村农民集体所有的土地和其他财产，引导村民合理利用自然资源，保护和改善生态环境。

第八章　非法人组织

一、非法人组织的概念

关于非法人组织的称谓，有的民法称为非法人团体，例如日本；还有的称为无权利能力社团，例如德国。民法典颁布之前，我国合同法使用了“其他组织”的概念，我国民法典使用了“非法人组织”这一概念。关于非法人组织的法律地位，各国最先采取的办法，是准用关于合伙的规定。后来，关于非法人组织是否具有民事权利能力和民事行为能力的问题，理论上形成了肯定说和否定说两种学说。我国民法通则只赋予了自然人和法人的民事主体资格。但现实中存在许多非法人组织体。从我国的社会实际来看，赋予这些非法人组织体以民事主体资格不仅必要而且可行，所以民法典赋予非法人组织民事主体地位。

非法人组织是指虽不具有法人资格，但可以以自己的名义从事民事活动的组织。民法典将非法人组织作为第三类民事主体，结束了我国自民法通则以来确立的自然人和法人二元民事主体结构。非法人组织是组织体，这是其与自然人根本区别所在；非法人组织是有别于法人之外的民事主体，是非法人，这是其与法人的根本区别所在。

二、非法人组织的特征

关于非法人组织的法律特征，有的学者总结为组织体特征、人格独立特征和民事责任相对对立性特征。[①]有的学者认为，非法人组织的特征包括：

---

① 邹海林：《民法总则》，法律出版社2020年版，第204页。

（1）虽然不具有法人资格，但能够以自己的名义从事民事活动；（2）依法成立；（3）有一定的组织机构；（4）有一定的财产或经费；（5）不具有独立承担民事责任的能力。[①]本书认为，不具有独立承担民事责任的能力并非非法人组织的特征，而是非法人组织的法律效果。至于依法成立、有一定的组织机构、有一定的财产或经费等特征，法人也需要依法成立、有一定的组织机构、有一定的财产或经费，这属于设立非法人组织和法人的条件，并非其特征。本书认为，非法人组织的特征包括三个：其一，组织体性；其二，法律主体性；其三，非法人性。

1. 非法人组织的组织体性

非法人组织是组织体，这是非法人组织法律规范的起点，确认其组织体性是关于非法人组织立法的前提。非法人组织的组织体性决定了其在适用法律规则时，如果没有规定的，应适用民法典关于法人的规定。有些国家民法还规定，非法人组织包括非法人社团和非法人财团。我国民法典并未作出这种规定，所以我国非法人组织主要是国外立法上的非法人社团，非法人组织的组织体性说明非法人组织是由一定的成员组成。非法人组织还要有其机构，并通过其机构实现非法人组织对内对外关系。

2. 非法人组织的法律主体性

非法人组织是具有民事权利能力和民事行为能力的，是独立的法律主体。非法人组织的民事权利能力是指非法人组织可以自己的名义享有民事权利并承担民事义务；非法人组织的民事行为能力是指非法人组织可以通过自己的行为为其取得民事权利并承担民事义务。

3. 非法人组织的非法人性

法人是具有法人资格的组织，非法人组织是具有非法人资格的组织，非法人组织与法人的最大区别就在于其非法人性，即非法人组织是组织，但不是法人，而是法人之外的组织。

---

① 黄薇：《中华人民共和国民法典总则编释义》，法律出版社2020年版，第204—205页。

三、非法人组织的范围

民法典规定，非法人组织包括个人独资企业、合伙企业、不具有法人资格的专业服务机构等。一个“等”字说明，非法人组织除了列举的三种类型外，还包括其他。有的学者认为，现实生活中存在各种不具备法人资格的组织体，诸如业主委员会、无法人资格的分公司、各种企业的分支机构、独资企业、合作企业、合伙企业、非企业合伙组织（如律师事务所、会计师事务所）、各种协会与学会的分会、学校的学生会、校友会、同乡会、各种俱乐部（如高尔夫俱乐部、足球俱乐部）、大学内部的学院、系、所、教研室、科研院内部的研究所、研究中心、研究室、课题组等。[①]有的学者认为，非法人团体包括非法人企业、非法人经营体、非法人非营利性团体。非法人企业又具体包括企业合伙、个人独资企业、乡镇企业、非法人乡村集体企业、非法人外资企业。非法人经营体具体包括个体工商户、农村承包经营户、个人合伙、合伙型联营、企业分支机构、设立中的公司、企业集团。非法人非营利性团体具体包括非法人机关、非法人事业单位、非法人社会团体。[②]也有学者认为，我国非法人组织因参照营利法人和非营利法人的分类，区分为营利非法人组织和非营利非法人组织。[③]这种看法有一定的道理，因为按照非法人组织的组织形式进行分类，难以穷尽。本书认为，首先，民法典中规定的非法人组织是一个独立的组织体，它与法人并列为民事主体，所以法人的组成部分并非非法人组织。例如，非法人组织应当不包括法人的分支机构，主要原因在于企业法人分支机构只有撤销、被责令关闭、被吊销营业执照，不适用解散和清算制度，且分支机构债务即企业法人债务，也无单独清算的必要。[④]其次，民法典中的非法人组织是组织，合伙型联营等在本质上是合同，并非组织，也不是非法人组织。最后，各国对财团法人的控制非常严格，

---

① 梁慧星：《中国民法典草案建议稿附理由：总则编》，法律出版社2013年版，第183—184页。

② 苏号朋：《民法总论》，法律出版社2006年版，第118页。

③ 邹海林：《民法总则》，法律出版社2018年版，第205页。

④ 梁慧星：《民法总论》，法律出版社2017年版，第149页。

虽然承认财团法人，但多不承认无权利能力财团而承认无权利能力社团。因为财团与社团不同，可能存在危及社会的各种风险。因此，我国《民法典》第102条关于非法人组织种类的限制采取比较严格的态度。[①]

自然人从事商事经营，应依其登记为准，如果登记为个人的，则是“个体户”；如果登记为商事组织的，则是个人独资企业。个人独资企业是指由一个自然人投资，财产为投资人个人所有，投资人以其个人全部财产对企业债务承担无限责任的经营实体。

合伙企业是指两个以上的合伙人共同出资、共同经营、共享收益、共担风险，并对合伙经营所产生的债务承担（无限）连带责任的商事组织，它包括普通合伙企业和有限合伙企业。普通合伙企业由普通合伙人组成，合伙人对合伙企业债务承担无限连带责任。有限合伙企业由普通合伙人和有限合伙人组成，普通合伙人对合伙企业债务承担无限连带责任，有限合伙人以其认缴的出资额为限对合伙企业债务承担责任。

不具有法人资格的专业服务机构，主要是指律师事务所、会计师事务所和个人律师事务所。这类服务机构一般多采用合伙制，不具有法人资格，所从事的活动为提供律师、会计师等专业服务。[②]当然，如果律师事务所、会计师事务所采取公司制的，其具有法人资格，属于法人。除此之外，中外合资经营企业、外商独资企业、中外合作经营企业等，也可能设立为法人，还可能设立为非法人，如果是非法人的，属于非法人组织。

非法人组织还包括不具有法人资格的其他组织，例如企业集团、合伙型、个体型民办非企业单位等。[③]

四、非法人团体的成立条件

（一）需要批准的要办理批准手续

非法人组织之目的有公益性的，也有营利性的，还有其他特定目的的。

---

① 李永军：《民法总则》，中国法制出版社2018年版，第479页。

② 黄薇：《中华人民共和国民法典总则编释义》，法律出版社2020年版，第267页。

③ 梁慧星：《民法总论》，法律出版社2017年版，第148—149页。

为维护公共利益考虑，有些法律、行政法规对非法人团体的成立设置了批准程序。例如设立律师事务所、会计师事务所的，应由主管的司法部门、财政部门批准。所以，设立非法人组织，法律、行政法规规定须经有关机关批准的，依照其规定。

（二）非法人组织应当登记设立

在民法典制定过程中，关于设立非法人组织是否必须登记的问题，有不同的看法。有的认为非法人组织的设立不需要办理登记；有的认为非法人组织的设立需要办理登记；还有的认为，非法人组织是否需要登记根据具体情况确定。民法典采纳了第二种观点，非法人组织应当依照法律的规定登记。

除登记之外，非法人组织取得民事主体资格还需要具备其他条件。但是，不同的非法人组织，其成立条件不同。个人独资企业的成立条件包括：（1）投资人为一个自然人；（2）有合法的企业名称；（3）有投资人申报的出资；（4）有固定的生产经营场所和必要的生产经营条件；（5）有必要的从业人员。设立律师事务所应当具备下列条件：（1）有自己的名称、住所和章程；（2）有符合律师法规定的律师；（3）设立人应当是具有一定的执业经历，且三年内未受过停止执业处罚的律师；（4）有符合国务院司法行政部门规定数额的资产。可见，不同类型的非法人组织，其具体设立条件差别较大。但一般认为，非法人组织应包括：（1）有自己的名称；（2）有固定的活动场所或者住所；（3）有自己的章程；（4）有一定数量的成员，成员是否需要某方面技术技能由法律、行政法规规定；（5）有一定数额的资产。

五、非法人组织的债务承担

非法人组织和法人组织的区别之一是非法人组织的成员要对非法人组织的债务承担无限责任。但因非法人组织具有民事主体地位，其财产具有独立性。因此，非法人组织应首先用自己的财产清偿债务。不能清偿的，其出资人或者设立人承担无限责任，出资人或者设立人为多人的，对非法人组织不能清偿部分的债务承担无限连带责任。当然，如果法律另有规定的，依照其规定。例如，对于合伙制律师事务所，依据《合伙企业法》第57条规定，一个合伙人或者数个合伙人在执业活动中因故意或者重大过失造成合伙企业债务的，应当承担无限责任或者无限连带责任，其他合伙人以其在合伙企业中的财产份额为限承担责任。合伙人在执业活动中非因故意或者重大过失造成的合伙企业债务以及合伙企业的其他债务，由全体合伙人承担无限连带责任。

六、非法人组织的事务执行

依《民法典》第105条规定，非法人组织的代表人代表非法人组织从事民事活动。非法人组织代表人，是指非法人组织根据其章程、协议或者经其成员共同决定，来确定由其代表该组织对外从事民事活动的人。非法人组织的代表人与法人代表人不同，可以是一个人，也可以是多个人。例如，合伙企业法规定，按照合伙协议的约定或者经全体合伙人决定，可以委托一个合伙人或者数个合伙人对外代表合伙企业，执行合伙事务。

非法人组织代表人的职责包括对外代表非法人组织从事民事活动，并按照组织章程的规定履行报告相关情况；非法人组织代表人对内主要是管理非法人组织事务。非法人组织代表人对外实施行为的后果属于非法人组织，非法人组织要承受相应的后果。非法人组织对代表人的限制，不能对抗善意第三人。代表人代表非法人组织从事民事活动的，应尽必要的注意义务，否则应赔偿给非法人组织造成的损失。

七、非法人组织的解散

作为组织体，非法人组织在出现法定事由时应予解散。依《民法典》第106条规定，非法人组织的解散事由包括：（1）章程规定的存续期间届满或者章程规定的其他解散事由出现；（2）出资人或者设立人决定解散；（3）法律规定的其他情形。非法人组织的解散分为任意解散和强制解散。任意解散包括非法人组织出资人或者出资人事先约定解散事由，当解散事由出现后的解散和出资人或者设立人决定解散。《民法典》第106条规定的解散事由多为任意解散事由。强制解散是指由国家机关强制非法人组织解散。主要包括依法被吊销营业执照、责令关闭或者被撤销、被吊销律师事务所执业证书等。

非法人组织解散的，应当依法进行清算。这里的“依法”是指根据个人独资企业法、合伙企业法等法律规定进行清算。清算完毕，清算人应当编制清算报告，经全体成员签名、盖章后，向登记机关报送清算报告，办理注销登记，非法人组织的法律主体资格消灭。

第九章　民事法律关系和民事权利

第一节　民事法律关系

一、民事法律关系的概念

民事法律关系是实践私法自治的工具，是分析民事纠纷、确定法律适用的重要手段。例如，甲乙因网络购物发生纠纷，法院通过民事法律关系之构成要素，分析该民事法律关系的主体资格、分析甲乙各自的民事权利和民事义务、分析引起民事权利和民事义务的法律事实、分析民事法律关系的标的等。虽然在民法中具有重要地位，但极少有民法典对民事法律关系作出规定。有学者认为，对民事法律关系作出抽象的界定没有多大意义。[①]但是，仍有很多学者试图对其进行界定。有的认为，民事法律关系，一般来说，从一个人看是他的“权利”，从另一个人看就是一种义务或者说是一种法律上的约束。[②]有的认为，在民法领域内，尤其是在财产法领域内，法律时常规定当事人的一方（或双方）应受某种约束（作为或不作为），同时因而使他方获得利益；负有拘束义务人与享有利益人之间的关系就是法律关系。[③]有的认为，法律关系由法所规范，存在于人与人之间。[④]有的认为，法律关系，是指人类社会生活关系中，受法律所支配的关系。法律关系之

---

① ［德］梅迪库斯：《德国民法总论》，邵建东译，法律出版社2013年版，第52页。

② ［德］卡尔·拉伦茨：《德国民法通论》，王晓晔等译，法律出版社2003年版，第256页。

③ 施启扬：《民法总则》，中国法制出版社2010年版，第24页。

④ 王泽鉴：《民法总则》，北京大学出版社2009年版，第90—91页。

本质在于，因法律之规定而在当事人间发生的权利义务关系。[①]本书认为，民事法律关系是法律调整的民事权利和民事义务的关系。民事法律关系包括以下两个核心概念：

一是法律调整性。法律关系总是需要由法律（不一定是制定法）来加以调整。[②]法律调整是民法法律关系区别于一般生活关系的根据。民事法律关系的实质是对一部分现实生活的撷取，生活关系受法律调整而上升为法律上的关系，在民事领域，这种法律关系称为民事法律关系。还有一部分生活关系，法律则不作调整。

二是权利义务关系。民事法律关系的核心是民事主体之间的权利义务。该权利义务关系有的表现为特定当事人之间的权利义务，例如买卖合同、租赁合同产生的权利义务在双方当事人之间，第三人与该权利义务无关；还有的表现为权利主体与不特定的义务人之间的关系，例如物权关系中，权利主体通过自己的行为即可实现权利的内容，其他人负有尊重或者不侵害的义务。

二、民事法律关系的类型

基于民事法律关系的表现形式不同，民事法律关系包括两种：一种为“纽带型”民事法律关系，它属于一种法律上的“纽带”，这种纽带仅存在于参与者之间，第三人与此无关。另一种是“尊重型”民事法律关系，如果人格权和所有权，它提供给一个人对于所有其他人的权利，它是法律保证给一个特定人的自由空间，在这里这个特定人可以排除所有其他的人。[③]民事法律关系根据权利义务的具体内容，可以分为人身关系、财产关系等。具有实践意义的分类还有第一性的民事法律关系和救济性民事法律关系，第一性的民事法律关系是一种正常状态下的法律关系，例如房屋所有权人对房屋之支配关系，其他人没有侵害这种支配关系；救济性民事法律关系

① 梁慧星：《民法总论》，法律出版社2017年版，第58页。

② ［德］梅迪库斯：《德国民法总论》，邵建东译，法律出版社2013年版，第52页。

③ ［德］卡尔·拉伦茨：《德国民法通论》，王晓晔等译，法律出版社2003年版，第256页。

则是第一性的民事法律关系实现受阻或者受到破坏，对其救济而产生的关系。例如房屋被他人侵占，所有权人与侵占人之间产生的房屋返还请求关系；再如租赁合同履行受阻产生的违约关系等。

三、民事法律关系的要素

法律关系的构成分为动、静两种要素。静的要素为主体和客体；动的要素为权利义务，及其变动与变动的原因。民事法律关系的要素包括主体、客体、内容、变动、原因。[①]本书认为，民事法律关系的要素是指民事法律关系的构成要素，民事法律关系的原因是民事法律关系产生的依据，而非其构成要素；民事法律关系变动则是从动态角度对其进行的观察，也不属于民事法律关系的要素。

（一）民事法律关系的主体

民事法律关系的主体是指参加到某一具体的民事法律关系并享受民事权利和承担民事义务的人。民事法律关系的主体可以分为权利主体和义务主体。公平原则说明，“纽带型”民事法律关系的一方既是权利主体，也是义务主体。当然，也有例外情形，例如第三人提供担保的合同，担保人承担义务，而债权人享有担保权。但在“尊重型”民事法律关系中，一方是权利主体，除此之外的其他人都是义务主体。依民法典，民事法律关系的主体包括自然人、法人和非法人组织。在民事法律关系中，权利主体和义务主体的组合与联系十分复杂，可以依照主体的人数、主体是否特定、一方主体的人数、主体享有权利与承担义务的情况、主体权利与义务的联系等作不同的区分，情形极其复杂，只能结合具体的案件事实确定。例如，在民事义务主体为多人的情况下，有连带责任、按份责任，而责任又进一步分为无限责任、有限责任。

---

① 梁慧星：《民法总论》，法律出版社2017年版，第58—59页。

（二）民事法律关系的内容

法律关系最核心的要素是权利，以及与此相应地，另一方（或所有他人）的必要的义务、限制或法律约束。[①]义务、限制或法律约束，在我国统称为“义务”。所以，民事法律关系的内容，是指民事主体所享有的民事权利和承担的民事义务。在民事法律关系中，民事权利和民事义务是相互对立、相互联系的。在任何一个民事法律关系中，权利和义务都是一致的，权利的内容要通过相应的义务表现出来，而义务的内容则由相应的权利限定。当事人一方享有权利，必然由另一方负有相应的义务，并且权利和义务往往是同时产生、变更和消灭的。

（三）民事法律关系的客体

民事法律关系的客体，也称标的，是指民事权利和民事义务所指向的对象。民事法律关系类型不同，其客体不同。物权关系的客体是物，权利在特定情况下也可以成为物权的客体。债权关系的客体是行为，即债权人要求债务人作为或者不作为。知识产权的客体是智慧财产，其通常是无形的。一般认为，人身权的客体表现为人身利益。

四、民法上的物

（一）民法上的物的范畴界定

民法上的物首先要具备可支配性，这是与物理学上的物的根本不同之处。民法上的物的范围，在不同历史时期、不同国家有不同的认识。在罗马法中，物的概念含义广泛，物泛指财物，是“能被人支配、对人有用，并能构成人们财产组成部分的事物”。[②]罗马法中的物的范围，不仅指自然人以外的东西，也包括奴隶在内。物不限于有体物，无体物或权利也包括在

---

① ［德］卡尔·拉伦茨：《德国民法通论》，王晓晔等译，法律出版社2003年版，第263页。

② 周枏：《罗马法原论》，商务印书馆1996年版，第276页。

内。[①]法国民法典使用了财产的概念，法国法中的财产“包括物、物权、无形产权和债权”。[②]意大利、奥地利、荷兰等国的民法也采法国民法典广义财产的模式。德国民法典第90条规定，“法律意义上的物仅为有体物”。所谓有体物，是指“物是有形、可触觉并可支配的。依此标准，其他所有的财产形式，均被排除在物权法适用范围之外：各种表现形式的债权、无形财产权（专利权、商标权）属于债法或在特别法中适用于专门规定”。[③]这样，德国采狭义的物的概念，只承认物权意义上的物为有体物，无体的权利是财产的范畴，不是物权的客体。日本民法采用物的狭义概念，将物限于有体的物、特定的物和独立的物。我国《民法典》第115条规定，物包括不动产和动产，采纳德国民法上之物的概念。所以，物是存在于人身之外的能够为民事主体所支配并能满足其社会需要的有体物。

物需要存在于人身之外，人身及人体器官等不是物，安装于人身上之物已经成为人身之一部分，也不是物，例如假牙、假肢等；但假牙和假肢在市场交易时，则为物。人身体内的血液也不是物，但血液与人体分离后，成为交易的对象，就成了物，血液制品等也是物。

尸体是否为物，在德国民法理论曾有争议。有观点认为，人格权还继续存在于死者的躯体，死者家属对尸体不享有所有权，而只具有一项不同于所有权的对死者照管权利（及义务）。[④]但德国也有观点认为，可将尸体视为物，但是鉴于此种标的的特殊性，民法典的所有权制度对其只能有限适用。[⑤]尸体不是法律主体，当然是物，但属于特殊物，应受尊重，不能偷盗、销售。

物必须特定化，它是特定的物，这主要是考虑物的支配性；特定的物

---

① 周枏：《罗马法原论》，商务印书馆1996年版，第276页。

② 尹田：《法国物权法》，法律出版社1998年版，第14页。

③ ［德］鲍尔·施蒂尔纳：《德国物权法》（上册），张双根译，法律出版社2004年版，第22页。

④ ［德］迪特尔·梅迪库斯：《德国债法总论》，杜景林、卢谌译，法律出版社2004年版，第876页。

⑤ ［德］迪特尔·施瓦布：《民法导论》，郑冲译，法律出版社2006年版，第95页。

与特定物不同，特定物与种类物对称，它们都是民法上的物。例如月球上的土地不能被特定化，不属于特定的物，也就无法被支配，不是民法上的物，更不能成为交易的客体。民法上的物包括特定物和种类物。

民法上的物须为有体物，电热声光虽无体，但视为物。2003年，河北承德的网络游戏玩家甲进入一个名叫“红月”的游戏世界，发现自己的游戏装备不翼而飞，后经查实，这些价值不菲的装备被转移到了一个叫“笑红尘”的游戏玩家的ID上。甲的游戏装备因缺乏有体性，并非民法上的物。

民法上的物需要具有独立性，即物需要有独立的交易价值，物的成分不是物，已经安装在窗户上的玻璃不是物，而是窗户的组成部分。

（二）物的分类

依不同标准，民法上的物可作不同分类。

按照所有权移转的时间能否约定，物可以分为特定物和种类物。特定物的所有权可以通过约定移转所有权；种类物的所有权在特定化之前不能通过约定移转所有权。特定物毁损、灭失后，发生履行不能；而种类物部分毁损、灭失的，并不导致履行不能。

按照使用之后能否使物保持原来的性质为标准，物分为消耗物与不可消耗物。消耗物只能成立消费借贷或转移所有权的合同。

按照两个物之间的主从关系为标准，物被分为主物与从物。从物是一个独立的物，但辅助主物发挥其价值，且须与主物同属一人所有。在交易上，从物随主物走。依《民法典》第320条，主物转让的，从物随主物转让，但是当事人另有约定的除外。

按照物分割后是否改变其价值和属性为标准，物分为可分物与不可分物。可分物是指在进行实物分割是不改变其价值和属性的物，例如100斤小麦；不可分物是指如果进行实物分割将造成物的价值和属性发生改变的物。例如，一头牛。这种分类在共有物分割中具有重要意义，不可分物不能通过实物分割的方式进行分割。在确定留置的范围时，留置的动产是可分物的，债权人所留置的动产的价值不能超过所担保的债权。

原物是能产生新物的物，或是能产出收益的物。原物相对于所产生的收益而言，也称为生息物或母物。孳息是从原物中产生的收益物，也称物的出产物。根据产生的孳息类型，孳息又分为自然孳息和法定孳息。自然孳息是依据自然规律从原物中产生的物，如果实、鸡蛋等。法定孳息是根据法律规定从原物中定期的有规律产生的收益物，如存款利息、租金、股息（股利）等。原物并不以有体物为限，权利也可以产生收益，如债权可获得孳息，这种孳息是根据法律关系产生的。根据产生孳息的原物的不同，孳息又可以分为物的孳息和权利孳息。物的孳息是从物中产生的孳息，权利孳息是从权利中产生的孳息。民法意义上所说的孳息，不是泛指一切从原物中产生出的物。孳息的民法特点一般是：按照物的用途定期产生的收益。偶然性的一般不认为是收益。个别非定期的收益，以原物的代价为限视为其是否为孳息。远远超出原物的价值，不是孳息。比如，中奖后的收益，是机会利益，是由运气决定的，未得奖则和运气失之交臂，法律不能调整救济这种利益。当孳息与原物没有分离时，孳息是原物的构成部分，一旦与原物分离后，则成为独立之物。依《民法典》第321条，天然孳息，由所有权人取得；既有所有权人又有用益物权人的，由用益物权人取得。当事人另有约定的，按照其约定。

以德国为代表的民法将物做动产和不动产的划分，在此基础上设置了不同的物权体系。我国民法典也采纳了这种划分标准。这种标准是以物能否移动以及移动后是否改变其价值为标准进行的分类。动产是可以自由移动的物；不动产是不能移动的物，主要包括土地及其定着物。“定着物”是为了实现某种经济目的而固定地附着于土地上不易变更其位置的物。定着物通常指：一是固定在土地上的建筑物（房屋）。二是固定在土地上的构筑物，工作物，比如，固定在土地上的公路、铁路、铜像、桥梁、石头雕塑、索道、煤气管道等。三是固定在不动产上的其他附着物。比如，建筑物上的固定附属设备，通信设备，电力设备，固定在厂房里的机器等也是定着物。由于技术发展，一栋建筑物整体移动但不改变其价值的现象已经存在，但不能由此说明房屋已经不再属于不动产了。房车虽大，但可以随时移动，也不能由此说明房车就是不动产。动产和不动产的区分对其上的物权构造、公示方式、诉讼管辖等具有重要意义：用益物权主要存在于不动产之上，例外情况下可以存在于动产之上，动产之上可以设定质权，不动产不能设定质权；动产可以成为留置权的客体，但是不动产不能成为留置权的客体；不动产及其之上的物权通过登记予以公示，动产及其上的物权则通过转移占有予以公示；因不动产发生的纠纷由不动产所在地人民法院管辖。

五、民事法律事实

民事法律事实是指能够引起具体的民事法律关系变动的客观情况。民事法律关系变动包括其产生、变更和消灭。有时一个事实能够引起民事法律关系的变动，有时需要多个民事法律事实组合而引起民事法律关系的变动。民事法律事实包括行为和事件。行为本身包含了人的意志性，是在人的意志支配下实施的，包括民事法律行为和事实行为。民事法律行为表现为合同、婚姻、遗嘱等；事实行为例如债务清偿、无主物先占、遗失物拾得、添附等。事件是本身不直接包含人的意志性的民事法律事实。事件是和人的意志无关的，它区别于行为；事件本身并不直接含有人的意志性，须将事件本身与引发事件的原因区分开来。人的出生或死亡、自然灾害、一定时间的经过、自然孳息的产生、无意志能力人所实施的行为等都属于事件。

法律行为分为表意行为和非表意行为。表意行为是行为人通过意思表示进行的行为，包括民事法律行为、准民事法律行为。民事法律行为是指当事人通过意思表示，旨在产生、变更、终止民事法律关系的行为。准法律行为是民事法律行为以外，当事人实施的意思通知、观念通知、感情表示的行为。非表意行为是行为人无须意思表示而实施的行为，包括事实行为、违法行为、违约行为。事实行为是行为人主观上并无产生民事法律关系的意思，而是依照法律规定引起民事法律后果的行为，如无因管理。侵权行为是因违反民法规定，侵犯他人合法权益，依法应承担民事责任的行为。违约行为是指违反合同义务的行为。

第二节　民事权利

美国著名法学家博登海默认为：“概念乃是解决法律问题所必需的和必不可少的工具。没有限定严格的专门概念，我们便不能清楚地和理性地思考法律问题。没有概念，我们便无法将我们对法律的思考转变为语言，也无法以一种可理解的方式把这些思考传达给别人。”[①]德国著名法学家图尔曾说：“权利是私法的中心概念，且为多样性法律生活的最终抽象化。”民事法律关系的核心是民事权利。所以，民法典从民事权利而非法律关系入手构建其体系。权利的概念是私法的基本概念之一，没有这个概念，将会引起很多困难。对此，人们的意见是一致的。[②]

一、民事权利的界定

萨维尼、温德赛提出了权利的本质是意思力或意思支配，认为权利为个人意思自由活动或个人意思所支配的范围。耶林提出了利益说，认为此项意思支配力的赋予旨在满足特定的利益，认为权利乃法律所保护的利益。学者将上述观点进行了结合，提出结合说。结合说认为权利乃享受特定利益的法律之力。权利是法律为了满足某人的需要而赋予他的一种“意思的力”或“法律的力”，是“一个确定的、对这个人来说合适的权力关系”。[③]“法律的力”是指一种规范的情况，即法律制度对权利人的授权，一种“可以作为”，或是一种“法律上的可能”。拉伦茨特别指出：“法律的力”不适用于各种人格权。人格权保护权利人的不可侵犯的个人生活领域，在这个范围内没有权利人的同意，不许他人进行干涉。法律没有规定对人身的“权力”，至少没有规定人本来就没有的权力；从而保护权利人作为人所应有的权利；

① ［美］博登海默：《法理学——法律哲学与法律方法》，邓正来译，中国政法大学出版社1999年版，第486页。

② ［德］卡尔·拉伦茨：《德国民法通论》，王晓晔等译，法律出版社2003年版，第276页。

③ ［德］卡尔·拉伦茨：《德国民法通论》，王晓晔等译，法律出版社2003年版，第277页。

一切他人对人的尊严的尊重，不对人身和人的精神、道德方面进行损害。[①]权利被理解为赋予个人的、满足其利益以及必要时可以进行诉讼的法律权利。任何权利都必须源于法律。[②]有的认为，民事权利是权利主体以实现其正当利益为目的而自由行使意志的范围。[③]权利通常体现为一定的利益，这种利益受到法律的确认，且权利体现为主体对其支配，而支配表现为一种意志力。所以，权利是一种法律授予的、为了满足某个具体的利益的意思力。人们将那些仅仅通过个别的命令或禁令得到保护的法律状态，也视作权利，这方面最显著的例子是对营业活动的保护，人们常常称此种权利为“框架权利”，意在说明这种权利的效力较弱。[④]这种法律所保护的利益，并没有上升为权利，我们常称其为民事权益，例如我国民法并未将个人信息上升为权利。权利的内容既可以来自法律的规定，也可以来自当事人之间的约定；不同的权利，其内容也存在很大差别。例如，物权主要体现为权利人对物的支配；而债权则主要体现为权利人要求义务人作为或者不作为。

二、民事权利的类型

当抽象一般概念及其逻辑体系不足以掌握某生活现象或意义脉络的多样表现形态时，大家首先会想到的补助思考形式是“类型”。[⑤]学说上依不同的标准构成各种不同的类型以作为思考上的工具或方式。阿图尔·考夫曼强调：“事物的本质的思考是一种类型学的思考。”[⑥]因此，类型化的研究和分析问题的方法日益受到人们的重视。甚至有学者认为，在当下的人文社会科学中，绝没有任何一个范畴，像“类型”一样受到人们的青睐。[⑦]民

---

① ［德］卡尔·拉伦茨：《德国民法通论》，王晓晔等译，法律出版社2003年版，第278页。

② ［德］本德·吕特斯、阿斯特丽德·施塔德勒：《德国民法总论（第十八版）》，于馨淼、张姝译，法律出版社2017年版，第52页。

③ 李永军：《民法总则》，中国法制出版社2018年版，第497页。

④ ［德］迪特尔·梅迪库斯：《德国民法总论》，法律出版社2013年版，第64页。

⑤ ［德］卡尔·拉伦茨：《法学方法论》，陈爱娥译，商务印书馆2003年版，第337页。

⑥ 转引自［德］拉伦茨：《法学方法论》，陈爱娥译，商务印书馆2003年版，第347页。

⑦ 杜宇：《再论刑法上之“类型化”思维——一种基于“方法论”的扩展性思考》，载《法制与社会发展》2005年第6期。

事权利的多样性、差异性说明需要对其进行类型化分析。民法典依人身权、物权、债权、知识产权、继承权、股权和其他投资性权利这样一种推进式的思路，以权利内容为标准构建起来。这些权利有些属于绝对权，有些属于相对权，有些属于支配权，有些属于请求权，在民法典的其他部分还规定了形成权和抗辩权。

（一）绝对权和相对权

绝对权是一项可以相对于每一个人产生效力，即任何一个人都必须尊重此项权利。[①]绝对权主要包括人身权、物权、知识产权、继承权等。民法典侵权责任编保护的民事权益主要是绝对权。人身权是以人身利益为客体的权利，包括人格权和身份权；人格权包括一般人格权和特别人格权。一般人格权是指自然人的人身自由、人格尊严。严格地讲，一般人格权并非真正的具体民事权利，而是一种抽象性权利，如果侵害自然人的人格权，能够纳入具体人格权保护范围的，依具体人格权受侵害而主张赔偿，没有具体人格权可供选择保护受害人时，才考虑用一般人格权加以保护。一般人格权是具体人格权的源泉，它具有派生具体人格权的功能，随着社会发展，从一般人格权中还将产生更多的具体人格权。一般人格权还是自然人享有财产权的基础，而财产又能够促进自然人人格之发展。民法典还对具体人格权作了列举，主要有自然人的生命权、身体权、健康权、姓名权、肖像权、名誉权、荣誉权、隐私权、婚姻自主权等权利和法人、非法人组织的名称权、名誉权和荣誉权。死者没有人格权，民法虽然要保护死者人格利益，但涉及赔偿问题时，是对死者近亲属损害的赔偿，而非对死者的赔偿。个人信息应受法律保护，但其本身具有特殊性，有些个人信息属于隐私权的范畴，例如自然人的住址、联系电话、DNA等，有些个人信息如性别、姓名等并非隐私的范畴。如果侵害自然人的姓名，则以姓名权受到侵害进行保护，如果私自公开他人的住址、联系电话，也属于对他人隐私的侵害，受害人可依隐私权受到侵害为由要求赔偿。

---

① ［德］迪特尔·梅迪库斯：《德国民法总论》，法律出版社2013年版，第58页。

民法典关于个人信息应受法律保护的规定，其主要的立法目的显然不是对个人隐私、姓名、肖像等进行保护，而主要的目的在于防止他人非法收集或者不正当利用自然人的信息。因此，民法典首先宣示“自然人的个人信息受法律保护”。任何组织或者个人需要获取他人个人信息的，负有确保信息安全的义务，并不得非法收集、使用、加工、传输他人个人信息，不得非法买卖、提供或者公开他人个人信息。学理上有认为个人信息为权利的，称为个人信息权，并有从理论上分析其性质者，有的认为个人信息权是财产权，有的认为个人信息权是人格权，还有的认为个人信息权是兼具财产权和人格权双重属性的权利。民法典并未将个人信息作为权利，而是将其作为一种受法律保护的利益，主要是防止他人侵害自然人的个人信息，而非是确认自然人对个人信息所享有的权利。自然人因婚姻家庭关系等产生的人身权利主要有监护权、配偶之间的权利、抚养权、赡养权、扶养权等，这些权利也属于绝对权。

相对权是一项仅仅对于某个特定的人产生效力的权利。请求权是最典型的相对权。请求权是请求他人为或者不为一定行为的权利。相对权的效力具有相对性，其最能反映私法自治原则的要求。相对权通常没有外在的表征形式，通常不能成为民法典侵权责任编保护的对象，但相对权具有外在表征后，具有外部可感知性，侵权人知其存在而故意侵害的，要承担损害赔偿责任。

绝对权在效力上通常优于相对权。例如，一物之上物权与债权并存时，物权具有优先性。但是，法律出于特定目的，赋予特定的相对权具有绝对权的对世效力，但不意味着这些权利就成了绝对权，它们仍然属于相对权，而非绝对权，只是在效力上与绝对权相提并论。民法典关于相对权具有绝对权效力的规定主要体现在：其一，预告登记的债权具有物权效力。《民法典》第221条第1款规定，当事人签订买卖房屋的协议或者签订其他不动产物权的协议，为保障将来实现物权，按照约定可以向登记机构申请预告登记。预告登记后，未经预告登记的权利人同意，处分该不动产的，不发生物权效力。其二，买卖不破租赁。《民法典》第725条规定，租赁物在承租人按照租赁合同占有期限内发生所有权变动的，不影响租赁合同的效力。买卖不破租赁的变种还体现在民法典关于抵押不破租赁等。

民法典还规定了很多种“未经登记不能对抗第三人的物权”，绝对权与相对权的上述区分标准实在成了问题，使得本来成为“物权”的权利，例外地成了相对权，如未经登记的动产抵押权、未经登记的不动产役权等。[①]究其实质，未经登记的动产抵押权、未经登记的不动产役权等仍属于物权，但因其没有登记，不具有对世效力，具有相对权的效力。不禁让人产生了怀疑：绝对权尤其是物权，它的对世效力来自它本身，还是来自公示？

（二）支配权、请求权、形成权和抗辩权

这是依据权利的作用与功能对权利所进行的划分。

1. 支配权

（1）支配权的概念和范围

支配权是权利人直接支配权利客体的权利。支配权通常属于绝对权，但并非所有的绝对权都毫无例外地属于支配权。民法典中列举的姓名权、肖像权等具有经济利益的成分，其中隐含了权利人支配的性质，但其生命权、健康权、身体权则不能支配，一个人不能支配他的人身，否则结束自己的生命、出卖自己的器官就具有了法律上的正当性。人身权中的身份权系基于身份关系产生的关系，例如监护关系、配偶关系等，我们不能将监护权作为监护人支配被监护人的权利，也不能将婚姻关系理解为一方对另一方的支配。不能以一种支配权对待这种权利。[②]物权是典型的支配权。民法典实行物权法定，即物权的种类和内容由法律规定。法律包括习惯法，例如我国的典权就是习惯法上的物权。民法典规定的物权包括所有权、用益物权和担保物权；用益物权又进一步区分为建设用地使用权、土地承包经营权、宅基地使用权、地役权和居住权；担保物权则进一步区分为抵押权、质权和留置权。此外，民法典还规定了海域使用权、探矿权、采矿权、取水权、养殖权、捕捞权的用益物权属性。另外，民法典也没有限制动产为用益物权

---

① 李永军：《民法总则》，中国法制出版社2018年版，第503页。

② ［德］卡尔·拉伦茨：《法学方法论》，陈爱娥译，商务印书馆2003年版，第284页。

的客体，有解释论上认为，我国物权法定采取开放主义，允许当事人设定不违反法律强制性规定的新类型的用益物权。债权人对债权也有支配性权利，例如债权人可以将债权予以转让。当权利作为交易的客体时，这种权利是一个“第二顺序的法律客体”。[①]对债权等权利的处分，通常被称为“准物权行为”。对“权利”的权利也属于支配权的范畴，但我们不能将债权作为支配权，因为债权人从来就不能支配债务人的人身，甚至其行为，而只要请求债务人作为或者不作为，它仅是请求权。

支配权不限于物权，还包括知识产权。民法典将知识产权规定在总则编，宣示了民法典对知识产权的适用和保护。知识产权包括著作权、专利权和商标权。知识产权是权利人依法就下列客体享有的专有的权利：①作品；②发明、实用新型、外观设计；③商标；④地理标志；⑤商业秘密；⑥集成电路布图设计；⑦植物新品种；⑧法律规定的其他客体。这些权利的客体是作品、发明专利、商标等无体财产，也称为无体财产权。知识产权具有一定的人格利益，例如著作权的署名权、发表权等。所以，知识产权作为支配权，其中的人格权内容不能转让，例如著作权人不能将自己的署名权转让给他人。但知识产权的财产权是可以转让的。

（2）支配权的效力

支配权虽然体现为权利主体对权利客体的直接支配，且通过支配行为，权利人能够实现其权利目的。法律虽然宣称，所有权人对所有权的客体（物）有全面的支配性，但所有权并非绝对，甚至要承担一定的社会义务。例如，《民法典》第117条，为了公共利益的需要，依照法律规定的权限和程序可征收、征用不动产或者动产，但应当给予公平、合理的补偿。不动产所有权还受到相邻关系的限制；其上设定用益物权、担保物权等限定物权的，所有权的行使要受到“限制”。除了所有权之外，民法典还对一些保障民生的物权的流转设置了诸多限制，有些限制了流转的方式、范围、期限，这主要是土地承包经营权和宅基地使用权。作为人役权，法律禁止居住权流转。

---

① ［德］卡尔·拉伦茨：《法学方法论》，陈爱娥译，商务印书馆2003年版，第281页。

作为绝对权，支配权具有优先效力。同时，支配权还具有排他效力。排他效力是支配效力的必然延伸，支配权的权利人无须借助他人的行为即可实现权利内容。甚至有些支配权宣称其对某一范围内的物有优先取得所有权的权利，这种权利的代表是捕捞权和狩猎权。例如，捕捞权人和狩猎权人拥有在一定捕捞区或狩猎区优先捕捞或狩猎并取得捕获物所有权的权利，它排除了权利人以外，任何人都不得行使其保留的权限，设下圈套捕获一只兔子的偷猎者是无法取得兔子的所有权的。①

（3）债权人对物的相对支配权

债权方式利用他人之物，在民法典中并不少见。使用承租人、用益承租人、借用人根据合同关系而享有的占有和使用的权利也应算是对物的支配权，尽管它们不是民法典意义上的“物权”。它们之所以不属于民法典意义上的“物权”，是因为它们只是针对某个通过债务合同而与之相联系的个别的人，而不是像真正的物权那样，所有人对所有物的关系是针对所有的其他人的。所以，根据债权成立的对物的占有和使用权是一种“相对的支配权”。②尽管在结构上它们是作为支配权来规定的，甚至具有物权一样的对世效力，但正如上文所述它们并非对世权，也不是真正的支配权，仍属于债权。

2. 请求权

（1）请求权的概念

民法典没有使用请求权的概念，不可能对其作出界定。德国民法典第194条第1款将请求权定义为“要求他人为或不为一定行为的权利”。我国民法典总则编没有规定请求权的概念，但请求权普遍存在于民法典之中。债权是最典型的请求权，除此之外，我国民法典还存在物权请求权、占有保护请求权、知识产权请求权、继承权请求权、抚养请求权、遗产请求权等。请求权是债权的上位概念，不能将请求权等同于债权，二者是一般与特殊

① ［德］迪特尔·梅迪库斯：《德国民法总论》，法律出版社2013年版，第61页。

② ［德］卡尔·拉伦茨：《法学方法论》，陈爱娥译，商务印书馆2003年版，第285—286页。

的关系，且人们通常在债法之外才使用“请求权”。[①]债权的本质内容在于有效受领债务人的给付，请求权则为其作用。请求权虽罹于时效而消灭，其债权尚存，债务人仍为给付的，不得以不知时效为理由，请求返还。[②]

这些请求权有些属于第一顺位的，例如买卖双方的请求权；有些属于救济性的，属于对权利受到侵害后的救济，例如原物返还请求权、侵权损害赔偿请求权等。请求权虽然属于相对权，但对实现相对权的权利内容，救济绝对权具有重要意义。还有学者将救济性请求权称为次请求权，但其范围限于提供主给付的过程中发生障碍时。[③]

（2）债权

债权是请求权的典型，债权本身就是请求权。权利受到侵害的，除能够进行同质性救济，例如原物存在的，返还原物之外，多转化为债权这一权利保护受害人。人身权受到侵害的，原则上不能同质救济，受害人要求侵权人承担侵权责任，形成侵权之债；所有权因侵权行为灭失的，受害人要求侵权人承担侵权责任，这属于侵权之债；知识产权、继承权等其他绝对权受到侵害而产生的损害赔偿请求权也属于债权。以权利受侵害，或者权利行使遇到障碍，或者权利受到威胁，以债权救济仅为其中一种方式，除此之外还有原物返还请求权、停止侵害请求权、排除妨碍请求权、消除危险请求权、恢复原状请求权等。恢复原状请求权属于债权还是一种独立的请求权？如果将债权仅作为赔偿损失请求权，民法典将恢复原状与赔偿损失并列规定，恢复原状是独立的请求权。如果将恢复原状和赔偿损失作为损害赔偿的不同形式，而侵权之债是损害赔偿之债，那么它们都属于债权的范畴。如果在请求权和债权之间不存在实质上的差别，[④]那么这种区分可能没有实际意义。但债权与请求权还是有差别的，否则也就不存在物权请求权、人身权请求权与债权请求权等各种请求权了。所以，二者差别是客

---

① ［德］迪特尔·梅迪库斯：《德国民法总论》，法律出版社2013年版，第68页。

② 王泽鉴：《民法总则》，北京大学出版社2009年版，第102页。

③ ［德］迪特尔·梅迪库斯：《请求权基础》，陈卫佐等译，法律出版社2012年版，第30页。

④ ［德］迪特尔·梅迪库斯：《德国民法总论》，法律出版社2013年版，第69页。

观的，但债权是请求权的典型，因此民法典关于债权的规定，可以准用于请求权。

民法典未设债编总则，对债权的概念和债的发生原因的规定是在总则编实现的。《民法典》第118条规定，债权是权利人请求特定义务人为或者不为一定行为的权利，这与请求权的概念何其相似。对债权产生的原因进行了规定，债权因合同、侵权行为、无因管理、不当得利产生，但这不是一个封闭的产生原因，民法典接着规定债权因"法律的其他规定"产生。债权发生原因的开放式立法说明债权范围的广泛性，有些债权可能基于一方意思表示而成立，例如票据权利、悬赏广告等。总则编紧接着在第118条，用了4个条文分别规定了合同之债、侵权之债、无因管理之债和不当得利之债。[①]分则编中，合同之债、无因管理之债和不当得利之债规定在合同编，将无因管理之债和不当得利之债作为准合同，侵权之债沿袭侵权责任法，单设一编，置于民法典最后一编，显示其保护民事权利的功能。

（3）请求权基础与请求权规范基础

请求权基础是一项请求权的权利基础，而请求权规范基础是权利人若主张一项请求权，就必须找到一项规范，该规范把一项请求权规定为法律后果，而该请求权恰以所祈求之事为其内容。请求权规范由两部分组成：构成要件，也即抽象的事件"节目单"描述，和与之相联系的法律效果（法律后果）。[②]所以，请求权基础是请求权存在的权利基础，它包括合同、缔约上过错、无因管理、物权、侵权责任、不当得利等。而请求权规范基础则是法律关于合同、缔约上过错、无因管理、物权、侵权、不当得利等的各种规范。

（4）多个请求权之间的关系

民法典对同一事实，引起的法律效果分别作出不同规定，从而产生多

---

① 依法成立的合同，对当事人具有法律约束力，产生了合同之债；民事权益受到侵害的，被侵权人有权请求侵权人承担侵权责任，产生了侵权之债；没有法定的或者约定的义务，为避免他人利益受损失而进行管理的人，有权请求受益人偿还由此支出的必要费用，产生了无因管理之债；因他人没有法律根据，取得不当利益，受损失的人有权请求其返还不当利益，产生了不当得利之债。

② ［德］迪特尔·施瓦布：《民法导论》，郑冲译，法律出版社2006年版，第158页。

个请求权。多个请求权之间的关系，有不同的认识。有的认为，请求权竞合是指因同一原因事实而发生两个以上的请求权时，若其内容不同时，得为并存。其内容同一时，则发生请求权竞合，由权利人选择行使之。[①]但也有学者有不同的理解，将多个请求权分为请求权聚合、请求权规范竞合和请求权竞合。请求权聚合是指当事人对于数种给付内容不同的请求权，可以同时主张。请求权规范竞合是指一个事实同时满足了两个请求权的要件，当事人可以选择适用一个法律规范来支持自己的请求权。当行使一个请求权后，不得再行请求。但是，如果一个请求权目的达到之外的原因归于消灭时（如因诉讼时效超过），可以再行使另外的请求权。请求权竞合是指因一个法律规范产生了两个请求权，当事人可以选择其中之一行使。[②]一个事实如果引起多个请求权，权利人的每一个请求权都可以主张，且不违背民法填补损失规则，也不违背民法公平原则，这时构成请求权聚合。例如，受害人因侵权行为致残的，除了医疗费之外，同时还存在残疾赔偿金以及精神损害赔偿金，这属于不同的给付，而且都有效。[③]如果一个事实因不同法律规范的调整而引起多项请求权，它们在内容上完全相同或者相互重叠，这种关系叫“请求权竞合”。[④]请求权竞合的所有请求权是针对同一给付的，而对这个给付只能要求一次。如果其中的一个请求权得到了履行，由于它和其他请求权在内容上是重叠的，则其他请求权即随之消灭。[⑤]如果同样的一个请求，既可以根据合同责任的规定，也可以根据侵权责任的规定，还可以根据违宪责任的规定提出的话，这主要是由于存在多种债法上的请求权基础，这时应该不说是多种请求权，从而不说是请求权竞合，而说是一个单一的、建立在多种基础上的请求权，把它称为多数请求权基础，或请

---

① 王泽鉴：《民法总则》，北京大学出版社2009年版，第102页。

② 李永军：《民法总则》，中国法制出版社2018年版，第505—506页。

③ ［德］卡尔·拉伦茨：《法学方法论》，陈爱娥译，商务印书馆2003年版，第350页。

④ ［德］卡尔·拉伦茨：《法学方法论》，陈爱娥译，商务印书馆2003年版，第351页。

⑤ ［德］卡尔·拉伦茨：《法学方法论》，陈爱娥译，商务印书馆2003年版，第351页。

求权规范竞合。[①]所以，从本质上讲，请求权规范竞合只有一个请求权，不存在多个请求权。《民法典》第186条规定："因当事人一方的违约行为，损害对方人身权益、财产权益的，受损害方有权选择请求其承担违约责任或者侵权责任。"本条中存在违约请求权和侵权请求权，这两个请求权保护的是同一个利益，构成请求权竞合。

以下三个案例分别解说请求权聚合、请求权竞合和请求权规范竞合。

案例一：假设A在B超市购买了C公司生产的电压力锅，在使用过程中发生爆炸，电压力锅损坏，同时造成A人身伤害，花去医疗费若干并造成严重精神损害。在该案例中，A之损害包括购买电压力锅的费用，A因人身伤害花去的医疗费及精神损害。对电压力锅之损失，A基于合同关系要求B超市承担违约请求权；对A的医疗费及精神损害，依民法典，A可对B超市主张侵权损害赔偿请求权，也可对B超市主张违约请求权。对合同利益损失和合同外利益损失产生的请求权属于不同的，构成责任聚合；对合同外利益损失，即A的医疗费和精神损害，则构成请求权竞合。

案例二：甲将乙委托保存之单车出售给不知情的丙，丙依善意而取得该单车所有权。乙对甲之权利包括：（1）基于所有权受到侵害，乙可基于侵权责任对甲享有侵权损害赔偿请求权；（2）甲擅自将该单车予以出让，获得收益，甲对该收益无合法依据，乙可对甲享有不当得利请求权；（3）甲与乙有委托关系，甲违反委托合同约定，乙对甲享有违约请求权。上述三种请求权，构成请求权竞合。乙对甲之请求权各不相同，但其内容指向同一损失，具有同一性，构成竞合，乙可以选择其一行使。

案例三：甲搭乘A航空公司的客机，因行李坠落，砸伤甲，甲要求A航空公司赔偿损害。甲之损害赔偿请求权的请求权基础有《航空法》第124条和《民法典》第1238条，构成请求权规范竞合。

在推定存在多个请求权竞合之前，一定要进行审查，看是否有一个请求权规范作为特别规范而排除另一个一般规范。在这种情况下，一般规范

① ［德］迪特尔·梅迪库斯：《德国民法总论》，邵建东译，法律出版社2013年版，第69页；［德］卡尔·拉伦茨：《法学方法论》，陈爱娥译，商务印书馆2003年版，第354—355页。

即不适用，即便特别规范的构成要件未能成就也是如此。①

民法典中，还存在请求权和形成权并存的情形。当一方构成根本违约时，另一方有权解除合同，也可以选择要求对方承担违约责任。这时，解除权和违约请求权并存。人们把这种情况称为“选择竞合”或者“替代竞合”。②权利人可以有选择地行使，他可以选择依据《民法典》第563条行使法定解除权，也可以选择依据《民法典》第577条主张违约请求权。一旦选择了解除权这种形成权，合同关系消灭，守约方按照合同解除的效果依据《民法典》第566条要求违约方承担责任。虽然第566条第2款规定，合同因违约解除的，解除权人可以请求违约方承担违约责任。但这里的“违约责任”应不包括继续履行合同，主要是指守约方有权主张违约金或者赔偿如同对方违约一样的损失，包括期待利益的损失。而选择了违约请求权，他则可以要求对方继续履行合同并赔偿因对方违约造成的损失。

3.形成权

（1）形成权的含义和范围

形成权是通过单方行使即可引起民事法律关系产生、变更或消灭的权利。但并非所有单方行为即可引起法律关系变动的权利都是形成权，例如财产的抛弃、通过先占取得物之所有权等。形成权与这些行为的区别在于形成权通常需要有相对人，但权利人无须相对人同意，单方的行为就能对与相对人之间的法律关系产生影响。但德国法学家梅迪库斯认为，抛弃财产等也属于形成权，它属于不涉及任何其他人的利益的形成权。③抛弃物、先占等行为属于单方法律行为，单方法律行为通常由一个意思表示（行为）即可成立，如果将单方法律行为全部作为形成权，其形成权的范围显然过宽。相对人虽然不能拒绝权利人行使形成权，但可以对形成权的行使提出异议。民法典规定的形成权主要有撤销权、选择权、解除权、追认权等。但无权代理中相对人的催告权并非形成权，因为行使催告权并不引起某种法律关

---

① ［德］迪特尔·施瓦布：《民法导论》，郑冲译，法律出版社2006年版，第166页。

② ［德］卡尔·拉伦茨：《法学方法论》，陈爱娥译，商务印书馆2003年版，第349页。

③ ［德］迪特尔·梅迪库斯：《德国民法总论》，法律出版社2013年版，第74页。

系的变化。形成权原则上是不能被独立地转让的，因为它是和与它有关的法律关系中的人和法律地位结合在一起的。形成权可以随着法律关系的转让而转移到权利的承受人。[①]

（2）形成权存在的合理性

形成权无须对方同意，单方行使形成权就能够引起法律关系变动，对对方影响甚大。因此，形成权必须有存在的合理性。意思自治和法律规定是解释形成权存在合理性的两个依据。从意思自治的角度，当事人之间的约定必须遵守，当事人事先或者事中约定的形成权，例如约定解除权。有时法律会基于公共利益或者保护交易一方的权利，赋予法律关系中的一方或者双方有形成权，例如欺诈、胁迫、乘人之危而显失公平的合同中，法律赋予被欺诈、被胁迫、处于危困境地的一方有撤销权。

（3）形成权的分类

形成权的分类主要是依据形成权的行使方式进行的。按照形成权行使的方式不同，形成权分为作为的形成权和不作为的形成权。形成权一般要求通过作为的方式行使，例如解除权需要通知对方等。沉默一般不发生行使形成权的效果，但法律另有规定的除外。《民法典》第1124条关于继承人的沉默和受遗赠人的沉默作出截然不同的规定。依第1124条第1款规定，继承开始后，除非继承人以书面形式作出放弃继承的表示，否则沉默通常理解为接受继承，沉默并没有引起继承关系的变化；但第2款对受遗赠的规定采取了截然不同的态度，受遗赠人应当在知道受遗赠后60日内，作出接受或者放弃受遗赠的表示；到期没有表示的，视为放弃受遗赠。这里的沉默导致死者订立遗赠失去效力，沉默构成有效的形成权的行使。

按照形成权作为行使的方式不同，作为的形成权又分为简单形成权和形成之诉权。简单形成权是以单方需受领的意思表示方式行使之。这种形成权的行使仅需权利人向对方发出行使形成权的通知即可，而无需通过向法院提起诉讼的方式行使。行使形成权之所以不需要法院的裁判，是因为旨

---

① ［德］卡尔·拉伦茨：《法学方法论》，陈爱娥译，商务印书馆2003年版，第292页。

在达成的效果“限制在权利世界中的变化”。[①]但是，形成权之行使，对对方权利影响甚大，所以民法典规定有些形成权需要通过诉讼方式行使。例如，可撤销民事法律行为中的撤销权。形成权人必须提起诉讼，形成权也只有在判决生效后才发生效力。

除了上述分类之外，从形成权产生的法律效果是消极的还是积极的，将形成权分为消极形成权和积极形成权。消极形成权是指形成权行使的结果是否定现有的民事法律关系。例如，可撤销民事法律行为中的撤销权、合同一方基于民法典规定的法定解除事由而行使解除权。积极形成权是指形成权行使的结果是建立或者确认建立民事法律关系，从法律效果上是对民事法律关系的正面评价。例如，本人对无权代理行为的追认权、法定代理人对限制民事行为能力人实施民事法律行为的效力进行追认、买受人的回赎权等。

（4）形成权行使的规则

形成权原则上以作为方式行使，作为的形式可以是单方行使形成权的通知，也可以是通过诉讼方式形式。但是，各项形成权的行使还有两项一般性的限制：一是行使形成权通常不得附条件和附期限，二是形成权的行使不得撤回。[②]但也有学者认为，形成权之行使可以附期限，因为期限是确定的、必然发生的。[③]形成权的特性决定了一方行使形成权将影响民事法律关系的效力，在形成权人行使形成权之前，民事法律关系对另一方是不确定的。例如，限制民事行为能力人超越行为能力订立的合同，在法定代理人追认之前，合同对效力处于未决状态。形成权不得附条件和附期限，主要原因在于相对人不应再受到附条件或附期限造成的悬而未决状态的不利影响。[④]梅迪库斯认为，形成权行使的不可撤回性与不得附条件性一样，产生于下列事实：既然形成权相对人必须接受他人行使形成权的事实，那么不应该再让他面临不确定的状态了。[⑤]本书认为，形成权之所以不可撤回，

---

① ［德］迪特尔·梅迪库斯：《德国民法总论》，法律出版社2013年版，第76页。

② ［德］迪特尔·梅迪库斯：《德国民法总论》，法律出版社2013年版，第79页。

③ 李永军：《民法总则》，中国法制出版社2018年版，第511页。

④ ［德］迪特尔·梅迪库斯：《德国民法总论》，法律出版社2013年版，第640页。

⑤ ［德］迪特尔·梅迪库斯：《德国民法总论》，法律出版社2013年版，第79页。

是因为形成权一旦行使，权利即告消灭，何以有撤回之说？所以，形成权之行使规则是不得附条件或附期限的。

通过诉讼方式行使的形成权，人民法院或仲裁机构确认形成权人的主张的，自起诉状副本或者仲裁申请书副本送达对方时引起民事法律关系的变动。形成权的行使以通知对方为必要，行使形成权的通知到达对方时，引起民事法律关系的变动。但对方可对形成权的行使提出异议，有学者将这种异议权称为"形成抗辩权"[①]。《民法典》第565条规定了合同解除权行使时相对人的异议权，一旦相对人提出合同解除的异议，任何一方当事人均可以请求人民法院或者仲裁机构确认解除行为的效力。

4. 抗辩权

抗辩权是对他人之请求权以一定的事由加以拒绝的权利。从诉讼的角度，主要有三种抗辩，包括关于权利未发生的抗辩、关于权利消灭的抗辩、排除权利的抗辩（狭义的抗辩）。[②]抗辩权指向请求权，通常需要抗辩权人主张抗辩。也有学者提出"无需主张的抗辩权"，例如依据德国民法典第1004条第2款规定，如果所有人负有容忍侵害的义务，那么其排除妨碍的请求权不存在。这类抗辩权是法定的，不需要由被告提出特别的申请。[③]对于上述观点中，否认对方权利的抗辩是否属于"抗辩权"，有学者认为：抗辩权在性质上为反对权，以承认对方请求权的有效存在为前提，但拒绝给付；异议在性质上为否认权，以否认对方请求权的有效存在为目的，例如请求给付价金时，债务人否认买卖契约的有效性或者认为已给付而消灭。民法上的抗辩与诉讼法上的抗辩不同，民法上的抗辩范围较窄，诉讼法上的抗辩范围较广，一切诉讼上的防御方法包括实体法上的抗辩及异议均属于此类抗辩。[④]对"无需主张的抗辩"，在诉讼中，当事人纵未提出抗辩，法院亦应审查事实，如果认为有抗辩事由存在，须依职权作出有利于该当事人之

---

① ［德］迪特尔·梅迪库斯：《德国民法总论》，法律出版社2013年版，第77页。

② 李永军：《民法总则》，中国法制出版社2018年版，第506—508页。

③ ［德］迪特尔·梅迪库斯：《德国民法总论》，法律出版社2013年版，第83—84页。

④ 施启扬：《民法总则》（修订第八版），中国法制出版社2010年版，第33页。

判决。[①]民法典中规定的抗辩权主要包括时效抗辩权、同时履行抗辩权、不安抗辩权、顺序（先）履行抗辩权、一般保证人的先诉抗辩权和赠与人的穷困抗辩权。这些抗辩权是以承认对方有请求权为前提的，如果否认对方的请求权，则不属于抗辩权，而是否认权。例如，甲要求乙付款，乙则以甲之付款请求权未到期为由加以拒绝。这些抗辩权，除了时效抗辩存在争议外，其他抗辩权毫无例外地针对债权请求权。对其他请求能否主张抗辩呢？例如，甲乙邻居，甲之树木有倾覆压垮乙房屋的危险，乙请求甲消除危险，对乙的请求，甲能否以合适的理由拒绝呢？这里的拒绝可能是否认乙有请求权，也可能是承认乙有请求权，但甲有合理的理由拒绝。在甲否认乙有请求权时，不属于抗辩权的范畴；在甲承认乙有请求权但有合理的理由拒绝时，则甲属于行使抗辩权。再如，所有权人的物上请求权也可能受到留置权人的抗辩权之限制。[②]

民法上的抗辩权有永久性存在的，属于永久性抗辩权，例如诉讼时效抗辩权、赠与人的穷困抗辩权。“永久”并非说明该抗辩权不会消灭，而是指诉讼时效届满后，无论债权人何时请求债务人履行债务，债务人皆可依诉讼时效届满主张抗辩，而不问债权人是否履行了自己的义务，也不问债权人采取了何种措施。但因其属于需要主张的抗辩权，债权人诉至法院后，债务人没有在一审期间提出诉讼时效抗辩的，诉讼时效抗辩权消灭。有些抗辩权具有临时性的特点，属于一时性抗辩权，例如同时履行抗辩权、不安抗辩权、顺序（先）履行抗辩权、一般保证人的先诉抗辩权。这些抗辩权具有临时阻却权利人行使请求权的功能，一旦阻却行使请求权的事由消灭，抗辩权也随之消灭。例如，债权人先诉先执行了债务人的财产，后要求一般保证人承担保证责任的，一般保证人的先诉抗辩权消灭。

（三）既得权和期待权

按照民事权利要件是否全部齐备，分为既得权和期待权。

---

① 王泽鉴：《民法总则》，北京大学出版社2009年版，第104页。

② ［德］迪特尔·梅迪库斯：《请求权基础》，法律出版社2012年版，第123页。

既得权也称完整权，是指一切取得要件都已经具备的民事权利。例如，房屋买卖中，所有人已经将房屋过户登记给买方，买方对房屋的所有权即为既得权。期待权是指已经具备了取得既得权（完整权）的可能，但仍欠缺部分要件的民事权利，这种权利具有主观性。继承人对被继承人遗产的继承权，在被继承人死亡之前，属于期待权；当被继承人死亡时，这种期待权转变为既得权。民法典在其他地方也有关于期待权的规定，例如所有权保留买卖中，在买受人完成约定的义务前，并未取得对买卖合同标的物的所有权，这时买受人对标的物的所有权是一种期待权；一旦完成约定的义务，该期待权转变为既得权。

（四）财产权、人身权、知识产权和社员权

这是以权利的内容为标准对民事权利所作的分类，也是我国民法典采取的主要分类方法。

1. 财产权

财产权是以财产为客体的权利，其主要包括物权、债权。财产权体现为权利人对财产的支配性和交易性，它通常是可转让的。近现代以来，知识产权中的财产权在民法中的地位越来越重要。

2. 人身权

人身权是以人身利益为标的的权利。人身权包括人格权和身份权。人格权又区分为一般人格权和特别人格权。人格权不得放弃、转让或者继承。人身权虽然不具有财产价值，但其受到侵害的，则受害人有权请求对其经济损失进行赔偿。甚至个人信息的财产属性、有些人身权的商业化利用得到普遍关注，有逐步发展出新型财产权的趋势。

（1）人格权

一般人格权是指自然人的人身自由、人格尊严受法律保护。自己是人，同时尊重他人为人。人格权是一种受尊重权，也就是说，承认并且不侵害人所固有的“尊严”，以及人的身体和精神，人的存在和应然的存在。每一种特别人格权都以一种特别的人格利益为其内容，这些权利是一般人格权的具体化，并且随着社会的发展，通过判例不断确认新的特别人格权。例如，

被遗忘权等。欧盟早在1995年就在相关数据保护法律中提出了“被遗忘权”概念，任何公民可以在其个人数据不再需要时提出删除要求。欧盟委员会从2012年开始建议制定关于“网上被遗忘权利”的法律，提议包括要求搜索引擎修改结果，以符合欧盟保护个人信息的方针。美国加州也通过了“橡皮”法律，要求科技公司应用户要求删除涉及个人隐私的信息。这项新规将于2015年生效，并有可能催生相关诉讼。欧洲法院于2014年5月13日裁定，普通公民的个人隐私拥有“被遗忘权”，并据此要求国际网络搜索引擎巨头谷歌必须按照当事人要求删除涉及个人隐私的数据。

（2）死者人格利益的保护

自然人的民事权利能力始于出生，终于死亡。因此，当自然死亡之后，其民事权利能力消灭，不再是民事主体，也就不享有权利。但在现实生活中，利用死者的肖像从事营利活动，通过文学作品宣扬死者隐私以取悦读者等侵权现象屡见不鲜。《民法典》第994条规定，死者的姓名、肖像、名誉、荣誉、隐私、遗体等受到侵害的，其配偶、子女、父母有权依法请求行为人承担民事责任；死者没有配偶、子女且父母已经死亡的，其他近亲属有权依法请求行为人承担民事责任。这里的民事责任包括精神损害赔偿。所以，死者的姓名、肖像、名誉、荣誉、隐私、遗体、遗骨等受到侵害，其近亲属有权请求精神损害赔偿。“近亲属”的顺序限制应该适用《民法典》第994条的规定。

（3）法人人格权

法人是依照法律规定设立的组织体，是否具有人格权，学术界存在很大争论。依《民法典》第110条，法人、非法人组织享有名称权、名誉权、荣誉权等权利。因此，我国立法上明确承认法人具有名誉权。此外，法人还享有名称权与荣誉权等人格权。精神损害赔偿以受害人精神受到严重伤害作为给付条件。法人或者其他组织不像自然人一样具有感情，自然谈不上精神损害赔偿的问题。法人或者其他组织以人格权利遭受侵害为由，向人民法院起诉请求赔偿精神损害的，人民法院不予受理。

（4）个人信息的保护

个人信息是指以电子或者其他方式记录的能够单独或者与其他信息结

合识别自然人个人身份的各种信息，包括但不限于自然人的姓名、出生日期、住址、工作单位、个人生物识别信息、电话号码等。德国联邦个人资料保护法第2条规定，个人资料是指“凡涉及特定或可得特定的自然人的所有属人或属事的个人资料”。我国台湾地区“电脑处理个人资料保护法”第3条规定：“个人资料指自然人指姓名、出生年月、身份证编号、特征、指纹、婚姻、家庭、教育、职业、健康、病历、财务情况、社会活动等足资识别该个人之资料。”自然人对自己的个人信息是否享有权利，还是一种法律保护的利益。郭明瑞教授认为，自然人的个人信息利益，是以自然人的个人信息为客体的合法利益。①也有学者认为，原民法总则规定个人信息受法律保护，并以民事权利的制度构造表达了民法对自然人的个人信息权的保护。②个人信息权是指自然人在信息决定、信息查询、信息保密、信息更正、信息封锁、信息删除等事项上，依法享有的控制和支配其个人信息并排除他人侵害的权利。③

个人信息权是什么性质的权利。理论上，个人信息权作为民事权利，具有识别自然人的身份信息的重要意义，相当程度上应当属于身份权，但其部分权能具有财产权的属性。④有学者做了总结，个人信息权的性质有八种不同的见解，有的认为，个人信息权不属于权利。个人信息是个人基本权利与自由的客体。物权说或所有权说认为个人信息是特殊的物权客体，即无体物或无形财产。隐私权说认为个人信息是隐私，如美国采用信息隐私的概念，将信息保护纳入隐私保护之下。一般人格权说（依德国通说）认为个人信息系一般性人格要素，信息自决权不是德国民法典第823条所称的“其他权利”，至今它仍属于一般人格权的一部分。人格权兼财产权说认为个人信息既是人格要素，也是财产要素，因此个人信息权既是人格权又是财产权。产权框架权说认为个人信息或为人格要素，或为财产要素，个人信息权只是一个概括性、描述性的指称，是一种框架权，该权利本身或体

---

① 郭明瑞，《民法总则通义》，商务印书馆2018年版，第175页。

② 邹海林：《民法总则》，法律出版社2018年版，第268页。

③ 邹海林：《民法总则》，法律出版社2018年版，第269页。

④ 邹海林：《民法总则》，法律出版社2018年版，第269页。

现为人格性或体现为财产性。具体人格权说认为，个人信息权是一项具体人格权。[①]有的学者认为，个人信息权的权利内容主要包括：个人信息决定权、个人信息查询权、个人信息保密权、个人信息更正权、个人信息封锁权、个人信息删除权。[②]有的学者认为，作为个人信息的主体应享有的权利，包括个人信息的公开权、个人信息的知情权、个人信息的利用权、个人信息的维护权。

民法典虽然没有将个人信息作为权利，但对自然人个人信息提供保护。民法典要求，任何组织和个人需要获取他人个人信息的，应当依法取得并确保信息安全，不得非法收集、使用、加工、传输他人个人信息，不得非法买卖、提供或者公开他人个人信息。

（5）身份权

身份权主要包括配偶权、亲权、亲属权、监护权等，对自然人因婚姻家庭关系等产生的身份权利的保护，适用民法典第一编、第五编和其他法律的相关规定；没有规定的，可以根据其性质参照适用民法典人格权编关于人格权保护的有关规定。

3.知识产权

知识产权是以智力成果为客体的权利，其具有人身权和财产权双重属性。不同的知识产权，其包含的具体权利内容不同。例如，著作权包括下列人身权和财产权：（1）发表权，即决定作品是否公之于众的权利；（2）署名权，即表明作者身份，在作品上署名的权利；（3）修改权，即修改或者授权他人修改作品的权利；（4）保护作品完整权，即保护作品不受歪曲、篡改的权利；（5）复制权，即以印刷、复印、拓印、录音、录像、翻录、翻拍、数字化等方式将作品制作一份或者多份的权利；（6）发行权，即以出售或者赠与方式向公众提供作品的原件或者复制件的权利；（7）出租权，即有偿许可他人临时使用视听作品、计算机软件的原件或者复制件的权利，计算机软件不是出租的主要标的的除外；（8）展览权，即公开陈

① 叶名怡：《论个人信息权的基本范畴》，载《清华法学》2018年第5期。

② 邹海林：《民法总则》，法律出版社2018年版，第269—270页。

列美术作品、摄影作品的原件或者复制件的权利；（9）表演权，即公开表演作品，以及用各种手段公开播送作品的表演的权利；（10）放映权，即通过放映机、幻灯机等技术设备公开再现美术、摄影、视听作品等的权利；（11）广播权，即以有线或者无线方式公开传播或者转播作品，以及通过扩音器或者其他传送符号、声音、图像的类似工具向公众传播广播的作品的权利；（12）信息网络传播权，即以有线或者无线方式向公众提供，使公众可以在其选定的时间和地点获得作品的权利；（13）摄制权，即以摄制视听作品的方法将作品固定在载体上的权利；（14）改编权，即改变作品，创作出具有独创性的新作品的权利；（15）翻译权，即将作品从一种语言文字转换成另一种语言文字的权利；（16）汇编权，即将作品或者作品的片段通过选择或者编排，汇集成新作品的权利；（17）应当由著作权人享有的其他权利。著作权人可以许可他人行使第（5）项至第（17）项规定的权利，并依照约定或者著作权法有关规定获得报酬。著作权人可以全部或者部分转让第（5）项至第（17）项规定的权利，并依照约定或者著作权法有关规定获得报酬。

4.社员权

社员权是指社团中的成员依据在社团中的地位而对该社会产生的权利。社员权的主体是社员，其相对人是社团。[①]社员权产生于社员资格；社员资格的取得主要来自出资，所以社员权也称股东权，但我国之农村集体经济组织法人之社员是“农村土地承包经营户”。社员权是一种复合型权利，包括表决权等非经济性权利，也包括获得股息、红利等经济性权利。

（五）专属权和非专属权

这是以权利能否转让为标准对民事权利的分类。

专属权是指专属于权利人自身而不能转让的权利。人格权、知识产权中的人身权、继承权等属于专属权。但有些人格权例如肖像权、姓名权等具有财产价值，可以授权他人使用，但姓名权、肖像权并没有转移，知识

---

① 李永军：《民法总则》，中国法制出版社2018年版，第511页。

产权中的财产权可以转让。非专属权是指权利人可以转让的权利，财产权多属于可以自由转让的权利，属于非专属权。但也有些财产权则因为当事人之间的约定或者法律的规定不能转让。不能转让的财产权，其上通常不得设定担保物权。

（六）主权利和从权利

这是以两个权利之间的关系为标准对民事权利的分类。主权利是指能够独立存在的，不以其他权利为依托的权利。从权利是指依托主权利而存在的权利。甲向乙借款100万元，丙提供了担保。乙对甲的借款请求权为主权利，而对丙的担保请求权为从权利。除当事人另有约定外，主权利的命运决定从权利的命运，当主权利转让、消灭的，从权利一并转让。

三、虚拟财产权

从网络技术面世以来，在原来不用网络技术即可感知的现实世界之外，人类生活的世界又衍生出必须利用网络技术才能感知的虚拟世界。在特定虚拟世界中，我们可以注册一个ID，取得进入该虚拟空间的身份认证，我们还可以设计一个虚拟形象，并给它取一个很有个性的名字，它是虚拟人。在不同网络世界中，虚拟人做着不同的事情，拥有不同的活动方式。一个特定的虚拟世界俨然就是一个真实的小社会。玩家人通过虚拟人支配着网络中的虚拟财产，虚拟财产是无形的，我们不能因为这些财产利益不是"真实"的而忽视它们的存在。但是，以数据代码为基础存在的具有无形性的财产很多，我们可以很容易列举一二，例如电子票据、电子邮箱、电子钱包、电子图书、玩家积分与级别等，我们不禁要问：这些以数据代码形式存在的财产都属于虚拟财产吗？虚拟财产属于谁？财产是物以及有金钱价值的权利，[①]我们将财产权分为物权、债权、知识产权等，虚拟财产作为一种新型的财产，从制度安排的视角看，应该属于哪一类财产权

① ［德］迪特尔·梅迪库斯：《德国民法总论》，邵建东译，法律出版社2004年版，第889页。

利？《民法典》第127条规定，法律对数据、网络虚拟财产的保护有规定的，依照其规定。如果在其他法律对虚拟财产的保护未作规定时，民法典关于物权的规定能否适用于网络虚拟财产呢？

（一）虚拟财产范围的界定

要对一个事物进行法律制度上的安排，必须界定该事物的具体含义及范围。例如物权法是对物权的制度安排，那么物权的具体含义与范围必须明确，否则哪些财产权利可适用物权法的规定就存在争议。因此，对虚拟财产进行制度构建的首要条件是要明确虚拟财产的范围。

美国学者Joshua A.T.Fairfield认为虚拟财产与现实财产一样具备排他性、持续性以及相互联系性三个特征，具备这三个特征的数据代码就是虚拟财产，并且列举了统一资源定位器（Uinform Resource Locator，URL）、电子邮箱、网络账户、网址、聊天室、银行账户、域名[①]等虚拟财产。[②]Charles Blazer在Fairfield研究的基础上提出虚拟财产应结合排他性、永久性、相互联系性、二手市场性以及价值能够被用户增加性五个特征进行判断。[③]还有的学者认为，一般而言，虚拟财产是大型的多人在线网络游戏中的财物，例如在特定网络游戏中的游戏币、装备、服装或者其他具有价值的物品，将虚拟财产限于网络游戏中的各种道具、财富等。[④]我国则有学者认为，一个存放在没有联入互联网的电脑硬盘上的MP3音乐文件，也是虚拟财产。[⑤]还有学者指出虚拟财产有广义与狭义之分。广义的虚拟财产，即一切存在于特定网络虚拟空间的专属性的虚拟物，包括ID（如QQ账号、电子邮箱）、

---

① 在美国有很多学者认为域名（domain name）是虚拟财产，但笔者认为域名与存在于网络世界中的虚拟财产存在很多差别，需要另文进行专门研究，在这里就不再展开分析。

② Joshua A.T.Fairfield, "Virtual Property," Boston University Law Review, Vol.85, (2005), pp.1053–1057.

③ Charles Blazer, "The Five of Virtual Property," Pierce Law Review, Vol.5, (2006), p.138.

④ Peter Brown & Richard Raysman, "Property Rights in Cyberspace Games and Other Novel Legal Issues in Virtual Property," the Indian Journal of Law and Technology, Vol.2, (2006), p.89.

⑤ 王竹：《〈物权法〉视野下的虚拟财产二分法及其法律规制》，载《福建师范大学学报（哲学社会科学版）》2008年第5期。

虚拟货币、虚拟装备等；狭义的网络虚拟财产，特指具备现实交易价值的虚拟财产，只包括那些网络游戏玩家通过支付费用取得，并具有在离线交易市场内通过交易获取现实利益可能性的商品，其典型表现为网络游戏中的虚拟武器装备、游戏金币、Q币、网易泡泡币以及游戏角色ID点数等。[①] 可见，不论国内外学者都对虚拟财产的范围与特征进行了有益的探索，这些研究对我们进一步探索这一问题提供了重要的基础。笔者在研读大量国内外关于虚拟财产的范围界定的文献的基础上认为，应从以下几个方面确定虚拟财产的具体范围：

1. 虚拟财产是能够交易的

从财产法的角度来看，凡是可被称为财产的物，必须是可以被人拥有的和可以交易的。[②]能够交易的东西必须是具有价值的。美国学者F.Gregory Lastowka和Dan Hunter在*The Laws of the Virtual Property*一文中用边沁的功利主义理论、洛克的劳动报酬理论以及黑格尔的人格理论解释了虚拟财产的确是财产。虚拟财产的所有者都拥有或者应该拥有财产权。[③]确实，像真实世界一样，在虚拟空间中玩家和虚拟人可以用游戏币购买土地或其他财物，玩家和虚拟人必须通过一份工作或者职业来赚取游戏币。[④]玩家和虚拟人基于洛克的劳动报酬理论对虚拟世界中的财产主张权利。显然，纠纷中的财产诞生于玩家付出的时间以及投入的劳动。[⑤]从理论上讲，随着网络玩家不断付出劳动，玩家账户中的虚拟财产不断增加，玩家控制下的虚拟人的财富也就越来越多。所以，Katie Hollstrom指出："那种以虚拟财产具有无

① 刘守芬、申柳华：《网络犯罪新问题刑事法规制与适用研究》，载《中国刑事法杂志》2007年第3期，第19页。

② [英] F.H. 劳森：《英国财产法导论》，曹培译，法律出版社2009年版，第19页。

③ F. Gregory Lastowka & Dan Hunter, "The Laws of the Virtual Property," California Law Review, Vol.92, (2004), pp.43-50.

④ Katie Hollstrom, "Legal Conceptions of Virtual Property: Should Virtual Property be Afforded the Same Rights as Its Real-world Counter-part?" Law and Society Journal at UCSB, Vol.7, (2008), p.61.

⑤ F. Gregory Lastowka & Dan Hunter, "The Laws of the Virtual Property," California Law Review, Vol.92, (2004), p.46.

形性或者不真实而否认虚拟财产的价值的观点是不符合逻辑的。以虚拟财产的无形性而否认其为财产的论调将很快变成陈词滥调。”①

以玩家在网络游戏中的虚拟财产为例，虚拟财产的交易性表现在：

其一，通过付费的方式，网络游戏运营商将虚拟财产出售给玩家。网络数据具有自由复制性，虚拟财产本身就是网络数据，从理论上讲，虚拟财产完全可以通过无限复制的方式被所有的用户拥有，无需通过长时间的在线获得虚拟财产。但根据微观经济学上的边际效益递减理论，出于成本与收益的考虑，网络数据开发商向用户销售的虚拟财产数量存在一个边际数量，如果超过一定数量，虚拟财产价格就会偏低，效益就会降低，所以网络数据运营商要运用计算机网络技术手段限制虚拟财产的复制，保证其某一款虚拟财产不能被用户很容易地取得；根据微观经济学上的边际效用理论，对作为消费者的网络用户而言，某种虚拟财产也具有边际效用，如果虚拟财产可以自由复制而人人都有，虚拟财产也就失去了价值。所以，运营商要控制某一款新式“武器”的数量而不能过多过滥。如果用户没有更多时间泡在网上升级以获得虚拟财产，也可以通过付费的方式从运营商处购买。用户以付费方式从运营商处购买虚拟财产通常有两种方式：一是用户用真实货币直接购买某一特定虚拟财产；二是用户先用真实货币购买某一运营商的虚拟货币，然后再用虚拟货币购买自己青睐的其他虚拟财产。在第二种购买方式中，虚拟货币成为购买虚拟财产的支付手段。

其二，用户可以在虚拟财产交易平台从其他玩家手中购买虚拟财产。用户通过劳动报酬方式或者购买方式取得的虚拟财产像真实世界中的财产一样可以通过买卖、赠与等方式在用户之间流转。网络上有不少卖家拼命“打装备”，然后高价卖给新手玩家，少则百元，多则上千元，虚拟财产私下交易已经形成了市场。有些游戏运营商或者运营商之外的第三方已经推出虚拟财产交易平台，目前国内最大的虚拟财产交易平台是游戏运营商之外的

---

① Katie Hollstrom, “Legal Conceptions of Virtual Property: Should Virtual Property be Afforded the Same Rights as Its Real-world Counter-part?” Law and Society Journal at UCSB, Vol.6, (2008), pp.59-67.

第三方设立的5173网，该网作为虚拟财产交易平台类似于现实世界中的股票交易市场，它为用户提供金币交易、装备交易、账号交易、点卡交易等虚拟财产交易服务。根据该网数据统计，在2011年10月10日至10月16日，《地下城与勇士》游戏中一款名叫“+13魔剑—阿波菲斯”的装备售价高达9999元。可见，虚拟财产的交易市场是一个客观存在，无论是否取得服务器提供者的同意，法律应当认可用户通过二手市场对远方主机上存在的虚拟财产进行交易。[①]虚拟财产具有交易性产生了以专门组织职业玩家从事网游而获利的公司，最著名的例子是在墨西哥有一家名叫“Blacksnow”的公司，该公司以非常低的工资雇用职业玩家，在网络游戏中昼夜不停地创造虚拟财产，然后在Ebay网上销售获利。[②]

虚拟财产的交易性说明，在单机游戏中有些装备即使可以长时间存在，但因其仅有一个玩家，不能在玩家之间交易，也不是财产。[③]

2. 虚拟财产是虚拟的

虚拟财产的虚拟性包括虚拟财产存在空间的虚拟性与虚拟财产本身的虚拟性。虚拟财产须存在于特定的虚拟空间，离开了特定的虚拟空间，虚拟财产及其上存在的权利就会消灭。特定的虚拟空间是指服务器提供者（ISP）提供的网络空间，虚拟财产仅在某一特定的虚拟空间中才有其特殊的使用价值，离开了该空间虚拟财产将变得毫无意义，例如特定网络游戏中玩家的屠龙刀只能在其所玩游戏中具有价值，它不能被用于另一游戏开发商开发的游戏之中。[④]但有学者提出，虚拟财产不以联入互联网为限，个人电脑硬盘上存储的虚拟财产也是虚拟财产，网络虚拟财产是虚拟财产的一部

---

① Charles Blazer, “The Five of Virtual Property,” Pierce Law Review, Vol. 5, (2006), p.146.

② F. Gregory Lastowka & Dan Hunter, “The Laws of the Virtual Property,” California Law Review, Vol.92, (2004), p.39.

③ Michael Meehan, “Virtual Property: Protecting Bits in Context, Richmand Journal of Law, Vol.3, (2006), p.7.

④ Joshua A.T.Fairfield, “Virtual Property ,” Boston University Law Review, Vol.85, (2005), p.1057.

分。[①]笔者认为，个人电脑硬盘上存储的虚拟财产虽然也是通过代码的形式表现出来，但它们通常是个人权利的财产化表现形式而非虚拟财产，例如个人电脑中的电子图书与纸质图书并无本质区别，仅财产的存在形式不同而已，它应受物权法的保护，而不是严格意义上的虚拟财产。[②]

虚拟财产本身的虚拟性是指网络数据本身就是虚拟财产。网络数据在体现虚拟财产和现实财产方面具有不同意义。对于虚拟财产来说，网络数据却是财产本身。[③]因运营商破产等原因造成网络数据灭失而导致虚拟财产消灭的，运营商通常不承担责任。例如，网络游戏玩家的道具随着运营商的破产而消灭，且玩家不能得到任何补偿或者赔偿。虚拟财产仅存在于某一特定的网络空间，离开该空间则无意义，也不能在其他网络空间中使用。而在电子商务或网络银行的活动中，网络数据只是财产的记载。因此，即使因不可抗力而致使记载现实财产的数据库崩溃，运营商仍有义务保障本系统内他人现实财产不受损失。例如，电子钱包中的存款并不因银行的破产而消灭，该存款可以通过破产程序得以实现。通过数据代码形式存在的电子票据、电子银行存款等，它是代码化了的权利，不但可以存在于某一特定的网络空间，而且可以在其他网络空间中加以使用。例如，出票人签发一张中国工商银行承兑电子汇票，该电子汇票可以在其他商业银行或者其他电子商务活动中使用，它不受制于某一特定网络虚拟空间的限制。所以，电子票据、电子银行存款等是现实权利的数据表现形式，它是权利的电子化[④]，而非虚拟财产。权利电子化的表现形式还有很多，例如作者可以将自己的文学作品上传至网络，形成网络文学作品[⑤]，网络文学作品是作品的网

① 王竹：《〈物权法〉视野下的虚拟财产二分法及其法律规制》，载《福建师范大学学报（哲学社会科学版）》2008年第5期。

② 王竹先生在上文的后半部分将存在于个人电脑中的虚拟财产作为计算机文件，视为物，可纳入物权法调整范围。笔者与这种观点一致。

③ 陈甦：《虚拟财产在何种情形下应受到法律的保护》，载《人民法院报》2004年2月12日。

④ 权利证券化是社会发展的一个趋势，传统权利的证券化是指权利的纸质化，随着计算机技术的发展，权利证券化出现了由权利的纸质化向权利电子化发展的趋势。

⑤ 网络文学作品指新近产生的，以互联网为展示平台和传播媒介的，借助超文本链接和多媒体演绎等手段来表现的文学作品、类文学文本及含有一部分文学成分的网络艺术品。

络数据化处理，是知识产权的电子化，我们可以通过付费方式购买这些网络作品的使用权，将这些数据通过复制的方式下载到用户自己的电脑中，保存在个人电脑中的文学作品与购买的纸质文学作品并无本质区别。因此，那些以数据作为表现形式的财产属于财产的数据化，它们与传统财产的区别仅在于存在形式不同而已，而非虚拟财产。

3.虚拟财产须具有永久性

无形财产通常不具有永久性特征。例如，商标权、专利权等通常存在法定的期限，超过法定期限，权利不再受法律保护。作为无形财产，虚拟财产则具有永久性特征。虚拟财产的永久性也称虚拟财产的持续性，是指用户无论是否正在使用自己的虚拟财产，该虚拟财产在特定的网络空间中持续存在。网络游戏道具等虚拟财产并不随玩家电脑的关闭、离线等消失，玩家在下次登录时这些财产仍然完好无损。

在单机游戏中用户也可能取得一定的财富，因这些财富通常不具有永久性特征而被排除在虚拟财产之外。虚拟财产的永久性说明，当用户的虚拟财产被网络服务提供者删除或者被其他用户侵占时，可以通过法律程序要求恢复。不具有永久性特征的“虚拟财产”几乎没有价值，难以形成交易市场。虚拟财产的永久性是虚拟财产交易市场形成的重要因素之一。[①]但是，虚拟财产的永久性也不是绝对的，网络服务提供者因经营亏损而关闭服务器时，虚拟财产将随特定网络空间的关闭而全部消灭。

4.虚拟财产具有排他性

传统大陆法系民法理论认为，排他性是指同一物上不能同时存在两个内容不相容的物权，尤其是不能同时存在两个或两个以上的所有权。[②]尹田教授曾指出：“物权的直接支配性与排他性，实质上是从两种不同的角度对物权进行观察的结果。”所以，“‘排他’应当理解为‘排斥’之

① Michael Meehan, “Virtual Property: Protecting Bits in Context,” Richmand Journal of Law, Vol.3, (2006), p.7.

② 尹田教授对学术界关于排他性概念进行了详细总结。尹田：《物权法理论评析与思考》，中国人民大学出版社2004年版，第37—39页。

意，即某人支配某物，即排除他人支配之可能性”。[①]英美财产法理论则认为，财产的排他性实际上就是财产的支配性，即特定财产在特定时刻只能由一个主体支配。[②]可见，不论英美法系还是大陆法系，关于物权排他性的认识并无本质区别。就虚拟财产而言，排他性是指在特定空间中的特定虚拟财产只能由一个用户所有，用户可以排除其他人使用自己拥有的财产。例如，一把屠龙刀只能归一个玩家，不能由两个玩家同时支配。虚拟财产是通过网络数据表现出来的财产，有些网络数据本身具有排他性，但也有大量的代码被设计为代表纯粹的没有排他性的财产，一人使用这些代码并不能阻止他人使用。[③]例如，以网络数据表现出来的影视作品、音乐作品、文学作品等，同一作品可以被无数人无限制地复制使用。这类“虚拟财产”在本质上属于知识产权而不是真正的虚拟财产，它是知识产权的数据化。

财产并不是一个含义非常明确的法律概念，物权、债权、知识产权等都是财产，甚至在现代社会，个人身份标识都财产化了。德国哲学家卡西尔指出：“人不仅能过生活而且能借助符号来表达生活，因此，人是符号的动物，符号化思维和符号化行为是人类生活中最富有代表性的特征。”[④]虚拟财产也是一个含义并不非常明确的概念，它由一系列虚拟财产组成，每一类虚拟财产都具有其特殊性。对于那些仅具备其中一个或者几个方面特征的“虚拟财产”而言，它们是不是“虚拟财产”呢？例如，电子邮箱是不是虚拟财产就很有争议。电子邮箱账号存在于特定的网络虚拟空间，账号本身就是网络数据，它具有虚拟性特征；电子邮箱账号也具有永久性特征。但用户通过免费注册的方式很容易无偿取得电子邮箱，它通常没有价值，也不具有交易性，不具有商品属性。对此，Katie Hollstrom指

---

① 分别参见尹田：《物权法理论评析与思考》，中国人民大学出版社2004年版，第28—39页。

② Charles Blazer, “The Five of Virtual Property,” Pierce Law Review, Vol. 5, (2006), p. 143.

③ Joshua A.T.Fairfield, “Virtual Property,” Boston University Law Review, Vol.85, (2005), p.1053.

④ [德]恩斯特·卡西尔：《人论》，甘阳译，上海译文出版社1985年版，第35页。

出：一个人可以设立一个免费账号，对一个免费账号拥有财产权是不可能的。[①]在美国司法实践中，电子邮箱账号是不是一项独立的虚拟财产争论源自谁对在伊拉克战争中死亡的一名士兵注册的电子邮箱账号享有所有权。士兵的家属声称该账号——通常包含了照片和日记——是已故者的不动产。而网络服务器提供商则声称，因为个人隐私的原因该电子邮箱账号不能打开——网络服务器提供商甚至断言，如果权利主张者进入该账号，大众会发现这些账号保护个人隐私的价值将会消失殆尽。[②]诸如电子邮箱之类的具有部分虚拟财产特征的“虚拟财产”是不是虚拟财产确实引人深思。但法律是为一般事物立法，所以从制度构建的角度，把握虚拟财产的一般形式就够了。因此，虚拟财产是以代码形式表现出来的存储于虚拟空间中的可用于交易的财产，它主要包括网络游戏武器装备、道具、各种虚拟货币等。

（二）虚拟财产属于用户

在虚拟世界中，财产权利的分配是由用户在第一次登录游戏时点击同意的最终用户许可协议得以实现的，且通常情况下，在这些最终用户许可协议中都要求用户签署这样一个条款：在游戏中创造的一切虚拟物都属于运营商而不属于玩家。因此，有些学者认为，虚拟财产属于运营商而非用户。Richard Epstein用动产理论来解释虚拟财产归属于运营商，该理论的基本思路是通过对计算机等物理性动产的控制可以使我们控制网络财产。因此，网络运营公司的权利是控制进入其真实世界中可能被通过网络活动影响的动产。[③]例如，如果运营商拥有自己的电子邮箱服务器，按照动产理论，该公司就可以对那些未经其允许而使用其电子邮箱服务器的人提起侵权诉

① Katie Hollstrom, “Legal Conceptions of Virtual Property: Should Virtual Property be Afforded the Same Rights as Its Real-world Counter-part? ,” Law and Society Journal at UCSB, Vol.7, (2008), p.61.

② Joshua A.T.Fairfield, “Virtual Property,” Boston University Law Review, Vol.85, (2005), p.1047.

③ Richard Epstein, “Cybertrespass,,” 70U.Chi.L.Rew, 73, (2003), p.76.

讼。[1]而不能基于侵害虚拟财产提起侵权诉讼。我国也有学者认为，在虚拟财产的权利分配方面，网络游戏玩家拥有的只是使用权、虚拟财产的所有权和处分权应归运营商所有。无论是网络游戏中的“武器装备”还是电子邮箱、OICQ号码等，都归网络服务提供商所有，而玩家（用户）仅仅享有对网络虚拟财产的使用权。[2]动产理论认为虚拟财产为网络硬件提供者所有，用户并不享有虚拟财产的所有权，也不能通过侵权法保护网络虚拟财产。用户如果要进入某一虚拟世界，需要与运营商签署最终用户许可协议，最终用户许可协议通常否认用户对虚拟财产享有任何的财产利益。据此，在虚拟世界中，如果网络服务提供者没有给用户对他们劳动创造的物享有财产权，用户就不能出卖这些物品。可见，动产理论对保护物理性动产权利人具有非常重要的价值。但是它存在一个致命的缺陷：网络侵权诉讼要保护的财产是网络资源本身（例如电子邮箱地址）而不是形成侵权诉讼基础的动产（物理计算机）。[3]所以，如果有人攻击你本人的计算机并从中得到了你电脑中的信息，基于动产理论，你拥有一项排他性权利，可以提起侵权诉讼。但如果有人仅攻击网络服务提供者的服务器，即使他同时也攻击了你的电子邮箱，你也无权提出侵权诉讼。

但也有学者提出，虽然用户同意了最终用户许可协议，但同意该协议并不能当然得出最终用户许可协议是合法有效的，更不能由此推论“虚拟财产”是计算机系统的组成部分，属于运营商。美国学者Katie Hollstrom也表达了同样的看法：“该无形动产由玩家通过劳动或购买的方式取得，应该属于玩家所有。”[4] Fairfield也认为：玩家对以代码表现出来的虚拟财产

---

① Joshua A.T.Fairfield, “Virtual Property ,” Boston University Law Review, Vol.85, (2005), p.1075.

② 杨立新、王中合：《论网络虚拟财产的物权属性及其基本规则》，载《国家检察官学院学报》2004年第12卷第6期。

③ Joshua A.T.Fairfield, “Virtual Property,” Boston University Law Review, Vol.85, (2005), p.1075.

④ Katie Hollstrom, “Legal Conceptions of Virtual Property: Should Virtual Property be Afforded the Same Rights as Its Real-world Counter-part? ,” Law and Society Journal at UCSB, 2008, (7), p.64.

享有所有权，如果我拥有一幢建筑物，无论在这个代码后面的知识产权如何，它都属于我；无论该虚拟建筑物依附的有形动产被多少玩家使用，它仍属于我。我拥有它、支配它，也有权邀请其他人来这里，在这里举行会议，在里面工作，在上面投资，或者将它卖给想要它的人。[①]美国学者Andrea Vanina Arias也指出：运营商通常运用最终用户许可协议（End-User Licensing Agreement）控制玩家，这些合同使用的语言非常简单：大型在线网络游戏服务器提供者保留游戏中的所有知识的和财产的权利。网络服务器提供商通过合同否认用户对虚拟财产的权利，它剥夺用户的虚拟财产的部分是不合理的，属于无效条款。[②]原《合同法》第40条规定："提供格式条款一方免除其责任、加重对方责任、排除对方主要权利的，该条款无效。"最终用户许可协议排除了玩家对虚拟财产的所有权这一主要的权利，该格式条款无效。所以，虚拟财产并不是计算机系统的组成部分，而是一个独立于计算机系统的存在，所有权应当归属于玩家，而不属于运营商，运营商只是在服务器上保存这些数据，并没有对其任意修改的权利。尽管运营商可以基于与玩家之间的游戏服务合同关系而实际掌控虚拟财产，但这并不说明以虚拟财产为客体所建构的权利就归属游戏运营商，虚拟财产是用户劳动与智慧的结晶，其权利应由玩家所有。[③]在司法实践中，玩家虽然同意了剥夺用户权利的最终用户许可协议，但仍主张对虚拟财产享有所有权并得到了法院的支持。例如，2003年10月李某诉北极冰科技公司案中，法院就判决玩家对虚拟财产享有所有权，运营商应承担返还被盗装备的义务。该判决说明，虚拟财产是一项独立于计算机系统而独立存在的财产。所以，尽管运营商可以基于与玩家之间的游戏服务合同关系而实际掌控虚拟财产，但这并不说明以虚拟财产为客体所建构的权利就归属游戏运营商，虚拟财

---

① Joshua A.T.Fairfield, "Virtual Property," Boston University Law Review, Vol.85, (2005), p.1078.

② Andrea Vanina Arias, "Life, Liberty, and the Pursuit of Swords and Armor: Regulating the Theft of Virtual Goods," Emory Law Journal, 2008, (57), p.1332.

③ 林旭霞、张冬梅：《论网络游戏中虚拟财产权利的法律属性》，载《中国法学》2005年第2期。

产是用户劳动与智慧的结晶，其权利应由玩家所有。①

（三）“代码就是法律”的局限性

虚拟财产具有经济价值，在法律真空地带，虚拟财产更容易成为侵害的对象。统计数据显示，在线犯罪中有73.3%属于盗窃。②因此，对虚拟财产进行保护是非常必要的。但是，虚拟财产的本质是代码，代码界定了虚拟财产，修改代码可以修改虚拟财产。以至于有学者提出在虚拟世界中，代码就是“法律”，虚拟财产甚至虚拟世界通过代码本身就可以调整。例如，在某一游戏空间中，玛莎养了一种有奇特力量的、异常美丽的花，但如果触摸到它，则会致命；玛莎的邻居丹克养了一只狗，丹克的狗因为吃了玛莎的花的一片花瓣而死。③二人因此发生了争吵，丹克指责玛莎不要养有剧毒的花，而玛莎则指责丹克应该养一只耐剧毒的狗。在虚拟世界中，玛莎完全可以通过更改代码的方式实现所养的花没有毒但很漂亮，丹克也完全可以通过更改代码的方式使自己的狗百毒不侵。那么，代码固然可以调整虚拟财产，但它还需不需要现实世界中的法律加以调整呢？

正如卡多佐所说，新技术能够导致新的法律出现。④发明与创造是新法律产生的源泉。但关于法律的效力与技术的效力之争也由来已久。在计算机产生后，代码技术得到了长足发展，虚拟世界就是一个代码世界，通过数据代码设置出不同的物品。在虚拟世界中，代码俨然成了“法律”，代码与法律之间的关系问题日益受到重视。William mitchell在其1995年出版的“*City of Bits*”一书中提出：“在电子世界的新领域，代码就是‘法律’。”这种观点在美国非常盛行，包括Lessig、Ethan Katsch、Joel Reindenberg和James Boyle

---

① 林旭霞、张冬梅：《论网络游戏中虚拟财产权利的法律属性》，载《中国法学》2005年第2期。

② Angela Adrian, Law and Order in Virtual Worlds: Exploring Avatars, Their Ownership and Rights, Information Science Reference, 2010, p.183.

③ 该案例来源于［美］劳伦斯·赖斯格：《代码2.0：网络空间中的法律》，李旭、沈伟伟译，清华大学出版社2009年版，第11—12页。

④ Greg Lastowka, “Decoding Cyberproperty ,” Indiana Law Review, Vol.13, (July 2006), p.1.

等学者都在积极地解释代码取代“法律”的含义。[①]“代码就是‘法律’”的真实含义是：“市场、(电脑)内部构造和社会标准有时能像法律一样或比法律能更好地规范行为。”[②]Leggis进而认为：“如同法律能够控制行为，代码也能控制人的行为：因为我用代码紧紧锁住了DVD，你不能很容易地得到我的DVD中的内容。代码的功能如同法律的功能：告诉他什么能做和什么不能做。”[③]在网络游戏空间，规制来自代码。网络游戏的关键规则被施行，不是通过社会制裁，也不是通过国家制裁，而是通过这一特殊空间的架构。规则被阐明了，并非通过某部法律，而是通过统治该空间的代码。[④]代码的某些方面与法律一样，如强制力和重要性。[⑤]

“代码就是法律”这一观点被提出后，就遭到很多学者的批评。例如，Greg Lastowka就曾指出：“如果代码变为法律，立法和司法将认为他们的社会权利——用法律去控制社会的权利将滑向支持像微软和美国在线那样的具有编码规范权利的公司。”[⑥]笔者认为，代码虽然保护虚拟财产，但随着技术的发展，代码可以被他人很容易地进行更改，虚拟财产可能会被随意攻击。所以，在虚拟世界中，如果过分相信代码就是法律而排除法律的适用，对虚拟财产将是致命的打击。“代码就是法律”是说代码有时如同法律一样可以调整一个人的行为，保护一个人的财产。例如，网络游戏开发商通过设置代码禁止游戏玩家复制各种游戏装备。但是，代码是一项技术标准与技术规范，它是一个事实问题而非社会规范，它是权利人通过技术手段保护自己财产的一种方式，但代码本身绝不能成为法律。信息安全

---

① Greg Lastowka, “Decoding Cyberproperty,” Indiana Law Review, Vol.13, (July 2006), p.37.

② Greg Lastowka在Decoding Cyberproperty一文中对研究“代码就是法律”的文献进行了一个详细的总结，可参见该文第36—38页。

③ Lawrence Lessig, “Symposium: Cyberspace and Privacy: A New Legal Paradigm?” Foreword, 52, STAN.L.REV.Vol.987, (2000), p.99.

④ [英]劳伦斯·赖斯格：《代码2.0：网络空间中的法律》，李旭、沈伟伟译，清华大学出版社2009年版，第28页。

⑤ Greg Lastowka, “Decoding Cyberproperty”, Indiana Law Review, Vol.13, (July 2006), p.37.

⑥ Greg Lastowka, “Decoding Cyberproperty”, Indiana Law Review, Vol.13, (July 2006), p.39.

专家宋国琴称不敢用网银，一般密码片刻可破解。[①]所以，作为真金白银购买的虚拟财产，不能仅通过密码技术等进行保护。代码本身以及代码所表现出的各种财产关系需要法律规范的调整与保护。所以，Greg Lastowka对此作了一个形象的拟人：“当法律与技术以一种复杂的方式翩翩起舞时，才能够舞动得更持久。”[②]法律和代码有机结合是保护虚拟财产最为理想的选择。

（四）现有法对虚拟财产适用主义

虚拟财产是财产，但真实世界中存在的财产法律制度能否被移植至虚拟空间并对存在于网络中的虚拟财产同样适用，存在两种截然不同的观点：一种是排除主义；另一种是适用主义。[③]排除主义认为虚拟空间与真实世界存在本质区别，虚拟世界应该有自己不同的一套法律规则。有学者指出，网络空间是一个空间，并不必然得出适用于私人财产权的相关规定就一定能够适应于网络空间。[④]有学者进一步提出，计算机资源可能属于另外一种类型的法律调整的客体，通过扩展不动产和动产法来对它们进行保护不是一个很好的建议。[⑤]确实，虚拟财产具有自己的特性，但虚拟财产毕竟是一种财产，它与其他财产例如物权等具有很大的相似性，为了避免立法的重复，无需在现有法律之外为虚拟财产再制定一套独立的规则。从我国各级法院处理侵害虚拟财产权的案件实际情况看，也没有为虚拟财产单独制定法律的必要。适用主义者认为，网络中的虚拟世界是对现实世界的模仿与设想，其中必有很多与现实世界同构与类似之处。[⑥]现有的法律制度对虚拟财产同

---

① 《信息安全专家不敢用网银》，载《广州日报》2012年1月6日第A6版。

② Greg Lastowka, “Decoding Cyberproperty” , Indiana Law Review, Vol.13, (July 2006), p.37.

③ Phillip Stoup, “The Development and Failure of Social Norms in Second Life” , Duke Law Journal, Vol.58, ,(2008)p.312.

④ Greg Lastowka, “Decoding Cyberproperty” , Indiana Law Review, Vol.13, (July 2006), p.26.

⑤ Greg Lastowka, “Decoding Cyberproperty” , Indiana Law Review, Vol.13, (July 2006), p.36.

⑥ 陈甦：《虚拟财产在何种情形下应受到法律的保护》，载《人民法院报》2004年2月12日。

样适用。但是，虚拟财产应该适用现有的哪种具体制度呢？这就是虚拟财产的本质问题。财产法专家对网络虚拟财产的本质已经做了很多研究，主要有物权说、债权说、知识产权说以及新型权利说等，并由此推导出虚拟财产的适用具体规则。

1. 合同主义

合同主义认为“网络游戏是商业化服务，游戏服务商和玩家之间的关系是服务合同关系。游戏服务商对网络虚拟财产享有所有权，他通过游戏服务合同让渡了其中的部分权能；对玩家而言，网络虚拟财产的法律属性实质上是一种通过合同确立的债权”。①虚拟财产仅是玩家得以请求服务商为其提供特定服务内容的证据，虚拟财产的重点不应在于虚拟物品本身，而在于它所反映的服务合同关系。虚拟财产权利就是玩家可以享有由服务商所提供的特定的服务内容的权利。每一个虚拟物品就是一张合同，由玩家占有后即视为合同签订并转变为虚拟财产。②甚至有学者认为，使用虚拟财产的概念易使游戏账号和游戏道具被人为割裂开来，应当取消虚拟财产的概念，采用“网络服务合同凭证”的提法比“虚拟财产”的提法更科学，账号是合同的凭证，而道具则是合同的内容。③主张虚拟财产为债权的学者认为，虚拟财产本身并非物权法意义上的“物”，对虚拟财产也不存在物权，相关权利人当然也就不能主张物权法规定的相关请求权；④网络虚拟财产并不存在对任何物的直接排他性支配，它们都是用户与网络服务商通过合同的方式有偿或者无偿获得的服务，应该纳入合同法框架下。⑤在我国目前发生的虚拟财产纠纷案件中，例如韩某诉上海盛大娱乐服务合同纠纷案立案案由是“服务合同纠纷”

① 陈旭琴、戈壁泉：《论网络虚拟财产的法律属性》，载《浙江学刊》2004年第5期。

② 房秋实：《浅析网络虚拟财产》，载《法学评论》2006年第2期。

③ 任丹丽：《合同法框架下的虚拟财产——从网络游戏纠纷的判决展开》，载张平主编：《网络法律评论》，北京大学出版社2006年版，第199页。

④ 田士永：《虚拟财产民法保护中相关请求权分析》，载《人民法院报》2008年9月17日第5版。

⑤ 王竹：《〈物权法〉视野下的虚拟财产二分法及其法律规制》，载《福建师范大学学报（哲学社会科学版）》2008年第5期。

而非“所有权纠纷”，所以，虚拟财产在本质上属于娱乐服务合同，而不是独立的财产。

将虚拟财产界定为债权的观点从根本上否认了虚拟财产的独立性，它无法解释以下几个问题：首先，虚拟财产是服务合同凭证，玩家为什么有权将自己的虚拟财产在无需运营商同意的情况下转让给其他玩家？而虚拟财产能够独立转让的现实性恰恰说明虚拟财产存在的真实性。其次，合同本身是债权债务关系，它是实现利益转移与分配的手段。玩家与运营商之间的服务合同说明玩家通过支付对价的方式可以使用运营商提供的虚拟空间以及服务，在接受服务的过程中（游戏过程中），玩家创造了虚拟财产，这与土地承包经营权人使用承包的土地，能够取得出产物的所有权有何不同？玩家与运营商之间存在的合同关系并不能否认玩家对虚拟财产的权利，而这恰恰说明玩家取得虚拟财产权利的合法性。同时，运营商要承担起保管虚拟财产的义务，如果运营商未尽保护义务，造成用户虚拟财产消灭的，应当承担违约责任，保管合同的标的物通常是物，不可能是一项债权，如果将虚拟财产定性为债权就无法解释运营商与用户之间存在的保管合同关系。最后，按照债权说的观点，在第三人利用木马程序窃取玩家拥有的虚拟财产时，由于债权不能成为侵权对象的限制，玩家只能请求网络游戏服务商承担违约责任，赔偿损失，而不能请求第三人承担侵权责任，受害玩家的利益也将得不到有效保护。[①]这不能有效打击盗取、侵占他人虚拟财产的行为，不利于网络经济的发展，也与我国司法实践中将盗窃他人虚拟财产的行为定性为侵权或者犯罪的做法相悖。

2. 知识产权主义

知识产权主义认为，从严格意义上讲，虚拟财产更多地符合知识产权的特征，即虚拟财产具有创造性、时间性、地域限制性等特点，是一种智力成果。虚拟财产是知识产权的客体而不是动产。[②]虚拟财产在本质上属于

---

① 钱明星、张帆：《网络虚拟财产民法问题探析》，载《福建师范大学学报（哲学社会科学版）》2008年第2期。

② Andrea vanina Arias, “Life, Liberty, and the Pursuit of Swords and Armor: Regulating the Theft of Virtual Goods”, Emory Law Journal, Vol.57, (2008), p.1315.

知识产权的主要理由有：其一，玩家在游戏过程中耗费了大量的时间和精力，并进行了创造性的劳动，可以把玩家对虚拟财产享有的权利作为知识产权。[①]其二，虚拟财产与知识产权一样，都是无形的。[②]主张虚拟财产是知识产权的学者认为，虚拟财产应该像知识产权一样得到保护，适用知识产权法的规定。知识产权是绝对权，将虚拟财产定性为知识产权后，虚拟财产不但受到知识产权法的保护，也受到合同法、侵权法的保护。

通常情况下，虚拟财产在本质上不宜定性为知识产权，主要理由有：首先，它无法解释虚拟财产的排他性支配。虚拟财产具有无形性，这一点与知识产权非常类似，但虚拟财产权是一种排他性支配权，知识产权则不是排他性支配权，同一知识产权可以同时被多人支配使用，而某一个虚拟财产在某一特定时间只能由一个玩家使用。其次，著作权和专利权是法律授予作者和发明人的权利，其目的在于促使他们作出更多的创作、发明等，商标权也是法律授予给公司的权利，其目的是让权利人保持好的信誉、防止消费者的误认。然而，对虚拟财产的创造并不需要付出太多努力，它很容易被取得，政府也没有为促进玩家努力创造的现实需要，法律没有必要将其作为知识产权来对待。[③]我国有学者也持相同见解，认为知识产权具有法定性，智力成果必须依照专门的法律确认或者授予才能产生知识产权，然而我国现行的知识产权法律法规未规定虚拟财产为知识产权的客体，因此玩家对虚拟财产享有的权利不是知识产权。[④]再次，知识产权具有法定的时间性，权利人的权利有法定有效期，虚拟财产则具有永久性。复次，玩家可以从运营商处购买虚拟财产或者玩家之间互相转让虚拟财产，虚拟财产虽然具有可复制性，但复制权并非为玩家所拥有，玩家一旦将自己的虚

---

① 房秋实：《浅析网络虚拟财产》，载《法学评论》2006年第2期。

② 杨立新、王中合：《论网络虚拟财产的物权属性及其基本规则》，载《国家检察官学院学报》2004年第12卷第6期。

③ David Nelmark, “Virtual Property: The Challenges of Regulating Intangible, Exclusionary Property Interests Such as Domain Names”, Northwest Journal of Technology and Intellectual Property, Vol.3, (2004), p.3.

④ 钱明星、张帆：《网络虚拟财产民法问题探析》，载《福建师范大学学报（哲学社会科学版）》2008年第2期。

拟财产转让给其他玩家，他就丧失了虚拟财产权。知识产权虽然可以授权他人使用，但是该授权行为并未导致权利人知识产权的消灭。所以，从虚拟财产交易的后果来看，也不宜将其界定为知识产权。最后，虚拟财产确实需要存在于特定的网络空间，但这与知识产权的地域性存在根本的差别。虚拟财产存在空间的特定性说明，虚拟财产只能在一定的空间中成为侵权的对象；而知识产权的地域性则说明在某一地域范围内存在，不论在现实空间还是在网络空间，都不得对知识产权进行侵害。所以，不能以虚拟财产存在于特定的虚拟空间就说明其具有地域性。

在特殊情况下，虚拟财产可能具有知识产权的属性。例如，在网络运营商提供了一个创造平台，而用户自己设计并建造虚拟财产的情况下，如玩家在QQ空间中设计并建造的各种建筑物等虚拟物，它是用户的创造性智力成果，更符合著作权的特征，应该受到著作权法的保护。

3.物权保护主义

物权保护主义认为，网络虚拟财产的性质应当是一种特殊的物，虚拟财产权在本质上属于物权。所以，虚拟财产直接适用物权法的保护。虚拟财产物权说又进一步分为以下几种不同的观点：

（1）动产说

动产说认为，在虚拟世界中，由玩家通过劳动完成的财产与虚拟人作为无形动产对待，而运营商对其设计的程序享有知识产权。[①]美国刑法专家Katie Hollstrom认为，只有将虚拟财产作为有形动产来看待，才能对盗窃者定罪。[②]而Andrea Vanina Arias从普通法经验、制定法、惯例及司法实践四个方面论证了虚拟财产是动产。[③]

① Angela Adrian, “Intellectual Property or Intangible Chattel?” Journal of International Commercial Law and Technology, Vol.1, (2006), p.60.

② Katie Hollstrom, “Legal Conceptions of Virtual Property: Should Virtual Property be Afforded the Same Rights as Its Real-world Counter-part?” Law and Society Journal at UCSB, Vol.7, (2008), p.64.

③ Andrea Vanina Arias, “Life, Liberty, and the Pursuit of Swords and Armor: Regulating the Theft of Virtual Goods” , Emory Law Journal, Vol.57, (2008), pp.1309-1315.

（2）具体区分说

在网络空间中，不论是网络空间，还是网络空间中存在的土地、建筑物、武器装备都是虚拟财产，而虚拟财产分为虚拟不动产与虚拟动产。虚拟不动产包括虚拟空间本身及其中的土地、城堡等，所有虚拟世界中的不动产制度都应当遵循现代私有财产制度的理论要求，例如允许财产的自由转让，以当地的货币为媒介进行转让，等等。虚拟动产的转让也是以我们熟知的方式进行。如果你的虚拟人想卖掉其坚不可摧的链式盔甲，他可以自由地出卖。①这种观点是对虚拟财产的形象描述而得出的看法，但网络世界中的虚拟不动产，例如土地，它并不具备现实世界中土地的物理属性，也不能将现实世界中土地转让的规则运用于虚拟土地。在网络中，虚拟土地的转让与其他虚拟动产例如武器装备的转让并无差别。从现实世界的操作层面看，运营商可以将整个网络空间作为一个整体转让出去，网络空间虚拟不动产与虚拟动产二者仅在数据代码表现的财产形式上不同，但它都是数据代码，并无本质差异。更何况虚拟人在本质上也是数据代码，不是一个真正的民事主体，它是一个虚构的网络世界中的主体，虚拟人本人以及其下“支配”的虚拟财产都是用户的虚拟财产，用户完全可以将虚拟人以及虚拟人“支配”的不动产与动产一起卖掉。例如，我们将一个游戏账号转让给其他玩家时，买家可以支配虚拟人并取得与虚拟人有关的所有虚拟财产的所有权。②

（3）准物权说

还有学者认为，由于网络虚拟财产权在权利变动的公示方法、存续、占有和支配权能方面不同于民法的物权，基于其在上述几个方面的特殊性，网络虚拟财产权是一种类似于物权的准物权。③主张虚拟财产物权说的学者

① F. Gregory Lastowka & Dan Hunter, “The Laws of the Virtual Property”, California Law Review, Vol.92, (2004), p.32.

② Michael Meehan, “Virtual Property: Protecting Bits in Context”, Richmand Journal of Law, Vol.3, (2006), p.2.

③ 钱明星、张帆：《网络虚拟财产民法问题探析》，载《福建师范大学学报（哲学社会科学版）》2008年第2期。

认为，网络虚拟财产与民法的物之间在基本属性上是相同的，所以，在法理上认识网络虚拟财产，应当把网络虚拟财产作为一种特殊物，适用现行法律对物权的有关规定，同时综合采用其他保护方式，对虚拟财产进行法律保护。①

（五）网络虚拟财产制度构建的具体思路

现实财产具有复杂性，现实不但要针对一般财产立法，也要对特殊情况作出适当考虑。即使在同一类现实物之中，各物之间也存在不同的差别，有些物具有文物价值，有些物具有生命，有些物是人类独创性的象征，具有著作权属性，法律不但需要为这些不同的物提供物权法的保护，还要从文物法、动物保护法、知识产权法等角度提供专门的保护。例如，一个别具特色的建筑物，它不但属于是我国《著作权法》第3条规定的建筑作品，受到著作权法的保护，它还属于物权法中的不动产，受到物权法的保护；如果这个建筑物具有文物价值，还要受到文物法的保护。物本身的特殊性并不妨碍物权法对其提供物权保护方式，物权保护方式也不妨碍知识产权法或者动物保护法对特殊物提供保护，它们是从不同的角度提供了不同的保护方式。这种现象被移植到网络空间之中后，调整各种虚拟财产的具体制度应该存在不同之处。虚拟财产中的虚拟物这一大类也可以作出这样的划分。例如，在Second Life游戏中，用户可以根据自己的想象力将自己在网络空间中购买的土地进行设计，建造房屋，设计家具等，这些虚拟物不再仅仅具有虚拟物的属性，它本身就具有了一定的独创性，这种独创性就是作品的基本要求，现实世界中的著作权法保护也需要对其提供保护。虚拟财产需要进行制度安排，且这种制度需要在物权法、合同法、侵权责任法、知识产权法、继承法、刑法甚至婚姻家庭法等众多领域进行安排，它是一个复杂的系统工程。

---

① 杨立新、王中合：《论网络虚拟财产的物权属性及其基本规则》，载《国家检察官学院学报》2004年第12卷第6期。

1.设计虚拟财产制度的具体范式

虚拟财产具有特殊性，需要针对其特殊性进行专门立法，其范式不外乎两种：一种是通过修改现有法律的方式尤其是通过扩大财产范围的方式保护虚拟财产。例如物权法在界定物权客体时可以将其扩大到虚拟财产，在其他部分再针对虚拟财产的特殊性以特别条款的方式进行规范。我国台湾地区关于侵害虚拟财产的犯罪就是通过这一种途径解决的，它在“计算机犯罪”下做了“保护电磁记录”的规定，而不是将现有的侵犯知识产权的罪名直接适用于虚拟财产。另一种是通过制定专门的法律对虚拟财产提供保护。作为一种财产权，虚拟财产应该受民法、行政法、刑法等方面法律制度的调整，而这些法律制定已经形成了较为成熟的体系，虚拟财产的财产性说明现有大部分关于财产的法律规则对虚拟财产是可以直接适用的。例如，基于合同自由原则，虚拟财产的交易就可以直接适用民法典合同编的规定，合同编无需对虚拟财产的买卖作出特殊的规定。虚拟财产的虚拟性则要求法律对其作出专门的制度安排，但专门的法律制度安排并不意味着需要制定专门的虚拟财产法，如果对虚拟财产的特殊性进行专门立法，这一部法律的内容将涉及民事、行政、刑事等诸多内容，属于诸法合体的立法，显然不足取。如果针对虚拟财产分别制定虚拟财产归属法（相当于物权编）、虚拟财产交易法（合同编）、虚拟财产民事保护法（侵权责任编）、侵害虚拟财产的犯罪（刑法）等，很多法律条文将与民法典、刑法典等重复。更何况，虚拟财产与现实财产一样，也涉及继承、夫妻财产等问题，单独制定一部虚拟财产法不是一种理想的选择。最为有效的、简便的作为是在现有法律提下框架下，针对虚拟财产的特殊性进行特殊立法。

2.主要以物权方式构建虚拟财产法律制度

虚拟财产缺少独创性特征，与知识产权存在本质的区别，不宜将其作为知识财产进行保护；而虚拟财产则具备永久性、交易性（著作权只能将其中的财产权授权他人使用，不能将其权利全部转让，权利人仍保留著作权；虚拟财产交易的后果是出让人不再拥有虚拟财产，受让人则取得虚拟财产）等物的特征。从我国发生的多例虚拟财产的案件中，我们发现在现有法律的框架下，法院以服务合同纠纷处理盗窃虚拟财产案件，判令被告运营商“返还”原告玩家在网络游戏中失窃的“财物”。[①]甚至有学者直接指出：它（虚拟财产）不仅应当被纳入财产法保护的范畴，更为确切的是它具有民法上“物”的支配属性，应当成为物权的客体。[②]虚拟财产权是由玩家支配的一种具有物权属性的财产权，它应当被看作是所有权的一种。[③]国外也有学者断言：“我们需要将网络带入财产法的世界中。”[④]如果将虚拟财产权界定为物权，虚拟财产属于动产，虚拟财产权利人在权利受到侵害时，从民法保护方面，权利人可以依合同法的规定要求运营商承担违约责任，依物权法的规定享有物权请求权，依侵权法的规定享有侵权损害赔偿请求权。此外，将虚拟财产界定为动产，虚拟财产就可以成为盗窃罪的犯罪对象，对盗窃他人虚拟财产者应以盗窃罪判处刑罚，它还可以受到刑法的保护。我们注意到最近几年判决中，多将虚拟财产定性为“物”，将盗窃他人虚拟财产的行为定性为盗窃罪[⑤]，将利用职务便利侵占虚拟财产的行为定性为职务侵

---

① 侯健美、侯莎莎：《首例虚拟财产案宣判》，载《北京日报》2003年12月19日。

② 王旭霞：《网络虚拟财产属性的跨学科分析及民法保护体系构建》，载《甘肃社会科学》2009年第3期。

③ 林旭霞、张冬梅：《论网络游戏中虚拟财产权利的法律属性》，载《中国法学》2005年第2期。

④ Greg Lastowka, “Decoding Cyberproperty” , Indiana Law Review, Vol.13, (July 2006), p.1.

⑤ 被害单位茂立公司通过与腾讯科技（北京）有限公司（以下简称腾讯公司）、广州网易计算机系统有限公司（以下简称网易公司）签订合同，成为腾讯在线Q币以及网易一卡通在上海地区网上销售的代理商。2005年6—7月，被告人孟某通过互联网，在广州市利用黑客程序窃得茂立公司登录腾讯、网易在线充值系统使用的账号和密码。同年7月22日下午，孟某通过网上聊天方式与被告人何某康取得联系，向何某康提供了上述所窃账号和密码，二人预谋入侵茂立公司的在线充值系统，窃取Q币和游戏点卡后在网上低价抛售。2005年7月22日18时许，被告人孟某先让被告人何某康为自己的QQ号试充1只Q币。确认试充成功后，孟某即在找到买家并谈妥价格后，通知何某康为买家的QQ号充入Q币，要求买家向其中国工商银行牡丹灵通卡内划款。二被告人盗窃的Q币、游戏点卡，共计价值人民币25948.96元。被害单位茂立公司合计损失价值人民币14384.33元。上海市黄浦区人民法院于于2006年6月26日判决：被告人孟某、何某康犯盗窃罪，分别判处有期徒刑，并处罚金。一审宣判后，被告人孟某、何某康在法定期限内未提出上诉，公诉机关也未抗诉，一审判决发生法律效力。参见胡岩：《论虚拟财产的性质与保护》，载《法律适用》2011年第7期。

占罪[1]等。总体而言，准物权说更为合理，所以，虚拟财产应适用物权法的规定但有其特殊性。所以，虚拟财产法律制度的构建应该以物权方式而不是知识产权方式构建，主要原因有二：其一，虚拟财产具备物的特征，更类似于物；其二，虚拟财产权是一种排他性权利。

正因虚拟物具备了物的一般特性，所以原物权法中的很多制度可以对虚拟财产类推适用：原物返还请求权、侵害排除请求权、侵害防止请求权以及物权确认请求权等都可以适用于虚拟财产；动产的所有权、质押、占有等制度对虚拟财产同样具有适用价值。但是，网络游戏中的武器装备、积分、游戏账号、QQ账号以及Q币等虚拟货币与传统的动产在存在形式、存储地址、流转方式等方面毕竟存在诸多差别。所以，原物权法的规定不能生搬硬套地适用于虚拟财产。理由如下：第一，虚拟财产是无形的，我国物权法上的物包括动产与不动产，它们是有形的。这就要求在设计具体制度的时候要充分考虑虚拟财产的无形性。例如，虚拟财产返还不同于普通物的返还，它需要运营商通过一定的技术手段实现。第二，虚拟财产权存在于特定的网络空间，离开了特定虚拟空间它将变得毫无意义，换言之，真实世界中的物走到哪里都是有价值的，虚拟财产则不具备这个特征。且虚拟财产贬值速度非常快；而不论是动产还是不动产它都存在于真实世界中，动产可以自由移动，其价值不减损，不动产虽不能移动，但原则上其使用价值与交换价值随着社会的发展不断增加而不是降低。所以，在虚拟财产被第三人侵占后，原物返还请求权与损害赔偿请求权通常可以并用，且只有并用才能充分保护受害者的权利。第三，随着虚拟财产交易的发展，出现了专门从事虚拟财产交易的平台，在该平台进行虚拟财产转让与电子股票转让的方式更相似，在玩家私下进行虚拟财产（账号）交易时，系通过

---

① 上海信息产业集团有限公司游戏中心客户服务部程某利用职务便利，将300余个“上游棋牌”用户的账号和密码复制到自己家中的计算机内，然后将300余个用户账号、密码及1500万余枚、价值人民币3万余元的游戏金币出售给他人，获利1.3万元。一审法院以职务侵占罪判处被告人程某有期徒刑1年，缓刑1年。上海第二中级人民法院二审认为，程某犯罪对象是网络虚拟财产，其危害结果仅发生在网络空间，且均有自首情节，遂以职务侵占罪对被告人程某改判免予刑事处罚。案例来源：http://www.cnbeta.com/articles/29187.htm。

受让人用密码第一次登录网络游戏系统的方式实现，而动产物权权利变动的公示方法是占有之移转，不动产物权权利变动的公示方法是权属登记之变更。第四，网络虚拟财产权的存续依赖于服务商的存续。当服务商破产或者解散时，服务商不再提供相应的网络游戏服务，玩家享有的网络虚拟财产权将随着网络游戏服务的终止而消灭。[①]因此，物权法在确认虚拟财产为权利客体，提供保护的同时，应当针对虚拟财产的特殊性分别规定。

3.其他法律中关于虚拟财产的制度安排

虚拟财产的物权制度构建仅具有一般性，但其他法律也要对虚拟财产进行规制，其他法律主要涉及民法典各编等，这些法律要在物权的基础上对虚拟财产进行进一步的调整。其他法律制度中关于虚拟财产的保护主要通过两个方面加以实现：其一，将各部法律中的“财产”扩大到虚拟财产；其二，针对虚拟财产的特殊性分别制定专门的规制条款。例如，侵权责任编关于虚拟财产的制度安排时，一方面，应该扩大解释侵权责任编保护的民事权益至虚拟财产；另一方面，针对虚拟财产的特殊性应在特别法中作出专门的规定。再如，扩大解释继承编中遗产范围至虚拟财产。

正如物是一个不断发展与完善的概念一样，虚拟财产也是一个开放的、不断发展的概念，随着网络技术的发展，网络虚拟财产的外延会不断地丰富和增加。[②]虚拟财产的制度设计必须在区分不同的虚拟财产的基础上分别进行而不宜采取统一判断标准。国内外学者关于虚拟财产的性质的认识，是就某一种特殊虚拟物进行研究得出来的结论，属于典型的管中窥豹，没有全面分析虚拟财产的本质。那么，虚拟财产的具体特征更类似于物，应该受到类似于物的保护，这种保护是一个系统法律制度构建而不是某一个方面的制度构建，是全面保护而不是片面保护。网络虚拟财产是一种新型的权利，其中存在很多理论上的争议，民法典以一种开放式的心态，其他法律有保护的，适用其他法律；如果其他法律没有保护的，仍可以参照民法

---

① 钱明星、张帆：《网络虚拟财产民法问题探析》，载《福建师范大学学报（哲学社会科学版）》2008年第2期。

② 杨立新、王中合：《论网络虚拟财产的物权属性及其基本规则》，载《国家检察官学院学报》2004年第12卷第6期。

典的规定对其提供保护。

四、民事权利的行使

民事权利主要体现为权利人的自由，民事主体有权按照自己的意愿行使民事权利，其他人不得干涉。但是，权利之行使必须“依法”，这里的依法包括依据约定和依据法律规定。前者如合同当事人约定出卖人付款请求权的行使日期，债权人应按照约定日期行使权利；民法典除了在各分编就特定权利的行使设定限制，如《民法典》第272条关于“业主行使权利不得危及建筑物的安全，不得损害其他业主的合法权益”的规定，在总则编第131条和第132条对民事权利的行使作了一般性限制。

（一）行使权利的同时应履行义务

《民法典》第131条是关于民事权利与民事义务一致性的规定，民事主体行使权利时，应当履行法律规定的和当事人约定的义务。如果权利人仅主张权利，而不履行自己的义务，则可能受到对方抗辩权的阻碍。例如，买卖合同中卖方未履行义务而请求买方履行，买方可以同时履行抗辩权拒绝卖方的履约请求权。再如，甲将单车委托乙维修，甲如果拒绝支付维修费用，乙可依民法典留置该单车，甲以原物返还请求权要求乙返还时，乙可依留置权拒绝。

（二）禁止权利滥用

权利冲突问题涉及法学和法律的许多门类，如宪法权利问题、民事权利问题、诉讼权利问题，等等。从理论上讲，它涉及权利理论的许多重大问题，如权利的本质、权利的限度、权利的实现条件，等等。[①]为解决权利冲突问题，《民法典》第132条规定：“民事主体不得滥用民事权利损害国家利益、社会公共利益或者他人合法权益。”学理上称为禁止权利滥用，即当

---

① 刘作翔：《权利冲突：案例、理论与解决机制》，社会科学文献出版社2014年版，第5—6页。

权利人行使权利时不能损害（侵害）国家利益、社会公共利益或者他人合法权益。禁止权利滥用实际上是解决权利冲突的一个手段。

1. 权利界限与滥用权利

在理论上，关于禁止权利滥用一直存在争议。有的学者认为，权利滥用专指权利享有者在行使权利过程中，故意超越权利的界限，损害他人权利，造成社会的、国家的、集体的利益的损害，以满足自身超越权利范围的目的的行为。[①]有的学者认为，权利滥用者，盖谓权利行使，必有一定界限，超过正当之界限而行使权利，即为权利之滥用。[②]

任何权利都有界限，没有毫无界限的权利，超越权利的外部界限就不是权利了，如果超越了权利的界限仍然是权利，那么，权利就没有任何界限。普拉尼奥尔认为如果有所谓权利滥用，那就说明其根本就没有权利，"权利至于滥用开始之处"，不存在"一种行为不可能既符合法律又违背法律"。[③]所以，超越权利的界限行使权利不存在权利滥用，它实际上是借行使权利之名行侵权行为之实，是一个侵权行为问题，而不是权利滥用。权利滥用必须发生在权利范围之内，是在权利限度之内行使权利。没有任何国家的立法和司法实践承认权利滥用是超越了权利的界限行使权利的行为。

当然，也有学者认为，权利的界限有权利的外在界限与内在界限之分。权利的外在界限是指根据权利的性质或者目的，某种权利被授予，其他的则被拒绝；权利的内在界限是指法律授予某人的权利并不是绝对的，在行使此种权利时，有一个"度"必须得到遵守。[④]权利滥用不过是超越了权利的内部界限行使权利的行为。一个人可以在自己的土地上建造房屋，但是他不得妨碍邻人的土地。这是所有权的外部界限问题，如果违反了它，就要承担侵权责任。如果他建造某一建筑物，是出于损害邻人利益的目的，他就超越了权利的内部界限，尽管他没有超越权利的外部界限，这时也构成

---

① 唐宗瑶：《论权利》，载《海南大学学报（社会科学版）》1994年第4期。

② 李宜琛：《民法总则》，中国方正出版社2004年版，第281页。

③ ［法］雅克·盖斯旦、吉勒·古博：《法国民法总论》，法律出版社2004年版，第702—703页。

④ ［法］雅克·盖斯旦、吉勒·古博：《法国民法总论》，法律出版社2004年版，第704页。

权利滥用，为法律所禁止的行为。

2. 权利滥用的判断

之所以在理论上产生关于权利滥用的超越权利界限说、恶意说、利益衡量说等各种学说，是因为有些国家虽然规定了禁止权利滥用但没有对滥用权利的判断作出规定。关于权利滥用判断的立法例，主要有：

（1）恶意说。所谓权利滥用者，行使权利行为之目的的不正之谓也。目的不正，故为妄滥，构成权利滥用[①]。“目的不正”乃指专以损害他人为目的。德国民法典第226条规定：“权利的行使，不得专以损害他人为目的。”就是采纳了这种立法例。奥地利民法典借鉴了德国的做法。主观恶意行使权利说将权利滥用界定到权利人有行使权利的恶意上，固然符合权利滥用的基本内涵，也符合权利滥用的本质，是其可取之处。但其缺陷也是显然的，表现在“恶意”乃指行使权利专以损害他人为目的，它应从主观上加以认定，主观是否具有恶意如何判断，孰成问题。如果权利人主观上有滥用权利，损害他人的目的，其与侵权行为又如何加以区分？凡权利有其特定的目的，违反权利目的行使权利，如合同之债的目的在于交易，行使合同之债权超越了本身的目的，而没有专以损害他人为目的是否构成权利滥用？

（2）“损害公共利益说”和“恶意说”。这一立法例认为，“权利之行使，不得违背公共利益，或以损害他人权利为主要目的”。我国台湾地区“民法典”第148条第1款采此种观点。这一观点在恶意说的基础上增加了“行使权利不得违背公共利益”。“公共利益”虽然难以判断，但以侵害公共利益的权利滥用并不要求权利之行使目的具有恶意，即主观上的“目的性”，从这个意义上看，侵害公共利益的权利滥用采取“客观说”，即只要权利之行使侵害公共利益，即构成滥用，而不问其主观上的善恶。法律在维护公共利益和私人民事权利之间，显然采取了利益衡量之方法，即公共利益要优于私法上之民事权利之行使所得利益。

（3）“恶意说”“目的说”和“利益平衡说”。采纳该说的是荷兰民法

---

① 王伯琦：《民法总则》，台湾编译馆1979年版，第388页。

典。荷兰民法典第13条规定："权利人不得滥用其权利。滥用权利，是指行使权利完全出于损害他人利益的意图或为达到非设定权利的目的，或者权利人未能合理地决定其权利的行使，致使其行使权利所生的利益和所致的损害失衡。"这一立法例描述了权利滥用的三种形态。其中，包含了"目的说"。权利滥用，乃权利人行使权利违反了法律赋予权利的本旨（权利之社会性），因而法律上遂不承认其为行使权利的行为之谓。按照这种观点，权利的本旨是指权利的社会性，行使权利应当符合权利的社会性，否则，构成权利滥用。

（4）"恶意说"和"诚实信用说"。采纳该立法例的是加拿大魁北克民法典，该法典第7条规定，任何人均不得以损害他人为目的或违背诚实信用原则的要求以过分且不合理的方式行使权利。所以，有些学者从禁止权利滥用原则是诚实信用原则的反面这一观念出发，认为诚实信用原则是从正面倡导，而禁止权利滥用原则是从反面对权利的行使进行干预，因此，权利滥用禁止系违反诚实信用原则之效果，认为"……以诚实信用原则，属权利滥用……"①我国台湾地区学者林诚二教授也认为，诚信原则之法理应有双重意义，一方面固然规范了行使权利及履行义务，应本此法理而行；另一方面为禁止学说及判例滥用诚信原则以补充、解释、修正或创设法律，也应本此法理而行，二者若有不当情形，性质上均应属于权利滥用之情形。盖权利滥用亦如同诚信原则，具有双重意义：一方面规范权利本身不得滥用，以危害公共利益或他人之利益；另一方面也规范学说及判例不得滥行主张权利滥用禁止法理。由是观之，二者间具有原则效果之密切关系，诚信原则适用之极，即权利滥用。②诚实信用原则已经成为民法的"帝王条款"，具有极强的弹力性。由该原则而引申出民法的许多具体制度，如情势变更、缔约过失责任等。按照上述观点，禁止权利滥用原则如果来自诚实信用原则，它只能是从诚实信用原则中引申出的具体制度，不可能置于同诚信原

---

① ［日］我妻荣：《民法总则》，第29—30页。转引自［日］林诚二：《民法理论与问题研究》，中国政法大学出版社2000年版，第13页。

② ［日］林诚二：《民法理论与问题研究》，中国政法大学出版社2000年版，第14页。

则相同之地位。但德国民法典第226条明确将禁止权利滥用原则置于总则一篇，统领整部法典，足以说明在立法上禁止权利滥用原则与诚信原则平起平坐，同居一室。日本民法典第1条将“禁止权利滥用”与“诚信原则”置于同一条款之下，是这一观点的又一佐证。

《民法典》第132条并没有解释什么是“滥用”，但规定“不得滥用”民事权利“损害”国家利益、社会公共利益或者他人合法权益。有的认为，不得滥用民事权利，是指民事权利的行使不得损害国家利益、社会公共利益或者他人的合法权益。①有的认为，禁止权利滥用原则，是指民事主体不得以不正当的方式行使权利，加害于他人的原则。行使权利具有损害国家利益、社会公共利益或他人利益的故意或重大过失等主观过错，客观上已经或可能造成他人利益的损害，可以判断构成民事权利滥用。②本书认为，《民法典》第132条使用“滥用”一词，查《现代汉语词典》，“滥用”是指“胡乱地或过度地使用”。③所以，滥用权利包括胡乱地行使民事权利或过度地行使民事权利，其中既包括上述立法例中的“恶意说”“目的不当说”，还包括“利益衡量说”。

五、民事权利的变动

民事权利的变动，是指民事权利权的取得、变更或者消灭，简而言之，就是民事权利的得、丧、变更。

（一）民事权利的取得

民事权利的取得，是指民事主体依法取得民事权利。例如，抵押权的设立。而依据民事权利的取得是否依既存之权利为基础，分为民事权利的原始取得与继受取得。

---

① 黄薇：《中华人民共和国民法典总则编释义》，法律出版社2020年版，第344页。

② 中国审判理论研究会民事审判理论专业委员会：《民法典总则编条文理解与司法适用》，法律出版社2020年版，第233页。

③ 中国社会科学院语言研究所词典编辑室编：《现代汉语词典（第七版）》，商务印书馆2016年版，第777页。

1.民事权利的原始取得

民事权利的原始取得，是指非依他人既存的权利而取得民事权利。一般地说，基于事实行为而取得的民事权利属于原始取得，如建设房屋、先占、添附等。因原始取得是非依他人既存的权利而取得，与他人之民事权利没有联系。因此，一般地说，凡因原始取得民事权利的，则民事权利上的负担归于消灭。例如，《民法典》第313条规定，善意受让人取得动产后，该动产上的原有权利消灭。但是，善意受让人在受让时知道或者应当知道该权利的除外。

2.民事权利的继受取得

民事权利的继受取得也称为传来取得，是指基于他人既存的权利而取得民事权利。根据法律行为而取得的民事权利，大都属于继受取得。继受取得因依他人先前既存的权利为根据而取得，受让人继受取得之权利不得大于让与人，存在于民事权利上的一切负担均不消灭。根据不同的标准，又可以将继受取得分为不同的种类：

（1）移转型继受取得与创设型继受取得

移转型继受取得是指通过他人的民事权利的转移而取得，它实际上是民事权利在民事主体之间的移转。例如，因买卖而取得物的所有权。创设型继受取得是指在他人所有的标的物上通过设立民事权利而取得。例如，在他人的房屋上设立抵押权。

（2）特定继受取得与概括继受取得

特定继受取得是指对特定民事权利的继受取得。例如，负有抵押权之债权转让的，受让人在取得债权的同时取得抵押权，为特定的继受取得。概括继受取得是指对他人之民事权利全部予以取得。例如，因继承而取得被继承人全部民事权利。

（二）民事权利变更

民事权利变更有广义与狭义之分。广义的民事权利变更是指民事权利主体的变更、客体的变更或者内容的变更。由于民事权利主体变更实际上是指民事权利的取得或者消灭。所以，狭义的民事权利变更则是指民事权利的客体与内容的变更。

民事权利客体的变更是指民事权利在标的物量上的变动，即增加或者减少，例如借款合同当事人约定变更了借款数额。民事权利内容的变更则是民事权利在质上的变化，例如借款合同当事人约定变更了借款期限、还款地点等。民事权利变更有基于法定原因而变更，也有基于当事人之间的约定而变更。

（三）民事权利的消灭

民事权利的消灭是指民事权利与民事主体的分离。民事权利的消灭包括相对消灭与绝对消灭。相对消灭是指民事权利与一主体分离而被另一主体取得，如房屋所有权因买卖而对于卖方所有权消灭，对买方则为所有权之取得。绝对消灭是指民事权利终极性地丧失，例如食物被吃掉。

六、民事权利的保护

民事权利的保护是指当民事权利之实现遇到障碍或受到侵害时所采取的救济措施。从历史发展脉络看，同态复仇属于典型的私力救济，它要远比公力救济产生的时间久远，公力救济是在出现了国家之后，以国家机器对民事权利进行保护。在现代社会中，民事权利保护主要包括公力救济和私力救济。民事权利的私力救济包括自卫行为与自助。自卫行为分为紧急避险与正当防卫。

（一）民事权利的公力救济

民事权利的公力救济是指权利受到侵害时，请求国家机关以法定程序予以救济。例如，张某被李某打伤，张某可以到人民法院提起诉讼。公力救济之所以必要，主要有两个原因：（1）避免强者欺负弱者，使弱者的权利能够实现；（2）避免暴力冲突。[①]

---

① 李永军：《民法总则》，中国法制出版社2018年版，第515页。

（二）自助

自助是指在民事法律关系中，权利人在特殊情况下，无法及时得到国家机关的公力救济，而依法以自己的力量来保护自己或他人权利的行为。[①]但也有人认为，自力救济的目的限于保护自己的民事权益，而不包括他人的民事权益。[②]从《民法典》第1177条规定来看，自力救济保护的是自己的民事权益。因此，自力救济是指权利人在受害人在情况紧迫且不能及时获得国家机关保护的特殊情况下，而依法以自己的力量来保护自己的合法权益的行为。民法典之前，自力救济是一种理论上的存在，《民法典》第1177条使其成为我国实在法上的制度。民法典侵权责任编虽将自力救济置于一般规定部分，但它属于受害人对自己权利私力救济，它是为了保护损害赔偿请求权的实现而采取的自力救济措施，它属于损害赔偿请求权的私力保全措施。所以，自助（自力救济）不同于私力救济。

1. 自助的历史沿革

自助是一项古老的制度，属于私力救济的范畴，罗马时期的法典中即有自力救济的明文规定。现代文明国家建立后，为防止公民实施私刑，损害他人权利，公民的权利主要由公权力保障，私力救济逐渐演变为公力救济，通过司法程序解决纠纷成为最主要的救济方式之一，公权力救济具有文明性、稳定性、强制性等诸多优点，但公力救济也存在程序烦琐、无法及时得到公力救济时，受害人权利受到损害无法得到补救等问题。所以，随着历史的发展和社会经济的进步，私力救济法律化，逐渐被纳入法律框架。

2. 自助的适用条件

自助必须符合一定的条件，否则构成侵权。依《民法典》第1177条规定，自助的适用条件包括：一是行为目的的合法性，即为保护自己的合法民事权益，保护他人的合法民事权益，属于紧急避险或正当防卫制度范畴。

---

① 黄薇：《中华人民共和国民法典侵权责任编释义》，法律出版社2020年版，第38页。

② 张新宝：《中华人民共和国民法典侵权责任编理解与适用》，中国法制出版社2020年版，第54页。

为了保护自己的非法利益的，也不构成自助。二是情势条件。依《民法典》第1177条规定，自助之适用必须“情况紧迫”，情况紧迫是受害人之权利受到侵害不能及时获得国家机关保护，不立即采取措施将使其合法权益受到难以弥补的损害的。三是自助指向的对象民法典限于“扣留侵权人的财物等合理措施”。理论上，自助针对侵权人的财产或人身自由，且本条中的“等”字似乎并不排除对侵权人（债务人）人身自由的临时强制，但是采取限制人身自由的措施应该特别谨慎，尤其不得造成人身伤害。[①]《民法典》第1177条列举了“扣留侵权人的财产”一种措施，后加“等”字，说明还可以有其他措施，包括限制人身自由，但这些措施必须是“合理”的。四是范围条件限于“保护自己的合法权益的必要范围内”，即自助的范围限于保护自己的合法权益，且采取措施的范围限于“必要范围”，在扣留的财产可分的情形下，原则上不能超过债权范围采取扣留侵权人的财产。

自助是在紧急情况下采取的保全权利的措施，具有暂时性特点。所以，采取自助措施后，受害人应立即请求有关国家机关处理。

3.自助不当的后果

依《民法典》第1177条第2款规定，受害人采取的措施不当造成他人损害的，应当承担侵权责任。这里的“不当”是指不符合第1款规定的自助条件而采取了自力救济措施，这属于过错侵权的范畴，自助者应赔偿他人的损害。

采取扣留财产等措施的，自助者应妥善保管财物，因保管不善造成损害的，也要承担民事赔偿责任。

4.自助与留置的区别

留置，是指债权人合法占有债务人的动产，当债务人不履行到期债务时，债权人可以拒绝债务人返还财产占有的请求，并继续占有债务人的财产，以担保债权的实现；若经过一定期限，债务人仍不履行债务，债权人得以该财产折价或以该财产的变价优先受偿，此种法律现象称为留置。依

---

① 张新宝：《中华人民共和国民法典侵权责任编理解与适用》，中国法制出版社2020年版，第54页。

《民法典》第447条规定，留置权债务人不履行到期债务，债权人可以留置已经合法占有的债务人的动产，并有权就该动产优先受偿。且要求留置的动产与所担保的债权属于“同一法律关系”。自助指向的对象与损害产生的债权没有关系，否则将转化为“留置权”，适用民法典关于留置权的规定。

（三）正当防卫

所谓正当防卫，是指当公共利益、他人或本人的人身或者其他利益遭受不法侵害时，行为人所采取的防卫措施。民法上的正当防卫行为与刑法上的正当防卫基本相同，都是为了保护社会公共利益、自身或者他人的合法权益，对于正在进行的非法侵害给予适度的还击，以排除或减轻不法侵害可能造成的损害。正当防卫的保护性措施，是一种合法行为。

对于因正当防卫致人损害的责任承担问题，民法通则曾作出明确的规定，原《侵权责任法》第30条规定：“因正当防卫造成损害的，不承担责任。正当防卫超过必要的限度，造成不应有的损害的，正当防卫人应当承担适当的责任。”《民法典》第181条延续了侵权责任法的规定，但为表述更严谨，将第30条中的“责任”修改为“民事责任”。

1.正当防卫的构成要件

正当防卫的构成，需要具备以下要件：

其一，正当防卫保护的是合法权益。所保护的合法权益，既可以是财产，也可以是人身，既可以是自己的，也可以是他人的，还可以是公共利益。

其二，应当具有侵害事实的存在。侵害的事实在先，防卫行为在后；侵害是防卫的前提，防卫是侵害导致的结果。没有侵害事实，不得进行防卫。对侵害事实的要求是须为现实的侵害，即已经着手，正在进行，尚未结束。对想象中的侵害、未发生的侵害、实施终了的侵害，都不能实施防卫行为。

其三，侵害必须为不法的，正当防卫的对象，必须是不法侵害，对执行职务的“有权损害”不能进行防卫，如对逃犯的追捕，就不得以正当防卫为借口而拒捕。

其四，须以合法防卫为目的，防卫人在防卫的时候，不仅应当意识到不法侵害现实存在，而且须意识到其防卫行为的目的，就是说必须是把为了防卫公共的、他人的或本人的权益受到侵害作为防卫的目的。以防卫为借口，而施以报复的行为或防卫挑拨的行为都是违法行为，构成侵权行为。

其五，防卫须对加害人本人实行。对加害人的防卫反击，应当根据制止不法侵害的需要，可以是对人身的，也可以是对财产的。但是，任何防卫行为都不能对第三人实施。

其六，防卫不能超过必要的限度。造成的损害没超过必要限度，防卫人不负赔偿责任。必要限度是为了制止不法侵害所必须具有的，足以有效制止侵害行为的强度。只要是为了制止侵害所必需，就不能认为是超越了正当防卫的必要限度。

符合上述条件，正当防卫人应当免责。

2. 防卫过当的民事责任

如果正当防卫超过了必要的限度，造成不应有的损害，应当承担适当的民事责任。因为防卫超过必要限度就其本质而言是防卫人有一定的过错，因此防卫人应承担基于自身过错的适当民事责任。在实践中，判断正当防卫是否超过必要限度，要注意以下两点：一方面，要考虑不法侵害的强度和手段。若不法侵害强度不大，只需用较缓和的手段就可以制止或排除的，然防卫人采用较激烈的手段予以制止或排除，使防卫的强度明显超过不法侵害的强度，则此种防卫超过了必要限度。另一方面，要考虑正当防卫所保护的权益。若为了防卫一个很小的合法权益而给对方造成很重的损害，则此种防卫就超过了必要限度。在民法上，应要求正当防卫行为给加害人在造成的损害与加害人的行为在一般情况下可能造成的侵害后果相适应。而不得超过在一般情况下加害行为可能造成的损害后果。

（四）紧急避险

1. 紧急避险的构成要件

紧急避险是指为了使公共利益、本人或他人的合法权益免受正在发生的损害危险，不得已而采取的致公共利益、他人或本人损害的行为。紧急避险是一种阻却违法事由，是一种合法行为，其是在两种合法利益不能同时得到保全时，为了保全较大的法益而牺牲较小法益时所作出的一种行为。

一般认为行为人的行为如果构成紧急避险，需要具备以下要件：

其一，应当确定行为人实施行为时，合法权益必须处于紧急危险之中。倘若危险已经消除或者尚未发生，或者虽然已经发生但不会对合法权益造成损害，则不得采取避险措施。某人基于对危险状况的误解、臆想而采取避险措施，造成他人利益损害的，应向他人承担民事责任。

其二，行为人必须是为了使公共利益、本人或他人的合法权益免受正在发生的损害危险才进行行为。

其三，行为人必须是在不得已的情况下，才能实施紧急避险。不得已是指不采取紧急避险措施，就会使较大的法益遭到损害。其并不是指避险人只能采取某一种而不能采取另一种措施避险。

其四，紧急避险也需要具备一定的限度条件。紧急避险的必要限度，是指在面临紧急危险时，避险人应采取适当的措施，以尽可能小的损害保全较大的法益。也就是说，紧急避险行为所引起的损害应轻于所避免的损害，若避险行为不仅没有减少损害，反而使造成的损害大于或等于可能发生的损害，那么避险行为就超过了必要的限度。

2. 紧急避险造成损害的赔偿或补偿

原《民法通则》第129条规定："因紧急避险造成损害的，由引起险情发生的人承担民事责任。如果危险是由自然原因引起的，紧急避险人不承担民事责任或者承担适当的民事责任。因紧急避险采取措施不当或者超过必要的限度，造成不应有的损害的，紧急避险人应当承担适当的民事责任。"原《侵权责任法》对紧急避险制度也作了较为明确的规定，其中第31条规定："因紧急避险造成损害的，由引起险情发生的人承担责任。如果危险是由自然原因引起的，紧急避险人不承担责任或者给予适当补偿。紧急避险采取措施不当或者超过必要的限度，造成不应有的损害的，紧急避险人应当承担适当的责任。"《民法典》承继了原《侵权责任法》第31条的规定，但将"不承担责任或者给予适当补偿"修订为"可以给予适当补偿"，第182条规定："因紧急避险造成损害的，由引起险情发生的人承担民事责任。危险由自然原因引起的，紧急避险人不承担民事责任，可以给予适当补偿。紧急避险采取措施不当或者超过必要的限度，造成不应有的损害的，紧急避险人应当承担适当的民事责任。”

紧急避险会产生一系列的法律后果。民法典从两个角度进行了规定：一是从险情发生原因的角度，二是当紧急避险采取措施不当或超过必要限度的角度。对于第一个角度，《民法典》第182条规定了人的原因和自然原因两种情况，并对责任的承担作出了详细的规定。其一，紧急避险人造成本人或者他人损害的，由引起险情发生的人承担责任。其二，如果危险是由自然原因引起的，紧急避险人是为了第三人的利益受损而采取了避险行为，造成第三人利益损害的，紧急避险人免予对第三人承担责任。例如甲乙丙系邻居，丙的房子因雷击失火，甲为了引消防车进入，而推倒了乙的院墙，使消防车进入后及时扑灭了丙家的大火。按照“紧急避险”的抗辩事由，甲对乙不承担赔偿责任，受益人丙可以对乙给予适当补偿。其三，如果危险是由自然原因引起的，紧急避险人是为了本人的利益而采取了避险行为，造成第三人利益损害的，紧急避险人本人作为受益人，可以对第三人的损害给予补偿。例如甲乙系邻居，甲的房子因雷击失火，甲为了引消防车进入，而推倒了乙的院墙，使消防车进入后及时扑灭了自家的大火。甲作为受益人，对乙应当给予补偿。其四，因紧急避险采取措施不当或者超过必要的限度，造成不应有的损害的，紧急避险人应当承担适当的责任。“紧急避险采取措施不当”，是指在当时的情况下能够采取可能减少或避免损害的措施而未采取，或者采取的措施并非排除险情所必需。紧急避险“超过必要的限度”，是指采取紧急避险措施没有减少损害，或者紧急避险所造成的损害大于所保全的利益。

（五）见义勇为

原《民法通则》第109条规定，因防止、制止国家的、集体的财产或者他人的财产、人身遭受侵害而使自己受到损害的，由侵害人承担赔偿责任，受益人也可以给予适当的补偿。原《侵权责任法》第23条对此作了更为明确的规定：“因防止、制止他人民事权益被侵害而使自己受到损害的，由侵权人承担责任。侵权人逃逸或者无力承担责任，被侵权人请求补偿的，受益人应当给予适当补偿。”《民法典》完善了原《侵权责任法》第23条的规定，于第183条规定："因保护他人民事权益使自己受到损害的，由侵权人承担民事责任，受益人可以给予适当补偿。没有侵权人、侵权人逃逸或者无力承担民事责任，受害人请求补偿的，受益人应当给予适当补偿。"根据上述规定，见义勇为者原则要求侵权人承担责任，但符合下列条件的，见义勇为者要求受益人适当补偿：

（1）受损害的人不是为了自己的民事权益，而是为了因保护他人民事权益不受侵害而受到损害，这里的损害包括人身损害和财产损害。当然，受损害者可以兼为自己利益。

（2）没有侵权人、侵权人逃逸或者无力承担赔偿责任。如果侵害他人权利的行为是因为自然原因引起的，这时没有行为人，受害人请求补偿的，受益人应当予以适当补偿。如果侵害他人权利的行为是因第三人引起的，且侵权人能够赔偿受害人的损失，受害人要求侵权人赔偿，受益人可以给予适当补偿。侵权人逃逸或者没有赔偿能力的，受害人请求补偿的，受益人应当予以适当补偿。

（3）受益人的适当补偿以被侵权人的请求为前提，如果被侵权人没有请求受益人补偿，受益人不承担给予适当补偿的义务。

没有侵权人、侵权人逃逸或者没有赔偿能力的，为了公平起见，法律规定由受益人给予适当补偿。受益人应当给予适当的补偿，补偿不是赔偿，赔偿一般是损失多少赔偿多少，而补偿仅是其中的一部分。"适当的补偿"应依《民法典》第1186条之规定，根据被侵权人的受损情况、受益人的受益情况等决定补偿的数额。

与见义勇为密切相关的规定是《民法典》第184条，它是关于因紧急救助他人致害而免除民事责任的规定。实施紧急救助行为的人不承担民事责任的条件主要包括：一是救助人自愿实施紧急救助行为。救助人通常是见义勇为者或乐于助人者，他们多为非专业人员，专业人员在业余时间自愿实施紧急救助行为的，也应适用第184条。自愿实施紧急救助行为主要是见义勇为或乐于助人的行为，通常不包括专业救助行为。"自愿"说明救助人实施的是非职业行为，如果医护人员履行职业行为实施紧急救助，第184条不适用。二是以"救助"为目的。当受助人由于自身健康等原因处于紧急情况需要救助，救助人是以救助受助人为目的，为了受助人的利益实施的紧急救助行为。[①]具备上述要件，即使见义勇为或助人为乐实施紧急救助行为与造成受助人损害之间存在因果关系，救助人对受助人的损害也不承担民事责任。

第三节　民事义务与民事责任

一、民事义务

在民事法律关系中，权利与义务是对立的概念。民事权利需要义务人的民事义务得以实现。但是，民事义务不仅可以对应于另一方的权利产生，也可以根据法律规范产生。这种规范把某种行为定为义务，却并不给予另一个人一种权利。例如，民法典关于相邻关系的规定，通常对所有权人科以容忍义务，这时很难找到另一方的权利。民事义务是法律制度的规范命令使人承担的一种特定的“应为”。这里的“应为”包括作为或不作为。[②]义务的意义在于保障权利的实现，所以，义务的不内容就表现为不利益。[③]按照不同的标准，民事义务可以作不同的分类：

（一）法定义务与约定义务

这是以民事义务的来源为标准进行的分类。法定义务，是指依据法律规定而负担的义务。例如，所有权人之外的其他人不得侵害所有权的义务，缔约双方依据诚实信用原则承担的在合同缔结过程中、履行过程中甚至合同履行后的保密、协助等义务。约定义务，是指依据双方当事人之间的约定产生的民事义务。例如，买卖合同当事人基于买卖合同所负转移所有权以及支付价款的义务。当事人约定的义务不得违反法律规定，否则不受法

① 黄薇：《中华人民共和国民法典总则编释义》，法律出版社2020年版，第488页。
② ［德］卡尔·拉伦茨：《德国民法通论》，王晓晔等译，法律出版社2003年版，第266页。
③ 李永军：《民法总则》，中国法制出版社2018年版，第498页。

律保护。

（二）积极义务与消极义务

这是以民事义务人履行义务的方式为标准进行的分类。积极义务又称为作为义务，是指义务人应作出一定积极行为的义务。例如，租赁合同中承租人支付租金的义务。消极义务又称不作为义务，是指义务人必须为消极行为或容忍他人行为的义务。例如，景观地役权中，供役地人负担不得建设高层建筑的义务。

（三）不真正义务与真正义务

这是以义务人履行义务之受益的对象不同为标准进行的分类。不真正义务，即当事人应为一定行为而不为时，法律科以某种不利益。[①]例如，受害人故意造成损害的，行为人不承担责任。所谓不真正义务，是指义务人自己照顾自己的义务，如果照顾不好自己，造成损害的，自负不利后果，不真正义务之义务履行受益人是义务人本身。真正的义务是义务人履行义务是为了满足其他权利的实现，即义务的不履行他人之权利实现受阻或受侵害。

（四）主义务、从义务和附随义务

这是以多个义务之间的关系为标准进行的分类。主义务，是指能够独立存在的义务。从义务是依附于主义务而存在的给付义务。附随义务则是基于诚实信用原则而产生的保密、协助等法定义务。例如，甲银行与乙达成借款合同，甲银行向乙提供100万元借款，丙为乙之借款提供了保证。乙按期归还借款予甲银行是主义务，丙为甲银行之借款提供保证是从义务，乙为配合甲银行发放借款等基于诚信原则产生的协助义务则属于附随义务。

二、民事责任

民事责任，是指民事主体违反了民事义务而应当承担的不利后果。

---

① 王泽鉴：《民法总则》，北京大学出版社2009年版，第92页。

（一）民事责任的承担方式

民事责任是义务人违反民事义务的后果，民事责任具有补偿性，原则上以补偿受害人的损失为赔偿限度，但民法典也承认惩罚性赔偿，惩罚性赔偿是一种例外，需要以法律的规定为限。民事责任具有一定的强制性，但它也具有任意性，权利人可以放弃甚至减轻义务人的民事责任，甚至可以免除全部或者部分责任人的法律责任。依《民法典》第179条的规定，民事责任的承担方式主要有：（1）停止侵害；（2）排除妨碍；（3）消除危险；（4）返还财产；（5）恢复原状；（6）修理、重作、更换；（7）继续履行；（8）赔偿损失；（9）支付违约金；（10）消除影响、恢复名誉；（11）赔礼道歉。上述承担民事责任的方式，可以单独适用，也可以合并适用。赔偿损失是最常用的民事责任的承担方式，但它仅是诸多责任承担方式中的一种。

（二）民事责任的分类

按照不同的标准，民事责任可以作不同的分类。按照来源不同，民事责任可以分为合同责任、侵权责任与其他责任；按照责任是否具有财产内容，民事责任分为财产责任与非财产责任；按照责任人的多寡，民事责任分为单独责任和共同责任。以下几种在民法上是非常重要的民事责任分类。

1. 过错责任与无过错责任

这是按照归责原则不同对民事责任所作的分类。过错责任，是指以责任人主观上具有过错作为责任成立要件的责任。民法典中还有过错推定的规定，过错推定是过错责任，但由责任人承担举证自己没有过错的举证责任，如果责任人能够证明自己没有过错，则不承担责任；反之，法律推定其有过错，要承担民事责任。无过错责任，是指责任人主观上没有过错也要承担的民事责任。民法典合同编关于违约责任的规定，多采取无过错责任，一方违反合同约定的，除有法定免责事由外，否则要承担违约责任；例外采纳过错责任，例如《民法典》第897条关于保管人赔偿责任的规定。过错责任是意思自治的结果，民法以意思自治为基本原则，民法典侵权责任编关于侵权责任主要是过错责任，但在有特别规定时，适用无过错责任，例如环境污染致害责任等。

2.无限责任与有限责任

这是对财产责任的进一步分类，它是按照债务人承担责任的财产的范围进行的分类。无限责任是以债务人全部财产承担责任，例如保证人对债权人承担保证责任的，应以保证人的全部财产承担责任。民事责任主要是无限责任，义务人应以自己的全部财产履行确保债务的履行。有限责任是以债务人的特定财产承担责任，例如第三人为债权人提供担保物权的，物保人仅以提供的担保物的价值为限对债权人承担责任。股东对公司债务原则上以出资额或股份为限承担责任，也属于有限责任；但公司法人格否认的，股东要对特定的债权人承担无限责任。有限合伙企业中的有限合伙人仅以出资额为限承担责任，属于有限责任。

3.连带责任、按份责任与补充责任

这是对共同责任的进一步分类，它是按照多个责任人对权利人所负义务的范围为限进行的分类。

连带责任是指数个责任人对权利人不分份额地承担全部民事责任。连带责任由法律规定或者当事人约定产生。依《民法典》第178条第1款，二人以上依法承担连带责任的，权利人有权请求部分或者全部连带责任人承担责任。所以，权利人可以要求其中一个责任人或者部分责任人或者全部责任人承担全部赔偿责任。如果其中一个责任人或部分责任人对权利人承担了全部责任后，可以向其他责任人追偿。承担连带责任的事由不同，追偿的数额确定规则也不同。例如，侵权责任中，各侵权人责任数额根据他们在侵权中的过错大小或者原因力比例确定，如果不能确定的，推定各共同侵权人承担同等责任；合伙企业中，合伙协议未约定或者约定不明确的，由合伙人协商决定；协商不成的，由合伙人按照实缴出资比例分担；无法确定出资比例的，由合伙人平均分担。当关于连带责任人之内部份额没有特别法规定时，应依《民法典》第178条第2款确定：连带责任人的责任份额根据各自责任大小确定；难以确定责任大小的，平均承担责任。实际承担责任超过自己责任份额的连带责任人，有权向其他连带责任人追偿。

按份责任与连带责任不同，按份责任是指数个责任人对权利人按照各自的份额承担责任。按份责任中，各责任人承担各自份额的责任，所以不存在责任人之间的追偿权问题。责任人承担按份责任的情形较多，例如甲向乙借款200万元，丙、丁分别对乙的债权提供了保证，并约定各自承担其中100万元的保证责任，丙、丁对乙的债权承担的是按份责任。《民法典》第1172条还规定了“分别侵权承担按份责任”。按份责任中，份额的确定没有法定依据，应依据《民法典》第177条规定确定份额，即“二人以上依法承担按份责任，能够确定责任大小的，各自承担相应的责任；难以确定责任大小的，平均承担责任”。

所谓补充责任是指责任人承担的民事责任具有补充性，即存在一个第一责任人，又存在一个第二责任人，当第一责任人无力全部承担责任时，补充责任人才承担责任。这里的“补充”分为：其一，补充性连带责任，即第二责任人要对第一责任人不能承担的部分全部承担。例如，一般保证人在债务人无力承担责任后承担的保证责任。其二，相应的补充责任，是指第二责任人对第一责任人无力承担的部分仅承担“相应”的补充责任。例如，《民法典》第1198条第2款安全保障义务人承担的补充责任是相应的补充责任，即根据安全保障义务人未尽到的安全保障义务的程度来确定其应当承担的侵权责任的份额。“相应”的补充责任中，“相应”属于一个自由裁量性术语，根据具体情况确定“相应”的补充责任的范围。

除了连带责任之外，尚存在“不真正连带责任”。不真正连带责任是指各责任人基于不同的发生原因而对于同一债权人负有以同一给付为标的的数个责任，因一个责任人的履行而使全体责任均归于消灭，此时数个责任人之间所负的责任即为不真正连带责任。不真正连带责任具有以下特点：其一，不真正连带责任的责任人为两个或者两个以上。不真正连带责任属于多数人之债的一种。其二，不真正连带责任是多数责任人基于不同的原因对债权人负有责任，即基于数个不同的法律关系产生的责任。其三，数个责任偶然地结合在一起，各个责任人既无主观的意思联络，也无客观的直接结合或者作出事先的约定，纯属相关的法律关系偶然地结合。其四，数个责任人的给付内容基本是相同的或者同一的，任何一个责任人均负有履行全部责任的义务。任一责任人履行了全部责任，债权人的债权就得以全部实现。其五，多数情况下不真正连带责任有终局的责任人，最终责任人所要承担的责任，必须是100%的赔偿责任。因此，不真正连带责任中的权利人只能选择相互重合的请求权中的一个行使，该请求权行使之后，其他的请求权即行消灭。例如，依《民法典》第1203条规定，因产品存在缺陷造成他人损害的，被侵权人可以向产品的生产者请求赔偿，也可以向产品的销售者请求赔偿。生产者、销售者承担的责任就属于不真正连带责任。

（三）不可抗力

不可抗力是不能预见、不能避免且不能克服的客观情况。它通常是指人力所不可抗拒的力量，包括自然原因如地震、台风、洪水、海啸等和社会原因如战争等。也就是说，不可抗力是独立于人的行为之外，不受当事人意志所支配的现象，是人力所不可拒的力量。不可抗力一般具有三个特征，即不可预见性、不可避免并不能克服性、客观性。所谓不可预见是指以一般人的预见能力而言，对于不可抗力的发生，一般人不可能事先得知。不可避免并不能克服是指当事人已经尽到最大努力和采取一切可以采取的措施，仍然不能避免某种事情的发生并克服事件造成的不利后果。不可避免和不能克服，表明事件的发生和事件造成损害具有必然性。某种事件是否不能避免并不能克服，也要根据具体情况来决定。客观性是指外在于人的行为的自然性。不可抗力作为独立于人的行为之外的事件，不包括单个人的行为，如第三人的行为对被告来说是不可预见并不能避免的，但它并不具有外在于人的行为的客观性的特点，第三人的行为不能作为不可抗力对待。在发生不可抗力的时候，应当查清不可抗力与不能履行民事义务之间的关系。因此当不可抗力造成民事义务不能履行时，如果不可抗力是不能履行的唯一原因，换言之，人的行为对不能履行民事义务不能产生任何作用。这时，义务人依《民法典》第180条第1款，不承担民事责任。“不承担民事责任”说明，不可抗力导致不能履行民事义务的，不产生民事责任，不可抗力不是“免责事由”，因为“民事责任”还未产生。但法律另有规定的，依照其规定。例如，《民法典》第590条规定，当事人一方因不可抗力不能履行合同的，根据不可抗力的影响，部分或者全部免除责任，但是法律另有规定的除外。当事人迟延履行后发生不可抗力的，不免除其违约责任。

（四）民事责任与其他责任的关系

按照不同的标准，法律责任可以作不同的分类。根据承担法律责任的依据，将法律责任分为民事责任、行政责任与刑事责任。行政责任是指因违反行政法律法规而应当承担的责任。刑事责任是指因违反刑事法律而依法应当承担的责任。一般情况下，三种责任并行不悖。但是，在很多情况下，行为人的行为在侵害他人财产权或人身权的同时，又违反了行政法律或者刑事法律。此时，我国《民法典》第187条规定："民事主体因同一行为应当承担民事责任、行政责任和刑事责任的，承担行政责任或者刑事责任不影响承担民事责任；民事主体的财产不足以支付的，优先用于承担民事责任。"所以，行为人的民事责任、刑事责任与行政责任可以并用，既要追究行为人的行政责任或者刑事责任，又要求其承担民事责任。例如，行为人故意或者过失致他人死亡或者重伤的，既要依法承担侵权责任，赔偿经济损失，又要面临刑事责任的惩罚。

如果责任人的财产既能缴纳罚金，又能承担民事责任的，此时，缴纳罚金与民事责任可以并行不悖。但在特殊情况下，如果责任主体的财产不足以同时承担民事责任、缴纳罚款、罚金及没收财产等行政责任或刑事责任时，民事责任与行政责任、刑事责任就发生了冲突。我国现行法采取的是民事责任优先原则。根据这一原则，责任人人的财产不足以同时承担民事责任、行政责任或者刑事责任时，优先承担民事责任。

第十章　民事法律行为

法律行为是实践私法自治的手段，私法自治的实现要依托法律行为。现代法律行为一词已经超越了民法领域，被行政法、刑法、经济法等法律部门所采纳，为了区别这些法律行为，我国民法上的法律行为称为“民事法律行为”。民事法律行为规定在民法典总则编，其统领整个民法典各编的作用是相当明显的，民事法律行为不仅存在于合同编，还广泛地存在于物权编、婚姻家庭编、继承编，甚至侵权责任编和人格权编也能看到民事法律行为的影子。例如，侵权之受害人可与加害人达成赔偿协议，受害人对加害人赔偿责任的免除，肖像权人可通过民事法律行为授权他人在产品上使用自己的肖像等。需要指出的是，我国民法典中的民事法律行为实际上与大陆法系国家民法典中的法律行为属于同一个概念。

第一节　民事法律行为的概念及分类

一、民事法律行为的概念

德国民法典是法律行为的集大成者，在这里所称的“法律行为”，是指一个人或多个人从事的一项行为或若干具有内在联系的行为，其目的是引起某种私法上的法律效果，即个人与个人之间的法律关系发生变更。[①]可见，德国民法典中规定的民事法律行为并不以“合法性”为构成要件。在民法

① ［德］卡尔·拉伦茨：《德国民法通论》，邵建东译，法律出版社2003年版，第426页。

总则颁行之前，原民法通则也有关于民事法律行为的规定，但将民事法律行为规定为合法的民事行为。原民法通则中使用民事行为这一概念，民事行为是指民事主体为了设立、变更、终止民事法律关系而实施的以意思表示为要素的行为，即民事意表行为，是民事法律行为的上位概念，下设民事法律行为、无效的民事行为、可变更的民事行为、可撤销的民事行为、效力待定的民事行为。我国原《民法通则》第54条规定，民事法律行为是公民或者法人设立、变更、终止民事权利和民事义务的合法行为。该概念只强调其合法性特征，而没有指出它的本质是意思表示，故存在重大缺陷，遭到很多学者的批评。这种现状在1999年制定合同法时以合同的概念进行了部分修正。合同作为一种典型的民事法律行为，它包括有效合同、无效合同、效力待定合同、可变更、可撤销合同，合法性不是合同的要件。彻底废止民事行为这一概念，用民事法律行为取代民事行为，是通过原民法总则实现的。2017年制定的原《民法总则》第133条规定，民事法律行为是民事主体通过意思表示设立、变更、终止民事法律关系的行为。至此，民事行为之概念成为历史，民事法律行为也不再限于“合法”行为。民事法律行为成为一个适法行为。《民法典》第133条沿袭民法总则的规定。我们应从以下几个角度把握民事法律行为：

一是民事法律行为是表意行为。民事法律行为之成立需要意思表示，没有意思表示不可能有民事法律行为，意思表示是民事法律行为的核心概念。甚至有学者直接指出，所谓法律行为，是指“私人的、旨在引起某种法律效果的意思表示”。[①]如果说民事法律行为是实践意思自治的工具，那么意思表示就是民事法律行为的工具。

二是民事法律行为具有发生私法效果的意思。民事法律行为之所以是“法律行为”，是表意人要追求一定的私法效果，用《民法典》第133条的表述就是“设立、变更或者终止民事法律关系”。例如，双方当事人以合意订立买卖合同，属于设立民事法律关系；后双方当事人通过合意对买卖合同

---

① ［德］迪特尔·梅迪库斯：《德国民法总论》，邵建东译，法律出版社2013年版，第142页。

的履行期限等内容进行变更，属于变更民事法律关系；在买卖合同签订后，双方当事人达成解除买卖合同的协议，属于消灭民事法律关系。所以，民事法律行为是旨在引起民事法律效果的行为。

三是民事法律行为属于民事法律事实的一种。民事法律行为能够引起民事法律关系产生、变更、消灭，所以它属于众多民事法律事实之一。民事法律关系是民事权利义务关系，如果从权利的视角观察，民事法律行为是引起民事权利产生、变更和消灭的法律事实。

四是民事法律行为具有抽象性。民事法律行为规定在总则编中，它具有一般性。法律行为的概念是所有在法律秩序中形成的行为类型的抽象，就法律秩序针对这些行为类型所规定的内容而言，其目的在于使个体能够以意思自治的方式通过制定规则来形成、变更或者消灭法律关系，也即旨在实现私法自治原则。现实中不存在“某一”法律行为本身，而仅存在为法律秩序所认可的，因其而存在的各种行为类型，例如买卖合同、债权让与、所有权转移、订婚、结婚、遗嘱等行为，这些行为都可以被置于抽象的法律行为概念之下去理解。[①]

二、准法律行为

准法律行为有时候又被称为“事实的通知”，是指非旨在引起行为人希望产生的法律后果的表示行为。通知包括意见通知、意思通知、事实的通知（通告）、告知、通知等，通知属于准法律行为的范畴。[②]民法典中的准法律行为主要有催告、通知和告知等。催告中，催告人之目的是通知对方及时作出追认或者不追认的意思表示，催告本身不能产生行为人希望的法律效果，它实际上更多的是一种通知。通知和告知都是对一定事实的通知，行为人表示的并不是某项意思，而是一种他知道的情况或一项事实。[③]通常，

① ［德］维尔纳·弗卢梅：《法律行为论》，迟颖译，法律出版社2013年版，第27页。

② ［德］维尔纳·弗卢梅：《法律行为论》，迟颖译，法律出版社2013年版，第127—131页。

③ ［德］迪特尔·梅迪库斯：《德国民法总论》，邵建东译，法律出版社2013年版，第142页。

法律没有对准法律行为设置单独的规范。倘若个案中利害关系表明是合理的，那么法律行为的规定将相应地适用于准法律行为（类推适用）。[①]

有一类行为，它不属于民事法律行为，但是具有法律意义的行为，这些行为的法律后果产生于法律的规定，而不是来自当事人的意思表示。例如，我国民法典在合同编关于准合同的规定。其实它们不属于合同，但因民法典缺乏债法总则，在编制上无法安排不当得利和无因管理，所以将其作为准合同规定在合同部分。不当得利和无因管理之产生通常与人的行为有关，甚至与人的意思表示有关，但它们通常属于事实行为，而非表意行为。当然无因管理中管理人可能通过实施民事法律行为而管理他人事务，例如甲常年在外务工，邻居乙见其房屋漏雨，遂与施工队订立维修合同，修缮甲的房屋。不当得利人也可能基于实施民事法律行为而获得不当利益，例如甲将乙之物擅自出售给丙，得金若干，甲不当得利之价金是通过民事法律行为获得。如果可以将其纳入民事法律行为的范畴，会破坏民事法律行为的体系性。

三、民事法律行为的分类

（一）单方民事法律行为与多方民事法律行为、合同与决议

这是按照民事法律行为成立需要的意思表示的个数为标准进行的分类。《民法典》第134条采纳了这种分类标准。

单方民事法律行为是指根据单项意思表示即可成立的民事法律行为。[②]单方意思表示是形成单项意思表示的前提。它在原则上是由单方即可单独有效地从事的行为，如遗嘱、行使撤销权、行使追认权等。单方法律行为可以分为两类，一类仅仅涉及行为人自己的利益；另一类可能涉及另一个人的权利。前者如先占无主物、抛弃所有权等；后者如授予代理权、授予

---

① ［德］本德·吕特斯、阿斯特丽德·施塔德勒：《德国民法总论》，于馨淼、张姝译，法律出版社2017年版，第147页。

② ［德］迪特尔·梅迪库斯：《德国民法总论》，邵建东译，法律出版社2013年版，第165页。

处分权、立遗嘱、抛弃继承、通知解除合同等。在涉及他人利益的时候，如果没有损害他人利益，单方法律行为的有效是确定的；如果影响到他人的利益时，单方法律行为人必须具备一定的权利，单方法律行为才有效，例如，在撤销合同的时候，必须有撤销权的存在；在解除合同时，必须有解除权的存在等。单方法律行为可能有相对人，也可能没有相对人。无相对人的单方意思表示例如所有权之抛弃，单方作出抛弃的意思并有抛弃的事实，即发生抛弃所有权的效果。有相对人的单方意思表示，如行使追认权、同意权等，需要意思表示达到相对人时生效。

双方民事法律行为是指两个以上的意思表示一致才可成立的民事法律行为。双方民事法律行为主要是合同。双方民事法律行为有相对人，需要意思表示到达对方并由对方同意，才能构成意思表示的合意，民事法律行为方可成立。双方民事法律行为具有相对性，在双方当事人之间发生法律后果，权利义务由双方当事人承担，而不能由第三人享有权利或承担义务。但是，在有些情况下，法律还规定了涉他合同（包括为第三人利益合同与为他人设定负担的合同两大类）与“附保护第三人效果的合同”。

多方法律行为是指需要多项意思表示才能成立的民事法律行为。多方法律行为则体现为决议、合伙合同、发起人协议等。多方民事法律行为成立有法律特别规定时，依照特别规定，例如合伙合同需要全体合伙人一致同意。但决议是通过一定的程序多数民事主体对特定事项的表决，参与表决的表意人意思表示内容一致，而且所使用的语句也完全一致。①决议可以以全票通过的方式作出，也可以以多数票通过的方式作出。决议主要调整组织体内部关系。决议一旦作出，不仅对同意者发生效力，对没有参加表决的以及表示反对的也发生效力。所以，《民法典》第134条规定，法人、非法人组织依照法律或者章程规定的议事方式和表决程序作出决议的，该决议行为成立。

这种分类的意义在于：其一，民事法律行为成立需要的意思表示的数

---

① ［德］迪特尔·梅迪库斯：《德国民法总论》，邵建东译，法律出版社2013年版，第167页。

量不同。其二，民事法律行为的成立时间不同。有相对人的单方法律行为自意思表示到达相对人时生效，无相对人的单方民事法律行为意思表示自表示完成时生效，但法律另有规定的，依照其规定。双方民事法律行为需要两个意思表示达成合意才能成立，其生效时间由最后一方的意思表示达到对方时作为民事法律行为成立的时间。多方民事法律行为的效果意思是方向相同而不是方向相反的意思表示①，方向相同的多方意思表示达成一致时，成立；但是，决议则为例外，它通常采取多数决原则。其三，民事法律行为的解释不同。依《民法典》第142条规定，有相对人的意思表示的解释，应当按照所使用的词句，结合相关条款、行为的性质和目的、习惯以及诚信原则，确定意思表示的含义。无相对人的意思表示的解释，不能完全拘泥于所使用的词句，而应当结合相关条款、行为的性质和目的、习惯以及诚信原则，确定行为人的真实意思。

（二）要式民事法律行为与不要式民事法律行为

这是按照民事法律行为是否需要具备一定的形成为标准进行的分类。

民事法律行为是否需要具备一定的形式？对这一问题的回答大致经历了三个不同的阶段：首先，以罗马法为代表的严格形式主义的立法。在罗马法时期，根据当事人的表面形式，来判断合同是否存在，采纳了较为严格的形式主义。例如，在古罗马时期，最早的形式是誓约（sponsio），也就是说，采用郑重的词句“sponsio”（保证）提出问题并作出回答，只有这样，合同才能成立。其次，以法国民法为代表的自由形式主义的立法。资产阶级革命刚刚胜利之时，自由主义思潮席卷欧洲，“契约自由”思想得以贯彻，1804年法国民法典最为典型。按照“契约自由”原则要求，法国民法典没有关于合同形式的一般性规定，合同仅需当事人之间的合意即可成立，无须一定的形式。②但是，以保护消费者的名义，法国一直在进行着多种形

---

① 李永军：《民法总则》，中国法制出版社2018年版，第577页。

② 法国民法典虽然采纳合同形式自由原则，没有对合同的形式作出一般性规定，但仍然对一些特殊合同的形式作出了规定。例如法国民法典第1582条第2款规定：“买卖得以公证文书为之，或者以私署文书为之。”

式要件主义复兴方面的讨论。如果将不拘于形式视为一般规范，那么他们很可能是脱离现实的。越来越多的合同要求有一定的形式，而且这仍然是世人根深蒂固的主要倾向，即认为只有书面合同才是有效合同，“口头合同不如书面合同有价值”。[①]可见，合同形式自由的危害并不比合同形式严格的危害低多少，因此，晚于法国民法典100余年的德国民法典对民事法律行为的形式作出了较为理性的规定，即原则上形式自由，但法律规定或当事人约定应当采纳一定形式的，应当采纳。随后产生的其他民法典深受德国民法典的影响，也以形式自由为主，兼采形式主义的立法。因此，在现代社会，合同的形式仍然是非常重要的，我国民法典规定了大量的要式民事法律行为。

要式民事法律行为是指需要具备一定形式的民事法律行为。例如，《民法典》第348条规定，建设用地使用权出让合同应当采用书面形式。这里的形式主要是“书面形式”，但书面形式不限于纸质形式，应作广义解释，书面形式包括合同书、信件、电报、电传、传真等可以有形地表现所载内容的形式。以电子数据交换、电子邮件等方式能够有形地表现所载内容，并可以随时调取查用的数据电文，视为书面形式。在一些特殊情况下，出于保护交易安全、避免纠纷等考虑，有的法律、行政法规会对民事法律行为的形式提出特殊要求，或者当事人会约定民事法律行为采用特定形式，在这种情况下，应该采用法定的或者约定的特定形式。例如公证形式等。《民法典》第135条关于“特定形式”的规定属于要式民事法律行为的范畴。

不要式民事法律行为是指不需要具备一定形式即可成立的民事法律行为，通常以口头形式表示。《民法典》第135条在口头形式之外，还规定了“其他形式”，这里的“其他形式”属于兜底性规定。例如在合同领域中的默示合同，可以根据当事人的行为或者特定情形推定合同成立。这种默示合同实际上不具备法律规定的要式形式，属于不要式民事法律行为的范畴。

民事法律行为的形式是其成立要件还是生效要件呢？对此学术界形成了两种观点：有的学者认为：“一般法律行为，已无须一定之形式，为成立

① ［德］海因·科茨：《欧洲合同法》，法律出版社2001年版，第115页。

之条件。”[①]可见，该种观点认为，形式是法律行为（合同）的成立要件，如果一个合同不具备法律规定或者当事人约定的形式要件，合同不成立。但也有学者认为：“如果要求以书面形式订立的合同却以口头形式订立，那么，法律上应视其无效或‘是不可履行的’。”按照这种观点，形式是民事法律行为的有效要件，一个民事法律行为如果不具备法律规定的形式或者当事人约定的形式，民事法律行为是无效的。在大陆法系，很多国家的民法典都规定，法律规定或当事人约定合同应当采纳一定形式而没有采纳时，民事法律行为无效。例如德国民法典第125条：“不使用法律所规定的形式的法律行为，无效。不使用法律行为所规定的形式，有疑义时，同样无效。”此外瑞士债务法第11条、意大利民法典第325条也做了类似规定。有的学者认为，从法律行为本来的意义上说，是意思自治的体现，故意思表示生效的，法律行为即成立。至于形式，则是法律或者当事人对于法律行为效力的控制，因此，形式应为法律行为的效力要件。[②]民法典对不具备形式的民事法律行为的效力未作规定，但从第490条关于合同成立时间来看，形式应该解释为民事法律行为的成立要件。不具备法定形式或约定形式的民事法律行为不成立。

所以，要式民事法律行为与不要式民事法律行为的分类，其意义在于要式法律行为具备一定形式才成立；不要式行为无形式要求，一旦作出即成立。

（三）负担民事法律行为与处分民事法律行为

这是根据民事法律行为的效果进行的分类。

负担民事法律行为简称负担行为，是指使一个人相对于另一个人（或另若干人）承担为或不为一定行为义务的法律行为。[③]它能够引起一项或者多项请求权，或者产生一种有效给付的请求权。前者如悬赏广告，后者如

① 陈朝璧：《罗马法原理》，法律出版社2006年版，第49页。

② 李永军：《民法总则》，中国法制出版社2018年版，第591页。

③ ［德］卡尔·拉伦茨：《德国民法通论》，王晓晔等译，法律出版社2003年版，第435—436页。

买卖合同在买卖双方各产生一项请求权。负担行为的首要义务是确定某项给付义务，即产生债务关系①，为义务人设定了为或者不为一定行为的负担，它仅仅是一种物权或者其他权利变动的准备阶段。②

处分民事法律行为简称处分行为，是指直接作用于某项现存权利的民事法律行为。③处分即为权利的转让、权利的消灭，以及在权利上设定负担或变更权利的内容。但是，并不包括权利的取得、免除负担。④

这种分类的意义在于：其一，处分行为指向的客体要求特定化，最迟在处分行为生效时处分行为所指向的对象是特定的；而负担行为是设定了请求权的行为，至于义务人如何履行义务以及用哪些具体的客体履行义务可以暂时不予回答。其二，处分行为要求处分人对处分之标的物有处分权限，如果无处分权的，处分行为通常是无效的⑤，但第三人受善意取得制度保护；任何人都可以从事负担行为，负担行为的效力判断主要看表意者是否有民事行为能力、意思表示是否真实、内容是否合法，处分人对标的物是否有处分权通常不影响负担行为的效力。所以，《民法典》第597条规定"因出卖人未取得处分权致使标的物所有权不能转移的，买受人可以解除合同并请求出卖人承担违约责任。"其三，处分行为通常需要公示，"公示"的方式表现为处分客体的转移占有或者转移登记，或者权利凭证的交付，或者办理有关权利变更手续等。负担行为则没有公示方面的要求。

（四）有因民事法律行为与无因民事法律行为

这是按照民事法律行为是否能够与其原因相分离为标准进行的分类。必

---

① ［德］卡尔·拉伦茨：《德国民法通论》，王晓晔等译，法律出版社2003年版，第436页。

② 李永军：《民法总则》，中国法制出版社2018年版，第580页。

③ ［德］卡尔·拉伦茨：《德国民法通论》，王晓晔等译，法律出版社2003年版，第436页。

④ ［德］迪特尔·梅迪库斯：《德国民法总论》，邵建东译，法律出版社2013年版，第168页。

⑤ ［德］迪特尔·梅迪库斯：《德国民法总论》，邵建东译，法律出版社2013年版，第169页。

须指出的是，这种分类是以德国民法为代表，我国台湾地区“民法”从之。我国民法典并未采纳这种分类。

要因民事法律行为简称有因行为，也称要因行为，是指法律行为与其原因不相分离，以其原因为要件的法律行为。[①]要因，是指负担合同本身包含一个“原因”，即承担义务的法律目的，这个法律目的同时也表明了负担合同所追求的经济目的。[②]有因行为应从双方民事法律行为本身去寻找，而民事法律行为本身之外的目的或者动机等不能成为“有因”与否的判断。例如，租赁合同中，出租人负担将租赁物交付给承租人使用的义务，其目的是获得租金，获得租金就成了其承担法律义务的目的；反之，承租人负担支付资金的义务，其目的是获得使用租赁物。但是，承租人租赁房屋的动机或者其他目的，或者签订租赁合同的基础原因不是判断要因的依据。例如，承租人租赁房屋的目的是为结婚还是开办公司，这些不能作为判断租赁合同“要因”的依据；或者承租人因道听途说公司要搬迁而赶紧在新公司附近租房等这属于签订合同的基础原因。这些合同之外的目的或者动机，或者签订合同的基础原因，通常对合同的效力不产生影响。所以，承租人与配偶最后没有结婚或者承租人单位没有搬迁，不影响房屋租赁合同的效力。但是，在特别情形下，民法典也确认了订立合同的目的或者动机，或者签订合同的基础原因的法律效力。例如，一方迟延履行而使对方订立合同的目的不能实现的，对方有权直接解除合同，这属于“目的受挫”理论的范畴；再如，《民法典》第533条规定，合同成立后，合同的基础条件发生了当事人在订立合同时无法预见的、不属于商业风险的重大变化，继续履行合同对于当事人一方明显不公平的，受不利影响的当事人可以与对方重新协商；在合理期限内协商不成的，当事人可以请求人民法院或者仲裁机构变更或者解除合同。这其中就包含了“交易基础丧失理论”。

双务合同中，一方之所以承担给付义务，是因为他要因此使另一方承

---

① 王泽鉴：《民法总则》，北京大学出版社2009年版，第247页。

② ［德］卡尔·拉伦茨：《德国民法通论》，王晓晔等译，法律出版社2003年版，第443页。

担对待给付的义务。“要因”的判断非常清晰。但是，如何解释诸如赠与合同等单务合同的要因呢？这时，只能从这些单务合同本身寻找要因，而不能从其之外，例如赠与的目的是博得“佳人一笑”不能成为赠与人负担赠与义务的原因。在赠与约定所产生的直接效果之外，不应再产生其他的法律效果。当事人之间的这一约定，代替了普通负担行为之以其他法律效果的形式出现的法律原因；在这里，这一约定本身就是法律原因，就是“原因”。[①]要因行为与英美法系中的“对价”理论具有异曲同工之妙，“对价”相当于要因行为中的原因，但赠与没有“对价”，英美法系将赠与合同的效力原因用“允诺禁反言”来解释。

有因行为主要是负担行为，尤其是债务行为。但是，如果说所有的负担行为都是要因行为，那是错误的。在民商法上，有些负担行为恰恰是无因行为。最典型的当属票据行为，票据行为是以负担票据债务为目的而实施的民事法律行为，其属于负担行为，但其与从事票据行为的基础行为相分离，且其效力与基础行为的效力无关。

不要因民事法律行为简称不要因行为，也称无因行为，是指法律行为与其原因分离，不以其原因为要件的法律行为。[②]一般认为，不要因行为的典型形式是处分行为中的物权行为。物权行为是以引起现有物权发生变动的民事法律行为。买卖合同是要因行为，而基于买卖合同为基础实施的物权合同则属于无因行为，这里的“无因”首先是物权合同与买卖合同相互分离，确认它们分别属于不同的合同；在此基础上，物权合同的效力独立于买卖合同，买卖合同无效等，不影响物权合同的效力，物权合同的效力只能由其本身确定。这样，物权合同就摆脱了买卖合同的影响。抽象化之后，处分行为独立于负担行为，处分行为属于无因行为。如果仔细分析，不难发现，我们在讨论有因行为时，是从有因行为本身寻找其“原因”；而在分析无因行为时，是从无因行为之外的行为寻找其“原因”，并宣称其“无

---

① ［德］卡尔·拉伦茨：《德国民法通论》，王晓晔等译，法律出版社2003年版，第444页。

② 王泽鉴：《民法总则》，北京大学出版社2009年版，第247页。

因”。物权合同，例如买卖合同效力作用下，买卖双方就标的物所有权转移达成的物权合意，如果从其本身考察，我们无法察知“其对待给付”，更类似于“赠与”。按照这样一个逻辑，买卖合同、租赁合同等要因行为之外的目的或原因，通常也不影响这些要因行为的效力，那么“要因行为”也变成了“无因行为”。显然，在有因行为与无因行为这一分类中，采取了不同的逻辑结构，民法典没有采纳要因行为与不要因行为这一分类并在此基础上构建民事法律制度，值得肯定。

这种分类的意义在于，有因行为中，原因影响民事法律行为的效力；在无因行为中，原因不影响民事法律行为的效力；由此引申出无因行为具有保护交易安全的功能，即当原因行为无效时，处分行为仍然有效的，受让人可以基于一个有效的处分行为而取得权利。但不管怎样，善意取得制度的存在还是削弱了处分行为无因性对交易安全的保护功能，保护交易安全还可以通过其他制度实现，例如公示公信制度等，而没有必要通过处分行为的无因性来实现。

（五）有偿民事法律行为与无偿民事法律行为

这是按照取得权利是否需要有对待给付为标准进行的分类。有偿民事法律行为简称有偿行为，是指取得权利时同时需要负担对待给付义务的民事法律行为；无偿民事法律行为简称无偿行为，是指取得权利时无需负担对待给付义务的民事法律行为。有些民事法律行为在其性质上就是有偿行为或者无偿行为。例如，买卖合同、租赁合同等双务合同在其性质上就是有偿行为；赠与合同在其性质上就是无偿行为。有些民事法律行为是否有偿，可由当事人约定，从其性质上难以判断，例如一般的保管合同、委托合同等；但是仓储合同、行纪合同、居间合同等商事合同在其性质上就属于有偿合同，但当事人另有约定的除外。

民法典虽然不承认要因行为与不要因行为的分类，但民法典在多处使用了“处分”这一概念，可见民法典是承认处分行为的。从民法典篇章结构看，处分行为在物权编应解释为物权行为。从上文中关于处分行为的描述看，处分行为本身难以察知其无偿还是有偿。因此，严格来说，有偿行为与无偿行为的划分仅仅适用于“要因的”行为。那么，处分行为之有偿或者无偿又该如何解释呢？拉伦茨认为，不要因的行为从某种程度上来说是中立的，因为它们脱离了有关原因的约定。不要因的行为是处分行为，从事处分行为，既可以是为了履行一项有偿的负担行为，也可以是为了履行一项无偿的负担行为。如果从事处分是为了履行或执行一项无偿的“要因”法律行为，那么该项处分行为就是无偿的。如果转移物的所有权是为了履行买卖合同，那么转移行为就是有偿的。①

这种分类的意义在于：其一，民法典建立的规则主要适用于有偿行为，所以无偿行为对民法典的规定并非绝对适用，无偿行为之法律规则通常有专门规定。例如遗赠、赠与等。其二，注意义务不同。在无偿行为中，法律对未获得对待给付但负担义务的一方科以的注意义务通常较轻，只有在故意或者存在重大过失的情况下才承担责任。例如，《民法典》第929条规定，有偿的委托合同，因受托人的过错造成委托人损失的，委托人可以请求赔偿损失。无偿的委托合同，因受托人的故意或者重大过失造成委托人损失的，委托人可以请求赔偿损失。其三，债权人撤销权行使的要件不同。《民法典》第538条对无偿处分时的债权人撤销权行使的要件做了不同于第539条以不合理价格交易时的债权人撤销权行使的要件的规定。其四，限制行为能力人未经其法定代理人的同意一般不能实施有偿行为，但可实施无负担的无偿行为，接受他人给付的利益。②其五，是否适用善意取得制度有所不同。依《民法典》第311条，对于支付合理对价的有偿行为，可以适用善意取得制度，对于无偿行为，受让人不能受善意取得制度的保护。其六，法律对无偿取得的保护程度，没有像对提供或允诺提供了对待给付的取得的保护那样强。③例如，《民法典》第663条规定了赠与人的撤销权、第664条规定了赠与人法定代理人或继承人的撤销权以及第666条规定了赠与人的

---

① ［德］卡尔·拉伦茨：《德国民法通论》，王晓晔等译，法律出版社2003年版，第446—447页。

② 周枏：《罗马法原论》，商务印书馆1994年版，第661页。

③ ［德］卡尔·拉伦茨：《德国民法通论》，王晓晔等译，法律出版社2003年版，第448页。

穷困抗辩权等。其七，在无偿行为中，其债务人不负标的物的质量瑕疵担保责任（特殊情况除外）。例如，《民法典》第662条规定，赠与的财产有瑕疵的，赠与人不承担责任。附义务的赠与，赠与的财产有瑕疵的，赠与人在附义务的限度内承担与出卖人相同的责任。赠与人故意不告知瑕疵或者保证无瑕疵，造成受赠人损失的，应当承担赔偿责任。但也有学者认为，这里的“瑕疵”包括权利瑕疵或品质瑕疵。[①]但在有偿行为中，如法律无特别规定时，适用买卖合同的规定。

（六）生前民事法律行为与死因民事法律行为

这是按照民事法律行为发生效力于行为人生前或其死后为标准进行的分类。生前民事法律行为简称生前行为，是指不以行为人死亡作为生效条件的民事法律行为。民事法律行为多属于生前行为。死因民事法律行为简称死因行为，是指以行为人的死亡作为生效条件的民事法律行为。例如，遗嘱。

这种分类的意义在于：其一，民事法律行为的生效时间不同。死因行为于行为人生前不发生效力，行为人死亡是民事法律行为的生效要件。其二，与此密切相关的是，死因行为因行为人已经死亡，其真意有时难以探究，所以民法典对死因行为多设特别规定。

（七）财产民事法律行为与人身民事法律行为

这是按照民事法律行为产生法律效果的客体为标准进行的分类。财产民事法律行为简称财产行为，是指以发生财产上法律效果为目的的民事法律行为。例如，买卖合同、赠与合同、租赁合同等。人身民事法律行为简称人身行为，是指以发生人身上法律效果为目的的民事法律行为。例如，结婚、收养、监护等。有些民事法律行为涉及对人身权的处分，但其目的具有财产上的法律效果。例如自然人姓名权授予他人使用。这时既发生财产上之法律效果，姓名权人通常取得报酬；又发生人身上之法律效果，对方取得利用姓名权从事商业活动。

---

① 李永军：《民法总则》，中国法制出版社2018年版，第590页。

这种分类的意义在于：其一，产生法律效果的对象不同。财产行为发生财产上的法律效果；人身行为发生人格权、身份权上的法律效果。其二，民法上的意思自治在人身行为中受到极大限制。例如，行为人不能自由支配自己的生命、健康，也就不能以生命、健康等为客体实施民事法律行为。

（八）主民事法律行为与从民事法律行为

这是按照两个以上民事法律行为之间的关系为标准进行的分类。主民事法律行为简称主行为，是指不以其他民事法律行为之存在而能够独立存在的民事法律行为。从民事法律行为简称从行为，是指需要以其他民事法律行为之存在为基础而存在的民事法律行为。例如，甲向乙借款100万元，由丙对乙之债权提供保证。甲乙之间的借款合同属于主行为；债权人乙与丙之间的保证合同属于从行为。

这种分类的意义在于：其一，主行为能够独立存在，而从行为离开主行为是不能存在的；其二，从行为的命运由主行为决定，主行为无效或消灭的，从行为相应地随之无效或消灭。

（九）诺成性民事法律行为与实践性民事法律行为

这是按照双方民事法律行为之成立是否需要交付标的物为标准进行的分类。诺成性民事法律行为简称诺成行为，是指在双方民事法律行为中，仅以当事人意思表示一致即可成立的民事法律行为。大部分合同属于诺成行为。实践性民事法律行为简称实践行为，是指除双方意思表示一致外，还须交付标的物才能成立的民事法律行为。实践行为数量较少，只能以其性质或者法律规定确定。《民法典》第586条、第890条分别规定了定金合同、保管合同为实践行为。实践中，借用合同也应解释为实践行为。

这种分类的意义在于：因民事法律行为成立的要件不同而导致其成立时间不同，实践行为不但需要当事人之间的合意，而且需要交付标的物才能成立，且标的物交付时间为民事法律行为的成立时间；诺成行为双方达成合意时，合同成立，达成合意的时间就是合同的成立时间。

第二节　意思表示

意思表示是民事法律行为的核心概念，没有意思表示就没有民事法律行为。本书认为，即使在一些事实上的合同中，虽然当事人明确表示不发生私法上的效果，但其实施的行为则与该表示相反，应推定其有意思表示。例如，一个人私自接入电网的行为，即使他明确表示不想与电力公司订立供电合同，但他的行为推翻了自己的意思，他就应该按照合同的规定支付费用。诸如乘坐公共交通工具的社会典型行为，是否需要有意思表示，有不同意见。[①]毕竟一个6岁的孩子独自乘坐公共交通工具的现象较少，通常由其监护人陪同或者监护人委托的人陪同，这时应适用代理制度解释。如果没有人陪同，解释一个6岁的孩童乘坐公共交通工具的行为，确实难以存在一个意思表示，这时应在事实上承认合同关系的成立。所以，只有在极其例外的情形下，民事法律行为的成立才不需要意思表示。

一、意思表示的概念

意思表示是指民事主体将欲产生一定民事法律效果的内心意思，通过一定的方式表达于外部，从而使对方当事人或社会知晓的活动。表意人通过意思表示，其希望的某项特定的法律后果应该发生并产生效力。[②]意思表示首先是以一种可受意志控制的作为或不作为为存在前提的。意思表示具有某种特定的陈述价值，意思表示的陈述价值就在于它表达了表意人旨在使法律后果产生的意志，意思表示就是对这个意思的告示。事实上，法律行为中的意思表示并不是一种单纯的告示，它是以发生私法效果为目的的内心意思的表示。法律行为以意思表示为核心要素，行为人正是通过意思

---

① [德]迪特尔·梅迪库斯：《德国民法总论》，邵建东译，法律出版社2013年版，第191—196页。

② [德]卡尔·拉伦茨：《德国民法通论》，王晓晔等译，法律出版社2003年版，第451页。

的表示，将内在的意思“表示”于外部，才能发生私法上的法律后果，否则他人无法知其意思，也就难以发生私法上的效果。意思表示的含义包括：（1）意思表示是民事主体实施的。（2）意思表示的基础和内容是发表欲产生民事法律效果的内心意思。（3）意思表示需要通过表示行为作出，表示本身是通过一定方式进行的。（4）表示的程度是要让对方当事人或社会知晓。

二、意思表示的构成

什么样的意思表示是一个有效的意思表示呢？对此，有不同的理解。有的学者认为，意思表示具有这样的构造：由“动机”引发而形成一定的“效果意思”，以想把这种效果意思表示出来的“表示行为”为媒介，实施“表示行为”。意思表示由效果意思、表示意识和表示行为构成。①有的学者认为，意思表示的构成要件包括主观要件和客观要件。主观要件是指内心的意思，包括行为意思、表示意识、效果意思，客观要件是指在客观上可以认为其在表示某种法律效果意思。②有的学者认为，意思表示由作为心理事实的法律后果意思以及此种意思的宣示（表达、表白）组成。法律后果意思可以划分为如下心理层次：（1）作为基础的是自然的行为意思；（2）必须要有宣示意思；（3）想要通过告知而引起一个法律效果。③有的学者认为，意思表示由效果意思、表示意思或者表示意识、行为意思构成。④有的学者认为，意思表示由效果意思、表示意识和表示行为构成。⑤本书认为意思表示由效果意思和表示行为构成，而表示行为由表示意思和表示行为构成。

首先，效果意思是民事主体欲发生一定民事法律关系产生、变更、消灭效果的意思。例如，甲乙订立房屋买卖合同，甲、乙之效果意思为一方想取得房屋所有权，另一方想取得售房款。

其次，该效果意思属于内心的意思，需要表示于外部，才能够产生信

① ［日］山本敬三：《民法讲义Ⅰ总则》，解亘译，北京大学出版社2004年版，第84页。

② 王泽鉴：《民法总则》，北京大学出版社2009年版，第317—318页。

③ ［德］迪特尔·施瓦布：《民法导论》，郑冲译，法律出版社2006年版，第337页。

④ ［德］维尔纳·弗卢梅：《法律行为论》，迟颖译，法律出版社2013年版，第53—54页。

⑤ 李永军：《民法总则》，中国法制出版社2018年版，第608页。

赖。而表示作为有法律意义的行为，除了要有“表示”这一外在行为外，还需要有表示意思，即将内心的想法表示于外部的意思。表示行为就是行为主体将其欲发生一定民事法律效果的内心意思表达于外部的活动。表示行为是在行为意思的支配下发表效果意思，从而产生表示意思即最终表达出来的意思。例如，甲想将房屋卖给乙，甲不但要有卖房的效果意思，即将房屋所有权转移给乙的法律效果意思，法律还要求甲将这种意思在自己的意志支配下表达出来，这时甲既有向乙表达卖房给乙的意思，也有表达行为，意思表示才能成立。如果仅有表达行为，但无表达意思，例如，甲系在乙的胁迫下作出“表示”，其没有效果意思，也没有想表达的意思，该意思表示的效力就会受法律的限制。

甲酒店之店员因错误将旧菜单摆在桌子上，其虽然有效果意思——希望他人按照新的菜单定价缔约，也有表示意识——将菜单放在餐桌上的意思，还有表示行为——菜单放在餐桌上，但是其表达出来的是旧菜单，这属于意思表示错误的问题。虽然甲酒店可以错误为由撤销与客人之间的就餐合同；但如果该错误产生了信赖，那么甲酒店应赔偿客人之损失。

三、意思表示类型

依据不同标准，意思表示可以作不同的分类。

（一）明示的意思表示和默示的意思表示

按照意思表示的形式，意思表示分为包括明示的意思表示和默示的意思表示。

1.明示的意思表示。明示的意思表示是指直接以明确的语言文字进行意思表示。如口头对话、书面文件等。通过明示方式作出意思表示，这是最典型的形式。明示的意思表示还包括公告形式的意思表示，以公告方式作出的意思表示，公告发布时生效。

2.默示的意思表示

默示形式，是指以约定或法定的一定作为或不作为间接形式所作的表示意思，它包括推定和沉默两种形式。

（1）沉默。沉默通常不具有任何法律意义，因为法律或者他本人之外的人不能给一个沉默者设定他想追求的法律效果。但是，沉默在当事人约定或者法律规定时，却具有意思表示的效力。意思表示的沉默形式是指依据约定或法律规定从表意人单纯的不作为推理确定其意思的表示形式。当事人约定沉默构成意思表示的主要形式是：会议主持人提前声明，沉默视为同意或者不同意，沉默就具有同意或者不同意的意思表示。但是，缔约过程中，一方不能预先申明对方的沉默构成同意，因为缔约中对方没有作出同意或者不同意的法定义务。而会议表决的方式不同，主要是因为会议表决是行使权利的行为，沉默可以推定为放弃权利或者行使权利。

法律规定沉默构成意思表示的主要形式包括：相对人可以催告法定代理人自收到通知之日起三十日内予以追认。法定代理人未作表示的，视为拒绝追认（《民法典》第145条第2款）。相对人可以催告被代理人自收到通知之日起三十日内予以追认。被代理人未作表示的，视为拒绝追认（《民法典》第171条第2款）。债务人或者第三人可以催告债权人在合理期限内予以同意（债务承担），债权人未作表示的，视为不同意（《民法典》第551条第2款）。继承开始后，继承人放弃继承的，应当在遗产处理前，以书面形式作出放弃继承的表示；没有表示的，视为接受继承。受遗赠人应当在知道受遗赠后60日内，作出接受或者放弃受遗赠的表示；到期没有表示的，视为放弃受遗赠（《民法典》第1124条）。

（2）推定。意思表示的推定形式是指表意人实施一定的积极作为行为，相对人依据法律规定、习惯或合同约定间接推知其意思的表示形式。例如，试用期限届满，买受人对是否购买标的物未作表示的，视为购买（《民法典》第638条）。

这种分类的意义在于，沉默只有在有法律规定、当事人约定或者符合当事人之间的交易习惯时，才可以视为意思表示。

（二）有相对人的意思表示和无相对人的意思表示

这是按照意思表示是否有相对人进行的分类。

有相对人的意思表示，是指表意人向相对人表示意思，相对人受领意思的意思表示。有相对人的意思表示进一步分为对话表示和非对话表示。对话表示，是指表意人与相对人直接以口头当面交谈或电话通话方式所进行的意思表示，意思表示与意思表示受领是同步进行的。非对话的意思表示，是指当事人通过信函、电报或传话人传达等方式进行的意思表示。无相对人的意思表示是指表意人无需相对人受领的意思表示。例如，抛弃所有权等。

这种分类的意义在于：其一，意思表示的生效时间不同。有相对人的意思表示采取达到主义，达到相对人时生效，具体包括：（1）以对话方式作出的意思表示，相对人知道其内容时生效。（2）以非对话方式作出的意思表示，到达相对人时生效。（3）以非对话方式作出的采用数据电文形式的意思表示，相对人指定特定系统接收数据电文的，该数据电文进入该特定系统时生效；未指定特定系统的，相对人知道或者应当知道该数据电文进入其系统时生效。当事人对采用数据电文形式的意思表示的生效时间另有约定的，按照其约定。无相对人的意思表示表示完成时生效，法律另有规定的除外。其二，意思表示的解释方法不同。有相对人的意思表示的解释，应当按照所使用的词句，结合相关条款、行为的性质和目的、习惯以及诚信原则，确定意思表示的含义。无相对人的意思表示的解释，不能完全拘泥于所使用的词句，而应当结合相关条款、行为的性质和目的、习惯以及诚信原则，确定行为人的真实意思。

（三）对特定相对人的意思表示和对非特定相对人的意思表示

这是对有特定相对人意思表示的进一步分类，这是以相对人是否特定为标准进行的分类。对特定相对人的意思表示是指以特定人为相对人而为的意思表示。例如，甲向乙发出售房要约。对非特定相对人的意思表示是指以不特定的多数人为相对人而进行的意思表示。例如，以公告的形式发出的意思表示。

这种分类的意义在于：意思表示的成立时间不同。对特定相对人的意思表示的成立时间采取到达主义；对非特定相对人的意思表示的成立时间以表示行为完成之时为准。

四、意思表示的法律拘束力

意思表示的法律拘束力是指意思表示一旦生效就对表意人产生法律上的约束力，即非依法律或对方同意不得擅自撤销或变更其意思表示。意思表示的拘束力比较复杂。如果一个意思表示行为本身就构成一个法律行为，意思表示的拘束力也即法律行为的拘束力；如果一个意思表示本身并不能构成法律行为的，则意思表示本身的拘束力并不等于法律行为的拘束力。另外，并非所有的意思表示都产生拘束力。

意思表示在生效之前，尚未产生拘束力。意思表示在生效之前可以撤回，撤回意思表示的通知应当在意思表示到达相对人前或者与意思表示同时到达相对人。有些意思表示"表示"完成后，即时生效。例如对话方式的意思表示、以公告形式作出的意思表示以及无相对人的意思表示等，这些意思表示不能撤回。对于生效的意思表示，可以依法撤销。因意思表示的形式不同，撤销的方式应不同，且有相对人的意思表示之撤销应在相对人作出接受的意思表示之前完成。否则，合同即告成立，意思表示无法撤销。对于公告形式作出的意思表示，原则上应该采用相同的公告方式予以撤销。

意思表示生效后，对表意人产生拘束力，虽然其可以依法撤销，但应赔偿意思受领人信赖利益的损失。

五、意思表示的解释

（一）意思表示的解释对象和目的

有学者提出："原《民法总则》第142条是关于意思表示的解释还是法律行为的解释？是否需要区别有相对人的意思表示的解释还是无相对人意思表示的解释？"[①]这两个问题对意思表示的解释具有决定性意义。首先，《民法典》第142条延续了原《民法总则》第142条，其是关于意思表示的解释，同时也是关于法律行为的解释，因为通过解释明确了当事人之间的意

① 李永军：《民法总则》，中国法制出版社2020年版，第632页。

思表示，那么法律行为之意义自然就清楚了。关于是否需要区分有相对人的意思表示还是无相对人的意思表示，我国《民法典》第142条已经作出了选择，应该区分这两种不同的意思表示，且它们的解释方法不同，解释的目的存在不同：在有相对人的意思表示中，解释的目的在于确定“意思表示的含义”；在无相对人的意思表示中，解释的目的在于确定“确定行为人的真实意思”。但无论是有相对人的意思表示还是无相对人的意思表示，意思表示解释的对象只能是“表示，即某种具有有效表示意义的行为”。[①]意思表示的解释是查明“表示的意义”。[②]但也有不同意见，认为“解释的对象是当事人已经表示出来的、确定的意思”。[③]关于意思表示解释的目的，主要有三种观点：

1.意思主义。意思主义认为，意思表示的解释重在探求表意人的内在意思。意思表示的实质在于行为人的内心意思，法律行为本身不过是实现行为人意思自治的手段，因此，意思表示解释的目的仅在于发现或探求行为人的真意；在表示与意思不一致的情况下，法律行为应依据对行为人真意的解释而成立（保护行为人的利益）。德国民法典第133条、我国台湾地区“民法”第98条皆规定，解释意思表示，应探求当事人的真意，不得拘泥于所使用之词句。

2.表示主义。表示主义认为，解释意思表示之目的在于探求行为人所表示出来的意思。法律行为的本质不是行为人的内在意思，而是行为人表示出来的意思；对于意思表示的解释原则上采取客观性立场，在表示与意思不一致时，以外部的表示为准。所以，德国民法典第133条指出：解释者应探求表意人的“真实意思”，但对于需要受领的意思表示，只有在受领人认识到了意思表示中所表达的“真实意思”，即表意人所指的意义时，第133条始可适用。如果受领人对表示的理解，事实上不同于表意人所指的意义，

---

① ［德］卡尔·拉伦茨：《德国民法通论》，王晓晔等译，法律出版社2003年版，第463页。

② ［德］本德·吕特斯、阿斯特丽德·施塔德勒：《德国民法总论》，于馨淼、张姝译，法律出版社2017年版，第202页。

③ 黄薇：《中华人民共和国民法典总则编释义》，法律出版社2020年版，第371页。

那么，该意思表示的意义应该以该受领人能够理解的和应该理解的意义为准。[①]王泽鉴教授也认为，意思表示解释所探求的真意，应依意思表示的种类（如有无相对人），及解释的层次（阐释性解释还是补充解释）而有不同：在有相对人的意思表示，应顾及相对人的可能性，以探求表示行为的客观意义；在此补充解释，其所探求者，乃所谓“假设当事人的意思”，以补充意思表示内容的不备。[②]

3.折中主义。折中主义认为，当内在意思与表示出来的意思不一致时，或采意思主义，或采表示主义，以求审时度势，兼容并包意思主义和表示主义理论的合理因素。

《民法典》第142条区分有相对人的意思表示和无相对人的意思表示，并在此基础上分别采取不同的解释目的，即有相对人的意思表示解释之目的在于探究意思表示本身的意义；而无相对人意思表示解释之目的在于探究行为人的真实意思。但不论是何种目的，皆需要从表示出来的“行为”入手。在解释需受领的意思表示时起决定性作用的是，在合理付出努力的情况下，对于表示受领人来说，什么是可被识别为有约束力地表示的意思，即什么是他根据诚实信用原则有权利信赖的。[③]所以有相对人的意思表示解释时，应充分考虑相对人基于诚信原则的对意思表示的信赖，当对意思表示存在两种不同的解释时，应选择通行的解释或者更有利于对相对人信赖利益保护的解释。然而，相对人对客观表示的信赖，并非在任何情况下都是应受保护的。例如，相对人明知表意人所作的表示与其内心意思不一致，这时相对人对表示的信赖就不值得保护。对于无需受领的意思表示的解释，不存在受领人应受保护的信赖利益，所以在这类案件中起决定性作用的是表意人真实的意思。与在需受领的意思表示的情况下不同，查明上述真实的意思可以考虑任何情形，而不仅仅是对于客观的受领人可认

① ［德］卡尔·拉伦茨：《德国民法通论》，王晓晔等译，法律出版社2003年版，第461—462页。

② 王泽鉴：《民法总则》，北京大学出版社2009年版，第381页。

③ ［德］本德·吕特斯、阿斯特丽德·施塔德勒：《德国民法总论》，于馨淼、张姝译，法律出版社2017年版，第206页。

知的那些情况。[①]

需要指出的是，意思表示的解释是事实判断问题，而不是法律判断，通过解释解决当事人争议的事实。如果当事人对意思表示的理解是没有争议的，则不需要解释，即使没有争议的意思表示不合法，也不是法律解释问题，而是法律的适用问题。但是，通过对意思表示的解释发现意思表示不合法的，就既包括了意思表示的解释，又包括了法律的适用。

（二）意思表示解释的方法

《民法典》第142条关于意思表示的解释区分有相对人的意思表示和无相对人的意思表示，但在解释的具体方法上并无本质不同。虽然《民法典》第142条第1款使用了“应当按照所使用的词句”，而第2款使用了“不能完全拘泥于所使用的词句”，这两种表述并无本质区别，只是关于“文义解释”的程度不同而已。所以，意思表示的解释主要有文义解释、整体解释、行为的性质和目的解释、习惯解释以及诚信原则解释。

1.文义解释。文义解释也称词句解释，是指依据意思表示使用的词句对意思表示进行解释。词句是表意人将其内心意思表示出来的工具，因此对意思表示所使用的词句进行解释是解释意思表示的首要方法。对词句的解释应当按照一个合理人通常情况下对有争议的意思表示用语所能理解的含义作为解释词句含义的标准。[②]

2.整体解释。整体解释也称体系解释，是指按照意思表示的有关条款，从整体上把握意思表示的内容。例如，甲向乙借款10万元，约定还款日期为合同签订之日1年。那么，在确定具体还款日期时，应参照意思表示中关于合同签订日期的条款进行解释。

3.行为的性质解释。行为性质的解释，是指当表意人的意思表示是何种性质时，应结合公平原则等确定行为的性质，从而解释当事人的真实意思。

---

① ［德］本德·吕特斯、阿斯特丽德·施塔德勒：《德国民法总论》，于馨淼、张姝译，法律出版社2017年版，第209页。

② 黄薇：《中华人民共和国民法典总则编释义》，法律出版社2020年版，第373页。

例如，某酒店将洋酒标价陈列，甲因未留意标价而擅自饮用时，根据公平原则，应解释为某酒店的意思表示为出售的意思而非赠与的意思。当然，甲对酒店的意思表示在性质上认识错误，属于重大误解的范畴，可依法撤销该洋酒买卖合同，但甲应就缔约过失对酒店承担赔偿责任。

4. 目的解释。如果意思表示所使用的文字或某个条款可能作两种解释时，应采取最适合于意思表示目的的解释；目的是当事人真意的核心，是决定意思表示内容的指针。所以，目的解释具有重要价值。目的解释是指，在解释意思表示时，应该充分考虑行为人作出该意思表示的目的。例如，甲向乙蛋糕房订购一生日蛋糕，应按照目的解释，甲订购蛋糕之目的在于庆祝生日，当乙蛋糕房迟延交货时，甲可依据第563条第1款第4项，直接解除合同。

5. 习惯解释。意思表示所使用的文字词句有疑义时，应参照当事人的习惯进行解释，口头表示不清楚时也应参照习惯；这里的习惯还包括整个市场的交易习惯、一个区域的人们的生活习惯等。例如，甲向乙订购10捆竹竿，乙认为一捆10根，甲则认为一捆100根。若按照当地之交易习惯1捆是10根竹竿，则应遵照习惯进行解释。

6. 诚信原则解释。对意思表示进行解释时，应遵循诚实信用的原则，诚信原则解释的主要功能在于，依据诚实信用原则对于运用前述几种解释方法所得出的结论进行检验，违反诚实信用原则的解释结论不应被采纳。所以，诚信原则不但是解释的方法，也是限制各种解释的原则。例如，在上述案例中，如果交易惯例认为，1捆10根，但甲则是按照每捆100根的价格支付价款时，应依据诚信原则对交易习惯的解释予以否定。

六、意思与表示的不一致

表里如一要求意思与表示一致，表示与意思一致的意思表示才能正常发生当事人期待的私法效果。但是，有些情形下，表示与意思不一致，这主要由三种原因造成：其一，表意人故意作出意思与表示不一致，主要有真意保留、戏谑行为、虚伪表示；其二，表意人因错误造成表示与意思不一致；其三，表意人因不自由或者生活窘迫等作出违背内心的意思表示，主要有欺诈、胁迫、乘人之危时的显失公平。

（一）表示与意思的故意不一致

1.真意保留。真意保留又称单独虚伪表示，指行为人故意隐瞒其真意，而表示其他意思的意思表示。“保留”是“隐蔽的”，是指表意人不想让表示的相对人知道他内心的保留。[①]所以，基于真意保留所为的民事法律行为，如果相对人信赖其表示，而不问其内心意思，原则上民事法律行为成立。但该真意保留为相对人明知时，民事法律行为不成立（德国民法上称之为无效，笔者注）。表意人如果将其内心的真意告知了某一个不相关的第三人，真意保留仍然无关紧要。[②]例如，表意人甲实际上是出售某标的物给乙，但甲故意表示出来的意思是赠送给乙，乙如果信赖甲之赠与的意思表示并表示接受，该赠与合同成立。但是，乙明知甲之内心意思是出售该房屋的，双方未达成合意，民事法律行为不成立。

2.戏谑行为。戏谑行为也称缺乏真意的表示，是指并非出于真意的，且其非出于真意不致为对方所误解的意思表示。戏谑行为是一种不严肃的意思表示，且也不会被相对人所误解，主要有两大类：一是“逗你玩”的玩笑话。例如，在愚人节，甲男向乙女表示要送她一枚结婚钻戒；二是“吹牛皮”的大话。例如，甲到乙水果摊买水果，乙为多卖点水果，不断向甲的购物袋中装水果，这时甲对乙说“你的水果我都要了吧！”这显然不是甲的真意，而是一句带有“吹牛皮”性质的戏谑行为。所以，戏谑行为通常是玩笑话，相对人应该很快能够识别出表意人说的是玩笑话。当然，戏谑行为不限于上述两种类型，弗卢梅就正确地指出：“任何意思表示，如果不仅表意人认为其不应生效，而且表意人也知道该表示所涉及的人同样意识到其不应生效，都能够满足缺乏真意表示的事实构成。”[③]如果表意人的玩笑

---

① ［德］卡尔·拉伦茨：《德国民法通论》，王晓晔等译，法律出版社2003年版，第494页。

② ［德］卡尔·拉伦茨：《德国民法通论》，王晓晔等译，法律出版社2003年版，第494页。

③ ［德］维尔纳·弗卢梅：《法律行为论》，迟颖译，法律出版社2013年版，第490页。

话太过真实，且相对人信以为真，就必须根据诚实信用原则即时向对方说明情况。[①]否则，表意人要受到意思表示的约束。

3.虚伪表示。虚伪表示又称伪装表示，指行为人与相对人通谋而为虚假的意思表示。基于虚伪表示所为的民事行为，原则上不生效力，但其不生效不得对抗善意的第三人。例如，双方通谋进行虚假招标投标（拍卖竞买时竞争主体不充分），再如当事人之间订立阴阳合同，表现为阳合同，实际上是期望阴合同发生效力。因当事人对阳合同之表面达成一致，但实际上没有使其发生法律效力的目的。因此，行为人与相对人以虚假的意思表示实施的民事法律行为无效。

虚假表示中，有的存在隐藏行为。隐藏行为，是指行为人将其真意隐藏在虚假的意思表示中。基于隐藏行为所为的民事法律行为，隐藏真意的虚假意思表示应不生效力，至于被隐藏的真实意思表示，则应依据关于该意思表示的规定来具体判断其效力，被隐藏的意思表示可能是有效的，也可能是无效的。所以，以虚假的意思表示隐藏的民事法律行为的效力，需要依据有关法律规定处理。例如，甲沿街叫卖大重九香烟，50元一条，熟知烟价格的老烟民乙花50元购买了一条。表面看，甲与乙达成了买卖一条大重九香烟的意思表示（虚伪表示），但其背后隐藏了买卖假大重九香烟的意思表示（被隐藏的行为）。其因买卖假烟不合法，甲与乙之间的买卖假烟合同因违法而无效。但虚伪表示中，有的并不存在隐藏行为，例如为逃避债务而假装转移财产。所以，虚伪表示中，有相当一部分属于“以合法形式掩盖非法目的”。

（二）因错误而导致的不一致

1.错误

错误，指表意人误认或不知，致其表示与意思不一致。[②]有的学者认为，

---

① ［德］卡尔·拉伦茨：《德国民法通论》，王晓晔等译，法律出版社2003年版，第497页。

② 梁慧星：《民法总论》，法律出版社2017年版，第183页。

这里的，泛指某人对任何事情、过程或联系具有不正确的认识，即他所设想的或认为的东西不符合现实。[①]错误是因表意人过错造成表示与意思不一致。具有法律意义的不一致主要包括表示错误与内容错误。错误主要有动机错误、内容错误、表示错误、传达错误、受领人错误。

在特别容易发生错误的意志形成阶段所发生的错误，叫动机错误。[②]意思表示的动机对意思表示的效力通常不产生影响。因此，动机错误对意思表示的效力也不产生影响。例如，甲想要购房的目的是投资，但房价大跌，则其动机上认识错误。对甲之购房的意思表示通常不产生影响。但是，如果符合情势变更的，依《民法典》第533条处理。

内容错误是指表意人对其选择的表示符号的意义发生了错误。这一符号的意义，不同于表意人的本意。[③]内容错误主要包括同一性错误和行为性质认识错误。同一性错误，例如甲向乙酒店订购标间1间。甲之目的为订1标准单人间，而标间实际为2人间。行为性质错误，例如，甲向乙表示"我有一辆自行车你要不要"，甲实际意思为买卖，而乙误认为是赠与而予以接受。甲可以基于行为性质错误而撤销赠与合同。

表示错误是指表意人表示出来的意思与真实的意思不一致。例如，某电商之员工错误地将实际价格为3万元的商品标为3000元。

2.误传

误传是指因传达人或传达机关的错误导致行为人意思与表示不一致。误传在我国民事立法上没有单独规定，司法实践中将其作为重大误解的一种处理。传达人或传达机关没有独立的意思表示，也不需要为独立的意思表示（而代理人有独立的意思表示），因此可以是无行为能力或限制行为能力的主体，但应能够完整准确地传达表意人的意思。

---

① ［德］卡尔·拉伦茨：《德国民法通论》，王晓晔等译，法律出版社2003年版，第502页。

② ［德］迪特尔·梅迪库斯：《德国民法总论》，邵建东译，法律出版社2013年版，第567页。

③ ［德］迪特尔·梅迪库斯：《德国民法总论》，邵建东译，法律出版社2013年版，第567页。

受领人错误是指受领人对正确表达和正确传达的意思表示作出错误理解的风险。意思表示应在表意人所指的意义上发生效力，亦即表意人不需要撤销其意思表示。相反，受领人也不能撤销意思表示，因为他并没有表示什么东西。只有在受领人自己受错误理解的影响而发出了意思表示的情况下，受领人才能撤销。①

表意人因错误而撤销意思表示，涉及表意人和受领人的利益平衡问题。因此，如果允许当事人基于错误而撤销合同，法律行为交往将被迫背负普遍存在的不确定性这一负担。②因此，错误必须是对“关于交易上认为重要的人的资格或物的特性的错误”。我国民法典虽然没有规定错误，但使用了重大误解这一概念。按照原《民通意见》第71条的规定，行为人因对行为的性质、对方当事人、标的物的品种、质量、规格和数量等的错误认识，使行为的后果与自己的意思相悖，并造成较大损失的，可以认定为重大误解。“重大误解”内涵经司法解释进一步阐明后已经与大陆法系的“错误”的内涵比较接近。③

《民法典》第147条规定行为人因“重大误解”实施的民事法律行为，行为人有权请求人民法院或仲裁机构予以撤销。并非任何“误解（错误）”都可以撤销，只有“误解”达到“重大”的程度才可撤销民事法律行为。

（三）意思表示不自由而导致的不一致

因不自由导致的表示与意思的不一致，民法典主要规定了欺诈、胁迫、乘人之危下的显失公平三种形式。

1.欺诈

欺诈是指故意告知对方虚假情况，或者故意隐瞒真实情况诱使对方基于错误判断作出意思表示。欺诈之构成需要具备以下条件：

（1）存在欺诈行为。欺诈行为由欺诈人实施，使被欺诈人陷入错误判断，

---

① ［德］迪特尔·梅迪库斯：《德国民法总论》，邵建东译，法律出版社2013年版，第570页。

② ［德］维尔纳·弗卢梅：《法律行为论》，迟颖译，法律出版社2013年版，第495页。

③ 黄薇：《中华人民共和国民法典总则编释义》，法律出版社2020年版，第390页。

或者加深其错误、保持其错误，而虚构、变更、隐匿事实之行为。[①]负有告知、说明等法定义务的，沉默构成欺诈行为。

（2）存在欺诈故意。实施欺诈一方存在欺诈的故意，欺诈人的故意包含两个层次：其一，有实施欺诈行为的故意；其二，有通过故意实施欺诈行为使相对人作出意思表示的故意。

（3）欺诈目的实现。欺诈人通过实施欺诈行为，使被欺诈人陷入错误判断后作出了意思表示。欺诈人欺诈被识破等，欺诈目的不达的，不构成欺诈。欺诈人欺诈被识破，但受欺诈人愿意接受被欺诈并作出意思表示的，因受欺诈人并未作出错误判断，也不构成欺诈。

欺诈人是民事法律行为的当事人，第三人实施欺诈行为的，通常不产生欺诈的法律效果。原担保法司法解释第40条规定，主合同债务人采取欺诈、胁迫等手段，使保证人在违背真实意思的情况下提供保证的，债权人知道或者应当知道欺诈、胁迫事实的，保证人的保证责任免除。民法典吸收了这一规定的核心内容，于第149条规定："第三人实施欺诈行为，使一方在违背真实意思的情况下实施的民事法律行为，对方知道或者应当知道该欺诈行为的，受欺诈方有权请求人民法院或者仲裁机构予以撤销。"第三人实施欺诈，使一方在违背真实意思的情况下实施的民事法律行为，对方知道或者应该知道该欺诈行为的，对方实际上是利用了第三人的欺诈行为，仍构成欺诈。

2.胁迫

胁迫，是指以给自然人及其亲友的生命健康、荣誉、名誉、财产等造成损害或者以给法人、其他组织的名誉、荣誉、财产等造成损害为要挟迫使对方作出违背真意的意思表示。胁迫之构成要件包括：

（1）存在胁迫行为。胁迫行为，是指为了使对方达到恐惧之程度而实施威胁被胁迫人。胁迫行为指向的对象可以是被胁迫人本人，也可以是其亲友；胁迫可以指向的是被胁迫人或其亲友的人身权利，也可以是财产权利等。

（2）存在胁迫故意。胁迫故意，是指胁迫人存在胁迫的故意。胁迫人

① 梁慧星：《民法总论》，法律出版社2017年版，第185页。

的故意包含两个层次：其一，胁迫被胁迫人的故意；其二，故意通过胁迫被胁迫人使其陷入恐惧而作出意思表示。

（3）胁迫目的实现。胁迫目的实现，是指胁迫人通过实施胁迫行为，被胁迫人陷入恐惧后作出了意思表示，实现了胁迫目的。被胁迫人坚强不屈，没有因胁迫行为作出意思表示的，胁迫目的未达到，不存在胁迫行为。订立的民事法律行为的，不适用。

胁迫人可以是民事法律行为当事人之一方，也可以是第三人。

3.乘人之危下的显失公平

在传统民法中，显失公平与乘人之危结合在一起构成一种行为：暴利行为，且该行为无效。例如德国民法典第138条第2款规定："某人利用他人处于急迫情形、没有经验、缺乏判断力或者意志显著薄弱，以法律行为使该他人就某项给付而向自己或第三人约定或给予与该项给付明显地不相当的财产利益的，该法律行为尤其无效。"我国原民法通则、原合同法将显失公平与乘人之危分别规定。民法典将乘人之危与显失公平合并起来，作为一个民事法律行为可撤销的事由。乘人之危下的显失公平，是指行为人利用对方当事人的急迫需要、危难处境或者没有经验等，使对方作出的意思表示显失公平。其构成要件包括：

（1）存在乘人之危的行为。乘人之危，是指民事法律行为之一方当事人利用了对方处于危困状态、缺乏判断能力等。"危困状态"，一般是因陷入某种暂时性的急迫困境而对于金钱、物的需求极为迫切等。例如，一方利用对方为治病而出卖房产之机，以远低于市场价格购买该房屋。"缺乏判断能力"，是指缺少基于理性考虑而实施民事法律行为或对民事法律行为的后果予以评估的能力。例如医护人员向老年人兜售质次价高的保健品等。

（2）乘人之危的一方存在故意。这里的故意包括两层含义：一是乘人之危的一方有利用对方处于危困状态、缺乏判断能力的故意。二是故意追求显失公平的结果。

（3）乘人之危人的目的实现。乘人之危人的目的实现包括两层含义：一是相对方因乘人之危而作出了意思表示；二是客观上存在显失公平的民事法律行为。显失公平，是指订立了一个权利义务明显违反公平、等价有偿原则的民事法律行为。显失公平的构成要件包括：须为有偿行为，所以显失公平通常适用于双务有偿的财产性合同；权利义务明显不对等、不公平，不符合等价有偿原则的要求；不公平的结果是因对方乘人之危所致。

需要指出的是，民法典在其他部分对欺诈、胁迫之民事法律行为的效力另有规定的，适用其规定。例如，《民法典》第1052条规定："因胁迫结婚的，受胁迫的一方可以向人民法院请求撤销婚姻。请求撤销婚姻的，应当自胁迫行为终止之日起一年内提出。被非法限制人身自由的当事人请求撤销婚姻的，应当自恢复人身自由之日起一年内提出。"第1053条规定："一方患有重大疾病的，应当在结婚登记前如实告知另一方；不如实告知的，另一方可以向人民法院请求撤销婚姻。请求撤销婚姻的，应当自知道或者应当知道撤销事由之日起一年内提出。"第1143条规定："遗嘱必须表示遗嘱人的真实意思，受欺诈、胁迫所立的遗嘱无效。"

第三节　民事法律行为的成立、有效和生效

一、民事法律行为的成立、有效与生效

（一）民事法律行为的成立、有效与生效之界定

民事法律行为的成立，是指一项民事法律行为的产生。动态观察，民事法律行为的成立是民事法律行为从无到有的过程，表现为合同的缔约过程等。静态观察，民事法律行为的成立是指存在一项民事法律行为。民事法律行为的成立不考察意思表示的瑕疵。

民事法律行为的有效，是指民事法律行为具备了法律规定的有效要件，是法律对法律行为的外部评价。

民事法律行为的生效，是指已经成立、有效的民事法律行为发生法律效力，在当事人之间因其意思表示内容所追求的民事法律关系产生、变更、消灭的法律后果。

（二）民事法律行为成立、有效与生效之关系

传统民法理论认为法律行为的成立和生效是两个相互联系的不同的问题。法律行为的成立是法律行为有效与生效的逻辑前提。前者为事实判断问题，着眼于某一民事法律行为是否已经存在；民事法律行为的有效为价值判断问题，着眼于某一民事法律行为能否取得法律认可的效力；而民事法律行为的生效则是在其有效的基础上，发生法律效力。因此，无效民事法律行为与民事法律行为的概念并无矛盾。民法典使用了成立、有效、生效三个不同的概念。一般情况下，依法成立的合同，有效并立即生效。所以，依法成立的合同从成立时（有效并）生效。但有些民事法律行为附生效条件或附始期，在条件成就前或者期限到来前，民事法律行为虽然成立、有效，但不生效力。

二、民事法律行为的成立要件

民事法律行为的成立要件，是指成立一项民事法律行为所需要素。成立要件包括一般成立要件和特殊成立要件。一般成立要件是指民事法律行为成立的一般要素。通说认为，单方民事法律行为仅存在一个意思表示即可成立，双方民事法律行为存在两个达成合意的意思表示即可成立。民事法律行为的特别成立要件主要是指要物行为和要式行为。要物行为的成立，除当事人意思表示达成合意外，须有标的物的交付这一要素作为成立要件。要式行为除当事人意思表示达成合意外，须具备特定的表示形式或履行特定的程序。

民事法律行为因一方之过错造成其不能成立的，应赔偿另一方信赖利益的损失。

三、民事法律行为的有效要件

民事法律行为的有效要件，是指民事行为发生行为人意思表示内容所追求的民事法律后果所应具备的条件。它是对民事法律行为效力的法律评价，而不是发生法律效力。依《民法典》第143条，具备下列条件的民事法律行为有效：行为人具有相应的民事行为能力；意思表示真实；不违反法

律、行政法规的强制性规定，不违背公序良俗。

（一）行为人具有相应的民事行为能力

对自然人而言，无民事行为能力人不能独立实施民事法律行为，由其法定代理人代为实施，如果无民事行为能力人实施民事法律行为的，无效。限制民事行为能力人可在其民事行为能力范围实施民事法律行为，超越其民事行为能力实施的民事法律行为，效力待定。完全民事行为能力人实施的民事法律行为有效。

对法人能力而言，其民事行为能力受经营范围以及目的事业的限制，但其法定代表人或者代理人（工作人员）超越其经营范围或者目的事业所为之民事法律行为原则上有效，但违反法律效力性强制性规定的除外。例如，卖农药的医药公司违反管理规定私自销售农药，其行为并不必然无效。

（二）意思表示真实

意思表示真实是指意思与表示一致。意思表示真实一是指行为人的内心意思与外部的表示行为相一致的状态；二是指当事人是在意志自由的前提下，进行意思表示的状态。将意思表示真实作为民事行为的有效要件，是为了贯彻意思自治原则。

（三）内容合法

内容合法是指民事法律行为的内容不违反法律、行政法规的强制性规定，不违背公序良俗。这里的强制性规定是指“效力性强制性规定”；民事法律行为的内容也不得违背公序良俗。关于民事法律行为之目的能否违反法律的强制性规定或者公序良俗，一般应解释为，如果双方当事人对民事法律行为的目的不法或者违背公序良俗皆有明确认知或者应当有明确认知，应确认民事法律行为无效。

四、民事法律行为的生效要件

《民法典》第136条规定，民事法律行为自成立时生效，但是法律另有规定或者当事人另有约定的除外。“法律另有规定或者当事人另有约定的”实际就是关于民事法律行为成立条件的规定。民事法律行为虽然成立、有效，但在有些情况下，还需要具备另外一项或几项处于法律行为本身以外的条件才能成效，这些条件就是法律行为的生效要件。[①]这些条件可以是以下中的一种或几种：（1）可以是一项法律行为，如需要登记机关的登记、第三人的同意等。（2）需要某些事件的发生。如死因行为，以行为人死亡为特别生效要件。（3）当事人约定的生效条件或期限。如附延缓条件的民事法律行为在所附条件成就时发生法律效力。再如附始期的民事法律行为以期限到来为特别生效要件。

法律行为的有效要件是法律行为的组成部分的问题，只有具备这些要件，法律行为才有效；而法律行为的生效要件并不是法律行为的组成部分，它是外部强加给法律行为发生法律效力的外部要件。

《民法典》第136条还规定，行为人非依法律规定或者未经对方同意，不得擅自变更或者解除民事法律行为。这里所指的“民事法律行为”应限制为“依法成立的民事法律行为”。民事法律行为不成立或者无效的，该民事法律行为对当事人不具有约束力，但当事人可依民法典关于民事法律行为不成立、无效之法律效果的规定处理。

第四节　附条件或附期限的民事法律行为

民事生活是复杂的，有时民事法律行为的当事人并不需要民事法律行为立即生效，当事人也可以根据自己的实际需要决定已经存在的民事法律行为出现一定事由时失去效力。因此，为满足民事主体之多样性需要，彰显民事主体意思自治。民法典特别规定民事法律行为可以附条件或附期限。附条件与附期限是以当事人的意思表示为特征的，是民事法律行为的组成

① ［德］卡尔·拉伦茨：《德国民法通论》，王晓晔等译，法律出版社2003年版，第428页。

部分，它属于民事法律行为的特别效力要件。

一、附条件的民事法律行为

附条件的民事法律行为，是指以将来可能的客观事实的发生与否为条件决定其效力开始或终止的民事法律行为。条件是将来可能发生的客观事实。这里所附条件的对象是民事法律行为，一项民事法律行为是否成立是由其中的一方决定的，即民法典规定了一方对民事法律行为成立享有决定权的，它可能决定民事法律行为成立，也可能决定其不成立。例如，在试用买卖中，试用人在试用期满后，可能决定买，也可能决定不买，这并非附条件的民事法律行为，因为在试用人作出决定之前，民事法律行为尚未成立。在其他情形下，也是如此。拉伦茨指出，“某人宣布，他以下列条件签订一个买卖合同、租赁合同等等，即他要事后表示他对合同同意与否，即他要决定，合同应该有效或无效，因此事实上这个人对合同仍然是有保留的，也就是说，他只是宣布了一种意向，并没有作出承认合同有效的表示。”①

（一）民事法律行为所附条件的特点

民事法律行为所附条件须包括以下几个特点：

一是条件具有将来性。它是当时尚未实现的事实，已经实现的事实不能作为条件。例如，甲对乙说，如果你去年考上了大学，我就将房屋免费让你住三年，这是已经发生的事实，不能作为条件。所约定的“条件”已经发生但当事人误认为尚未发生，则其仍不属于条件。以已经发生的事实作为条件的，不属于附条件的民事法律行为，这里的条件“不是真正”的条件。②

二是条件具有可能性。它是将来可能发生，也可能不发生的事实，将来可能发生的，须有发生可能的事实，根本无发生可能的事实不能作为条

① ［德］卡尔·拉伦茨：《德国民法通论》，王晓晔等译，法律出版社2003年版，第686页。

② ［德］卡尔·拉伦茨：《德国民法通论》，王晓晔等译，法律出版社2003年版，第683页。

件。例如，甲立下遗嘱，称死后自己的三间房屋送友人乙，一个人死亡是将来肯定发生的事实，不是条件，而是期限。

三是条件具有合法性。当事人为民事法律行为所附条件必须是合法的，可能发生的不合法的条件，不能作为条件。例如，甲对乙说："如果你将丙砍伤，我将赠送你100万元。"这时所附加的条件是不合法的，不能作为条件。不法条件，即以违反法律强制性或者禁止性规定或者公序良俗的事项为内容的条件。不法条件有三种[①]：（1）以为违法行为作为条件；（2）条件内容违背公序良俗；（3）以不为违法行为作为条件，例如日本民法典第132条规定，以不为不法行为为条件者，无效。但当事人约定以不为违法行为作为停止条件，如约定"你如果不赌博将赠与某物"，或以为违法行为作为解除条件，如约定"如将房屋供作赌博场所则解除租赁合同"，并不导致法律行为带有反社会性，且具有以私的手段抑制不法行为之功能，因此应当有效。

四是条件具有约定性。它是当事人以意思表示设定而非法定的，以何种将来可能发生的事实作为条件，由当事人根据需要自行约定，但不得违法。如果当事人约定的条件是"法律条件"，这种条件是因法律的规定而为条件，与当事人的意思表示无关，也不属于条件。例如，民法典规定，法定代理人对限制民事行为能力人超越民事行为能力的范围订立的合同的追认，民事法律行为有效。"追认"是民事法律行为生效条件，它是法律规定的条件，并非条件。

当然，并非任何民事法律行为都是可以附条件的，主要有三种民事法律行为不能附条件：一是票据行为。例如，票据法上的出票行为、承兑行为等不能附条件，附条件的将违反票据的本质。二是与身份有关的民事法律行为。例如附条件结婚、附条件收养子女、附条件同意作为监护人等，都与身份关系的本质相违背，一旦约定将违背公序良俗。三是行使形成权的行为不得附条件。在不被允许附条件的民事法律行为中，如果当事人附条件的，存在两种不同的法律效果：其一，所附条件无效。例如，附条件结

---

① 梁慧星：《民法总论》，法律出版社2017年版，第190—191页。

婚但已经办理婚姻登记的，再如票据法上规定票据保证不得附条件，所附条件不发生当事人期待的效力。其二，民事法律行为无效。例如，附条件出票、附条件承兑的，出票行为、承兑行为无效。

（二）条件的分类

1. 延缓条件和解除条件

这是依条件成就决定民事法律行为效力的功能不同进行的分类。

延缓条件也称停止条件或生效条件，是指限制民事法律行为效力发生的条件。例如，甲与乙签订房屋租赁合同一份，约定如果甲之女今年夏天不从国外回来，甲之房屋出租给乙的租赁合同生效。

解除条件也称失效条件或终止条件，是指决定民事法律行为效力消灭的条件。例如，甲与乙签订房屋租赁合同一份，约定如果甲之女今年夏天从国外回来，甲之房屋出租给乙的租赁合同解除。

2. 积极条件和消极条件

这是依条件内容是以客观事实的发生还是不发生作为成就条件的标准进行的分类。

积极条件也称肯定条件，是指以将来事实的发生为成就的条件。例如，甲与乙签订房屋租赁合同一份，约定如果甲之女今年夏天从国外回来，甲之房屋出租给乙的租赁合同解除。其中，“如果甲之女今年夏天从国外回来”属于“积极条件”。

消极条件也称否定条件，是指以将来事实的不发生为成就的条件。例如，甲与乙签订房屋租赁合同一份，约定如果甲之女今年夏天不从国外回来，甲之房屋出租给乙的租赁合同生效。其中，“如果甲之女今年夏天不从国外回来”属于“消极条件”。

（三）条件的成就与不成就

条件的成就是指当事人约定的条件客观事实的实现。例如，上述案例中甲乙约定“甲之女今年夏天不从国外回来”作为条件的，如果甲之女没有从国外回来，当事人约定的条件就成就了。条件的成就与否，应以客观事实决定。因条件成就而不受利益的当事人，以不正当行为恶意阻止条件成就的，视为条件已成就；因条件成就而受利益的当事人，以不正当行为恶意促成条件成就的，视为条件不成就。

（四）附条件民事法律行为的效力

附延缓条件民事法律行为在所附条件成就前不发生意思表示的效果效力，当事人仅享有期待权。当所附条件成就时，即发生当事人意思表示的效果效力。期待权转化为对具体民事权利的取得；所附条件不成就时，期待权归于消灭。附解除条件的民事法律行为，在所附条件成就前，意思表示的效果意思已经发生。当所附条件成就时，意思表示的效果得以终止；条件不成就时，行为内容确定的权利义务继续有效。

二、附期限的民事法律行为

（一）概念

附期限的民事法律行为，是指当事人选定将来确定发生的事实——一定期限的届至作为决定效力发生或终止的依据的民事法律行为。纯粹的期限是指“何时”，也就是规定起决定作用的事件的出现的事件是不确定的，但这个事件本身却是确定的。[①]有的期限是以将来确定的某一个时间点，也可以是将来不确定的时间点。前者如以将来的某日、某时作为期限；后者以将来肯定发生的事实的发生时间点为期限，但该事实何时发生，不确定。

（二）期限的种类

依照所附期限对民事法律行为效力的影响，期限分为始期和终期。

1.始期

始期，是指以其到来决定民事法律行为效力开始的期限。例如，甲立

① ［德］卡尔·拉伦茨：《德国民法通论》，王晓晔等译，法律出版社2003年版，第683页。

下遗嘱称："甲死后，其三头牛由乙继承。""甲的死亡"是肯定要发生的事实，且作为遗嘱生效的时间为"甲死亡的具体时间。"虽然民法典也规定被继承人死亡时，继承开始。但是，该规定具有一般性，在具体个案中，被继承人死亡的时间是不同的，所以甲对遗嘱中称"死后"仍属于附期限。

2. 终期

终期，是指以其到来决定民事法律行为效力终止的期限。例如，甲乙签订房屋租赁合同，约定租期至将来某一个时间。

（三）期限的效力

附始期的民事法律行为期限届至时，民事法律行为生效；附终期的民事法律行为，期限届至时，民事法律行为的效力终止。

当然，有些民事法律行为是不能附期限的。身份行为如结婚、收养等，行使形成权的行为如追认、同意、抵销等，不能附期限。能够附条件的民事法律行为通常是可以附期限的。但是，有些民事法律行为既不能附条件，也不能附期限，例如抵销；有些民事法律行为不能附条件，但可以附期限，例如票据行为。

第五节　民事法律行为的效力状态

民事法律行为的效力状态是指民事法律行为成立后能否引起行为人通过意思表示所追求达到的法律效果的不同状态。民事法律行为成立后，法律就要在效力上对其进行一个判断，有效的判断标准正如前文所述，要从三个方面展开，不符合有效要件之一的，就会使法律行为表现出不同的效力状态。根据民事法律行为所欠缺的有效要件不同，民法典将民事法律行为的效力状态划分为：（1）有效；（2）无效；（3）可撤销；（4）效力待定；（5）部分有效部分无效。有效的民事法律行为前文有论及，此处不再赘述。下文就其他四种效力状态分别进行分析。

一、可撤销的民事法律行为

可撤销的民事法律行为是指因具备法律规定的可撤销事由而使民事法律行为的效力处于可撤销状态。在民法典颁布之前，可撤销的民事法律行为在民法通则中被称为可变更、可撤销的民事行为，但因实务中，当事人行使变更权的较少，因此民法典将其修订为可撤销的民事法律行为。

（一）可撤销民事法律行为的事由

根据民法典之规定，可撤销的民事法律行为的事由主要包括重大误解、欺诈、胁迫、乘人之危下的显失公平。何为“重大误解、欺诈、胁迫、乘人之危下的显失公平”，在意思表示部分已有论述，此处不再赘述。

（二）可撤销民事法律行为的效力

可撤销的民事法律行为原则上有效，但是法律行为一旦被撤销的，从行为开始起无效，即撤销具有溯及力，发生与绝对无效的民事法律行为相同之法律效果。所以，《民法典》第155条规定，被撤销的民事法律行为自始没有法律约束力。所以，可撤销民事法律行为中，存在一项重要的权利：撤销权。撤销权之权利人单方行使撤销权即可引起民事法律关系无效，它在本质上属于形成权。

1.撤销权人

可撤销的民事法律行为，撤销权人为利益受到损害的一方。具体而言：重大误解时，产生误解的一方享有撤销权；欺诈时，被欺诈一方享有撤销权；被胁迫时，受胁迫方享有撤销权；乘人之危下的显失公平时，处于危难境地或缺乏判断能力的一方享有撤销权。

2.撤销权的行使方式

撤销权的行使对另一方当事人利益影响甚巨，我国原民法通则、合同法规定，权利人请求人民法院或者仲裁机构撤销，民法典延续了这一做法。撤销权人应通过诉讼或仲裁的方式行使撤销权。关于可撤销婚姻，原《婚姻法》第11条规定，胁迫婚姻中受胁迫方可以请求人民法院或者婚姻登记机关撤销；《民法典》第1052条和第1053条规定，受胁迫的一方或者不如实告知患有重大疾病的另一方可以向人民法院请求撤销婚姻。

3.撤销权的消灭

有下列情形之一的，撤销权消灭：（1）当事人自知道或者应当知道撤销事由之日起一年内、重大误解的当事人自知道或者应当知道撤销事由之日起三个月内没有行使撤销权；（2）当事人受胁迫，自胁迫行为终止之日起一年内没有行使撤销权；（3）当事人知道撤销事由后明确表示或者以自己的行为表明放弃撤销权。当事人自民事法律行为发生之日起五年内没有行使撤销权的，撤销权消灭。

此处需要注意三点：

一是撤销权的期限。上述虽然是关于撤销权消灭时间的规定，但其实也是关于撤销权行使时间的规定。除了因重大误解而订立的民事法律行为的撤销权为三个月外，其他事由导致的撤销权行使期限为一年，其起算点原则上采取主观标准，即自撤销权人知道或者应当知道撤销事由之日开始计算，但是受胁迫的，采取客观起算标准，即自胁迫行为终止之日起计算。无论采取何种起算标准，当事人自民事法律行为发生之日起五年内没有行使撤销权的，撤销权消灭。

二是撤销权的期限民法典在各分编中另有规定的，依照其规定。例如，《民法典》第1052条规定，请求撤销婚姻的，应当自胁迫行为终止之日起一年内提出。被非法限制人身自由的当事人请求撤销婚姻的，应当自恢复人身自由之日起一年内提出。再如，《民法典》第1053条规定，请求撤销婚姻的，应当自知道或者应当知道撤销事由之日起一年内提出。第1052条和第1053条之规定未设最长5年的限制，因总则编之规定具有一般性，在分则编未明确规定时，应适用"当事人自民事法律行为发生之日起五年内没有行使撤销权的，撤销权消灭"之规则。

三是为保护弱者利益，撤销权在订立民事法律行为时不得预先放弃。预先放弃的，放弃行为无效。但在民事法律行为成立之后，享有撤销权的一方可以放弃撤销权，放弃的方式可以是明示的，也可以是默示的，例如撤销权人履行了合同义务等，此为尊重撤销权人的意思自治。

二、效力待定的民事法律行为

效力待定的民事法律行为，是指民事法律行为成立之后，其能否发生法律效力尚处于不确定状态，待有权追认者加以追认才有效的民事法律行为。

（一）民事法律行为效力待定的法定事由

与可撤销民事法律行为的事由作出统一规定不同，民法典将效力待定的民事法律行为分散规定。从传统民法上来看，效力待定的民事法律行为的法定事由主要包括：（1）限制行为能力人超越行为能力订立的合同；（2）无权代理行为；（3）无权处分行为；（4）债务承担行为。这些效力待定的民事法律行为，有些仅对某一个特定的主体来说效力待定，它属于“假”效力待定；有些对民事法律行为本身来说属于效力待定，它属于“真”效力待定。

1. 限制民事行为能力人超越行为能力订立的合同

依《民法典》第145条，限制民事行为能力人超越行为能力所实施的民事法律行为属于效力待定，经过法定代理人的追认，民事法律行为有效；法定代理人没有追认的，民事法律行为无效。所以，限制民事行为能力人超越行为能力实施的民事法律行为本身属于效力待定。相对人可以催告法定代理人在一个月内予以追认。法定代理人未作表示的，视为拒绝追认。民事法律行为被追认前，善意相对人有撤销的权利。撤销应当以通知的方式作出。当然，限制民事行为能力人所立的遗嘱无效。

2. 无权代理或越权代理行为

《民法典》第171条规定，行为人没有代理权、超越代理权或者代理权终止后，仍然实施代理行为，未经被代理人追认的，对被代理人不发生效力。所以，无权代理行为或超越代理权的行为，该民事法律行为仅对被代理人效力待定，而民事法律行为本身并非效力待定，其效力如何应依据第171条其他部分的规定确定。

3. 债务承担行为

合同一方将合同的权利、义务全部或者部分转让给第三人的，应当取得合同另一方的同意，并不得牟利（原《民法通则》第91条）。但是，按照原《合同法》第80条之规定，债权人转让权利的，应当通知债务人。未经通知，该转让对债务人不发生效力。据此，债权人转让债权的，无须再取得债务人的同意，仅需通知债务人而已。但是，债务人将合同的义务全部或者部分转移给第三人的，应当经债权人同意（原《合同法》第84条）。在债权人同意之前的债务承担行为属于效力待定。

4. 无权处分行为

原《合同法》第51条规定："无处分权的人处分他人财产，经权利人追认或者无处分权的人订立合同后取得处分权的，该合同有效。"如果没有取得权利人追认或者取得处分权的，转让合同的效力如何，学术界存在争议。有的学者认为，该合同有效；有的学者认为，该合同无效；有的学者认为，无权处分行为在无权处分人与第三人之间有效，对特定主体无效；还有的学者认为，该合同效力待定。但学术界通说采第三种观点。出卖他人之物的合同最初的效力处于待定状态，但是其终极效力有两种可能：其一，取得追认或者处分权的，有效；其二，没有取得追认或者取得处分权的，无效。合同有效的，第三人可以通过一个有效的买卖合同取得标的物所有权，属于继受取得。合同无效的，第三人原则上要将受让物返还给权利人，但是其如果符合善意取得要件的，其可以善意取得标的物之所有权。无权处分行为通常构成侵害他人财产权，属于侵权行为，无权处分人要承担侵权责任。纵使在权利人追认无权处分行为有效的情况下，因无权处分行为先于追认作出，损害即已造成，仍不免除无权处分人之损害赔偿责任。在民法典将原《合同法》第51条删除，无权处分他人之物的合同不再属于效力待定的范畴。

（二）效力待定的民事法律行为的效力

效力待定的民事法律行为之效力存在两个阶段：其一，效力待定状态；其二，效力终极状态。在效力待定状态下，存在善意第三人（也称相对人）的催告权、撤销权（第三人存在恶意，例如明知无权代理人没有代理权仍与其进行民事法律行为，就没有这两项权利），以及有权追认者的追认权。

1.相对人的催告权

相对人有权催告有追认权者进行追认。追认权人应当在合理的时间内作出追认，催告期满而未作表示的，视为拒绝追认。催告权之行使不能直接引起法律关系的变化，它不是形成权，而是一种通知，属于准民事法律行为。

2.相对人的撤销权

相对人的撤销权是相对人撤销其意思表示的权利。唯有善意相对人享有撤销权。撤销权可以向有追认权者作出，也可以向无权代理人或者无权处分人为之。撤销应以明示方式作出。例如，在无权代理之情形，相对人可以催告被代理人进行追认，合同被追认之前，善意相对人可以基于欺诈为由有撤销的权利。当然，如果善意第三人撤销合同的，可要求无权代理人承担缔约过失责任。善意第三人不撤销合同的，在被代理人没有追认的情形下，可要求无权代理人履行合同，无权代理人不履行合同的，可要求其承担违约责任。

3.追认权

效力待定的民事法律行为需要追认才有效。有追认权者包括：（1）无权代理中的被代理人；（2）限制民事行为能力人的法定代理人；（3）无权处分中的原所有权人；（4）债务承担中的债权人。例如，在无权代理的情形下，相对人可以催告被代理人在一个月内予以追认。追认可以明示，也可以通过履行行为推定其有追认的意思。例如，无权代理人以被代理人的名义订立合同，被代理人已经开始履行合同义务的，视为对合同的追认。

法定代理人或被代理人追认的，追认的意思表示自到达相对人时生效。追认具有溯及力，民事法律行为自订立时起生效。善意第三人一旦行使撤销权，民事法律行为无效，撤销应当在追认作出之前。有权追认者一旦进行追认，民事法律行为有效。可见，效力待定不过是民事法律行为的一个过渡阶段，它可能走向死亡，也可能有效存续。

（三）无权处分他人之物的合同效力分析

无权处分他人之物的合同效力如何是民法学界普遍关注的问题之一。有些学者认为，无权处分他人之物的合同是效力待定的。因对该效力待定合同在何种原因下有效持不同立场，上述观点又细分为两种观点：一种观点认为，无权处分他人之物的合同效力待定，在原权利人追认或者无权处分人事后取得处分权之后，合同有效。反之，合同无效。[①]另一种观点则将第三人善意取得作为效力待定的合同向有效合同转化的原因，明确第三人善意取得财产后，合同视为有效。[②]有些学者认为，无权处分他人之物的合同是有效的。[③]不论持何种观点，论者都能列举很多理由支持自己的主张。2012年《最高人民法院关于审理买卖合同纠纷案件适用法律问题的解释》第3条规定："当事人一方以出卖人在缔约时对标的物没有所有权或者处分权为由主张合同无效的，人民法院不予支持。出卖人因未取得所有权或者处分权致使标的物所有权不能转移，买受人要求出卖人承担违约责任或者要求解除合同并主张损害赔偿的，人民法院应予支持。"从买受人要求出卖人承担违约责任的规定看，表面上支持了有效说。但仍有学者认为，该解释第3条并非对原《合同法》第51条的解释而是对原《合同法》第132条的解释，因此不能以解释第3条论证无权处分他人之物的合同是有效的。[④]《民法典》第597条规定："因出卖人未取得处分权致使标的物所有权不能转移的，买受人可以解除合同并请求出卖人承担违约责任。"该规定沿袭了2012年《最高人民法院关于审理买卖合同纠纷案件适用法律问题的解释》第3条的规定。那么，笔者不禁要问：处分人在明知没有处分权的情形下仍进行处分的，是否构成欺诈呢？处分人不知无处分权而订立合同的，是否构成意思表示的错误呢？基于此，无权处分他人之物的合同其效力到底如何？

《民法典》第597条规定："因出卖人未取得处分权致使标的物所有权不能转移的，买受人可以解除合同并请求出卖人承担违约责任。"从该规定来

---

① 崔建远：《合同法（第五版）》，法律出版社2010年版，第119页。

② 李先波、杨志仁：《善意取得中转让合同效力问题研究》，载《湖南师范大学学报》2007年第6期。

③ 刘家安：《善意取得情形下转让行为的效力》，载《法学》2009年第5期。

④ 梁慧星：《买卖合同特别效力解释规则之创设》，载梁慧星：《民商法论丛（第52卷）》，法律出版社2013年版，第197页。

看，无权转让他人之物的合同有效。然而，可撤销的合同在被撤销之前也是有效的，买受人可以不行使撤销权而要求出卖人承担违约责任。所以本条中的“可以解除合同并请求出卖人承担违约责任”并非说明无权转让他人之物的合同在开始时就是有效的，也可能是可撤销的合同但权利人没有撤销。因此，根据《民法典》第597条，我们并不能当然地得出“无权处分他人之物的合同是有效的”这样的结论。但有学者提出：“作为一个理性人，受让人不会行使撤销权。”所以，出卖人无权处分他人之物的买卖合同是有效的。本书认为，合同作为当事人之间的法锁，具有相对性，效力如何深受当事人意思表示是否自愿、真实等因素影响，无权处分他人之物的合同效力如何应从当事人本身的意思去把握，而不是从理性人不会行使撤销权这一角度说明无权处分他人之物的合同有效。

1.缔约人皆为善意时合同的效力

无权处分他人之物的出卖人可能不知自己无处分权而为处分，例如甲在其父乙去世后，继承了乙一辆自行车，甲将该自行车卖给了丙。后经查证，该自行车系乙死前向丁借用。甲之行为属于无权处分，但甲为善意，丙如果也不知情，这时双方当事人意思表示真实自愿，不存在甲的欺诈行为。但是，出卖人善意出卖他人之物的行为显然构成法律上的自始不能履行，而自始不能履行是否适用错误的规定，在德国债法现代化的过程中乃至现在都存在争议：一种观点认为，自始不能履行适用与错误相同的制度实质上是不协调的。另一种观点认为，应当将自始不能履行视为某种错误。因此，债务人可以主张合同无效，只要他不应当知道履行不能的事实，或者在合同签订时他客观上的确不知情。[①]如果允许当事人基于错误而撤销合同，法律行为往往将被迫背负普遍存在的不确定性这一负担。[②]因此，错误必须是对“关于交易上认为重要的人的资格或物的特性的错误”。民法典将行为人因“重大误解”订立的合同可以请求人民法院或仲裁机构撤销，也

---

① ［德］莱因哈德·齐默曼：《德国新债法——历史与比较的视角》，韩光明译，法律出版社2012年版，第98页。

② ［德］维尔纳·弗卢梅：《法律行为论》，法律出版社2013年版，第495页。

即并非任何“误解（错误）”都可以撤销，只有“误解”达到“重大”的程度才可撤销合同。按照原《民通意见》第71条的规定，行为人因对行为的性质、对方当事人、标的物的品种、质量、规格和数量等的错误认识，使行为的后果与自己的意思相悖，并造成较大损失的，可以认定为重大误解。民法典并未直接规定对标的物所有权人或处分权人的误认构成重大误解，无权处分人对所有权人或处分权人的误认是否被涵摄于“等”字之内呢？正如德国法学学者萨维尼指出：“倘使我们一般性地认为，关于法律关系标的的任何一种性质的任何一个错误都可以消灭意思，那么法律交易安全将会被完全打破。”[①]因此，善意处分人误将他人之物视为自己之物或者误认有处分权的，处分了无处分权之物，虽然属于认识错误，但只要其处分他人之物符合等价有偿原则，就不属于“造成较大损失”，不宜认定为重大误解。如果无权处分人以赠与、过低的价格出售等处分方式，应认定为“造成较大损失”，这时构成重大误解，善意无权处分人可以撤销合同，在未依法撤销前，该合同有效。

2. 出卖人恶意时买卖合同的效力

出卖人明知没有处分权仍然进行处分的，如上例中甲明知该车属于丁仍然与丙签订买卖合同的，甲主观上具有恶意，此时构成缔约中的欺诈，该欺诈行为造成买受人乙的认识错误，该合同因欺诈而可撤销，当然，在善意买受人撤销之前，合同仍然有效，《民法典》第597条能够适用于这种情况。所以，出卖人恶意而买受人善意的情况下，无权处分他人之物的合同是可撤销的，而非必然有效，亦非当然无效。

3. 缔约人恶意串通时的合同效力

无权处分人与受让人恶意串通订立买卖他人之物的合同，这时合同效力的认定能否适用《民法典》第154条“行为人与相对人恶意串通，损害他人合法权益的民事法律行为无效”的规定呢？有学者正确地指出，这时关键如何理解第三人的含义。如果此处所谓的“第三人”是指不特定多数人，那么，在无权处分人和受让人均为恶意，且构成恶意串通时所签订的合同，

---

① ［德］维尔纳·弗卢梅：《法律行为论》，迟颖译，法律出版社2013年版，第527页。

不适用第154条的规定，也就是说，无权处分的合同并非绝对无效，而是效力未定，使该合同的效力主要取决于出卖物所有权人的意思，效果更佳。[①]本书认为，无权处分人与受让人恶意串通损害原所有权人的，为了保护原权利人而惩戒恶意者，该合同在缔约人即出卖人与买受人之间处于效力待定状态，法律将确认合同有效的主动权交给原权利人，由原权利人决定合同是否有效，更符合私法自治的理念，也更有利于保护原权利人。

4.有处分权不是买卖合同的有效要件

处分他人之物的合同涉及他人，表面上看，合同的效力判断必须由物的真正权利人来决定。但笔者认为，有处分权并非转让合同的有效要件，主要理由如下：

其一，处分权并非合同的有效要件。一般认为合同的有效要件有三项，即行为人具有相应的行为能力；意思表示真实；内容妥当。[②]合同的内容妥当是指内容必须适法、可能和确定。所谓可能，是指合同的内容可能实现，不可能实现的称为标的不能，标的不能的，合同不生效力，即“合同的标的须可能”。[③]处分权欠缺最有可能与“标的可能”有关系，这里的“标的可能”是指标的只要具有履行的可能即可，并不要求出卖人对标的享有所有权。根据笔者的考察，“标的可能”作为合同的有效要件主要受德国的影响。德国债法现代化之前，“自始履行不能的合同无效”，根据这一规定，当标的不可能时，合同无效。我国传统民法深受台湾地区民法的影响，将标的可能作为合同的有效要件。但是，德国、我国台湾地区民法相继修订了这一规定，认为“自始履行不能的合同仍然是有效的”，也即“标的可能”不再作为合同效力的认定要件而是作为违约行为的一种加以处理，原合同法从来就没有将自始履行不能的合同作为无效合同处理。因此，标的物是否可能已不影响买卖合同的效力，更何况在无权处分他人之物的情形下尚存在他人之标的物呢？

---

① 崔建远：《合同法（第五版）》，法律出版社2010年版，第120页。
② 魏振瀛：《民法（第4版）》，北京大学出版社、高等教育出版社2010年版，第155页。
③ 魏振瀛：《民法（第4版）》，北京大学出版社、高等教育出版社2010年版，第156页。

其二，我国民法典明确区分了合同效力与物权效力，物权变动需要有效的合同，除此之外还需要以动产的交付或不动产的登记为表征的物权合同。处分行为属物权行为之一种，欠缺处分权将影响物权变动的效果，转让合同的效力与是否有处分权无必然联系。

三、部分有效部分无效的民事法律行为

民事法律行为部分无效，不影响其他部分的效力的，其他部分仍然有效。法律行为具有一体性特征，即民事法律行为一部分无效的，将导致整个民事法律行为无效。但在有些情况下，民事法律行为在整体上可以进行效力上的分割，这时部分无效的，不影响其他部分的效力。例如，甲被乙打成重伤，支付医药费5万元。甲与乙达成如下协议："乙向甲赔偿医药费5万元，甲不得告发乙"。甲获得5万元赔偿后，向公安机关报案，后乙被判刑。甲与乙之间关于"不得告发"的约定违反了刑事犯罪应当受到处罚的强制性规定，无效，而关于赔偿数额的约定则有效。部分有效部分无效的民事法律行为主要包括以下几种类型：一是有些民事法律行为的标的数量超过国家法律许可的范围。例如，遗嘱继承中，被继承人将其全部遗产均遗赠给他人，并未给胎儿保留必要的遗产份额，违反了继承相关的法律规定。因此，在胎儿应继承份额范围内的那部分遗赠是无效的。二是民事法律行为的内容具有可分性，有些内容违反法律强制性规定，但其他部分仍然有效。例如，依据《民法典》第401条，抵押合同中有流押条款的，该条款无效，但抵押部分仍然有效；依据第428条，质押合同中有流质条款的，该条款无效，但质押部分仍然有效。三是民事法律行为不得超过一定的期限，超过一定期限的，超过部分无效。例如，依据第705条，租赁期限不得超过二十年。超过二十年的，超过部分无效。四是民事法律行为的标的物可分，其中涉及的部分标的物的民事法律行为无效。例如，合同标的物中，其中有一部分属于国家禁止流通的，这部分无效。

四、无效的民事法律行为

无效的民事法律行为是指自始、当然、确定不发生效力的民事法律行

为。无效的民事法律行为从成立之时就没有法律约束力，且无需法院确认其无效，当事人也不能通过其他事实使其有效。例如，禁止流通物买卖合同就属于无效的民事法律行为。但是，最高人民法院在司法实践中也作出了例外性规定。例如，《最高人民法院关于审理建设工程施工合同纠纷案件适用法律问题的解释》第1条规定，建设工程施工合同中承包人未取得建筑业企业资质或者超越资质等级的，应当依据《民法典》第153条第1款的规定，认定无效。但第4条又规定："承包人超越资质等级许可的业务范围签订建设工程施工合同，在建设工程竣工前取得相应资质等级，当事人请求按照无效合同处理的，人民法院不予支持。"

（一）民事法律行为无效的事由

可撤销的民事法律行为依法被撤销、效力待定的民事法律行为没有被追认，都属于无效的民事法律行为。此外，根据民法典总则编规定，下列民事法律行为无效：

（1）无民事行为能力人实施的民事法律行为无效。

无民事行为能力人没有意思表示能力，民事法律行为一概由其法定代理人代理进行，即使无民事行为能力人实施纯获利益的民事法律行为，也无效。其法定代理人事先同意后者事后追认的，也不能使其生效。

（2）违反法律、行政法规的强制性规定的民事法律行为无效，但是该强制性规定不导致该民事法律行为无效的除外。

违反法律强行性规定的民事法律行为无效。此处的"法律"仅指全国人大及其常委会制定的法律和国务院制定的行政法规，不包括地方性法规、行政规章。这里的强制性规定是指效力性强制性规定。何谓"效力性规范"，有的学者指出，应当根据不同情况区别对待：①法律明确规定为无效的，应当无效。②法律未明确规定为无效的，应区分该强制性规范的性质：如属管理性规范，则不能当然认定为无效，如属违反效力性规范，则应认定其无效。也就是说，民事法律行为违反民法上的强制性规范的，除非法律明确规定该行为无效，否则不能当然认定无效，而应根据该强制性规范的立法目的是否为效力性规范加以确定，如果是效力性规范则无效；反之，应理解为有效。例如，《城市房地产管理法》第54条规定："房屋租赁，出租人和承租人应当签订书面租赁合同，约定租赁期限、租赁用途、租赁价格、修缮责任等条款，以及双方的其他权利和义务，并向房产管理部门登记备案。"该条的规定就不是效力性规定，房屋租赁合同没有采用书面形式或者没有办理登记备案的，合同仍有效。所以，当事人以房屋租赁合同未按照法律、行政法规规定办理登记备案手续为由，请求确认合同无效的，人民法院不予支持。通常情况下，为了保护社会公共利益或者国家利益而制定的强制性法律规范都属于效力性规范。

（3）违背公序良俗的民事法律行为无效。

违背公序良俗的民事法律行为无效，具体分析参见民法基本原则关于"公序良俗原则"部分。

（4）行为人与相对人恶意串通，损害他人合法权益的民事法律行为无效。

恶意串通是指行为人为了谋取不正当的利益，互相勾结串通而实施的有损国家、集体或者第三人利益的民事法律行为。恶意串通的构成要件包括：主观上存在"恶意"，有损害国家、集体或者第三人利益的故意；客观上实施了串通行为，即行为人沆瀣一气，互相勾结；该行为履行的结果损害他人的利益。这里的"他人"包括国家、集体或者第三人。例如，雇员与第三人恶意串通损害雇主的利益、国家工作人员与他人串通套取国有资产等。

（5）以合法形式掩盖非法目的的民事法律行为。

虚假行为中，如果虚假行为表面上合法，但被隐藏的行为违法。这时，属于以合法行为掩盖非法目的，民事法律行为无效。以合法形式掩盖非法目的是指行为人为了规避法律，通过法律允许的形式达到违法的目的。其构成要件包括：主观上存在故意，即行为人有规避法律的不法目的。实施了虚伪行为，例如为了逃避人民法院的强制执行，将自己的财产赠与给亲友或者以较低的价格出售。伪装行为掩盖了非法目的。非法目的可能是为了逃避自己的责任，也可能是另一个民事法律行为。前者如离婚一方为了逃避自己应当承担抚养未成年子女的义务而将自己的财产全部赠与亲友的行为。伪装行为是赠与合同，掩藏下的行为是为了规避抚养未成年子女的义务。后者如名义上买卖真香烟，实际上买卖假香烟。伪装行为不是当事人所要真正追求的，无效。被伪装民事法律行为掩盖的真实的民事法律行为，如果不违反法律可以有效；如果违反法律，应无效。此外，以合法形式掩盖非法目的的民事法律行为仅属于虚假行为的一种类型，虚假行为中虚假行为本身无效，但被隐藏行为是否有效，要看其是否违反法律的强制性规定，也即它可能有效，也可能无效。

在虚假行为中，行为人与相对人所表示出的意思均非真意，而恶意串通中，双方当事人表达的都是内心真意，二者尽管在法律效果上相同，但不可混淆。尽管在某些情况下，双方通谋的虚假表示也表现为主观上的恶意，且同时损害了他人的合法权益，但二者的侧重点不同，不能相互替代。①

此外，民法典在其他各分编对民事法律行为的无效事由有特别规定的，特别规定要优先适用。例如，《民法典》第1051条规定，有下列情形之一的，婚姻无效：①重婚；②有禁止结婚的亲属关系；③未到法定婚龄。再如，第1143条规定，无民事行为能力人或者限制民事行为能力人所立的遗嘱无效。

（二）民事法律行为无效的法律后果

《民法典》第157条规定："民事法律行为无效、被撤销或者确定不发生效力后，行为人因该行为取得的财产，应当予以返还；不能返还或者没有必要返还的，应当折价补偿。有过错的一方应当赔偿对方由此所受到的损失；各方都有过错的，应当各自承担相应的责任。法律另有规定的，依照其规定。"所以，民事法律行为无效的后果包括：

1. 返还财产

民事法律行为被确认无效后，当事人应当将因民事法律行为取得的财产返还给对方。一方要求另一方返还的请求权基础是不当得利之债。返还的范围以全部财产为原则，该财产产生的孳息原则上也要返还。返还财产的构成要件包括：（1）财产存在。财产已经毁损灭失的，不能返还；财产有损坏，但可以修复的，修理之后返还。（2）返还财产在经济上合理或者

① 黄薇：《中华人民共和国民法典总则编释义》，法律出版社2020年版，第411页。

有返还的必要。财产毁损灭失、返还财产在经济上不合理或者没有必要返还的，应当折价补偿。（3）财产具有可返还性。如果对方给付的是劳务、无形财产或者其他不能返还的利益或者没有必要返还的，则应折算为一定的金钱予以补偿。

2. 赔偿损失

民事法律行为被确认无效后，有过错的一方应当赔偿对方因此所受的损失。过错方承担赔偿损失责任的基础是缔约过失责任。其构成要件包括：（1）一方有过错；（2）另一方受损失；（3）损失与过错之间具有因果关系。过错方的赔偿以实际损失为限。欺诈者、胁迫者、重大误解者、乘人之危者造成对方损失的，要承担损害赔偿责任。例如，一方欺诈另一方造成合同被撤销的，受欺诈方如果有损失，可以要求欺诈方赔偿。如果双方都有过错的，应当各自承担相应的责任。如果对方没有过错的，即使有损失也不能要求赔偿。

民法典或其他法律对民法法律行为无效后果另有规定的，依照其规定。例如，《民法典》第1054条规定，无效的或者被撤销的婚姻自始没有法律约束力，当事人不具有夫妻的权利和义务。同居期间所得的财产，由当事人协议处理；协议不成的，由人民法院根据照顾无过错方的原则判决。对重婚导致的无效婚姻的财产处理，不得侵害合法婚姻当事人的财产权益。当事人所生的子女，适用本法关于父母子女的规定。婚姻无效或者被撤销的，无过错方有权请求损害赔偿。

第十一章　代理法律制度

第一节　代理制度概述

从大陆法系观察，在罗马法中，尚无独立的代理制度。中世纪的欧洲也未建立独立的代理制度。1896年德国民法典形成了比较完备的代理民事法律制度。在英美法系，代理制度产生较早，普遍认为代理制度发端于中世纪早期。在民法典颁布前，我国原民法通则、原合同法以及有关司法解释等对代理制度进行了规定。民法典统一了这些规定，并于总则编专设第七章调整代理制度。

一、代理的概念和基本结构

民法中的代理一词通常有三种意义：一是指代理法律制度。它是关于代理法律关系、代理行为、代理责任的民事法律制度，例如民法典总则编第7章章名为“代理”，就是从这个意义上使用代理的概念的。二是指代理法律关系。它是指通过代理行为在被代理人、代理人和相对人之间形成的权利义务关系。三是指代理法律行为。它是指代理人以被代理人的名义实施民事法律行为。民法典主要是从第三层意义上使用代理这一概念的。所以，所谓“代理”，是指代理人以代理权为基础代被代理人与第三人为法律行为，其所产生的法律效果归属于被代理人的行为。代理关系有代理人、被代理人和相对人三方当事人。代理人是指享有代理权代他人为民事法律行为的人；被代理人也称本人，是指为他人所代并承受所代民事法律行为效果的人；第三人也称相对人，是指与代理人进行民事法律行为的相对人。

从法律关系的角度观察，代理的结构包括代理人与被代理人之间的关系、代理人与相对人之间的关系、被代理人与相对人之间的关系三部分。

（一）被代理人与代理人之间的关系。因代理权产生基础不同，被代理人与代理人之间的关系不同。在委托代理中，被代理人与代理人之间是委托关系，其包括两个层次：一是被代理人和代理人之间的委托合同关系，其主要适用民法典合同编关于委托合同的规定，它是代理权产生的基础关系；二是授权行为，即被代理人授权代理人以代理权。在法定代理中，被代理人和代理人之间的关系是法定的，法定代理人与被代理人之间的关系通常存在亲属、家庭关系，其代理权来自法律的授权。

（二）代理人与相对人之间的关系。这种关系实际上是代理人实施代理权的行为。依代理权，代理人以被代理人的名义与相对人实施民事法律行为，相对人知其有代理权，确信自己是在与被代理人交易，而不是与代理人交易。

（三）被代理人与相对人之间的关系。这实际上属于代理之效果归属关系，代理人以被代理人名义实施的民事法律行为之效果由被代理人承受，被代理人与相对人之间形成民事权利义务关系。

二、代理制度的功能

一般认为，代理制度具有如下几个方面的功能：一是弥补法人、非法人组织的意思自治缺陷。法人、非法人组织产生之后，它们虽然属于民事主体，但需要通过其工作人员作出意思表示，实施民事法律行为，需要代理制度满足其实际需要；代理，使法人制度成为可能[①]。二是扩张功能。私法自治原则说明，民事主体应以自己的意思处理事务。但是，一个民事主体的活动范围、精力等毕竟有限，且随着经济社会发展越来越快、交易范围越来越广，社会关系日趋复杂，个人活动领域日益扩张，许多实务无法处理，民事主体需要借助其民事主体实施其意思，在时空上扩张其业务范围。三是保护功能。无民事行为能力人和限制民事行为能力人之民事行为

① 李永军：《民法总则》，中国法制出版社2018年版，第782页。

能力欠缺，需要借助代理制度实现无民事行为能力人和限制民事行为能力人的意思，保护他们的利益。

三、代理的分类

依据不同标准，民法上的代理有不同的分类：

（一）广义的代理、中义的代理与狭义的代理

这是根据代理的范围进行的分类。

广义的代理，是指代理人以被代理人的名义或者以自己的名义代理被代理人实施具有法律意义的行为，并使所产生的法律效果直接或间接地归属于被代理人承受，它包括诉讼上的代理、直接代理和间接代理。

中义的代理是指代理人以被代理人的名义或以自己的名义代被代理人为民事法律行为，并使所产生的法律效果直接或间接地归属被代理人承受，它包括直接代理和间接代理。

狭义的代理，是指代理人以被代理人名义为民事法律行为，并使所产生的法律后果直接归属于被代理人，它仅指直接代理。

这种分类的意义在于：各种不同范围的代理，所依据的法律不同。直接代理主要适用民法典总则编的规定，而间接代理则主要适用民法典合同编关于委托合同的规定。

（二）直接代理与间接代理

这是根据代理人以被代理人还是代理人的名义实施代理行为进行分类。

直接代理，是指代理人以被代理人名义为民事法律行为，所产生的法律后果直接归属于被代理人，即狭义代理。《民法典》第162条规定“代理人在代理权限内，以被代理人名义实施的民事法律行为，对被代理人发生效力”即属于直接代理。

间接代理，是指代理人以自己的名义为民事法律行为，而使其法律效果间接归属被代理人。

德国民法典中没有关于间接代理的规定。有学者认为，间接代理的法

律后果首先是在行为人那里产生的，然后必须通过其他行为（如债权让与、债务承担或者免除）将法律后果转移给另一个人。[①]拉伦茨也认为，间接代理人（以自己的名义）与第三人进行交易，他自己享有从交易中发生的权利也同时承担交易中规定的义务，但是他都应该把该交易的最终经济效果转移给其利益由“间接代理人”予以实现的人。作为间接代理人主要是行纪人。[②]在我国，有学者认为，直接代理与间接代理根本不是代理的分类，因为间接代理并不是代理，并认为我国民法上不承认间接代理，但承认隐名代理。[③]但也有学者认为，我国原民法通则（现民法典总则编）所规定的代理，为直接代理。但原合同法第402条、第403条（《民法典》第925条和第926条）规定了间接代理。本书认为，我国《民法典》第925条和第926条是关于间接代理的规定，但第925条规定的是显名的间接代理，第926条规定的是隐名的间接代理。这是因为，第925条和第926条是关于代理人以自己名义与第三人订立合同的法律效果归属。所以，我国民法典是承认间接代理的。所谓“显名的间接代理”是指代理人以自己的名义与第三人订立合同，但第三人在订立合同时知道代理人是为被代理人之间的代理关系的代理；所谓“隐名的间接代理”是指代理人以自己的名义与第三人订立合同，但第三人在订立合同时不知道代理人是为被代理人之间的代理关系的代理。

这种分类的意义在于：在直接代理中，代理权行使的法律后果直接归属于被代理人。在间接代理中，代理的后果则区分显名的间接代理和隐名的间接代理而不同。（1）显名的间接代理中，代理人以自己的名义，在被代理人的授权范围内与第三人订立的合同，第三人在订立合同时知道受托人与委托人之间的代理关系的，该合同直接约束被代理人和第三人；但是，有确切证据证明该合同只约束受托人和第三人的除外。（2）隐名的间接代理中，因第三人不知有被代理人的存在，因此代理人有披露权、第三人有

---

① ［德］迪特尔·梅迪库斯：《德国民法总论》，邵建东译，法律出版社2013年版，第711页。

② ［德］卡尔·拉伦茨：《德国民法通论》，王晓晔等译，法律出版社2003年版，第819—820页。

③ 李永军：《民法总则》，中国法制出版社2018年版，第788页。

选择权而被代理人有介入权。一是代理人以自己的名义与第三人订立合同时，第三人不知道代理人与被代理人之间的代理关系的，代理人因第三人的原因对被代理人不履行义务，代理人应当向被代理人披露第三人，被代理人因此享有介入权，可以行使代理人对第三人的权利。但是，第三人与代理人订立合同时如果知道该被代理人就不会订立合同的，被代理人不享有介入权。二是代理人因被代理人的原因对第三人不履行义务，代理人应当向第三人披露被代理人，第三人享有选择权，可以选择代理人或者被代理人作为相对人主张其权利，但是第三人不得变更选定的相对人。

（三）意定代理、法定代理和指定代理

这是根据代理权产生的依据不同进行的分类。这是我国民法典采用的分类方法。①

意定代理，是指依据本人的意思表示而产生代理权的代理。意定代理也被称为委托代理，委托代理是基于被代理人的委托授权而发生的代理。委托代理权限的获得是基于委托合同和授权行为。前者是双方民事法律行为，后者是单方民事法律行为。前者是后者的基础性法律关系，委托代理产生于委托授权而不是产生于委托合同。且意定代理权的授予不受委托合同效力的影响，具有无因性。

法定代理，是指非因本人意思而是基于法律规定产生代理权的代理。例如，无民事行为能力人或限制民事行为能力人的法定代理人所为的代理行为。

指定代理，是指依照人民法院或指定单位的指定而发生代理权的代理。如失踪人的配偶、成年子女、父母或者其他愿意担任财产代管人的对代管有争议的，由人民法院指定财产代管人。无行为能力人、限制行为能力人的所在单位或其居住地的居民委员会、村民委员会从法定代理人范围中指定代理人。从广义上讲，指定代理仍属于法定代理的范畴。

这种分类的意义在于：意定代理中，代理权的范围由被代理人授权决

① 《民法典》第163条规定："代理包括委托代理和法定代理。委托代理人按照被代理人的委托行使代理权。法定代理人依照法律的规定行使代理权。"

定，且代理权的范围受法律规定、所实施行为的性质等限制；法定代理中，代理权的范围由法律规定，其范围非常广泛，甚至涉及对被监护人人身权利的管理行为等。

（四）单独代理和共同代理

这是根据代理人人数是一人还是数人进行的分类。

单独代理，是代理人只有一人的代理，即代理权属于一人。例如，甲委托乙去黑龙江购买一批木材。

共同代理，是指由两个以上的人代理，即同一事项的代理权属于两个以上的代理人。例如，甲委托乙、丙共同去黑龙江购买一批木材。但是，甲委托乙去黑龙江购买一批木材，委托丙去吉林购买另一批木材，则分别属于单独代理，因为乙、丙须单独行使代理权。数个委托代理人共同行使代理权的，如果其中一人或者数人未与其他委托代理人协商，所实施的行为侵害被代理人权益的，由实施行为的委托代理人承担民事责任。被代理人为数人时，其中一人或者数人未经其他被代理人同意而提出解除代理关系，因此造成损害的，由提出解除代理关系的被代理人承担。《民法典》第166条规定，数人为同一代理事项的代理人的，应当共同行使代理权，但是当事人另有约定的除外。

这种分类的意义在于：在共同代理中，主要问题是发出意思与接受意思的效力、意思表示瑕疵的认定。就发出意思表示的效力，共同代理中，共同代理人需要共同实施同一代理行为。享有共同代理权的人可以授权其中一名共同代理人单独实施行为，此外，某一共同代理人经其他共同代理人的同意单独实施的行为发生法律效力。如果某一个共同代理人未经（其他共同代理人，笔者注）授予单独代理权而作为单独代理人实施行为，那么其行为构成普通无权代理的情形，对其行为的追认可由被代理人或者其他共同代理人作出。[①]就接受意思表示的效力，根据通说，不应当增加第三人送达意思表示的困难，共同代理也不应给第三人产生不利影响。因此，相

① ［德］维尔纳·弗卢梅：《法律行为论》，迟颖译，法律出版社2013年版，第933页。

对人只要向共同代理人中的一人发出意思表示就足以使被代理人受领意思表示。[①]弗卢梅也认为："在共同代理中，每一个代理人都有权受领第三人所作出的意思表示。"[②]本书认为，"受领"第三人所作出的意思表示，而非表示同意，如果同意第三人的意思表示，则属于意思表示的发出，应该由共同代理人共同实施。因共同代理中，需要由共同代理人共同实施意思表示，其中一人发生意思瑕疵，同样可以认定法律行为的意思瑕疵。[③]

（五）概括代理和限定代理

这是根据代理权是否受到限定进行的分类。

概括代理也称一般代理，是指代理权范围及于代理事务全部，没有特别限定的代理。一般认为为本人利益为保存、改良、利用等管理行为，依一般代理权即可。

限定代理也即特别代理，是指代理权范围由特定限制的代理。对于买卖、赠与、抛弃、免除、抵销等处分行为则须有本人的特别授权。

这种分类的意义在于：限定代理需要特别授权，没有特别授权的，代理人只能为概括代理，不能实施处分行为。

（六）本代理和复代理

这是根据代理人的选任和产生不同进行的分类。

本代理，是指由本人选任代理人或直接依法律规定产生法定代理人的代理。

复代理也称再代理，是指由本代理之代理人为本人选任代理人而产生的代理。复代理人仍是本人的代理人，复代理是代理权的行使方式。依《民法典》第169条，复代理的构成要件包括：（1）代理人享有代理权。如果代

① ［德］迪特尔·梅迪库斯：《德国民法总论》，邵建东译，法律出版社2013年版，第711页。

② ［德］维尔纳·弗卢梅：《法律行为论》，迟颖译，法律出版社2013年版，第935页。

③ ［德］迪特尔·梅迪库斯：《德国民法总论》，邵建东译，法律出版社2013年版，第711页。

理人本身就没有代理权，就不可能有复代理。所以，复代理以代理人有代理权为基础性条件。（2）存在可以复代理的情形。这种情形包括：一是事先取得被代理人的同意或事后得到其追认。二是在紧急情况下代理人为了维护被代理人的利益需要转委托第三人代理的。例如，代理人因患急病而陷于不能履行所代理事务的紧急状况，同时又不能与本人及时沟通联络的，可以自己单方转委托。（3）复代理人只能在本代理人的代理权范围内为代理行为。符合复代理构成要件的，法律效果由被代理人承担。但是，复代理人因过错给本人造成损害的，代理人仅就第三人的选任以及对第三人的指示承担责任。

不构成复代理的，代理人应当对转委托的第三人的行为承担责任。这里的“责任”，可以是违约责任，也可能是缔约过失责任，由相对人决定。

四、代理与相关概念的区别

（一）代理与传达的区别

传达是传达人将本人的意思传到给对方，传达人并没有独立的进行意思表示。而代理中，代理人需要自己作出独立的意思表示，他需要处于被代理人的地位实施民事法律行为。代理人与传达人是不同的，传达人并不处于被代理人的地位并作出效果及于该人自己的意思表示，而是替委托人传送意思表示。[①]二者的区别在于，行为人是否直接、独立地进行意思表示。因传达人无需独立进行意思表示，所以行为能力存在欠缺者认可作为传达人，但不能成为代理人。传达人要将委托人的意思表达给对方，传达错误如果构成重大误解，属于重大误解问题，委托人可以基于此而撤销民事法律行为，给对方造成损失的，应承担赔偿责任。代理人以被代理人的名义实施民事法律行为的，如果没有按照被代理人的授权范围实施，则属于无权代理或者越权代理，应按照《民法典》第171条之规定处理。

---

① ［德］卡尔·拉伦茨：《德国民法通论》，王晓晔等译，法律出版社2003年版，第822—824页。

（二）代理与法定代表的区别

代理与法定代表的本质区别是：法定代表中，法定代表人是被代表人的组成部分，而代理中，代理人是独立于被代理人的人。法定代表人，是依照法律规定或法人章程的规定代表法人行使职权的负责人。所以，法人、非法人组织之法定代表人、主要负责人以法人、非法人组织名义实施的民事法律行为，属于法人、非法人组织本身的民事法律行为，法人、非法人组织承担民事法律行为后果，是对自己行为享有权利承担义务。但是，执行法人或者非法人组织工作任务的人员，就其职权范围内的事项，以法人或者非法人组织的名义实施的民事法律行为，属于代理，对法人或者非法人组织发生效力。这里的“工作任务的人员”不包括法定代表人或主要负责人。法定代表人及职务代理人所为的行为不限于法律行为，还包括事实行为，甚至侵权行为，这些行为为法人之行为；代理人仅得为法律行为、准法律行为。[①]职务代理人为侵权行为的，适用民法典侵权责任编之规定，由用人单位承担替代责任。

（三）代理与中介的区别

中介属于商事行为，我国采民商合一，民法典规定了中介合同。中介，是指中介人向委托人报告订立合同的机会或者提供订立合同的媒介服务，委托人支付报酬。中介人仅为缔约提供服务而获取报酬，中介人不需要代理权；代理人则要为被代理人缔约。代理人为完成代理事务，也可以与中介人订立中介合同，由中介人提供缔约服务。

（四）代理与行纪

行纪属于商事行为，我国采民商合一，民法典规定了行纪合同。行纪，是指行纪人以自己的名义为委托人从事贸易活动，委托人支付报酬的合同。行纪与代理之区别在于：其一，代理中，代理人有代理权，行纪中没有代理

---

① 施启扬：《民法总则（修订第八版）》，中国法制出版社2010年版，第278页。

权。其二，代理人以被代理人的名义实施民事法律行为，行纪人以自己名义从事贸易活动。其三，代理中被代理人和相对人为民事法律行为的当事人，代理之法律效果由被代理人承担；行纪中行纪人和相对人是贸易合同的当事人，行纪之法律效果由行纪人承担，所以行纪人与第三人订立合同的，行纪人对该合同直接享有权利、承担义务。其四，代理人完成代理事务所需要的费用由被代理人承担，委托人与受托人另有约定除外；行纪人完成行纪事务所需费用由行纪人承担，委托人与行纪人另有约定的除外。其五，代理人置身于被代理人的地位，需要按照委托人之委托从事民事法律行为，不得随意变更委托内容，例如委托人授权受托人以1000元每吨价格购买煤炭若干，受托人不得违反该授权；行纪人根据自身利益衡量，可以对委托人的指示作出变更，行纪人可依低于或高于委托人指示的价格出售委托物。《民法典》第955条规定，行纪人低于委托人指定的价格卖出或者高于委托人指定的价格买入的，应当经委托人同意；未经委托人同意，行纪人补偿其差额的，该买卖对委托人发生效力。行纪人高于委托人指定的价格卖出或者低于委托人指定的价格买入的，可以按照约定增加报酬；没有约定或者约定不明确，依据《民法典》第510条的规定仍不能确定的，该利益属于委托人。委托人对价格有特别指示的，行纪人不得违背该指示卖出或者买入。

（五）代理与冒用他人名义的区别

冒用他人姓名与代理不同，冒用他人名义进行民事活动是指假冒他人名义进行法律行为，使他人产生他就是该特定人的情形。[①]冒用他人的名义，并不说明他与被冒用人是不同的人，而是说他自己就是被冒用的人本人。有学者指出，若行为人冒用他人姓名，且有意将该行为后果归属于被冒用人的，则适用无权代理的规定；若行为人虽然冒用他人名义，却没有将该行为后果归属于该他人的意思者，应视冒用人自己的行为，不适用代理的规则。[②]

---

① ［德］卡尔·拉伦茨：《德国民法通论》，王晓晔等译，法律出版社2003年版，第842页。

② 李永军：《民法总则》，中国法制出版社2018年版，第815页。

第二节　有效代理的要件

一、代理人要有代理能力

代理中，代理人需要以自己的意思表示代被代理人实施民事法律行为。因此，代理人需要具备民事行为能力。依民法典规定，监护人须为完全民事行为能力人。所以，法定代理人只能由完全民事行为能力人担任。

《民法典》第173条规定，代理人丧失民事行为能力的，委托代理终止。所以，民法典并不排斥限制民事行为能力作委托代理人。这是因为：其一，代理人在他代理权范围内所为的法律行为仅对被代理人而不对代理人自己生效，它既不给代理人带来法律上的利益，也不给他带来法律上的不利。对他而言这是一种“无关紧要的法律行为”。因此，对他不需要给予除纯粹给未成年人带来法律上的利益以外的所有为未成年人进行的法律行为皆需获得追认所包含的那种保护。[①]其二，被代理人授予限制民事行为能力人实施代理行为，他就要承受这种风险。

因代理人系以自己的独立的意思表示实施民事法律行为，所以民法典关于意思表示不一致的规定适用于代理人。例如，代理人被胁迫实施代理行为的，该民事法律行为是可撤销的。关于代理人意思表示瑕疵，而产生之撤销权，由代理人还是被代理人行使，对此民法典并未规定。但一般来说，因代理的法律后果归属被代理人，因此，虽然是否具有意思瑕疵的判断以代理人为对象，但撤销权归属于被代理人。[②]

二、代理人要有代理权

代理人实施的代理行为，欲发生被代理人承受代理法律后果的效力，

---

① ［德］卡尔·拉伦茨：《德国民法通论》，王晓晔等译，法律出版社2003年版，第845页。

② 李永军：《民法总则》，中国法制出版社2018年版，第810页。

需要以代理权的存在为先决条件。法定代理人的代理权来自法律的规定。在民法典中，最具有争议的，是关于委托代理权问题。

（一）委托代理权的取得

1.委托代理权的取得方式

委托代理人的代理权来自被代理人的委托。委托合同是委托代理权的基础之一，但并非唯一的基础，法人、非法人组织之工作人员也享有代理权，他们属于“职务代理人”，其基础则是劳动合同。所以，委托代理人可以为受托人，也可以为法人、非法人组织的员工。受托人或者员工实施的哪些行为属于被代理人呢？民法典统一采取了“名义说”，即以被代理人名义或者法人、非法人组织的名义实施的民事法律行为，属于代理行为，其后果由被代理人或者法人、非法人组织承担。委托代理人按照被代理人的委托行使代理权。所以，委托代理权产生于被代理人的委托。那么，此处的“被代理人的委托”是指委托合同还是委托授权呢？委托合同是委托人和受托人约定，由受托人处理委托人事务的合同。委托合同属于双方法律行为，而此处的“被代理人的委托”显然不是委托合同，而属于单方行为，是委托授权行为。

委托授权有三种：一是内部授权，即被代理人向代理人授予代理权。二是外部授权，即被代理人向相对人发出表明授予代理人代理权。内部授权和外部授权的，通常有授权委托书或者授权通知书。委托书或通知书采用书面形式的，授权委托书或者通知书应当载明代理人的姓名或者名称、代理事项、权限和期限，并由被代理人签名或者盖章。三是通过赋予一定的身份而授予其代理权，法人、非法人组织的工作人员的代理权就是这种情况。一方面在法人、非法人组织内部通过工作分工授予了代理权，另一方面通过工作证件能够向外部证明其有代理权。例如，公司之采购科工作人员，就采购范围内有代理权。

2.代理权授予行为的性质

关于代理权授予行为的性质，理论上有单方法律行为说、双方法律行为说。大陆法系国家通说认为，授予代理权属于单方法律行为且属于无因行为。单方法律行为说在代理的体系框架内，与其他制度能够更好地融合，如说明限制行为能力人的代理问题、代理权授予与基础关系的问题等。[①]通常情形下，代理权的授予是有相对人的意思表示。但代理权授予可以公告方式作出，此时为无相对人的意思表示，被代理人只要发出授权行为的公告，授权行为的意思表示即可发生效力。[②]但是，也有学者认为，授权代理权由单方面的需受领的意思表示授予。[③]本书认为，代理权之授予行为是有相对人的意思表示，但相对人有的特定，有的不特定，在不特定的相对人中，通过公告等已经将授权的意思表示公之于众，应解释为不特定相对人已经受领授权之意思表示。

3. 代理权的授予可以附条件或者期限

拉伦茨指出："委托代理权的授予可以附条件。"[④]梅迪库斯则进一步指出："代理权也可以附条件或期限。诚然，授予代理权意味着通过单方面意思表示变更权利状态。因此，人们也可以认为代理权像形成权一样，是不得附条件或者期限的。但是代理权的情形有所不同，因为，只要被授权人不能够证明其享有代理权，那么第三人就没有必要同这么一个处于不确定状态的被授权人订立合同，并且可以拒绝接受其从事的单方面的法律行为。根据法律的宗旨，在此类情形中，这种证明也必须包括下列内容：虽然代理权附有条件或期限，但代理权在该具体情况下是有效的。"[⑤]

（二）代理权的性质

关于代理权的性质，有不同的观点。有的认为，代理权虽可以表述为行为人为代理行为的一种地位或资格，但其本质则是民事主体因身份而取

---

① 李永军：《民法总则》，中国法制出版社2018年版，第802页。

② 邹海林：《民法总则》，法律出版社2018年版，第383页。

③ ［德］迪特尔·施瓦布：《民法导论》，郑冲译，法律出版社2006年版，第536页。

④ ［德］卡尔·拉伦茨：《德国民法通论》，王晓晔等译，法律出版社2003年版，第860页。

⑤ ［德］迪特尔·梅迪库斯：《德国民法总论》，邵建东译，法律出版社2013年版，第711—712页。

得的、不具有经济利益内容的民事权利。[①]有的认为，代理权是一种特定的法律上的“能力”，即“法律权能”，它既不是一种权利，也不是像行为能力和侵权行为能力那样的个人能力。它之所以不是权利，是因为它的赋予并不是为了代理人，而是为了被代理人，代理人只起着辅助作用。它之所以不是个人能力，是因为它并不是据之可以进行法律行为的一般能力中的一种，而是被代理人的法律能力在一特定的交易或交易范围内的延伸。[②]有的认为，代理权是指为他人并取代他人作出意思表示或受领意思表示，使法律行为规则归属于被代理人而非不是代理人的权力。[③]本书认为，代理权在本质上是一种资格，而非权利或权力。一是无论法定代理权还是委托代理权，其皆与基础关系分离，基础关系可能有偿，也可能无偿，甚至是一种法定义务。即使在有偿的委托合同中，代理人虽然可以获得报酬，法人之员工虽然也有工资报酬。但这些报酬产生于基础关系，而非代理权本身。所以代理权本身并不能给代理人带来利益。二是代理权说明的是代理人可以被代理人的名义实施民事法律行为的资格，具备这种资格，方可与相对人订立合同，相对人也需要确信其有这种资格。三是，代理人之代理权是一种负担，是一种义务。法定代理人有代理之法定义务；委托代理中，代理人完成代理事务，系完成工作任务或者被代理人的授权任务。

（三）委托代理权授予不明的法律效果

原《民法通则》第65条第3款规定：“委托书授权不明的，被代理人应当向第三人承担民事责任，代理人负连带责任。”民法典对委托代理权授予不明的法律效果没有作出规定。日本民法认为，因其效仿法国立法例，故在代理权授予不明的情况下，代理人只能实施管理行为，而不能为处分行为。[④]有学者认为，在授权不明的情况下，被代理人应就代理后果承担

---

① 邹海林：《民法总则》，法律出版社2018年版，第382页。

② ［德］卡尔·拉伦茨：《德国民法通论》，王晓晔等译，法律出版社2003年版，第827—828页。

③ ［德］维尔纳·弗卢梅：《法律行为论》，迟颖译，法律出版社2013年版，第930页。

④ ［日］山本敬三：《民法讲义I总则》，解亘译，北京大学出版社2004年版，第235页。

责任，代理人仅仅在有过错的情况下，才对被代理人承担责任，而不是向第三人承担责任。本书认为，授权行为属于单方行为，授权不明的，系由被代理人造成。因此，授权不明的，法律后果应由被代理人承担。但是，代理人是否应向被代理人承担责任，应按照民法典合同编关于“委托合同”之规定，区分有偿与否，适用第929条的规定，有偿的委托合同，因受托人的过错造成委托人损失的，委托人可以请求赔偿损失。无偿的委托合同，因受托人的故意或者重大过失造成委托人损失的，委托人可以请求赔偿损失。

（四）代理权的行使

代理权的行使是指代理人依据代理权实施民事法律行为。代理权的行使是他行使所享有的代理权能，履行他在代理法律关系中的义务。代理权行使的行为符合民事法律行为的有效条件，就产生有效的民事法律行为，由此便引起代理效果民事法律关系的产生。代理权之行使须合法，代理人不履行或者不完全履行职责，造成被代理人损害的，应当承担民事责任。不当行使代理权的表现主要有：

1. 自己代理

自己代理，是指代理人以被代理人的名义与自己实施民事法律行为。例如，甲委托乙销售一批木材，乙以甲的名义与自己签订了该批木材的买卖合同。自己代理的，易导致侵害被代理人利益，所以民法典第168条第1款规定，代理人不得以被代理人的名义与自己实施民事法律行为。

2. 双方代理

双方代理，是指代理人以被代理人的名义与自己同时代理的其他人实施民事法律行为。例如，甲委托乙销售一头牛，丙委托乙购买一头牛。乙分别以甲与丙的名义签订了该头牛的买卖合同。双方代理的，容易造成被代理人利益损害，所以《民法典》第168条第2款规定，不得以被代理人的名义与自己同时代理的其他人实施民事法律行为。

关于自己代理或双方代理的法律效力，学术界有不同的认识。有的学者认为，自己代理或者双方代理的，原则上代理行为无效，唯禁止自己代理或双方代理的目的乃在于保护本人之利益，宜认为与无权代理同其效力，如经本人的事后追认也为有效。[①]有的学者认为，基于自己代理或者双方代理所为法律行为，本人有权撤销。[②]本书认为，自己代理、双方代理的，民法典中的“不得”虽属于禁止性规定，但自己代理、双方代理的，效力待定，经被代理人同意或者追认的，自己代理、双方代理行为有效。

3. 恶意串通

恶意串通，是指为了获取不正当利益，代理人和相对人相互恶意串通损害被代理人利益的行为。恶意串通要求代理人与相对人有串通行为，具有共同的故意。所以，恶意串通损害被代理人合法权益的，代理人和相对人应当承担连带责任。

4. 不得擅自转委托

代理人行使代理权必须亲自处理代理事务，除非被代理人事前同意或事后追认，或遇紧急情况，不得擅自转委托他人代理，转委托代理未经被代理人同意或者追认的，代理人应当对转委托的第三人的行为承担责任。

（五）代理权的消灭

1. 意定代理权的消灭事由

意定代理权消灭的事由包括：（1）代理期限届满或者代理事务完成；（2）被代理人取消委托或者代理人辞去委托；（3）代理人丧失民事行为能力；（4）代理人或者被代理人死亡；（5）作为代理人或者被代理人的法人、非法人组织终止。但是，被代理人死亡的，委托代理人实施的代理行为有效：（1）代理人不知道且不应当知道被代理人死亡；（2）被代理人的继承人予以承认；（3）授权中明确代理权在代理事务完成时终止；（4）被代理人死亡前已经实施，为了被代理人的继承人的利益继续代理。作为被代理人的法人、非法人组织终止的，参照适用被代理人死亡关于代理行为效力的规定。

---

① 施启扬：《民法总则（修订第八版）》，中国法制出版社2010年版，第284页；李永军：《民法总则》，中国法制出版社2018年版，第806—807页。

② 梁慧星：《民法总论》，法律出版社2017年版，第240页。

2.法定代理权的消灭

法定代理权消灭的事由包括：（1）被代理人取得或者恢复完全民事行为能力；（2）代理人丧失民事行为能力；（3）代理人或者被代理人死亡；（4）法律规定的其他情形。

三、以被代理人的名义

狭义上的代理要求代理人以被代理人名义实施代理行为。这是被代理人承担代理的法律效果的必然要求，但民法典合同编对间接代理作了规定。

四、代理的事项合法

通说认为，广义上民事代理的范围不限于民事法律行为，除了民事法律行为以外，还包括其他具有法律意义的行为，比如诉讼行为、登记行为等。民法典将代理的范围限于“民事法律行为”，即民事主体可以通过代理人实施民事法律行为。可以代理的民事法律行为包括双方民事法律行为、单方民事法律行为以及准民事法律行为等。但是，下列事项不得代理：

（1）违法行为不得代理。所谓违法代理是指代理违法事项或者利用代理进行违法活动。代理人知道被委托代理的事项违法仍然进行代理活动的，或者被代理人知道代理人的代理行为违法不表示反对的，由被代理人和代理人负连带责任。

（2）事实行为一般不适用代理。事实行为不以意思表示为构成要件，不适用代理。

（3）依照法律规定、当事人约定或者民事法律行为的性质，应当由本人亲自实施的民事法律行为，不得代理。例如，具有人身属性法律要求必须本人亲自实施的民事法律行为。如结婚、离婚、收养、立遗嘱、遗赠扶养等。

五、有权代理的法律后果

有权代理的法律后果直接归属于被代理人。被代理人承受代理人以其名义实施的民事法律行为的效果，享有民事法律行为产生的权利并承担相应的义务。

第三节　无权代理

一、无权代理的概念

无权代理，是指行为人不具有代理权而以他人名义实施代理行为。无权代理非真正代理，因形式上相似于代理，与代理有联系而由民法典总则编代理法律制度调整。

二、无权代理的构成要件

除代理人无代理权外，无权代理之构成要件同于有权代理的构成要件。行为人不具有代理权主要有三种情形：（1）没有代理权，即根本未经授权或授权无效；（2）超越代理权，即行为人本有代理权，是本人的代理人，但在行使代理权过程中超越了授权范围；（3）代理权终止后的代理，即行为人本是被代理人的代理人，有代理权，但原代理权已经因一定法律事实的出现而消灭，代理人仍以原被代理人名义实施代理行为。

原《民法通则》第66条还规定："本人知道他人以本人名义实施民事行为而不作否认表示的，视为同意。"这一规定，实际上为被代理人增加了否认之义务，对被代理人不利，民法典删除了该规定。

三、无权代理的法律后果

依《民法典》第171条，无权代理的法律效果如下：

（一）因被代理人的追认而发生有权代理的后果

无权代理经过被代理人的追认，代理权欠缺之事实得到补正，发生有权代理之法律后果。追认权属于被代理人的权利，它在本质上属于形成权，追认权之行使不得附条件或期限。有学者认为，被代理人追认的，自始对其有效；若不追认或者拒绝追认的，则自始对其无效。[①]本书认为，民事法律行为的有效与生效不同，《民法典》第171条使用了“对被代理人不发生效力”。因此，被代理人追认的，对其发生效力，不追认的，对其不发生效力。至于无权代理人所为之代理行为其有效与否应以民事法律行为的有效判断。

追认的方式可以是明示的，也可以是推定的，但沉默通常不产生追认的效力。例如，《民法典》第503条规定，无权代理人以被代理人的名义订立合同，被代理人已经开始履行合同义务或者接受相对人履行的，视为对合同的追认。所以，被代理人未作表示的，视为拒绝追认。

在相对人未催告时，追认权应在合理期限内行使；在相对人催告时，被代理人自收到通知之日起一个月内予以追认。有学者认为，催告系因相对人的一方行为，使法律行为的效力确定，故为形成权的一种。[②]相对人的催告是相对人要求本人确认是否承认无权代理行为的通知，属于准法律行为，它不属于单方法律行为，催告并不引起法律关系的变化，所以催告权不是形成权。

（二）善意相对人的保护

这里的“善意”不同于“表见代理”中“相对人有理由相信行为人有代理权”中的“相信”，此处要求的程度较低。我国台湾地区“民法典”从反面规定，“无权代理人所为之法律行为，其相对人于本人未承认前得撤回之。但为法律行为时，明知其无代理权者，不在此限”。民法典从正面规定，“善意相对人”有撤销权，这里的善意是指相对人对代理人没有代理权不知情或者不应当知情。所以，如果相对人明知代理人没有代理权而依然与代理人订立合同，那么相对人就是咎由自取。

---

① 李永军：《民法总则》，中国法制出版社2018年版，第818页。

② 施启扬：《民法总则（修订第八版）》，中国法制出版社2010年版，第298页。

1. 撤销权

撤销权是指相对人阻止无权代理行为发生法律效力的意思表示。撤销权属于相对人的意思表示，撤销应当以通知的方式作出。那么，相对人应向行为人还是被代理人作出撤销的通知呢？善意相对人的撤销权原则上应向被代理人作出，但也可以相对于代理人撤回之。这样，相对人可以立即使任何一种不确定状态归于终结。[①]

2. 选择权

选择权是指善意相对人有权选择请求行为人履行债务或者就其受到的损害请求行为人赔偿。

（1）善意相对人可以选择请求行为人履行债务

关于这一点，在民法典立法时，曾经存在争议。一种意见认为，无权代理被代理人不追认的，行为人没有代理权，但他本身不是法律行为的当事人，从逻辑上看，其不应承担履行合同的责任。但民法典最终规定善意相对人有权要求行为人承担履行合同的责任，这样更有利于保护善意相对人的利益。但是，只有在代理人个人具有履行合同的能力时，第三人的履行请求权才有意义。一般来说，在金钱债务中，代理人是具有履约能力的，不过在种类之债中，代理人通常也具有履约能力。[②]如果相对人选择行为人履行债务，那么他也必须向行为人履行债务，行为人也有权要求获得对待给付。但决定是否履行的权利并非属于行为人而是属于善意相对人，在善意相对人作出选择之前，行为人不能要求相对人履行合同。

另一种意见认为如果被代理人本来就无法履行合同（如因破产），应如何处理呢？难道代理人依然应负有完全履行合同的义务吗？要是这样，相对人就可从代理权的缺欠中获得利益。通说对这个问题的回答是否定的。通说认为，善意相对人只能向代理人要求获得被代理人也能够履行的东西。然而这样一来，第三人就承担了不同于代理有效时的双重风险，即代理人

① ［德］迪特尔·梅迪库斯：《德国民法总论》，邵建东译，法律出版社2013年版，第740页。

② ［德］迪特尔·梅迪库斯：《德国民法总论》，邵建东译，法律出版社2013年版，第743页。

丧失支付能力的风险和被代理人丧失支付能力的风险。因此，通说的正确性是不无疑虑的。[①]对这一问题的回答，应该以相对人对被代理人的履行能力是否知情为标准分别讨论。如果相对人对被代理人无法履行合同是知情的，则相对人不能要求行为人承担履行合同的责任；反之，则可以要求行为人承担履行合同的责任。当然，如果相对人要求行为人履行合同，但行为人没有履行合同的能力时，相对人可以要求行为人承担违约责任，这一点可从《民法典》第171条第3款关于“赔偿的范围不得超过被代理人追认时相对人所能获得的利益”之规定中得出肯定性结论。

善意相对人要求行为人履行合同的权利，是以善意相对人没有行使撤销权为前提的。一旦撤销，善意相对人只能要求行为人赔偿。

（2）善意相对人要求行为人赔偿的权利

行为人的无权代理构成民法上的欺诈，行为人实施的行为未被追认的，善意相对人有权撤销合同，并就其受到的损害请求行为人赔偿。关于“赔偿”的范围，是否限于合同无效时的缔约过失责任的范畴？本书认为，这里的“赔偿”不限于缔约过失造成的损害，其赔偿范围应为：如果合同能得到被代理人追认时，相对人所获得的利益。

（三）相对人恶意时的责任

相对人知道或者应当知道行为人无权代理的，相对人和行为人按照各自的过错承担责任。

第四节　表见代理

一、表见代理的概念

表见代理，是指代理人虽不具有代理权，但因某种表面现象，足以使善

① ［德］迪特尔·梅迪库斯：《德国民法总论》，邵建东译，法律出版社2013年版，第744页。

意第三人相信代理人对本人有代理权而与代理人为法律行为，由此产生的法律效果依法直接归本人承担的代理。表见代理在本质上仍属于无权代理，但为了保护善意第三人的利益、维护交易安全，赋予表见代理发生有权代理的法律后果。表见代理适用于委托代理，在法定代理中不构成表见代理。

二、表见代理的构成要件

表见代理属于代理，应具备有效代理的形式要件：（1）代理人以被代理人的名义实施代理行为；（2）有代理权授予的表征；（3）代理人具有代理能力；（4）代理的事项是可以被代理的。但表见代理的构成仍有其特殊要件：

（一）须代理人不具有代理权。表见代理中，虽然有代理权的外在表征，但代理人却没有代理权。如果代理人享有代理权，则成为有权代理。

（二）客观上存在使相对人相信表见代理人有代理权的外表现象，且使相对人能够产生误信其有代理权，即存在误信表见代理的事由。误信表见代理权的事由，是指足以使第三人误信表见代理人享有代理权的客观现象。主要包括：

1.误信被代理人授予代理权的事由。包括：（1）向第三人以意思表示，声明授予他人代理权而事实上并未授权，第三人则误信代理人有代理权。（2）知道他人以本人名义实施代理行为而不做否认表示。（3）将本人印鉴、单位业务介绍信、合同专用章或盖有印章的空白合同书交给他人，第三人误信他人有代理权。

2.误信代理人未越权的事由。包括：（1）因委托授权不明，代理人超越代理权限实施无权代理，但第三人误以为代理人未越权仍在代理权限内实施法律行为。（2）代理权范围变更缩小，而第三人不知其缩小，仍误信其有原范围的代理权。

3.误信代理权延续的事由。包括：（1）代理权消灭后，未收回授权委托书，授权委托书上也未明确注明有效期限或消灭事由，也没有向第三人告知代理权消灭，第三人仍误认为代理人有代理权。（2）已向第三人为授权通知，但代理权消灭后未通知该第三人，第三人误认为代理人仍有代理权。

（三）相对人为相信行为人有代理权。行为人以被代理人名义在与相对人为法律行为时，相对人不知道也不应当知道行为人实际上不具有代理权，而是从表面上看其有代理权。

三、表见代理的效力

表见代理对相对人与被代理人发生有权代理的法律效果，产生代理行为所引起的民事法律关系，第三人有权以表见代理要求被代理人承受其权利义务，被代理人不得以表见代理人无权代理抗辩善意相对人。被代理人因向第三人履行义务或承担责任而遭受损失的，只能向表见代理人追偿，如果双方均有过错，则按照过错程度分担损失。

因表见代理在本质上属于无权代理。因此，相对人亦可以主张狭义无权代理并发生相应法律效果。向相对人承担了赔偿责任的表见代理人也可向有过错的被代理人追偿，但故意实施表见代理行为的除外。

四、超越职务的无权代理

法人或非法人组织之工作人员属于“职务代理人”，职务代理人之代理权限通常由其内部分工决定，外人难以察知。所以，《民法典》第170条规定，法人或者非法人组织对执行其工作任务的人员职权范围的限制，不得对抗善意相对人。所以，法人或非法人组织对“职务代理人”之限制仍产生表见代理的效果。

“职务代理人”与“法定代表人”之区分具有重要意义。《民法典》第504条规定，法人的法定代表人或者非法人组织的负责人超越权限订立的合同，除相对人知道或者应当知道其超越权限外，该代表行为有效，订立的合同对法人或者非法人组织发生效力。

第十二章　诉讼时效、除斥期间与期限

第一节　诉讼时效

一、时效制度概述

（一）时效的概念

时效，是指一定事实状态持续一段时间后，就会依法发生一定法律效果的法律制度。时效的构成要件包括：（1）要有法律规定的一定事实状态的存在。如果不存在法律规定的事实状态或者只有法律规定外的事实状态不能发生时效的法律效果。例如，如果不存在无权占有人持续占有他人之物的事实，就不能时效取得他人之物的所有权。（2）一定的事实状态持续一定的时间，该事实状态处于不间断状态；否则，也不构成时效。（3）时效将引起一定的法律效果，使权利人取得权利、丧失权利或者权利效力减损。

（二）时效的制度价值

1.稳定法律秩序

原则上讲，权利人不行使权利的事实不会导致权利消灭的后果。但是，如果权利人长期不行使权利，义务人的义务长期不履行，就会使当事人之间的权利义务处于不确定状态。例如，某人在财产长期被别人占有的情况下，法律上的权利状态与实际的状态存在差距，为维护社会秩序，法律应适应现实生活的需要，否认旧的关系，确认新的关系。时效制度将使长期存在的事实合法化，有利于稳定法律秩序。

2.促使权利人行使权利

西方法谚有云："法律不保护躺在权利上睡觉的人。"权利人不及时行使权利，就可能导致权利的丧失或者效力的减损，时效制度促使权利人及时行使权利，维护自己的利益。

3.避免诉讼上举证的困难

一种事实状态长期持续，证据必然湮灭，该事实状态是否合法，很难证明。实行时效制度，能及时确定法律关系，防止时间推移，证据灭失，举证困难。

（三）时效的种类

一般认为，时效分为取得时效与诉讼时效。取得时效是指占有人占有他人财产，持续一段时间后，占有人可依法取得该项财产权的时效。取得时效制度属于物权的取得方式之一。诉讼时效是指因其不行使权利的状态持续经过法定期间，即发生权利效力减损的时效。我国民法上规定了诉讼时效。国外民法多将诉讼时效称为消灭时效。笔者认为，消灭时效是指权利人不行使权利状态持续一段时间后，权利就消灭的时效。就我国法律而言，存在诉讼时效与消灭时效，而无取得时效。诉讼时效与消灭时效最根本的差别是：诉讼时效届满，权利人的实体权利没有消灭，当债务人主张时效抗辩后，仅发生效力减损，权利人的权利成为"自然之债"。①消灭时效届满，权利人的实体权利消灭。我国民法典总则编第九章明定"诉讼时效"一章。而《票据法》第17条规定："票据权利在下列期限内不行使而消灭：①持票人对票据的出票人和承兑人的权利，自票据到期日起二年。见票即付的汇票、本票，自出票日起二年；②持票人对支票出票人的权利，自出票日起六个月；③持票人对前手的追索权，自被拒绝承兑或者被拒绝付款之日起六个月；④持票人对前手的再追索权，自清偿日或者被提起诉讼之日起三个月。"该条显然属于消灭时效的规定。此外，除斥期间是某种权利的存续期间，期满权利消灭。就该意义而言，除斥期间也属于消灭时效。

---

①　李永军：《自然之债流变考》，载《中国法学》2011年第6期。

二、诉讼时效的概述

（一）诉讼时效的含义

有的学者认为，诉讼时效是指权利人在法定期间内不行使权利就丧失其请求人民法院保护其民事权利的法律制度。[①]也有的学者认为，诉讼时效是指权利人在法定期间内不行使权利，就失去胜诉权的一种制度。还有的学者认为，诉讼时效是指权利人在法定期间内不行使权利，义务人便取得抗辩权，从而导致权利人无法胜诉的法律制度。前两种表述为法院依职权主动援引诉讼时效预留了空间；第三种观点从诉讼时效届满的效力角度界定诉讼时效，能够排除法院主动援引诉讼时效，较为合理。我国民法上的诉讼时效在传统民法上称为消灭时效。“消灭时效”一词有语病，因为义务人于期间经过后虽得拒绝履行，权利人请求权的行使仅发生障碍，权利本身及请求权并不当然消灭，在用语上容易误解。唯“消灭时效”使用已久，已成习惯，为免更张，仍以继续沿用为宜。[②]“诉讼时效”也易产生误解，易使人误以为诉讼时效乃权利人提起诉讼的时效；但我国民法上使用已久，又难以寻到更合适的概念，故应该继续沿用。

（二）诉讼时效的效力

1.诉讼时效届满的效力

（1）实体权利消灭主义

该种主义认为，诉讼时效届满，实体权利消灭。例如日本民法典第167条规定，债权因10年不行使而消灭。对此，日本学者也有持不同意见者，认为，除非当事人援用时效，法院不得根据时效进行裁判，固采抗辩权发生主义。[③]

（2）诉权消灭主义

该主义为萨维尼首倡。该主义认为，诉讼时效届满后，权利本身仍然

---

① 郭明瑞：《民法》，高等教育出版社2003年版，第134页。

② 施启扬：《民法总则》，中国法制出版社2010年版，第328页。

③ ［日］山本敬三：《民法讲义I总则》，解亘译，北京大学出版社2004年版，第379页。

存在，但诉权消灭。法国民法典第2262条规定："一切诉讼，无论是对物诉讼还是对人诉讼，时效期间均为30年。"即采纳该种主义。

（3）抗辩权发生主义

该主义认为，诉讼时效届满后，义务人取得一个拒绝履行债务的抗辩权，权利人的实体权利没有消灭。如果义务人自愿履行义务的，视为放弃抗辩权，该履行行为有效。德国民法典采纳该种立法例。其中第921条规定"诉讼时效期间届满的，义务人可以提出不履行义务的抗辩。诉讼时效期间届满后，义务人同意履行的，不得以诉讼时效期间届满为由抗辩；义务人已自愿履行的，不得请求返还"。可见，我国采取抗辩权发生主义。诉讼时效届满的，人民法院应当受理案件；义务人提出诉讼时效抗辩的，人民法院应当驳回债权人的诉讼请求。

2. 诉讼时效抗辩权的行使与抛弃

（1）行使期间

当事人未提出诉讼时效抗辩，按照《民法典》第193条的规定，人民法院不得主动适用诉讼时效的规定。当事人应当在一审期间提出诉讼时效抗辩，在一审期间未提出诉讼时效抗辩，在二审期间提出的，人民法院不予支持，但其基于新的证据能够证明对方当事人的请求权已过诉讼时效期间的情形除外。当事人未在一审或者二审中依法提出诉讼时效抗辩权的，以诉讼时效期间届满为由申请再审或者提出再审抗辩的，人民法院不予支持。

（2）抗辩权的放弃

义务人可以通过明确方式或者默示方式放弃诉讼时效抗辩权。放弃应在诉讼时效届满后作出，否则与诉讼时效期间的法定性有悖。抗辩权的放弃是单方法律行为，通知对方即可，无须对方同意，放弃后不得以未取得对方同意为由主张抗辩权继续存在。义务人通过默示方式放弃抗辩权的主要行为有：对于超过诉讼时效期间，信用社向借款人发出催收到期贷款通知单，债务人在该通知单上签字或者盖章的，应当视为对原债务的重新确认，该债权债务关系应受法律保护，诉讼时效重新计算。诉讼时效期间届满，当事人一方向对方当事人作出同意履行义务的意思表示的。诉讼时效期间届满，当事人一方向对方当事人自愿履行义务的。义务人为诉讼时效届满的债务提供担保的。

债务人自愿用未过诉讼时效期间的债权抵销债权人已过诉讼时效的债权的。超过诉讼时效后，当事人双方就原债务达成新的还款协议的。

（三）诉讼时效的适用范围

诉讼时效适用于请求权。但请求权种类繁多，包括物权请求权、债权请求权、继承权请求权、人身权请求权等，并非任何请求权都适用诉讼时效的规定。

债权请求权适用诉讼时效的规定。包括：（1）基于合同产生的请求权；（2）侵权损害赔偿请求权；（3）基于不当得利产生的请求权；（4）基于无因管理产生的请求权；（5）其他债权请求权。但下列请求权不适用诉讼时效：（1）支付存款本金及利息请求权；（2）兑付国债、金融债券以及向不特定对象发行的企业债券本息请求权；（3）基于投资关系产生的缴付出资请求权；（4）请求停止侵害、排除妨碍、消除危险；（5）不动产物权和登记的动产物权的权利人请求返还财产；（6）请求支付抚养费、赡养费或者扶养费；（7）依法不适用诉讼时效的其他请求权。

合同无效或者被撤销的，当事人可基于不当得利请求权要求返还财产，这时的返还财产请求权适用诉讼时效的规定。

基于身份关系产生的赡养费、抚养费、扶养费请求权尽管具有浓重的财产内容，但由于其关涉人的生存，义务人若不支付上述费用将使权利人的生活没有保障，影响公序良俗，故该请求权不适用诉讼时效的规定。但是，上述请求权系依权利人存在特定身份相关联，这种身份关系可能具有期限性，故上述请求权不是永久地不适用诉讼时效。例如，在赡养法律关系中，被赡养人死亡的，请求权消灭，无诉讼时效适用余地。但在抚养法律关系中，如果被抚养人已经不再具备被抚养条件，如年满18周岁以后再要求其18周岁之前的抚养费的，则应适用诉讼时效的规定。该诉讼时效从不具备被抚养条件之日起计算。[①]

---

① 最高人民法院民事审判第二庭编著：《最高人民法院〈关于民事案件诉讼时效司法解释〉理解与适用》，人民法院出版社2008年版，第52—53页。

三、诉讼时效期间

（一）诉讼时效期间的特征

诉讼时效期间届满，义务人即取得一项对抗权利人的抗辩权，义务人主张抗辩的，权利人之权利难以得到强制力保障。所以，诉讼时效期间的确定，具有重要意义。诉讼时效期间具有两个最基本的特点：

（1）法定性。诉讼时效期间属于法定期间，具有强制性。原德国民法典第225条规定，当事人可以缩短诉讼时效，但不得延长诉讼时效或者排除之。该条规定已废止，现在的德国民法典认为，诉讼时效不得约定缩短或延长，也不得排除适用。当事人的时效利益虽然不能事先放弃，但在时效届满后，义务人可放弃自己的抗辩权从而放弃时效利益。依《民法典》总则编第197条规定："诉讼时效的期间、计算方法以及中止、中断的事由由法律规定，当事人约定无效。当事人对诉讼时效利益的预先放弃无效。"

（2）诉讼时效期间属于可变期间。诉讼时效期间依法可以中止、中断与延长，属于可变期间。

（二）诉讼时效期间的分类

按照诉讼时效期间的长短不同，可以将其分为一般诉讼时效期间与特殊诉讼时效期间。

1. 一般诉讼时效期间

一般诉讼时效期间是指在法律没有特别规定的情况下，请求权的诉讼时效期间。一般诉讼时效期间在适用上具有普遍性。《民法典》总则编第188条规定："向人民法院请求保护民事权利的诉讼时效期间为三年。法律另有规定的，依照其规定。"可见，我国的一般诉讼时效期间是3年。

2. 特别诉讼时效期间

特别诉讼时效期间是指法律规定的仅适用于某些特殊法律关系的诉讼时效。按照我国民法立法的规定，特别诉讼时效期间包括三类：

（1）短期诉讼时效期间。短期诉讼时效期间是指诉讼时效期间少于3年的诉讼时效期间。原《民法通则》第136条规定，下列诉讼时效期间为1年：①身体受到伤害要求赔偿的；②出售质量不合格的商品未声明的；③延付或者拒付租金的；④寄存财物被丢失或者损毁的。该规定因2017年颁行民法总则而被废止。《海商法》第257条第1款、第260条、第263条分别规定了就海上货物运输向承运人要求赔偿的请求权、有关海上拖航合同的请求权、有关共同海损分摊的请求权，时效期间为一年。这属于特别法的规定，应继续有效。

（2）长期诉讼时效期间。长期诉讼时效期间是指时效期间在3年至20年之间的诉讼时效期间（不包括3年与20年本身）。例如，《民法典》第594条规定，因国际货物买卖合同和技术进出口合同争议提起诉讼或者申请仲裁的时效期间为4年。

（3）最长诉讼时效期间。按照《民法典》第188条的规定，但是自权利受到损害之日起超过20年的，人民法院不予保护；有特殊情况的，人民法院可以根据权利人的申请决定延长。按照我国有关法律的规定，最长诉讼时效期间从权利被侵害之日起算，也不能中止、中断，有特殊情况的，人民法院可以延长20年的诉讼时效期间。"特殊情况"是指权利人由于客观的障碍在法定诉讼时效期间不能行使请求权的。我国设立诉讼时效延长制度主要是考虑保护去台人员和台胞的利益。《最高人民法院印发处理涉台刑事申诉民事案件座谈会纪要的通知》指出，去台人员和台胞向人民法院提起诉讼的继承案件，继承开始已经超过20年的，人民法院可依法作为特殊情况延长诉讼时效。

此外，根据《产品质量法》第45条第2款的规定，因产品存在缺陷造成损害要求赔偿的请求权，在造成损害的缺陷产品交付最初消费者满10年丧失；但是，尚未超过明示的安全使用期的除外。该10年的规定，也属于最长诉讼时效。

四、诉讼时效期间的起算、中止、中断与延长

（一）诉讼时效期间的起算

诉讼时效期间自权利人知道或者应当知道权利受到损害以及义务人之

日起计算。要注意以下几种情况债权请求权的诉讼时效期间的起算：

1.合同债权请求权诉讼时效期间的起算。（1）约定履行期的，履行期届满之日起开始计算。（2）未约定履行期限的合同的时效起算点，应首先确定合同的履行期限，诉讼时效期间从履行期限届满之日起计算。（3）债权人要求债务人履约之日或者债务人同意履约之日开始计算。（4）债权人给予债务人宽限期的，宽限期届满之日起计算。（5）未约定履行期的，债务人在债权人第一次向其主张权利之时明确表示不履行义务的，诉讼时效期间从债务人明确表示不履行义务之日起计算；如果债权人向债务人主张权利，债务人行使抗辩权而拒绝履行的，那么，债务人的行为不构成违约，诉讼时效期间不起算。[①]（6）当事人约定同一债务分期履行的，诉讼时效期间从最后一期履行期限届满之日起计算。（7）请求他人不作为的债权请求权，应当自知道或应当知道义务人违反不作为义务时起算。[②]（8）当事人约定同一债务分期履行的，诉讼时效期间自最后一期履行期限届满之日起计算。

2.侵权损害赔偿请求权诉讼时效期间的起算。侵权损害赔偿请求权诉讼时效期间从受害人知道或者应当知道权利被侵害或者损害发生时起算。具体包括：（1）损害事实发生时，受害人知道的，从损害时起算。（2）损害事实发生时不知道，事后知道的，从知道之日起算。（3）人身损害赔偿的诉讼时效期间，伤害明显的，从受伤害之日起算；伤害当时未曾发现，后经检查确诊并能证明是由侵害引起的，从伤势确诊之日起算。（4）无法确定侵权人的，从确定侵权人之日起算。（5）未成年人遭受性侵害的损害赔偿请求权的诉讼时效期间，自受害人年满十八周岁之日起算。

3.不当得利返还请求权诉讼时效期间的起算。（1）不当得利返还请求权诉讼时效期间从当事人一方知道或者应当知道不当得利事实及对方当事人之日起计算。（2）合同被撤销而产生不当得利返还请求权的，诉讼时效期间从合同被撤销之日起计算。

---

① 崔建远：《无履行期限的债务与诉讼》，载《人民法院报》2003年5月30日。

② 详细分析参见李永军：《民法》，中国政法大学出版社2008年版，第185页。

4.无因管理产生的请求权的诉讼时效期间的起算。管理人因无因管理行为产生的给付必要管理费用、赔偿损失请求权的诉讼时效期间，从无因管理行为结束并且管理人知道或者应当知道本人之日起计算。

5.无民事行为能力人或者限制民事行为能力人对其法定代理人的请求权的诉讼时效期间，自该法定代理终止之日起计算。

依《民法典》第201条规定，按照年、月、日计算期间的，开始的当日不计入，自下一日开始计算。按照小时计算期间的，自法律规定或者当事人约定的时间开始计算。所以，上述诉讼时效的起算都是从次日开始计算，而非当日。例如，当事人约定合同履行期的，诉讼时效从合同履行期届满之次日开始计算。

（二）诉讼时效的中止

诉讼时效中止是指在诉讼时效计算过程中，因一定的法律事由的发生而使权利人无法主张请求权，暂时停止计算诉讼时效期间。自中止时效的原因消除之日起满6个月，诉讼时效期间届满。

1.诉讼时效中止的事由

按照《民法典》第194条的规定，诉讼时效中止的事由包括：

（1）不可抗力。不可抗力是指不能预见、不能避免并不能克服的客观情况。例如地震等天灾人祸。

（2）无民事行为能力人或者限制民事行为能力人没有法定代理人，或者法定代理人死亡、丧失民事行为能力、丧失代理权。在此情况下，不论是权利人还是义务人成为无民事行为能力人或者限制民事行为能力人，权利均无法主张，诉讼时效中止。

（3）继承开始后未确定继承人或者遗产管理人。不论是权利人死亡还是义务人死亡，没有确定继承人或者遗产管理人，权利均无法主张，诉讼时效中止。

（4）权利人被义务人或者其他人控制，无法主张权利的。

（5）其他导致权利人不能行使请求权的障碍。

“其他导致权利人不能行使请求权的障碍”，例如夫对于妻有债权，但因相互信任，以致对权利行使多不计较，基于伦理的考虑，通说认为婚姻关系的持续为时效中止的事由。[①]

2. 中止事由影响的期限

中止事由影响的期限为诉讼时效期间的最后6个月，即在诉讼时效计算的最后6个月内，出现了上述中止事由的，诉讼时效将停止计算。中止事由发生在最后6个月前，并在最后6个月前消失的，诉讼时效不中止；中止事由发生在最后6个月前但持续到最后6个月的，诉讼时效期间的中止也从最后6个月开始，自中止时效的原因消除之日起6个月，诉讼时效届满。

3. 诉讼时效中止的效力

自中止时效的原因消除之日起满6个月，诉讼时效期间届满。

（三）诉讼时效的中断

诉讼时效的中断是指在诉讼时效计算过程中，因发生了法定事由，诉讼时效将重新开始计算。依《民法典》第195条之规定诉讼时效中断的事由包括：

1. 权利人提出诉讼

权利人"提出诉讼"不能作狭义上的理解，而应包括权利人向一切国家机关或者社会团体主张保护其权利的行为。权利人"提出诉讼"的具体情形包括：

（1）当事人一方向法院提起诉讼。提起诉讼主体是当事人，包括权利人，也包括义务人。提起诉讼的方式可以是口头的，也可以是书面的。债权人提起代位权诉讼或者撤销权诉讼的，诉讼时效中断；债权人提起代位权诉讼的，应当认定对债权人的债权和债务人的债权均发生诉讼时效中断的效力。当事人一方向人民法院提起诉讼的，诉讼时效从提交起诉状或者口头起诉之日起中断。诉讼时效将从中断事由出现之次日开始重新计算。

（2）同于起诉的行为。下列事项之一，人民法院应当认定与提起诉讼具有同等诉讼时效中断的效力：申请仲裁；申请支付令；申请破产、申报破产债权；为主张权利而申请宣告义务人失踪或死亡；申请诉前财产保全、申诉前临时禁令等诉前措施；申请强制执行；申请追加当事人或者被通知

---

① 魏振瀛：《民法》，北京大学出版社、高等教育出版社2000年版，第199页。

参加诉讼；在诉讼中主张抵销[①]；其他与提起诉讼具有同等诉讼时效中断效力的事项。诉讼时效将从中断事由出现之次日开始重新计算。

（3）向其他国家机关请求保护权利的行为。权利人向公安机关、人民检察院、人民法院报案或者控告，请求保护其民事权利的，诉讼时效从其报案或者控告之日起中断。诉讼时效将从中断事由出现之次日开始重新计算。

上述机关决定不立案、撤销案件、不起诉的，诉讼时效期间从权利人知道或者应当知道不立案、撤销案件或者不起诉之日起重新计算；刑事案件进入审理阶段，诉讼时效期间从刑事裁判文书生效之日起重新计算。

（4）要求其他社会组织保护其权利的行为。权利人向人民调解委员会以及其他依法有权解决相关民事纠纷的国家机关、事业单位、社会团体等社会组织提出保护相应民事权利的请求，诉讼时效从提出请求之日起中断。权利人向人民调解委员会或者有关单位提出保护民事权利的，经调处达不成协议的，诉讼时效期间即重新起算；如调处达成协议，义务人未按协议所定期限履行义务的，诉讼时效期间应从期限届满时重新起算。

2. 权利人向义务人主张权利

权利人向义务人主张权利的，诉讼时效中断，从主张权利之次日开始计算诉讼时效。权利人对同一债权中的部分债权主张权利，诉讼时效中断的效力及于剩余债权，但权利人明确表示放弃剩余债权的情形除外。也即同一债权中部分债权诉讼时效中断的，中断的效力及于全部债权。下列行为属于向义务人主张权利的行为：

（1）债权人直接向对方当事人送交主张权利文书，对方当事人在文书上签字、盖章或者虽未签字、盖章但能够以其他方式证明该文书到达对方当事人的。对方当事人为法人或者其他组织的，签收人可以是其法定代表人、主要负责人、负责收发信件的部门或者被授权主体；对方当事人为自然人的，签收人可以是自然人本人、同住的具有完全行为能力的亲属或者

---

① 诉讼中的抵销是指在民事诉讼中，被告主张自己对原告有满足抵销条件的债权而提出抵销，以达到在法院确认原告的请求成立的情况下作出余额判决，从而减少或者消灭对方诉讼请求的目的。参见陈桂明、李仕春：《论诉讼上的抵销》，载《法学研究》2005年第5期。

被授权主体。

（2）当事人一方以发送信件或者数据电文方式主张权利，信件或者数据电文到达或者应当到达对方当事人的。

（3）当事人一方为金融机构，依照法律规定或者当事人约定从对方当事人账户中扣收欠款本息的。

（4）当事人一方下落不明，对方当事人在国家级或者下落不明的当事人一方住所地的省级有影响的媒体上刊登具有主张权利内容的公告的，但法律和司法解释另有特别规定的，适用其规定。

（5）权利人向债务保证人、债务人的代理人或者财产代管人主张权利的。

（6）债权人因转让债权而将债权转让事实通知给债务人的。

3. 义务人同意履行债务

义务人同意履行债务的，诉讼时效中断，从同意履行债务之次日开始重新计算诉讼时效。“同意履行债务”包括：

（1）义务人作出分期履行、部分履行、提供担保、请求延期履行、制定清偿债务计划等承诺或者行为。

（2）债务人取得债权人同意转让债务的行为。债务承担情形下，构成原债务人对债务承认的，应当认定诉讼时效从债务承担意思表示到达债权人之日起中断。

4. 诉讼时效的再次中断

诉讼时效因权利人主张权利或者义务人同意履行义务而中断后，权利人在新的诉讼时效期间内，再次主张权利或者义务人再次同意履行义务的，可以认定为诉讼时效再次中断。

5. 连带债权、连带债务诉讼时效中断问题

连带债权与连带债务中，诉讼时效中断的效力具有涉他性。因此，对于连带债权人中的一人发生诉讼时效中断效力的事由，应当认定对其他连带债权人也发生诉讼时效中断的效力。对于连带债务人中的一人发生诉讼时效中断效力的事由，应当认定对其他连带债务人也发生诉讼时效中断的效力。

诉讼时效中断的，从中断、有关程序终结时起，诉讼时效期间重新计算。

第二节 除斥期间

一、除斥期间概述

（一）除斥期间的含义与特点

除斥期间是指法定的或者当事人约定的权利的存续期间。除斥期间具有如下特点：

1.除斥期间一般由法律规定。例如，《民法典》第541条规定："撤销权自债权人知道或者应当知道撤销事由之日起一年内行使。自债务人的行为发生之日起五年内没有行使撤销权的，该撤销权消灭。"特殊情况下，法律授权当事人约定除斥期间。例如，原《合同法》第95条规定："法律规定或者当事人约定解除权行使期限，期限届满当事人不行使的，该权利消灭。法律没有规定或者当事人没有约定解除权行使期限，自解除权人知道或者应当知道解除事由之日起一年内不行使，或者经对方催告后在合理期限内不行使的，该权利消灭。"在法律未有规定，当事人又没有约定除斥期间的情况下，除斥期间适用法律规定的期限。

2.除斥期间是不可变期间。除斥期间不能中止、中断，也不能延长，属于典型的不可变期间。

3.除斥期间是权利的存续期间。在该期间内不行使权利的，权利消灭。所以，它属于真正意义上的"消灭时效"。因此，法院可以主动援引除斥期间的规定作出判决。

（二）除斥期间的作用

除斥期间的作用是使不确定的状态确定化。[①]例如《民法典》第171条第2款规定："相对人可以催告被代理人自收到通知之日起三十日内予以追认。"追认权的除斥期间一旦经过，不论是否作出追认，无权代理的效力将确定化。

---

① 李永军：《民法》，中国政法大学出版社2008年版，第193页。

正因除斥期间具有使不确定的状态确定化的功能，所以它的期间比诉讼时效期间短。形成权的行使不得附条件，以免使不确定的状态更加不确定。

二、除斥期间的适用范围

除斥期间适用的对象主要是形成权。例如追认权、撤销权、解除权、抵销权、选择权等。但是，除斥期间适用的对象又不限于形成权。例如，债权人撤销权不是形成权，通说认为它是兼具请求权与形成权双重属性的权利①，但它的行使期间是除斥期间。再如，占有人返还原物的请求权不是形成权，但它的行使期间为“自侵占发生之日起一年内”。

三、除斥期间的计算

（一）主观起算点

主观起算点是指从权利人知道或者应当知道权利存在之日起开始计算。我国法律上关于除斥期间主观起算点的规定，例如，当事人自知道或者应当知道撤销事由之日起一年内、重大误解的当事人自知道或者应当知道撤销事由之日起三个月内没有行使撤销权。

（二）客观起算点

客观起算点是指从一定行为成立或者发生之日开始计算。客观起算点的规定，例如当事人受胁迫，自胁迫行为终止之日起一年内没有行使撤销权；债权人撤销权自债务人行为成立之日起最长不超过5年；债权人领取提存物的权利为提存之日起5年；占有返还请求权从被侵占发生之日起1年；追认权自被代理人收到通知之日起三十日内予以追认。

四、除斥期间与诉讼时效的区别

（一）制度价值不同

诉讼时效的制度价值是维持现有的状态；除斥期间的制度价值是使不

① 参见崔建远：《合同法》（第五版），法律出版社2010年版，第159页。

确定的状态加以确定。所以，除斥期间较短。

（二）适用范围不同

诉讼时效适用于债权请求权；除斥期间主要适用于形成权。

（三）期间起算时间不同

诉讼时效期间从权利人知道或者应当知道权利被侵害之日起开始计算；除斥期间根据法律的规定，有主观起算点与客观起算点之分。

（四）期间的法定性不同

诉讼时效是法定期间，不能事先约定排除，也不能约定缩短或者延长。除斥期间一般法定，但有约定情形，甚至还存在“合理期间”。

（五）期间的可变性不同

诉讼时效期间可以中止、中断及延长；除斥期间不得中止、中断或延长。

（六）期间届满的法律效力不同

诉讼时效期间届满的，债务人取得抗辩权，债权人的实体权利没有消灭，法院不能主动适用诉讼时效；除斥期间届满的，权利人的实体权利消灭，法院可以主动适用除斥期间。

第三节　期限

一、期限概述

（一）期限的概念

期限包括期日与期间，是指民事权利发生、变更与消灭的时间。期间是指从某一特定时间到另一特定时间经过的时间段。例如，2008年5月1日至2009年4月1日。期日，是指某一特定的时间点，例如不动产物权的登记日为2009年2月1日。

（二）期限的意义

（1）决定民事主体的民事权利能力或者民事行为能力的取得与消灭。例如，公司自登记之日取得民事权利能力与民事行为能力。

（2）推定某些事实。例如，下落不明满4年的，可以推定其死亡。

（3）决定权利的取得或者丧失。例如，撤销权的除斥期间经过后，权利消灭。

（4）给定权利的行使和义务的履行期限。例如，当事人约定合同的履行期等。

二、期间的确定和计算

期限有来自法律的规定，也有来自当事人的约定。当事人约定的期间不是以月、年第一天起算的，一个月为三十日，一年为三百六十五日。

民法所称的期间按照公历年、月、日、小时计算。

按照年、月、日计算期间的，开始的当日不计入，自下一日开始计算。按照小时计算期间的，自法律规定或者当事人约定的时间开始计算。

按照年、月计算期间的，到期月的对应日为期间的最后一日；没有对应日的，月末日为期间的最后一日。

期间的最后一日是法定休假日的，以法定休假日结束的次日为期间的最后一日。期间的最后一日的截止时间为二十四时；有业务时间的，停止业务活动的时间为截止时间。

期间的计算方法依照民法典的规定，但是法律另有规定或者当事人另有约定的除外。

图书在版编目（CIP）数据

民法典总则编研究 / 李遐桢著 . —北京：中国法制出版社，2021.12
ISBN 978-7-5216-2173-0

Ⅰ. ①民… Ⅱ. ①李… Ⅲ. ①民法—总则—研究—中国 Ⅳ. ①D923.14

中国版本图书馆CIP数据核字（2021）第198384号

策划编辑：闫光永
责任编辑：李宏伟（lihongwei@zgfzs.com）　　封面设计：杨鑫宇

民法典总则编研究
MINFADIAN ZONGZEBIAN YANJIU
著者 / 李遐桢
经销 / 新华书店
印刷 / 北京虎彩文化传播有限公司
开本 / 710毫米 × 1000毫米　16开　　印张 / 23.5　字数 / 349千
版次 / 2021年12月第1版　　2021年12月第1次印刷

中国法制出版社出版
书号ISBN 978-7-5216-2173-0　　定价：84.00元

北京市西城区西便门西里甲16号西便门办公区
邮政编码100053　　传真：010-63141852
网址：http://www.zgfzs.com　　**编辑部电话：010-63141804**
市场营销部电话：010-63141612　　**印务部电话：010-63141606**
（如有印装质量问题，请与本社印务部联系。）